인공지능법학

✦

양천수

ARTIFICIAL INTELLIGENCE
LAW

박영사

머리말

오늘날 인공지능은 급속하게 발전한다. 수능시험 문제도 별 어려움 없이 풀어 낼 정도이다. 필자가 재직하는 학교에서는 인공지능의 놀라운 역량으로 인해 온라 인 시험을 모두 없앴을 정도이다. 그 정도로 인공지능은 매번 우리의 예상을 뛰어 넘는 능력을 보여준다. 하지만 바로 그 점 때문에 인공지능은 우리에게 두려움의 대상이 된다. 유발 하라리의 신작이 잘 보여주듯이 인공지능은 디스토피아적 미래 의 새로운 위험원으로 부각된다. 그 때문에 혁신이라는 키워드와 더불어 규제가 인공지능에 적용된다. 이를 보여주듯이 유럽연합은 인공지능을 정면에서 포괄적으 로 규율하는 인공지능법을 제정하였다. 우리나라도 조만간 독자적인 인공지능법을 제정할 것으로 보인다.

이러한 정치체계의 시도는 인공지능을 둘러싼 우리의 불안을 억제하는 상징적 인 시도로 보일 수도 있다. 그렇지만 법학자인 필자에게는 다음과 같은 의미로 다 가온다. 이제 인공지능법이 독자적인 법 영역으로 자리매김하고 있다는 것이다. 정 보통신법, 데이터법과 더불어 인공지능법이 독자적인 전문법으로 성장하는 것이 다. 이는 법학에 종사하는 필자에게 다음과 같은 과제를 던진다. 이제는 인공지능 법을 다루는 법학, 즉 인공지능법학을 정초할 때가 되었다는 것이다. 인공지능법이 법체계의 독자적인 영역으로 분화되는 현상에 발맞추어 법체계를 관찰하고 분석하 는 법학에서도 인공지능법학이 독자적인 학문 영역으로 발돋움할 때가 도래했다는 것이다.

이 책은 이러한 과제에 응답하기 위해 필자가 내놓는 중간 결산이라 할 수 있 다. 대화이론과 더불어 체계이론을 학문적 발판으로 삼는 필자는 일찍부터 인공지 능에 관심을 가졌다. 체계이론과 인공지능 사이에 공통 분모가 있다고 생각했기 때문이다. 그리고 최근에는 사이버네틱스가 그중 하나라는 점을 알게 되었다. 이러 한 문제의식에서 필자는 그간 인공지능에 관해 여러 연구를 수행하였다. 지금 시점에서 그동안 해왔던 작업을 점검해 보니 인공지능법학이라는 이름에 어느 정도 걸맞은 모습을 나름 갖추었다는 점을 발견하였다. 이에 그동안 쌓은 연구 성과를 보완하고 체계화하여 '인공지능법학'이라는 이름 아래 이 책을 내놓게 되었다. 물론 이제 막 인공지능법학을 향해 첫발을 내딛는 것이어서 여러 부족한 점이 많으리라 생각한다. 이 점 양해를 부탁드린다.

이번에도 정말 많은 분의 도움에 힘입어 이 책을 내놓을 수 있었다. 그 가운데 몇 분에게는 특별히 감사 인사를 드리고자 한다. 무엇보다도 필자의 연구를 긍정적으로 평가해 주시면서 이러한 책을 써볼 것을 제안해 주신 이원상 교수님에게 감사를 드린다. 이원상 교수님의 제안이 필자에게 큰 힘과 동기 부여가 되었다. 더불어 필자가 지속적으로 인공지능법학을 연구할 수 있도록 계기를 마련해 주신 한국데이터법정책학회의 이성엽 회장님께도 감사 인사를 드린다. 이성엽 회장님의 지적 자극과 채찍질이 없었다면 이 책을 구성하는 상당 부분의 내용이 채워지지 않았을 것이다. 또한 필자가 인공지능에 관해 많은 가르침을 받을 수 있도록 여러 기회와 자리를 마련해 주신 인공지능 법제도 포럼, 인공지능 윤리정책 포럼, 지능정보사회 법제도 포럼, 정보통신정책연구원, 한국법제연구원의 관계자분들에게 진심으로 감사 인사를 드린다. 매번 학문적 관심과 지지를 보내주시는 정구태 교수님에게도 진심으로 감사 인사를 드린다. 마지막으로 어려운 출판 환경인데도 이번에도 책을 낼 수 있도록 배려해 주신 박영사의 장규식 팀장님과 이번에도 부족한 원고를 멋진 책으로 편집해 주신 박영사의 이승현 차장님께 진심으로 감사 인사를 드린다. 두 분을 비롯한 박영사의 관계자 모든 분에게는 언제나 빚을 진다는 느낌이 든다. 그저 학자 본연의 일을 열심히 하는 것으로 대답을 드리고자 한다.

저물어 가는 2024년
불확실성의 시대에서도 희망을 버리지 않으면서
양천수 배상

차례

제 1 장   서론

제 2 장   인공지능의 의의

제 3 장　인공지능 기술의 발전

제 4 장　생성형 인공지능과 저작권

제 5 장 인공지능과 입법평가

제 6 장 인공지능과 행정

제 7 장   인공지능과 형사사법

제 8 장   인공지능과 위험

제 9 장   인공지능과 윤리

제10장　인공지능 규제 설계

제13장 자율주행자동차와 법

제14장 인공지능 시대의 정의 구상

1장

서론

1. 인공지능법학의 의의

이 책은 인공지능법학을 다룬다. 그렇다면 인공지능법학은 무엇일까? 일단 인공지능법학은 인공지능법을 연구 대상으로 하는 법학으로 정의할 수 있다. 인공지능법을 연구하는 법학의 한 분과가 인공지능법학인 것이다. 여기서 알 수 있듯이 인공지능법학의 개념을 더욱 명확하게 파악하려면 인공지능법을 살펴볼 필요가 있다.

2. 인공지능법의 의의

(1) 개념

인공지능법은 인공지능(Artificial Intelligence: AI)을 규율하는 법이다. 이때 인공지능은 인간의 정신 능력을 인공적으로 구현한 기계적 체계로 정의할 수 있다.[1] ChatGPT가 보여주듯이 오늘날 인공지능은 사회의 다양한 영역에서 활용된다. 그뿐만 아니라 이른바 파운데이션 모델(foundation model)과 범용 인공지능 모델(general-purposes AI model)이 구현되면서 이제 인공지능은 마치 인터넷과 같은 새로운 소통매체로 자리매김한다.

---

[1] 이에 관해서는 이 책 제2장 참고.

(2) 형성 중인 법

인공지능법은 완결된 법이 아니다. 현재 형성 중인 법이다. 예를 들어 이제 막 유럽연합이 인공지능을 정면에서 규율하는 포괄적인 법을 제정했을 따름이다. 인공지능이 매번 놀라울 정도로 발전하고 있기에 이를 어떻게 법으로 규율할 것인지에 관해서는 여전히 논의가 이루어진다. 우리나라도 인공지능을 어떻게 규율할 것인지에는 아직 명확한 합의가 이루어지지 않은 편이다. 그 때문에 인공지능법은 이제 막 그 내용이 채워지기 시작한 법이라 말할 수 있다.

(3) 전문법

형성 중인 법으로서 인공지능법은 전통적인 공법이나 민사법, 형사법과는 달리 '전문법'이라는 성격을 지닌다. 전문법은 대륙법 전통에 바탕을 둔 판덱텐 형식의 법이 사회 변화에 적응하여 새롭게 진화한 법형식이라 말할 수 있다.[2]

'국가/사회'라는 사회 전체의 이분법에 걸맞게 '공법/사법'이라는 이원적 법으로 명확하게 구획된 전통적인 판덱텐법과는 달리 전문법은 현대사회에서 진행되는 기능적 분화 및 혼융으로 새롭게 출현한 전문영역을 규율하기 위한 법이다. 전문법은 법체계가 사회 변화에 발맞추어 내부적으로 분화 및 진화하여 형성된 새로운 법형식이다. 이러한 전문법으로 도산법, 환경법, 정보통신법, 데이터법 등이 언급되는데 인공지능법 역시 전형적인 전문법으로 규정할 수 있다.[3]

이러한 까닭에 인공지능법은 다음과 같은 특징을 지닌다. 우선 인공지능법은 인공지능이라는 새로운 소통매체와 관련을 맺는 전문영역을 규율 대상으로 한다. 그 때문에 공법과 민사법, 형사법이 명확하게 구별되는 전통적인 판덱텐법과는 달리 인공지능법에서는 인공지능에 관한 규율을 중심으로 하여 공법과 민사법, 형사법 등이 기능적으로 병존한다. 이에 전문법인 인공지능법을 정확하게 이해하고 적용하기 위해서는 법영역을 명확하게 구별하는 전공영역주의를 고수하기보다는 각 법영역의 개념과 요건/효과, 원리, 관점 등을 통합적으로 활용하는 이른바 통합과

---

2 법체계의 진화에 관해서는 양천수, "새로운 법진화론의 가능성", 『법철학연구』 제15권 제2호(2012), 163-202쪽 참고.

3 이 가운데 데이터법에 관해서는 양천수, "데이터법: 형성과 발전 그리고 과제", 『공법학연구』 제22권 제2호(2021), 221-246쪽 참고.

학적 관점을 수용할 필요가 있다.[4]

(4) 진흥법과 규제법의 결합

이외에 인공지능법은 크게 두 가지 성격의 법이 결합하여 형성된다. 진흥법과 규제법이 그것이다.

한편으로 인공지능법은 현재 진행 중인 인공지능 혁신을 지원하고 진흥해야 하는 법으로 자리매김한다. 이를 통해 인공지능 혁신을 실현하고 국가의 새로운 성장동력을 확보하고자 한다.

그러나 다른 한편으로 인공지능법은 인공지능이 지닌 위험을 적절하게 관리하고 규율해야 하는 규제법으로 작동해야 한다. 인공지능이 창출하는 위험으로부터 시민을 안전하게 보호해야 하기 때문이다.

그 점에서 인공지능법은 서로 긴장 관계를 맺는 진흥법의 측면과 규제법의 측면을 모두 담아야 한다. 양자의 균형과 실제적 조화를 도모해야 한다. 그렇지만 그 지점이 구체적으로 어디인지 결정하는 것은 어렵다. 이는 인공지능법이 짊어진 가장 큰 과제라 할 수 있다.

3. 인공지능법학의 특징

인공지능법의 특징은 인공지능법을 다루는 인공지능법학에도 반영된다. 이에 따라 인공지능법학 역시 다음과 같은 특징을 지닌다.

첫째, 인공지능법학은 현재 형성되는 법학이다. 인공지능법학의 내용 가운데 많은 부분은 여전히 이론적 진공 상태에 머물러 있다. 이는 법학이 담당해야 하는 과제이다.

둘째, 인공지능법학은 전문법학이다. 판덱텐 법학으로 형성된 기존의 전공 가운데 어느 한 전공만이 다룰 수 있는 영역이 아니다. 인공지능법학은 그 무엇보다도 통합과학적 사유를 발휘해야 하는 학제 간 연구가 필요한 영역이다.

---

4 통합과학적 관점에 관해서는 정종섭, "우리 법학의 올바른 자리매김을 위하여: 헌법학의 통합과학적 연구에로", 『법과 사회』 제2호(1990), 221−254쪽 참고.

4. 이 책의 구성

이 책은 모두 14개의 장으로 구성된다.

제1장은 이 책의 서론이다. 여기에서는 이 책이 다루는 인공지능법학이란 무엇인지, 인공지능법학이 연구 대상으로 삼는 인공지능법이란 무엇인지, 어떤 특징을 지니는지 살펴본다.

제2장은 인공지능이란 무엇인지, 인공지능은 어떻게 발전해 왔는지 개관한다.[5]

제3장은 인공지능의 토대가 되는 인공지능 기술이 어떻게 발전해 왔는지, 현재 어떤 수준에 와있는지 살펴본다.[6]

제4장은 인공지능이 생성하는 저작물의 현황을 알아보고 이에 관해 어떤 문제가 제기되는지, 이러한 문제는 어떻게 해결하는 게 적절한지 논의한다.[7]

제5장은 입법평가를 예로 하여 입법 영역에서 인공지능을 활용할 수 있는지, 만약 그렇다면 어떻게 활용할 수 있는지, 이에는 어떤 문제가 있는지 검토한다.[8]

제6장은 행정 영역에서 인공지능을 활용할 수 있는지, 만약 그렇다면 이에는 어떤 문제가 제기되는지, 이러한 문제에는 어떻게 대처할 수 있는지 살펴본다.[9]

제7장은 형사사법 영역을 예로 하여 인공지능을 사법 영역에 적용할 수 있는지, 이에 관한 문제로는 무엇이 있는지 논의한다.[10]

제8장은 인공지능이 야기하는 위험은 무엇인지, 그 예로는 무엇이 있는지 살펴본다.[11]

---

5 제2장은 양천수, "인공지능과 법체계의 변화: 형사사법을 예로 하여", 『법철학연구』 제20권 제2호(2017), 45−76쪽의 일부를 활용한 것이다.

6 제3장은 양천수, "인공지능 창작물과 저작권", 『인권이론과 실천』 제30호(2021), 37−130쪽의 일부를 활용한 것이다.

7 제4장은 양천수, "인공지능 창작물과 저작권", 『인권이론과 실천』 제30호(2021), 37−130쪽을 대폭 수정 및 보완한 것이다.

8 제5장은 양천수, "인공지능과 규범창설: 입법평가를 예로 하여", 『법철학연구』 제26권 제2호(2023), 153−194쪽을 대폭 수정 및 보완한 것이다.

9 제6장은 양천수, "인공지능을 활용한 행정의 이론적 문제와 대응: 체계이론의 관점에서", 『법학논총』(국민대) 제36권 제2호(2023), 91−122쪽을 대폭 수정 및 보완한 것이다.

10 제7장은 양천수, "인공지능과 법체계의 변화: 형사사법을 예로 하여", 『법철학연구』 제20권 제2호(2017), 45−76쪽을 대폭 수정 및 보완한 것이다.

11 제8장은 양천수, "인공지능 윤리의 현황과 과제", 『인권이론과 실천』 제29호(2021), 67−101쪽을 대폭 수정 및 보완한 것이다.

제9장은 인공지능을 규제하는 방안 가운데 하나로서 인공지능 윤리에 관한 논의를 검토한다. 인공지능 윤리란 무엇인지, 어떤 의미가 있는지, 인공지능 윤리는 어떻게 구체화할 수 있는지, 이에 관한 거버넌스는 어떻게 구축할 수 있는지 논의한다.[12]

제10장은 인공지능이 지닌 위험을 관리하고 예방하기 위해 어떤 규제 설계를 구축해야 하는지 고민한다. 이를 위해 규제 방식에 어떤 유형이 있는지 살펴보고 인공지능을 규율하는 바람직한 규제 원칙이 무엇인지 제안한다.[13]

제11장은 인공지능을 사전적·예방적으로 규율하는 데 중요한 영향평가를 논의한다. 영향평가란 무엇인지, 규제이론적으로 볼 때 어떤 의미가 있는지, 인공지능 영향평가는 어떻게 구체화하는 게 바람직한지 고민한다.[14]

제12장은 인공지능에 대한 법적 책임을 논할 때 바탕이 되는 법적 인격에 관한 문제를 살펴본다. 법적 인격이란 무엇인지, 이는 어떻게 발전해 왔는지, 인공지능 시대에 적합한 법적 인격을 새롭게 설정할 수 있는지, 그럴 필요가 있는지 등의 문제를 다룬다.[15]

제13장은 인공지능의 특수한 형태인 자율주행자동차에 관한 법적 문제를 검토한다. 자율주행자동차란 무엇인지, 이는 어떤 위험을 지니는지, 이러한 위험에는 어떻게 대응하는 게 바람직한지 논의한다.[16]

제14장은 인공지능 시대에 필요한 정의란 무엇인지 개관한다.[17] 특히 인공지능 시대에 적합한 정의를 구상할 때는 일원적 정의론이 한계를 가진다는 점, 정의론을 설계할 때는 현대사회와 정의론 자체가 지닌 특성을 고려해야 함을 강조한다.

---

12 제9장은 양천수, "인공지능과 윤리: 법철학의 관점에서", 『법학논총』(조선대) 제27집 제1호 (2020), 73-114쪽을 대폭 수정 및 보완한 것이다.

13 제10장은 양천수, "지능정보기술의 위험과 법적 대응 방안: 알고리즘에 대한 대응을 중심으로 하여", 『법학연구』(충북대) 제32권 제1호(2021), 351-384쪽을 대폭 수정 및 보완한 것이다.

14 제11장은 손형섭·나리하라 사토시·양천수, 『디지털 전환 시대의 법이론: 위험과 변화 그리고 대응』(박영사, 2023), 제12장을 수정 및 보완한 것이다.

15 제12장은 양천수·우세나, "인공지능 로봇의 법적 인격성: 새로운 인권 개념 모색을 위한 전제적 시론", 『인권이론과 실천』 제25호(2019), 59-92쪽을 대폭 수정 및 보완한 것이다.

16 제13장은 양천수, "자율주행자동차에 관한 법정책의 방향: 의의·위험·규제", 『모빌리티연구』 제3권 제2호(2023), 53-72쪽을 대폭 수정 및 보완한 것이다.

17 제14장은 손형섭·나리하라 사토시·양천수, 『디지털 전환 시대의 법이론: 위험과 변화 그리고 대응』(박영사, 2023), 제13장을 수정 및 보완한 것이다.

2장

인공지능의 의의

인공지능법학이 무엇을 다루는지 살펴보려면 인공지능법학이 연구 대상으로 삼는 인공지능이란 무엇인지 검토할 필요가 있다. 이에 제2장에서는 논의의 출발점으로서 인공지능이란 무엇인지, 인공지능에는 어떤 유형이 있는지, 인공지능은 그동안 어떻게 발전해 왔는지 살펴보겠다.

Ⅰ. 인공지능의 개념

1. 인공지능이라는 용어

'인공지능'(Artificial Intelligence: AI)이란 단순하게 정의하면 '인간의 사고능력을 인공적으로 구현한 기계'라고 말할 수 있다. 인공지능이라는 용어는 1956년 여름 미국 동부의 다트머스대학교에서 열린 워크숍에서 시작한다. 현대 인공지능의 아버지라 불리는 4명의 학자, 즉 존 매카시(John McCarthy), 마빈 민스키(Marvin Minsky), 앨런 뉴웰(Allen Newell), 허버트 사이먼(Herbert Simon)이 참여한 전설적인 다트머스대학교 여름 워크숍에서 인공지능이라는 용어가 처음 사용되었다.[1]

그런데 이러한 인공지능이 정확하게 무엇인지 정의하는 것은 쉽지 않다. 왜냐하면 이에 관해서는 다양한 개념 정의가 존재하기 때문이다.[2]

---

1 마쓰오 유타카, 박기원 (옮김), 『인공지능과 딥러닝: 인공지능이 불러올 산업구조의 변화와 혁신』 (동아엠엔비, 2016), 65–67쪽.
2 마쓰오 유타카, 위의 책, 54쪽 아래 참고.

2. 지능 개념의 다원성

그 이유는 무엇 때문일까? 일단 인공지능이 목표로 하는 '지능' 개념이 의미하는 바가 명확하지는 않다. 전통적으로 지능은 지성, 즉 '이해력' 혹은 '오성'을 뜻하였다. IQ 테스트가 이를 잘 보여준다. 전통적인 지능 개념에서는 언어적·논리적·수리적 사고능력이 중심적인 지위를 차지하였다.

그렇지만 이후 미국 하버드대학교의 심리학자 가드너(Howard Gardner)가 '다중지능' 개념을 제안하면서 지능이 포괄하는 개념의 외연은 더욱 확장된다.[3] 단순히 논리적·수리적 사고능력만이 인간의 지능을 대변하지는 않게 된 것이다. 전통적인 논리·수학지능, 언어지능뿐만 아니라 음악지능, 신체운동지능, 공간지능, 대인관계지능, 자기이해지능, 자연이해지능, 영성지능 등이 새롭게 지능 개념에 포섭되었다. 이러한 맥락에서 최근에는 IQ 테스트를 대신하는 EQ 테스트가 새로운 정신 능력 테스트 척도로 대두하기도 하였다.

3. 인공지능의 범위 확장

이처럼 언어적·논리적·수리적 사고를 염두에 두었던 인간의 지능 개념은 지속적으로 그 외연이 확장되었다. 이로 인해 인공지능이 목표로 하는 사고 능력의 범위 역시 확장되었다. 그 때문에 현재 이른바 '강한 인공지능'(strong AI) 개발을 목표로 하는 과학자들은 인간처럼 생각할 뿐만 아니라 인간과 감정적으로 소통할 수 있는 인공지능을 개발하는 것을 목표로 삼는다. 영화 "Her"나 "Ex Machina"에서 묘사하는 여성 인공지능이 이를 예증한다. 이들 영화에서 그리는 여성 인공지능은 실제 남성 인간과 사랑을 나누면서 자신의 욕망을 채우려 하기 때문이다. 이렇게 보면 인공지능이 목표로 하는 지능 개념을 종전의 IQ 테스트처럼 언어적·논리적·수학적 사고능력에 한정하는 것은 타당하지 않다. 오히려 현대 인공지능 과학이 목표로 하는 지능 개념은 인간처럼 사고하고 느끼며 소통할 수 있는 능력, 독일의 철학자 칸트식으로 말하면 순수이성, 실천이성, 판단력을 모두 포괄하는 능력이라고 말할 수 있다.

---

[3] 다중지능 이론에 관해서는 하워드 가드너, 김동일 (옮김), 『지능이란 무엇인가?: 인지과학이 밝혀낸 마음의 구조』(사회평론, 2016) 참고.

4. 인공지능의 정의

이러한 맥락에서 보면 인공지능은 다음과 같이 정의하는 것이 바람직하다. 인공지능이란 인간이 수행하는 일체의 정신능력을 인공적으로 구현한 기계를 뜻한다. 현대 체계이론(systems theory)의 견지에서 다시 말하면, 인공지능이란 인간의 심리체계를 인공적으로 구현한 기계적 체계로 정의내릴 수 있을 것이다.[4]

II. 인공지능의 유형

인공지능은 흔히 다음과 같은 유형으로 구별된다. 우선 널리 알려진 유형으로 '강한 인공지능'(strong AI)과 '약한 인공지능'(weak AI)을 언급할 수 있다.[5] 나아가 좁은 인공지능(Artificial Narrow Intelligence: ANI)과 범용 인공지능(Artificial General Intelligence: AGI)으로 구별되기도 한다. 전자의 유형이 인공지능이 가진 정신 능력의 정도에 따른 것이라면, 후자의 유형은 인공지능이 활용될 수 있는 영역의 범위에 따른 것이라 할 수 있다.

1. 강한 인공지능과 약한 인공지능

(1) 강한 인공지능

강한 인공지능은 인간과 모든 면에서 동일한 정신 능력을 갖춘 인공지능을 말한다. 다중지능이론의 견지에서 말하면 인간이 가진 아홉 가지 지능을 모두 갖춘 인공지능이 강한 인공지능에 해당한다. 쉽게 말해 인간처럼 사고하고 판단할 뿐만 아니라 다른 인간들과 감정적으로 소통하고 자율성과 반성적 사고능력을 갖춘 인공지능이 강한 인공지능인 셈이다. 특히 법학과 관련해 중요한 점은 강한 인공지능은 인간처럼 규범적 판단능력도 갖추고 있어야 한다는 것이다.

---

4 현대 체계이론과 심리체계에 관해서는 Niklas Luhmann, *Soziale Systeme: Grundriß einer allgemeinen Theorie* (Frankfurt/M., 1984), 15쪽 아래 참고.

5 '강한 인공지능'과 '약한 인공지능'은 '강인공지능'과 '약인공지능'으로 불리기도 한다.

강한 인공지능은 더욱 엄밀하게 말하면 다시 두 가지로 구별할 수 있다. '강한 인공지능'과 '초인공지능'(Artificial Super Intelligence: ASI)이 그것이다. 강한 인공지능이 인간의 능력을 목표로 하는 것이라면, 초인공지능은 강한 인공지능이 '특이점'(singularity)을 맞아 자기 진화를 거쳐 인간의 능력을 초월하게 된 인공지능을 말한다. 머지않아 특이점이 도래할 것이라고 주장하는 인공지능의 권위자 커즈와일(Ray Kurzweil)은 특이점을 기점으로 하여 출현하는 초인공지능의 능력은 인간의 상상을 초월할 것이라고 예견한다.[6] 그러나 아직 대다수의 인공지능 학자들은 조만간 강한 인공지능이 실현될 수 있을지, 실제로 강한 인공지능이 가능한지에는 회의적인 반응을 보인다.

(2) 약한 인공지능

1) 개념

약한 인공지능이란 아직 인간과 동등한 정신능력을 갖추지 못한 인공지능을 말한다. 현재 우리가 구현한 인공지능은 여전히 약한 인공지능의 단계에 머물러 있다. 현재의 인공지능은 인간처럼 자율적으로 사고할 수 없다. 예를 들어 세기의 바둑대결에서 이세돌 9단과 커제 9단을 모두 이긴 알파고는 이제 바둑기술이라는 측면에서는 인간을 능가한 존재가 됐지만, 여전히 알파고는 기존에 정해진 (중국식) 바둑의 규칙 안에서만 작동할 수 있을 뿐이었다. 더 나아가 알파고는 바둑이 과연 유용한 게임인지를 반성적·비판적으로 사고할 수 있는 능력도 갖추고 못했다. 이 점에서 알파고는 정신능력이라는 측면에서는 여전히 인간보다 약한 인공지능이라고 말할 수 있다.

2) 약한 인공지능의 네 단계

약한 인공지능은 발전 단계에 따라 크게 네 단계로 구별되기도 한다.[7]

제1단계의 인공지능은 아직 본격적인 인공지능이라고 말할 수 없는 단순한 '제어 프로그램'을 지칭한다. 제어 공학이나 시스템 공학에서 연구되는 제어 프로

---

6 레이 커즈와일, 김명남·장시형 (옮김), 『특이점이 온다: 기술이 인간을 초월하는 순간』(김영사, 2007) 참고.
7 마쓰오 유타카, 앞의 책, 54쪽 아래 참고.

그램은 우리가 일상생활에서 사용하는 각종 전자제품에서 흔히 발견할 수 있다. 에어컨이나 청소기, 세탁기 등에 사용되는 제어 프로그램이 바로 이러한 제1단계의 인공지능에 해당한다.[8]

제2단계의 인공지능은 고전적인 인공지능을 말한다. 본격적인 인공지능이라고 말할 수 있다. 전통적인 각종 바둑프로그램이나 청소로봇 등이 이러한 제2단계 인공지능에 해당한다. 공학적 견지에서 말하면 "입력과 출력 관계를 맺는 방법이 세련되어 입력과 출력의 조합수가 극단적으로 많은 경우"를 뜻한다.[9]

제3단계의 인공지능은 제2단계의 인공지능과는 달리 기계학습을 통해 스스로 학습할 수 있는 인공지능을 말한다. 수학적 알고리즘에 힘입어 다량의 데이터에서 특정한 패턴을 찾아내는 빅데이터 과학을 수용한 인공지능이라고 말할 수 있다.[10]

제4단계의 인공지능은 '딥러닝'(deep learning)을 수용한 인공지능을 뜻한다. 여기서 딥러닝이란 인공 신경망 기술을 받아들여 기계학습을 한 차원 더욱 발전시킨 학습 방법으로 다량의 데이터에서 일반 개념이나 특징을 추상화할 수 있는 능력을 학습시키는 방법을 말한다.[11] 요컨대 제4단계의 인공지능은 경험적인 데이터에서 일반적인 개념이나 규칙, 특징 등을 추상적으로 이끌어낼 수 있는 인공지능인 것이다. 구글 딥마인드의 알파고가 가장 대표적인 제4단계 인공지능에 해당한다.

2. 좁은 인공지능과 범용 인공지능

좁은 인공지능과 범용 인공지능은 인공지능이 활용되는 영역, 즉 기능의 범위를 기준으로 하여 구별한 것이다.

좁은 인공지능은 특정한 영역에 한정되어 활용되는 인공지능을 말한다. 중국식 바둑에 특화된 알파고가 이에 해당한다. 지금까지 우리가 구현했던 약한 인공지능은 대부분 좁은 인공지능에 속하였다. 그 때문에 양자는 거의 같은 의미로 사용되기도 하였다.

---

8 물론 이를 인공지능이라고 부를 수 있을지에는 논란이 있다.

9 마쓰오 유타카, 앞의 책, 54쪽.

10 빅데이터에 관해서는 양천수, 『빅데이터와 인권: 빅데이터와 인권의 실제적 조화를 위한 법정책적 방안』(영남대학교출판부, 2016), 26쪽 아래 참고.

11 딥러닝에 관해서는 마쓰오 유타카, 앞의 책, 148쪽 아래 참고.

범용 인공지능은 특정 영역을 넘어 다양한 영역에서, 더 나아가 모든 영역에서 일반적으로 활용되는 인공지능을 말한다. 얼마 전까지만 해도 범용 인공지능은 미래의 이야기로 예측되기도 하였지만 이제 범용 인공지능은 현실이 되었다. ChatGPT가 이를 보여준다. 특히 GPT-4가 상용화되면서 범용 인공지능은 우리가 접하는 인공지능이 되었다. 그 때문에 유럽연합 인공지능법은 이를 'General Purposes AI Model'이라는 개념으로 포섭하여 규율한다. 이러한 범용 인공지능은 다양한 인공지능 서비스와 결합할 수 있다는 점에서 '파운데이션 모델'(Foundation Model)로 지칭되기도 한다.

3. 인공지능과 로봇

한편 인공지능과 구별해야 할 것으로서 로봇이 있다. 인공지능과 로봇은 개념, 실체, 기능의 면에서 서로 구별되지만 겹치는 부분도 많이 있다. 그 때문에 인공지능의 법적 문제를 다룬 연구 가운데는 양자를 혼용하는 경우도 종종 발견된다.[12] 그러나 개념적으로는 양자를 분명히 구별하는 것이 바람직하다.[13] 왜냐하면 인공지능이 인간의 정신 능력을 인공적으로 구현한 기계라면, 로봇은 인간의 육체를 인공적으로 구현한 기계이기 때문이다. 체계이론의 용어로 바꿔 말하면 인공지능이 인간의 심리체계를 인공적으로 모방한 기계적 체계라면, 로봇은 인간의 생명체계를 기계적으로 구현한 체계인 것이다.

양자를 구별해야 할 필요가 있는 것은 법적인 쟁점과 관련하여 주로 문제가 되는 영역은 인공지능이지 로봇은 아니기 때문이다. 물론 인공지능을 갖춘 로봇, 즉 지능형 로봇은 어느 정도 스스로 판단할 수 있는 능력을 갖추고 있다는 점에서 법적 주체성이나 책임능력과 같은 법적 쟁점의 대상이 될 수는 있다. 이와 달리 정교한 인공지능을 갖추지 않은 단순한 로봇은 여느 기계처럼 도구이자 수단에 지나지 않는다는 점에서 법적 측면에서 큰 문제가 되지는 않는다. 이러한 근거에서 인공지능이나 로봇에 관한 법적 문제를 다루고자 할 때는 양자를 분명하게 구별하면서 과연 어느 쪽과 관계가 있는지 명확하게 밝힐 필요가 있다. 이러한 맥락에서 보

---

12 이를테면 김영환, "로봇 형법(Strafrecht für Roboter)?", 『법철학연구』 제19권 제3호(2016. 12), 143쪽 아래 참고.
13 마쓰오 유타카, 앞의 책, 49쪽 아래 참고.

면 최근 인공지능 혹은 로봇에 관해 법적으로 이슈가 되는 부분은 로봇보다는 인공지능과 더욱 관련을 맺는다고 말할 수 있다. 마치 자율성이 인간이 수행하는 법적 행위의 핵심이 되는 것처럼 말이다. 이 점에서 최근 독일에서 논의되는 '로봇형법'이라는 개념보다는 '인공지능형법'이라는 개념이 더욱 적절한 게 아닌가 한다.[14]

Ⅲ. 인공지능의 발전 과정

인공지능에 관한 일반론의 마지막으로서 인공지능이 그동안 어떻게 발전해 왔는지 간략하게 조감한다.[15] 대개의 지적 발전이 그런 것처럼 인공지능 역시 선형적·비례적으로 발전해 온 것은 아니었다. 일본의 인공지능 전문가 마쓰오 유타카는 그동안 인공지능은 세 번의 붐과 두 번의 겨울을 경험했다고 한다. 세 번의 붐이란 인공지능에 관한 관심이 비약적으로 발전하던 때를 말한다. 두 번의 겨울이란 인공지능에 관한 관심이 침체기에 머물러 있던 때를 말한다. 여기서 첫 번째 붐은 '추론과 탐색의 시대'를 말하고, 두 번째 붐은 '전문가 시스템'의 시대를 말하며, 세 번째 붐은 '기계학습'과 '딥러닝'이 각광을 받는 지금 시기를 말한다. 그리고 첫 번째 겨울은 첫 번째 붐과 두 번째 붐 사이의 시기를, 두 번째 겨울은 두 번째 붐과 세 번째 붐 사이의 시기를 말한다.

1. 추론과 탐색의 시대

인공지능에 관한 첫 번째 붐이 일어나던 시대는 '추론과 탐색의 시대'라고 말할 수 있다. 대략 1950년대 후반부터 1960년대까지가 이 시기에 해당한다. 인공지능이 태동하던 이 시기에는 인공지능에게 논리적 추론 능력과 탐색 능력을 가르쳐주면 인공지능이 인간처럼 사고하고 판단할 수 있으리라 생각하였다. 이를 위해 인공지능 학자들은 인공지능에게 미로를 탐색할 수 있는 능력이나 다양한 퍼즐을

---

14 독일의 논의에 관해서는 우선 E. Hilgendorf/J.‒Ph. Günther (Hrsg.), *Robotik und Gesetzgebung* (Baden‒Baden, 2013) 참고.
15 이는 약한 인공지능의 네 단계와 겹친다. 이에 관한 상세한 내용은 마쓰오 유타카, 앞의 책, 62쪽 아래 참고.

푸는 방법을 가르쳤다. 그렇지만 제1세대 인공지능은 복잡한 퍼즐은 풀 수 있었지만 현실적인 문제는 간단한 것도 해결할 수 없었다.

2. 전문가 시스템의 시대

제1차 인공지능의 겨울이 지나간 이후 1980년대에 제2차 인공지능의 붐이 일어난다. 이 시기는 '전문가 시스템의 시대'라고 말할 수 있다. 이 시기에는 인공지능에게 특정 전문 분야의 방대한 지식을 학습시킴으로써 해당 전문 분야의 현실 문제를 해결할 수 있도록 하였다. 이를테면 인공지능에게 의학에 관한 방대한 정보를 입력함으로써 인공지능이 현실의 의학적 문제를 해결할 수 있도록 한 것이다. 그렇지만 이러한 전문가 시스템이 제대로 작동하기 위해서는 인공지능에 지식을 입력할 때 이를 정확하게 개념화·유형화하여 입력해야 한다는 문제가 있었다. 법학방법론의 견지에서 다시 말하면 현실의 복잡한 법적 문제를 해결할 수 있도록 법규범 자체를 이에 맞게 복잡하고 방대하게 개념화·체계화해야 한다는 것이다. 또한 전문가 시스템은 종전에 지식으로 입력해 놓지 않은 새로운 문제를 만나게 되면 이를 해결할 수 없다는 문제도 갖고 있었다. 이를테면 유추 능력을 갖지 못한 것이다. 결국 전문가 시스템 역시 현실의 복잡하고 다양한 문제를 해결할 수 없었다. 이 때문에 1980년대 이후 제2차 인공지능의 겨울이 찾아온다.

3. 기계학습과 딥러닝의 시대

제2차 인공지능의 겨울이 지나고 2000년대에 접어들면서 제3차 인공지능의 붐이 일어난다. 이른바 '기계학습과 딥러닝의 시대'가 시작된 것이다. 특히 2012년부터 본격화된 딥러닝은 인공지능 역사에서 일종의 혁명으로 평가된다.[16] 앞에서 언급한 것처럼 기계학습은 인공지능이 스스로 학습할 수 있도록 하는 방법을 말한다. 이전의 인공지능은 스스로 학습할 수 있는 능력을 갖추지 못하였다. 그 때문에 데이터를 입력할 때 인간 전문가가 매번 개념과 기준 등을 설정해 주어야만 했다.

이와 달리 기계학습을 한 인공지능은 기존의 데이터를 분석함으로써 스스로

---

16 마쓰오 유타카, 앞의 책, 151쪽.

새로운 지식을 획득할 수 있게 되었다. 이렇게 기계학습이 가능해진 것은 2000년을 전후로 하여 새롭게 빅데이터 시대가 개막된 것과 무관하지 않다.

나아가 딥러닝이 개발되면서 이제 인공지능은 스스로 학습할 수 있을 뿐만 아니라 다양한 데이터에서 일반적인 개념이나 규칙 등을 추론할 수 있는, 달리 말해 구체적인 현상을 추상화할 수 있는 능력까지 갖추게 되었다. 이를테면 이전의 인공지능은 사람이면 쉽게 알아볼 수 있는 다양한 손글씨를 인식할 수 없었다. 그래서 각종 인터넷 사이트 등에서 회원가입을 하거나 로그인을 할 때 일그러진 문자를 입력하도록 하는 때가 많았다. 종전의 인공지능은 이를 알아볼 수 없었다. 그런데 이제는 딥러닝을 함으로써 인공지능도 이렇게 손글씨로 쓴 것처럼 일그러진 문자를 인식할 수 있게 된 것이다. 이렇게 딥러닝이 개발되면서 이제는 강한 인공지능이 그리 멀지 않았다는 주장도 증가하는 편이다.

4. 분석

지금까지 진행된 인공지능의 발전 과정을 보면 이러한 과정이 철학적·법적 사유 방식과 상당히 닮았다는 인상을 받는다. 이를테면 추론과 탐색을 강조한 제1세대 인공지능은 일반원리를 통해 문제를 해결하고자 한 합리주의 전통과 유사하다. 법적 사유 방식이라는 측면에서 보면 제1세대 인공지능은 보편적인 개념과 체계를 정립함으로써 모든 법적 문제를 해결하고자 했던 19세기 독일의 판덱텐 법학의 사유 방식과 유사하다.[17]

이에 대해 제2세대 인공지능은 경험이 지식을 만든다는 경험주의 전통을 따른다. 경험주의 전통처럼 전문적인 영역에 관한 지식을 입력함으로써 인공지능이 해당 전문영역의 문제를 풀 수 있다고 본 것이다. 이는 기존에 축적된 판례에 힘입어 법적 문제를 해결하고자 하는 영미법학의 방법론적 전통과 유사하다. 제1세대 인공지능이 논리적 규칙을 습득하는 데 중점을 두었다면, 제2세대 인공지능은 경험적 지식을 학습하는 데 초점을 맞춘 것이다.

마지막으로 제3세대 인공지능은 방법론적 측면에서 볼 때 합리주의의 전통과 경험주의의 전통을 종합하고 있는 것으로 보인다. 왜냐하면 제3세대 인공지능은

---

17 판덱텐 법학에 관해서는 양천수, "개념법학: 형성, 철학적·정치적 기초, 영향", 『법철학연구』 제 10권 제1호(2007), 233-258쪽 참고.

알고리즘이라는 수학적 논리로 각종 빅데이터를 분석한 후 이러한 경험적 데이터에서 새로운 개념이나 논리 등을 획득하기 때문이다. 여기서 알 수 있듯이 제3세대 인공지능에서는 '논리 → 경험 → 논리'가 마치 법해석학(juristische Hermeneutik)이 강조하는 해석학적 순환처럼 순환적으로 이루어진다.[18] 이러한 인공지능의 발전 과정은 우리의 법체계나 법적 사고가 어떤 방향으로 발전해야 하는지에 유익한 시사점을 제공한다.

---

[18] 해석학적 순환에 관해서는 우선 Hans－Georg Gadamer, *Wahrheit und Methode* (Tübingen, 1975), 275쪽 아래 참고.

인공지능 기술의 발전

I. 서론

제2장에서 살펴본 것처럼 인공지능은 인간의 지능을 인공적으로 구현한 기계적 체계로 볼 수 있다. 이러한 이해 방식이 시사하는 것처럼 인공지능은 기계적 체계로서 과학을 포함하는 기술로 구현된다. 이러한 인공지능 기술은 오늘날 놀라운 속도로 발전한다. 이는 매번 우리의 예상을 뛰어넘을 정도이다. 이에 제3장에서는 그동안 인공지능 기술이 어떻게 발전해 왔는지 개관한다. 이를 통해 인공지능이 현재 어떤 법적 문제를 야기하는지에 관해 유익한 시사점을 얻고자 한다. 인공지능 기술이 새롭게 발전할수록 이에 발맞추어 법적 문제 역시 새롭게 출현하기 때문이다.

II. 인공지능 기술의 기본 구조

먼저 인공지능 기술이 무엇으로 구성되고 어떤 방식으로 우리 사회에서 구현되는지 살펴볼 필요가 있다. 이는 인공지능 기술이 어떻게 발전해 왔는지를 이해하는 데 도움이 되기 때문이다.

인공지능이 성공적으로 구현되려면 크게 세 가지 요소가 필요하다. 데이터, 소프트웨어, 하드웨어가 그것이다. 사실 인공지능을 구현하는 데 필요한 이론은 이미 1950년대에 상당 부분 완성되었다. 그렇지만 그 당시에는 이를 뒷받침할 수 있는 하드웨어나 충분한 데이터가 존재하지 않아 인공지능을 실현하는 데 실패하였다.

1. 데이터

우선 인공지능이 구현되려면 데이터, 더욱 정확하게 말해 기계학습을 하는 데 충분한 빅데이터가 필요하다.[1] 데이터가 적절하게 수집 및 활용되지 않으면 인공지능이 제대로 작동하기 어렵다. 사실 이는 현재 우리나라가 인공지능 기술을 개발하는 데 큰 장벽이 된다. 사전동의 방식의 개인정보 자기결정권을 제도화하는 우리 「개인정보 보호법」의 기본 방향으로 인해 특히 개인 데이터를 수집 및 활용하는 것이 쉽지 않다. 이로 인해 이에 관한 논의가 치열하게 전개된다. 이러한 일환으로 2020년에 이른바 데이터 3법이 개정되기도 하였지만 이 문제는 여전히 뜨거운 화두로 남아 있다.[2]

2. 알고리즘

다음 인공지능이 작동하는 데 필수적인 소프트웨어(software), 즉 알고리즘이 필요하다. 일반적으로 알고리즘은 특정한 문제를 해결하는 데 사용되는 절차의 집합으로 정의된다. 달리 말하면 알고리즘은 문제를 풀어가는 데 필요한 추론 규칙의 집합으로 볼 수 있다. 이렇게 보면 알고리즘은 민법학이나 형법학 등과 같은 실정법학에서 사용하는 법리 또는 법도그마틱(Rechtsdogmatik)과 유사하다.[3] 법리 또는 법도그마틱 역시 법적 분쟁을 해결하는 데 원용되는 논리적 추론 규칙을 체계적으로 모아 놓은 것으로 볼 수 있기 때문이다. 이러한 알고리즘은 인공지능을 움직이는 데 필수적인 프로그램의 핵심적 요소가 된다. 오늘날에는 머신러닝과 딥러닝 기법이 핵심적인 소프트웨어로서 인공지능 혁명을 견인한다.

3. 하드웨어

나아가 인공지능을 가동하고 사회적으로 이용하기 위해서는 하드웨어(hardware)

---

1 빅데이터에 관해서는 양천수, 『빅데이터와 인권』(영남대학교 출판부, 2016) 참고.
2 이에 관해서는 김서안, "데이터 3법 개정의 의미와 추후 과제", 『융합보안 논문지』 제20권 제2호 (2020), 59-68쪽 참고.
3 법리에 관해서는 권영준, 『민법학의 기본원리』(박영사, 2020), 28쪽 아래 참고.

가 필요하다. 이러한 하드웨어로는 다양한 것을 생각할 수 있지만 중요한 것으로 크게 두 가지를 언급할 수 있다. 반도체 기술과 로봇 기술이 그것이다.

처음 인공지능 기술이 구상될 때는 이를 구현하는 데 필요한 적절한 반도체 기술이 개발되지 못하였다. 그 때문에 탁월한 이론을 현실에서 적용하지 못하였다. 하지만 그 사이 반도체 기술이 비약적으로 발전하면서 이제는 딥러닝과 같은 고도의 알고리즘을 실현하는 게 가능해졌다.

더불어 인공지능을 현실에서 사용하려면 고도로 발전한 로봇 기술이 필요한 경우가 많다. 인공지능이 현실세계에서 인간처럼 이용되려면 인간의 행동을 구현할 수 있는 로봇 기술이 필요하기 때문이다. 또는 자율주행자동차처럼 현실세계에서 안전하게 움직일 수 있어야 한다. 이로 인해 오늘날에는 인공지능이 대부분 인공지능 로봇 또는 지능형 로봇으로 이용된다.

Ⅲ. 인공지능 기술의 발전

1. 개관

인공지능의 발달은 곧 인공지능 기술의 발전을 뜻한다. 인공지능이 크게 세 단계를 거치며 발전을 해온 것처럼 인공지능 기술도 크게 세 단계를 거치며 발전을 거듭해 왔다. 여기에 단순한 제어 기술까지 포함하면 현재까지 진행된 인공지능 기술의 발전 단계는 네 단계로 구획할 수 있다.

인공지능 기술의 전 단계는 공학이나 사이버네틱스(cybernetics)에서 즐겨 연구되는 제어 기술이라 할 수 있다.[4] 이어 추론과 탐색의 시대 및 전문가 시스템을 맞아 본격적인 인공지능 기술이 등장 및 발전한다. 그러나 인공지능의 역사가 보여주듯이 이들 기술은 곧 한계에 직면하였다. 이들 인공지능에는 응용 능력이 부족했던 것이다. 그러나 뇌의 학습방법을 모방한 딥러닝이 구현되면서 인공지능 기술은 새로운 도약을 맞게 된다.

---

4 사이버네틱스는 일반 제어학 또는 일반 조종학으로 정의할 수 있다. 최근에는 인공두뇌학으로 지칭되기도 한다. 사이버네틱스에 관해서는 Norbert Wiener, *Cybernetics or Control and Communication in the Animal and the Machine*, Reissue of The 1961 Second Edition (The MIT Press, 2019) 참고.

2. 입력/출력 모델

인공지능은 일종의 체계(system)에 해당한다. 인공지능을 포함하는 체계의 작동 방식에 관해서는 전통적으로 입력(input)/출력(output) 모델 또는 투입/산출 모델이 원용되었다.[5] 체계와 환경을 구별하면서 환경으로부터 체계로 데이터가 들어오는 경우를 입력으로, 체계로부터 환경으로 데이터의 처리 결과가 나오는 경우를 출력으로 규정한다. 인공지능을 기준으로 보면 인공지능에 특정한 데이터를 제공하는 것을 입력으로, 이를 인공지능이 처리하여 특정한 결과를 도출하는 것을 출력으로 파악할 수 있다. 이때 입력과 출력의 관계를 어떻게 설정할 것인지는 인공지능 기술이 결정한다. 특히 알고리즘이 이러한 역할을 수행한다.

전통적인 제어 기술이나 추론과 탐색의 시대에 개발된 인공지능 기술은 주로 입력과 출력의 관계를 조종하는 알고리즘을 개발하는 데 집중하였다. 사이버네틱스의 성과를 고려하여 입력과 출력의 관계를 설정할 때 반성적 구조, 즉 환류(feedback) 구조를 고려하였다. 그렇지만 추론과 탐색이라는 용어가 시사하듯이 이때는 주로 합리적인 이성을 기반으로 하여 알고리즘을 개발하였다. 이로 인해 인공지능은 환경이 가진 복잡성에 적절하게 대응하는 데 한계를 보였고 사소한 문제를 해결하는 데도 애를 먹었다.

추론과 탐색의 시대 이후에 등장한 전문가 시스템 시대에는 환경과 인공지능의 입력 관계에 초점을 맞추었다. 인공지능이라는 체계가 환경에서 발생하는 다양하고 복잡한 문제를 풀 수 있도록 미리 방대하고 전문화된 데이터를 인공지능에 입력하는 데 관심을 기울인 것이다. 예를 들어 의료 인공지능이 의학 문제를 적절하게 해결할 수 있도록 방대한 의료 전문지식을 인공지능에 입력하는 데 집중하였다. 그러나 이러한 방식도 인공지능이 실제 문제를 해결하는 데 기여를 하지는 못하였다.

이후 인공지능의 새로운 시대가 도래하면서 연구자들은 인공지능이 제대로 작동하려면 두 가지 요소가 필요하다는 것을 발견한다. 첫째는 방대한 데이터이고 둘째는 마치 인간의 뇌처럼 작동할 수 있는 알고리즘이다. 이를 계기로 기계학습과 딥러닝의 시대가 열린다.

---

[5] 컴퓨터 공학에서는 입력/출력이라는 용어가, 사회과학에서는 투입/산출이라는 용어가 주로 사용된다.

3. 신경망 학습과 딥러닝

딥러닝이 구현되기 이전까지 인공지능 기술은 주로 합리적인 이성의 측면에서만 기술에 접근하였다. 이는 인간의 정신이 합리적인 이성에 기반을 둔다는 믿음을 전제로 한다. 그렇지만 인공지능 기술이 계속 실패를 거듭하면서 연구자들은 그 원인을 파악하고자 노력하였다. 그 와중에 흥미로운 현상을 발견한다. 인공지능은 인간이 못하는 것, 이를테면 고도의 계산이나 추론은 잘할 수 있는 반면 인간이 손쉽게 하는 것, 예를 들어 직립보행을 한다거나 고양이 등을 구별하는 것은 좀처럼 하지 못한다는 것이다. 이에 인공지능 연구자들은 이성, 즉 로고스에 의해서만 인공지능을 개발하고자 하는 대신 인간의 뇌를 연구하여 인공지능을 구현하고자 하였다. 인간의 뇌가 실제로 작동하는 방식을 고찰하고 이를 인공지능 기술에 적용함으로써 인간처럼 생각할 수 있는 인공지능을 개발하고자 한 것이다.

딥러닝은 이러한 통찰이 낳은 결과물이다. 딥러닝은 인간의 뇌와 같은 동물의 뇌가 심층신경망(Deep Neural Network: DNN)을 통해 외부세계를 인지한다는 것을 모방한 것이다. 인간의 뇌는 심층적으로 구성된 여러 단계를 거쳐 그 무엇인가를 인식하는데 이러한 심층적·다단계적 인식 과정을 인공적으로 구현한 것이 바로 딥러닝이다. 그 점에서 딥러닝은 실제 신경망(neural network)이 학습하는 과정을 실현한 것이다.

4. 인공지능 기술의 발전

(1) 검색 모델과 생성 모델

딥러닝이 구현되면서 이를 기반으로 하여 다양한 인공지능 기술이 개발 및 발전한다. 대표적인 예로 챗봇에서 활용되는 생성 모델을 언급할 수 있다. 인간과 소통하는 챗봇을 개발하는 데 사용되는 기술은 크게 두 가지로 구별할 수 있다. 검색 모델(retrieval model)과 생성 모델(generative model)이 그것이다.

검색 모델은 이미 입력된 데이터를 검색하는 방식을 활용하여 채팅을 구현하는 모델을 말한다. 그 점에서 검색 모델은 딥러닝 기반의 모델이라기보다는 전문가 시스템의 모델에 가깝다.

이에 반해 생성 모델은 입력된 데이터를 기반으로 하여 새로운 데이터를 생성하는 모델을 말한다. 그 점에서 창의성이 인정되는 모델로 볼 수 있다. 사람 사이에서 이루어지는 소통은 정형화된 면도 있지만 다양한 변화 가능성을 전제로 한다. 언어이론의 측면에서 보면 의미론, 구문론, 화용론의 차원에서 변화 가능성 또는 생성 가능성이 보장되어야 비로소 인간다운 소통 혹은 채팅을 할 수 있다. 그 점에서 생성 모델의 혁신성을 인정할 수 있다.

(2) GPT-3

대표적인 생성 모델로 '오픈AI'(OpenAI)가 개발한 언어 인공지능 모델 GPT-3을 언급할 수 있다.[6] GPT-3(Generative Pre-trained Transformer-3)은 딥러닝을 적용하여 언어 생성 모델로 인간다운 소통 텍스트를 만들어내는 자기회귀 언어 모델이다. OpenAI사가 만든 GPT-n 시리즈의 3세대 언어 예측 모델이다. GPT-3은 인간과 유사하게 창의적으로 채팅을 할 수 있어 기존 채팅 로봇의 한계를 넘어선 것으로 평가된다. 이로 인해 그 위험성도 경고된다. 악용될 수 있다는 것이다.[7]

(3) 오토 ML

입력과 출력 사이에 자율성이 보장되지 않는 기존 인공지능 기술과는 달리 딥러닝은 인공 신경망으로 인간의 사고방식을 모방해 어느 정도 자율적으로 추상적 사고를 수행할 수 있다. 그렇지만 이러한 딥러닝도 여전히 사람의 손길이 필요하였다. 딥러닝도 튜닝(tuning)을 필요로 한 것이다.[8] 예를 들어 더 좋은 출력값을 얻기 위해서는 인간 개발자가 아키텍처를 변경하거나 하이퍼파라미터를 조절해야 한다. 인공지능 스스로가 자신에게 적용된 딥러닝의 기본 구조를 환경에 맞게 조절할 수는 없었다. 말을 바꾸면 마치 생명체계처럼 딥러닝을 갖춘 인공지능 체계가 변화하는 환경에 맞게 반성적으로 작동할 수는 없었던 것이다.

하지만 최근 오토 ML(Automated Machine Learning)이 개발되면서 딥러닝도 새

---

6 김종윤, "GPT-3, 인류 역사상 가장 뛰어난 '언어 인공지능'이다", 『인공지능신문』(2020. 8. 14) 참고.

7 그리고 이를 이어 개발된 GPT-3.5 모델이 바로 유명한 ChatGPT이다. 이를 통해 생성형 인공지능의 시대가 본격적으로 개막되었다.

8 이주열·김명지, "AI 사이언티스트의 숙명 '튜닝'... 학습 모델 최적화에 수작업 필수", 『한경비즈니스』(2021. 1. 6).

로운 차원을 맞게 되었다.[9] 인공지능이 주어진 환경에 최적화될 수 있도록 자신에 부여된 세팅을 자율적으로 개선할 수 있는 기법이 개발된 것이다. 이에 따라 인공지능은 인간 개발자를 대신하여 스스로 하이퍼파라미터를 조절하거나 아키텍처를 변경할 수 있다. 인간 개발자를 튜닝이라는 작업에서 해방시킨 것이다.

딥러닝은 기존의 인공지능 기술을 한 차원 업그레이드하였다. 딥러닝이 구현되면서 입력과 출력 사이의 관계가 선형적 관계에서 블랙박스적인 비선형 관계로 진화하였다. 덕분에 인공지능은 제한된 범위이기는 하지만 입력된 데이터를 자율적으로 처리할 수 있게 되었고 인간처럼 추상적인 사고를 전개할 수 있게 되었다. 이에 더하여 오토 ML은 새로운 혁신을 가져왔다. 주어진 환경을 감안하여 자신에 부여된 구조를 반성적으로 변경할 수 있는 능력을 갖추게 된 것이다. 환경에 적응할 수 있는 진화 역량을 가지게 된 것이다. 이러한 인공지능 기술의 발전 과정을 《표》로 표현하면 아래와 같다.

《표-1》 인공지능 기술의 발전 과정

- 딥러닝 이전의 인공지능 기술 → 주어진 논리적 관계에 따라 입력된 데이터를 처리 → 입력과 출력의 논리적·선형적 연결
- 딥러닝 → 입력된 데이터를 인간의 사고방식처럼 자율적으로 처리 → 입력과 출력의 블랙박스적 연결
- 오토 ML → 주어진 환경에 맞게 인공지능의 구조를 반성적으로 변경 → 입력과 출력의 반성적 연결

Ⅳ. 생성형 인공지능 기술의 발전

1. 개요

딥러닝이 구현되면서 이제 인공지능은 저작물, 즉 음악이나 미술, 시, 소설 등과 같은 특정한 매체로써 창의성을 갖춘 콘텐츠를 생산할 수 있다. 새로운 대중음

---

9 이주열·김명지, 위의 글 참고.

악이나 클래식 음악을 작곡하기도 하고 렘브란트의 화풍을 흉내 낸 새로운 그림을 그리기도 한다. 시나 소설을 쓰기도 하고 메타버스에서 새로운 아바타 캐릭터를 창조하기도 한다. 인공지능이 이러한 저작물을 산출하려면 다음과 같은 요건을 갖추어야 한다. 우선 인공지능이 어느 정도 자율성과 창의성을 발휘할 수 있어야 한다. 다음으로 인간의 음성이나 음악 소리, 그림이나 영상과 같은 이미지, 언어를 모사할 수 있는 기술을 갖추어야 한다. 그런데 오늘날에는 이 두 가지 측면에서 비약적인 발전이 이루어진다.

2. 딥페이크

이에 상응하는 기술로 우선 딥페이크(deepfake)를 언급할 수 있다.[10] 딥러닝과 페이크(fake)를 합성한 개념인 딥페이크는 인공지능이 저작물을 창작하는 데 출발점이 되는 기술이라 말할 수 있다. 딥페이크는 흔히 가짜 동영상을 만드는 데 사용되는 기술로 알려져 있다. 예를 들어 가짜 동영상과 실제 인물을 합성하여 마치 실제 인물이 특정한 행위를 하는 것처럼 보이게 한다. 그 때문에 딥페이크는 범죄적 일탈행위의 수단으로 사용되는 경우가 많다.[11] 그렇지만 딥페이크가 이처럼 부정적인 의미만 가지는 것은 아니다. 딥페이크는 인공지능이 음악이나 미술, 아바타 캐릭터와 같은 창작물을 만드는 데 기여한다.

딥페이크는 크게 두 가지 기술로 구현된다. 비전 AI와 컴퓨터 그래픽스가 그것이다. 이를 '입력/출력 모델'에 대응시켜 말하면 데이터 입력과 관계된 기술이 비전 AI, 이미지 출력과 관계된 기술이 그래픽스이다.

---

10 이에 관해서는 전유진, "인공지능의 두 얼굴, 딥페이크 기술: 딥페이크 사례로 알아보는 인공지능의 현주소", 『국내기사 Secu N』 제144권(2021), 104－105쪽 참고.

11 이에 관해서는 홍태석, "딥페이크 이용 아동성착취물 제작자의 형사책임: 일본의 판례 및 논의 검토를 통하여", 『디지털 포렌식 연구』 제14권 제2호(2020), 139－151쪽; 장우정·김주찬, "딥페이크 합성물에 대한 국내외 입법동향과 형사법적 수용문제: 딥페이크 포르노(Deepfake Pornography)를 중심으로", 『소년보호연구』 제33권 제2호(2020), 273－306쪽; 이경렬·김재원, "허위영상물 제작·반포 범죄에 관한 기술적·형사법적 연구", 『4차산업혁명 법과 정책』 제2호(2020), 131－169쪽 참고.

(1) 비전 AI

비전 AI는 인공지능이 인간처럼 볼 수 있게 하는 기술을 말한다.[12] 비전 AI는 현실세계의 여러 정보를 데이터화, 즉 디지털 데이터로 전환하는 데 기여한다. 그러나 이는 생각보다 매우 어려운 기술이다. 왜냐하면 우리 인간 존재가 쉽게 할 수 있는 외부세계 인식을 인공지능은 오랫동안 제대로 하지 못했기 때문이다. 예를 들어 인간은 특정한 동물이 고양이인지를 직관적으로 쉽게 파악할 수 있지만 인공지능은 이를 수행할 수 없었다. 고양이의 이미지가 조금만 달라져도 인공지능은 이를 고양이로 인식하거나 구별하지 못했다. 그러나 신경망 학습을 도입한 딥러닝이 구현되면서 이제 인공지능도 다양한 이미지를 구별할 수 있게 되었다. 더 나아가 이제 인공지능은 인간보다 더 높은 수준의 확률로 이미지를 구별할 수 있게 되었다. 이를테면 안면인식에 대한 인공지능 기술이 발전하면서 인공지능은 사람보다 사람을 더 잘 식별할 수 있게 되었다.

비전 AI 기술은 안면인식뿐만 아니라 자율주행이나 인기 아이돌 그룹 직캠에도 활용된다.[13] 예를 들어 자율주행자동차는 비전 AI 기술을 활용하여 도로를 안전하게 주행할 수 있다. 도로에서 움직이는 물체가 보행자인지를 식별하여 자동차 사고가 발생하지 않도록 한다. 비전 AI는 메타버스에도 적용된다. 가령 현실세계의 인간 아이돌 그룹을 모사하여 메타버스에서 아바타로 구현할 때 비전 AI가 활용된다. 실제로 네이버의 메타버스 플랫폼인 '제페토'에서는 현실세계의 그룹 블랙핑크의 아바타를 비전 AI를 이용해 창조하기도 하였다.

(2) 컴퓨터 그래픽스

물론 비전 AI만으로 딥페이크나 메타버스의 아바타가 구현될 수 있는 것은 아니다. 비전 AI는 실제세계의 각종 데이터를 AI가 인식할 수 있는 디지털 데이터로 전환하는 데 이바지할 뿐이다. AI가 인식한 데이터를 인간이 알아볼 수 있는 이미지나 이비디 등으로 출력하려면 또다른 기술이 필요하나. 그래픽스가 그것이다.

여기서 말하는 그래픽스는 컴퓨터 사이언스의 일종인 컴퓨터 그래픽스(computer

---

12 비전 AI에 관해서는 박현진, "인공지능의 눈, 비전 AI의 모든 것…", 『인공지능신문』(2019. 1. 8).
13 '직캠'이란 인기 아이돌 그룹의 멤버 중에서 마음에 드는 멤버만을 선별하여 직접 촬영 및 동영상을 제작하는 것을 말한다.

graphics)를 뜻한다. 그래픽스는 실제세계와 같은 현실 이미지를 메타버스와 같은 가상세계에서 구현하는 기술을 말한다. 예를 들어 실제 대학에서 진행되는 입학식이나 졸업식을 메타버스와 같은 가상세계에서 재현하는 것을 들 수 있다. 그 점에서 그래픽스는 비전 AI로 입력한 실제세계의 데이터를 가상세계에서 출력하는 기술이라고 말할 수 있다.

그래픽스는 크게 모델링(modeling), 애니메이션(animation), 렌더링(rendering)으로 구별된다. 이때 모델링이란 컴퓨터 그래픽스를 이용해 가상세계에 3차원의 모형을 만들어내는 것을 말한다. 말하자면 실제세계의 사물이나 사람과 같은 3차원적 존재를 가상세계에서 3차원으로 구현하는 것이다. 다음으로 애니메이션은 이렇게 가상세계에서 구현한 모델을 움직이게 하는 것을 말한다. 3차원의 모형에 운동 또는 시간성을 부여하는 작업이 애니메이션인 것이다. 마지막으로 렌더링은 이미지를 합성해 새로운 이미지를 만들어내는 것을 말한다. 렌더링은 이미지 합성(image synthesis)으로도 불린다. 이러한 렌더링이야말로 딥페이크를 구현하는 데 가장 핵심이 된다고 말할 수 있다.

그래픽스는 모델링, 애니메이션, 렌더링으로 이미지를 구현할 때 RGB 시스템을 이용한다. 여기서 RGB란 red, green, blue의 색깔을 말한다. 세 가지 색깔을 조합해 엄청난 수의 색을 만들어낼 수 있다.

(3) 오토인코더

오늘날 사용되는 딥페이크 기술에는 입력을 담당하는 비전 AI와 출력을 담당하는 컴퓨터 그래픽스가 통합되어 운용된다. 이를 잘 보여주는 예로 오토인코더(Autoencoder)를 들 수 있다.[14] 앞에서 지적한 것처럼 딥페이크는 '입력 → 처리 → 출력'으로 구성된다. 이를 달리 '추출(extraction) → 학습(learning) → 생성(generation)'으로 말할 수 있다. 여기서 인공지능이 학습하는 기술로 오토인코더가 활용된다.

오토인코더는 다음과 같은 단계로 구성된다. '입력 레이어(input layer) → 인코더(encoder) → 디코더(decoder) → 출력 레이어(output layer)'가 그것이다.[15] 우선 입력 레이어 단계에서는 딥페이크를 만드는 데 필요한 이미지 데이터 등이 입력된

---

14 이경렬·김재원, "허위영상물 제작·반포 범죄에 관한 기술적·형사법적 연구", 『4차산업혁명 법과 정책』 제2호(2020), 138-139쪽.

15 이경렬·김재원, 위의 논문, 138쪽.

다. 다음 인코더 단계에서는 입력된 데이터가 인공지능이 알 수 있는 이진법 언어로 분해, 전환 및 축적된다. 나아가 디코더 단계에서는 이렇게 인코딩된 데이터가 새롭게 조합되어 이미지 데이터 등으로 전환된다. 마지막으로 출력 레이어 단계에서는 딥페이크 이미지 등이 생산된다.

3. GAN

초기 딥페이크 기술만으로는 인공지능이 새로운 음악이나 미술 작품처럼 정교하고 창의성이 요구되는 저작물을 만들기 쉽지 않았다. 이러한 상황은 GAN이 개발되면서 급반전한다. GAN, 즉 생성적 적대 신경망(Generative Adversarial Network) 기술이 구현되면서 인공지능 저작물 상황은 새로운 차원으로 접어들었기 때문이다. GAN은 2014년 이안 굿펠로우(Ian Goodfellow)와 그의 동료들이 제시한 새로운 기계학습 프레임워크다.[16]

GAN은 두 개의 인공 신경망을 전제로 한다. 생성 모델(generator)과 식별 모델(discriminator)이 그것이다. 두 개의 신경망 모델은 서로 대립하면서 공존한다. 마치 당사자주의 소송구조(adversarial procedure)에서 각 당사자가 대립하는 과정에서 법관이 소송의 진실을 찾아가는 것처럼, GAN에서도 생성 모델과 식별 모델이 대립하는 당사자로 서로 적대하면서 진짜와 구별되지 않는 가짜를 생성하는 것이다.

굿펠로우는 이를 위조지폐범과 경찰로 비유하였다. 위조지폐범이 위조지폐를 생성하면 경찰은 이를 가짜로 식별한다. 그러면 위조지폐범은 이보다 더 나은 위조지폐를 만들고 경찰은 다시 이를 식별한다. 이러한 환류 과정을 거치면서 위조지폐는 진짜와 거의 구별할 수 없을 정도로 개선된다.

이처럼 생성 모델과 식별 모델은 서로 적대적으로 경쟁하면서 딥페이크 이미지를 개선한다. 이를테면 생성 모델이 데이터를 기반으로 하여 훈련을 한 후 가짜 동영상을 만들면 식별 모델은 가짜 동영상을 감지한다. 그러면 생성 모델은 이에 반성적으로 피드백을 받아 식별 모델이 감지할 수 없을 때까지 가짜를 만들어 낸다.

---

16 Ian Goodfellow/Jean Pouget‒Abadie/Mehdi Mirza/Bing Xu/David Warde‒Farley/Sherjil Ozair/Aaron Courville/Yoshua Bengio, "Generative Adversarial Nets", *Proceedings of the International Conference on Neural Information Processing Systems* (NIPS, 2014), pp. 2672‒2680 참고. GAN에 관한 간단한 설명은 이경렬·김재원, "허위영상물 제작·반포 범죄에 관한 기술적·형사법적 연구", 『4차산업혁명 법과 정책』 제2호(2020), 139‒140쪽 참고.

4. 스타일GAN

그러나 GAN이 합성하는 이미지는 여러 측면에서 불완전하였다. 실제 이미지와 비교할 때 여전히 어색함을 가지고 있었다. 이는 스타일GAN이 개발되면서 해소된다. 스타일GAN(Style−Based Generator Architecture for Generative Adversarial Networks)은 엔비디아(NVIDIA)의 카라스(Tero Karras) 등이 제시한 새로운 GAN 아키텍처이다.[17] 스타일GAN은 어떤 GAN 모델에도 적용할 수 있는 생성(generator) 구조를 제시하고 이미지를 합성하는 과정에서 이미지의 전체적인 스타일과 미세한 부분까지 조정할 수 있다. 이를 통해 이제는 진짜와 거의 구별하기 어려운 가짜 이미지를 생산해 낸다.

5. Few-Shot Adversarial Learning

이외에도 삼성전자 모스크바 AI연구센터가 러시아 스콜코보 과학기술 연구소와 공동으로 개발한 Few−Shot Adversarial Learning은 얼굴 이미지 사진만으로 말하는 얼굴 동영상을 구현한다.[18]

6. 음성합성 기술

GAN과 같은 이미지 합성 기술은 주로 인공지능이 미술 작품이나 동영상 같은 저작물을 생산하는 데 사용된다. 넥스트 렘브란트(The Next Rembrandt)에서 사용된 인공지능이 GAN을 활용하여 렘브란트 화풍을 재현한 그림을 창작한다. 그러나 음악, 특히 실존했던 가수의 목소리를 재현하려면 별도의 기술이 필요하다. 음성합성 기술이 그것이다.[19] 이미지나 동영상 합성과 마찬가지로 최근 음성합성 기술도

---

[17] Tero Karras/Samuli Laine/Timo Aila, "A Style−Based Generator Architecture for Generative Adversarial Networks", IEEE (2019).

[18] Egor Zakharov/Aliaksandra Shysheya/Egor Burkov/Victor Lempitsky, "Few−Shot Adversarial Learning of Realistic Neural Talking Head Models", Proceedings of the IEEE/CVF International Conference on Computer Vision (ICCV) (2019), pp. 9459−9468.

[19] 이에 관해서는 Karen Hao, "실전 투입 준비를 마친 AI 음성 합성 기술", 『MIT Technology Review』(2021. 7. 23) 참고.

비약적으로 발전하였다. 이에 따라 인공지능은 실존했던 또는 실존하는 인간 가수의 목소리를 그대로 재현할 수 있을 뿐만 아니라 이를 넘어 해당 목소리로 새로운 노래를 부를 수 있게 되었다. 국내에서는 서울대 이교구 교수가 설립한 '수퍼톤'(Supertone)이 음성합성 기술 개발에 매진한다.[20] 수퍼톤은 이미 고 김광석이나 김현식의 목소리로 다른 가수의 노래를 부를 수 있는 인공지능을 개발했을 뿐만 아니라 목소리만으로 목소리 주인공의 얼굴을 재현할 수 있는 기술도 개발한다.

7. ASBS

미술이나 음악 작품 이외에 인공지능이 영화나 애니메이션, 만화와 같은 저작물을 창작하려면 이미지, 소리, 언어와 같은 소통매체(Kommunikationsmedien)를 구현하는 능력과 더불어 별도의 능력이 요청된다. 스토리를 구성할 수 있는 능력, 즉 인간에 고유한 능력인 '스토리텔링'에 관한 능력이 필요하다. 그래야만 인공지능은 인간을 설득할 수 있는 문학 작품이나 영화, 애니메이션, 만화를 창작할 수 있다. 이에 관한 기술로 일본 게이오대학 쿠리하라 사토시(栗原聡) 연구실이 개발한 플롯 생성기술인 "자동 시나리오 구축 시스템"(Automatic Scenario Building System: ASBS)을 언급할 수 있다.[21]

8. GPT

GPT(Generative Pre-trained Transformer)는 OpenAI가 개발한 언어 인공지능 모델이다.[22] 딥러닝을 적용한 언어 생성 모델로 인간처럼 말하는 듯한 소통 텍스트를 만들어 내는 자기회귀 언어 모델이다. 이러한 GPT는 크게 세 가지 요소로 분해할 수 있다. '생성적'(Generative)/사전 학습(Pre-trained)/트랜스포머가 그것이다. 달리 표현하면 생성 모델, 사전 학습 모델 및 트랜스포머가 결합한 것이 GPT인 셈

---

20 수퍼톤에 관해서는 (https://supertone.ai/company/company.php) 참고.

21 이에 관해서는 川野陽慈・山野辺一記・栗原聡, "シナリオ創発に向けたプロット生成に関する研究"『SIG-SAI』Vol.31, no.1(2018), 1-8쪽 참고.

22 GPT에 관한 개관으로는 AI Network, "GPT 모델의 발전 과정 그리고 한계", 『AI Network_KR』(2021. 2. 19) 참고.

이다. 이를 설명하면 아래와 같다.

(1) 생성 모델로서 GPT

먼저 GPT는 생성 모델이다. 인간과 소통하는 채팅 인공지능 또는 챗봇을 개발하는 데 사용되는 기술은 크게 두 가지로 구별할 수 있다. 검색 모델(retrieval model)과 생성 모델(generative model)이 그것이다.[23]

검색 모델은 이미 입력된 데이터를 검색하는 방식을 활용하여 채팅을 구현하는 모델을 말한다. 그 점에서 검색 모델은 딥러닝 기반의 모델이라기보다는 전문가 시스템의 모델에 가깝다. 이에 반해 생성 모델은 입력된 데이터를 기반으로 하여 새로운 데이터를 생성하는 모델을 말한다. 그 점에서 창의성이 인정되는 모델로 볼 수 있다. 위에서 살펴본 GAN과 GPT는 모두 생성 모델에 속한다.

사람 사이에서 이루어지는 소통은 정형화된 면도 있지만 다양한 변화 가능성을 전제로 한다. 언어이론적으로 보면 의미론, 구문론, 화용론의 차원에서 변화 가능성 또는 생성 가능성이 보장되어야 비로소 인간다운 소통 혹은 채팅을 할 수 있다. 구체적으로 말하면 의미론의 차원에서 소통은 그 시대 상황에 적합한 의미를 지시하는 단어를 사용해야 한다. 다음으로 소통은 그 당시에 통용되는 문법에 맞게 이루어져야 한다. 나아가 소통은 소통이 이루어지는 구체적인 상황에 적합하게 진행되어야 한다. 이러한 세 가지 요건을 충족해야 비로소 특정한 소통은 인간다운 소통으로 인정될 수 있다.

생성 모델은 인공적으로 이러한 요건을 충족하면서 소통 결과를 산출한다. 그 점에서 생성 모델의 혁신성을 인정할 수 있다.

(2) 사전 학습 모델로서 GPT

다음으로 GPT는 사전 학습 모델이다. 사전에 엄청난 양의 빅데이터를 입력하여 학습시킨 모델이다. 이는 장점과 단점을 동시에 가진다. 장점으로는 사전 학습을 거치면서 더욱 정확하면서 인간적인 소통을 할 수 있다는 점이다. 이에 반해 사전 학습의 한계로 특정 시점 이후의 데이터는 반영하지 못한다는 단점을 보인다. 그 점에서 실시간으로 학습하면서 반성적으로 자신의 결함을 보완하고 성장하는

---

23 검색 모델과 생성 모델에 관해서는 이호동 외, "생성 모델과 검색 모델을 이용한 한국어 멀티턴 응답 생성 연구", 『한국융합학회논문지』 제13권 제1호(2022. 1), 13–21쪽 참고.

성장형 인공지능이 되지는 못한다. 이러한 근거에서 GPT는 여전히 인간과 같은 실시간 학습 능력을 갖지는 못한다고 말할 수 있다.

(3) 트랜스포머 모델로서 GPT

나아가 GPT는 트랜스포머 모델이다. 딥러닝 이후 GAN과 더불어 가장 중요한 인공지능 기술로 평가되는 트랜스포머는 인공지능이 인간처럼 소통을 할 수 있게 하는 기술이다.[24]

트랜스포머에서 핵심이 되는 기술은 어텐션(attention) 메커니즘이다. 어텐션 메커니즘은 그전까지 자연어 처리 및 번역 영역에서 주로 사용되던 CNN(Convolutional Neural Network) 메커니즘이나 RNN(Recurrent Neural Network) 메커니즘이 가진 한계를 보완하기 위해 제시되었다. CNN이나 RNN은 자연어 처리 기술 발전에 큰 기여를 하였지만 입력되는 문장이 길어지는 경우 정확성이 떨어지는 한계가 있었다. 병렬 처리 기술도 갖추지 않아 에너지 소모도 많았다. 이에 어텐션 메커니즘은 셀프-어텐션(self-attention)이라는 방법으로 긴 문장이 입력되는 경우도 적절하게 처리할 수 있게 되었다. 병렬 처리 기술도 확보하여 하드웨어 측면에서 소비되는 에너지도 효율적으로 줄일 수 있게 되었다.

이러한 어텐션 메커니즘은 구별, 패턴 집중, 자기 참조를 핵심 구상으로 한다. 우선 입력되는 문장을 토큰별로 구별하여 벡터(vector) 함수로 전환한다. 이어 소통 데이터 가운데 존재하는 특정 패턴을 파악해 이에 집중함으로써 인공지능이 인간처럼 소통할 수 있게 한다. 가령 데이터를 입력해 코딩(encoding)하는 과정에서 특정 패턴에 집중한다. 다음으로 이를 디코딩(decoding)해 출력하는 과정에서 새로운 언어적 표현을 생성해 인간처럼 소통하게 만든다. 이렇게 디코딩할 때 인코딩 과정에서 입력된 문장의 패턴을 다시 참조한다. 달리 말하면 입력 → 출력이라는 대응 관계에만 집중하는 게 아니라 입력되는 문장 안에 존재하는 단어들의 관계 역시 참조하는 것이다. 이 과정을 거치면서 트랜스포머는 인간과 자연스럽게 채팅할 수 있는 인공지능을 구현한다.

---

24 트랜스포머 기술을 제시하는 연구로 Ashish Vaswani et al., "Attention Is All You Need", NIPS papers (2017) 참고.

(4) GPT의 발전과정

OpenAI는 이러한 GPT 모델을 바탕으로 하여 2018년부터 GPT-n 시리즈를 출시하고 있다. 먼저 2018년에 GPT-1을 출시하였다. GPT-1은 1억 1,700만 개의 매개변수(parameter)로 학습한다. 다음으로 2019년에 출시한 GPT-2는 매개변수 1억 2,400만 개에서 15억 개로 학습한다. 나아가 2020년에 출시한 GPT-3은 매개변수 1,750억 개로 학습한다. GPT-1과 비교하면 이는 1,000배, GPT-2와 비교하면 100배 이상에 해당한다. 이전 모델과 비교할 때 GPT-3은 언어 인공지능 모델로 획기적이었다. GPT-3에 이르러 이제 인공지능은 인간과 유사하게 창의적으로 채팅을 할 수 있게 되었기 때문이다.

9. ChatGPT

OpenAI는 2022년 11월에 GPT-3을 개선한 GPT-3.5 모델을 출시한다. ChatGPT가 그것이다. 이후 ChatGPT는 놀라운 능력으로 세계적인 관심을 끌었다. 심지어 그동안 구글이 주도했던 검색 시장을 변혁할 수 있는, 달리 말해 구글을 위협할 수 있는 존재로 부각되었다. 이어 2023년 3월 14일에는 GPT-3.5 모델을 개선한 GPT-4 모델이 출시되었다.

많은 이가 ChatGPT에 열광하는 이유는 다양할 것이다. 그 가운데 몇 가지를 꼽으면 다음과 같다. 우선 ChatGPT는 인간과 인간처럼 소통할 수 있다. 이때 말하는 소통은 말이 아닌 글로 진행되는 소통이다. 그러나 ChatGPT는 단순히 채팅만할 수 있는 것은 아니다. 이에 더해 ChatGPT는 전문적이면서 창의적인 소통을 할수 있다. 예를 들어 ChatGPT는 전문적인 질문에 적절한 답변을 할 수 있다. 달리 말해 해당 질문이 요청하는 기준에 상응하는 데이터를 제공할 수 있다. 이때 검색 모델처럼 기존에 있는 데이터만을 나열하는 게 아니라 이를 분석 및 소화하여 그 결과를 생성적으로 도출한다. 질문에 담긴 기준을 파악한 후 이에 상응하는 데이터를 찾아 이를 분석 및 연결하여 생성적으로 결과를 내놓는 것이다.

더군다나 생성 모델이라는 특성에 걸맞게 언어적 결과물을 산출할 때도 기존에 있는 데이터의 표현을 형식적으로 그대로 사용하지는 않는다. 트랜스포머 모델을 활용하여 새로운 언어적 표현을 이용함으로써 질문에 상응하는 데이터를 산출한다. 이러한 이유에서 ChatGPT가 내놓은 결과물은 기존의 표절검사 시스템에 잘 걸리지 않는다. 이 점이 바로 ChatGPT가 가진 놀라운 점이라 할 수 있다.[25]

10. 새로운 소통매체로서 인공지능

ChatGPT를 개선한 GPT-4는 이전까지 우리가 경험하지 못했던 새로운 패러다임의 인공지능이 구현되었음을 보여주었다. 이른바 파운데이션 모델(foundation AI model) 또는 범용 인공지능(general-purpose AI model)이 그것이다. 이러한 새로운 인공지능 모델이 실현되면서 이제 인공지능은 새로운 패러다임으로 접어들었다. 인공지능이 단순한 이용 수단 또는 시스템으로만 머무는 게 아니라 언어, 인쇄물, 통신, 방송, 인터넷처럼 새로운 소통매체(communication media)로 자리매김하게 되었다는 것이다. 이는 ChatGPT와 같은 LLM(Large Language Model)이 단순히 소비자에게만 이용되는 게 아니라 콘텐츠 사업자와 같은 다양한 사업자들이 사업 목적으로 이를 활용(deploying)한다는 점에서 확인된다. 말하자면 '파운데이션 인공지능 → 인공지능 활용 서비스 제공자 → 최종 이용자'와 같은 가치 사슬이 형성된다. 이는 인공지능이 인터넷과 같은 정보통신망처럼 새로운 기간 소통매체가 되고 있음을 보여준다. 이에 따라 인공지능이 사회 전체에 미치는 영향이 증폭된다.

---

[25] 다만 ChatGPT가 인간의 소통을 '이해'할 수 있는가에는 논란이 있다. 아직은 이를 부정하는 견해가 다수인 것으로 보인다. 이 문제에 대한 대답은 '이해' 개념을 어떻게 설정하는가에 따라 달라진다.

4장

생성형 인공지능과 저작권

I. 서론

　인공지능 기술이 비약적으로 발전하면서, 특히 생성형 인공지능이 실현되면서 인간의 고유한 영역으로 취급되었던 저작물 또는 창작물 영역에도 인공지능이 침투한다. 이제까지 저작물을 창작하는 일은 오직 인간만이 할 수 있는 인간 고유의 영역으로 이해되었다. 저작물에는 인간 존재만이 가진 것으로 인정되는 창의성이 고스란히 반영되기 때문이다. 그러나 인간의 신경망을 모방한 인공신경망 학습, 즉 딥러닝이 구현되면서 이제 저작물 창작은 더 이상 인간만의 영역이 아닌 게 되었다. 음악, 미술, 문학 영역에서 이제 인공지능은 저작물을 창작한다. 인공지능이 창작한 대중음악이나 클래식 음악, 전통 미술이나 만화 등을 심심치 않게 발견할 수 있을 뿐만 아니라 거래 대상이 되기도 한다. 인공지능이 창작한 미술품의 경우에는 경매에서 만만치 않은 금액으로 낙찰되기도 한다. 인공지능으로 저작물 영역에서도 새로운 시대가 열리는 것이다. 이에 따라 한편으로는 사회 전체적으로 공리나 효용이 증가하지만 다른 한편으로는 새로운 문제가 제기된다. 인공지능이 창작한 저작물을 저작권의 대상으로 볼 수 있는지의 문제가 그 예다.[1] 이러한 문제의식에서 제4장은 다음과 같은 쟁점을 검토하겠다.

- 저작물이란 무엇일까?
- 인공지능과 저작물이 문제가 되는 사례로는 무엇이 있을까?

---

[1] 이 문제에 관해서는 정원준, "인공지능 창작과 저작권법의 딜레마", 『고려법학』 제95호(2019), 263－303쪽 참고.

- 저작물에 관한 권리인 저작권이란 무엇일까?
- 인공지능은 저작권의 주체가 될 수 있을까? 또는 저작권의 주체가 되어야 할 필요가 있을까?
- 인공지능과 저작물에 관한 법적 문제를 해결하는 데 바람직한 법정책은 무엇일까?

Ⅱ. 인공지능 저작물의 현황과 문제

1. 생성물로서 저작물

(1) 개념

현행 저작권법 제2조 제1호에 의하면 저작물이란 "인간의 사상 또는 감정을 표현한 창작물"을 뜻한다. 이러한 개념 정의에서 크게 네 가지 요소를 확인할 수 있다.

첫째, 저작물은 사상 또는 감정을 담고 있어야 한다. 특정한 사상이나 감정을 담지 않은 표현물은 저작물이라 말할 수 없다. 이는 저작물의 내용적 요소이다.

둘째, 저작물은 인간의 사상 또는 감정을 담고 있어야 한다. 현행 저작권법에 의하면 인간이 아닌 존재의 사상이나 감정을 담은 것은 저작물로 인정할 수 없다. 이는 저작물의 주체적 요소인 동시에 저작물의 인간중심주의를 극명하게 보여주는 예에 속한다.[2]

셋째, 저작물은 외부로 표현되어야 한다. 예를 들어 언어, 음악, 그림 등과 같은 소통매체를 통해 외부 세계로 표현되어야 한다. 따라서 외부로 표현되지 않은 채 저작자의 정신 내부에만 머물러 있는 사상이나 감정은 저작물이 아니다. 이는 저작물의 형식적·매체적 측면을 보여준다.

넷째, 저작물은 기존에 있는 것이 아닌 새로운 사상이나 감정을 표현하는 것이어야 한다. 이미 있는 사상이나 감정을 표현하는 경우는 저작권법이 보장하는

---

2 인간중심주의에 관해서는 양천수, 『인공지능 혁명과 법』(박영사, 2021), 43쪽 아래 참고.

저작물로 볼 수 없다. 물론 이 경우에도 저작권법이 보장하지 않는 넓은 의미의 저작물로 볼 수는 있다. 이도 저작물의 내용적 요소에 해당한다. 이때 문제가 되는 것은 무엇이 새로운 것인지를 판단하는 일이다.

(2) 유형

저작권법은 저작물의 유형을 다음과 같이 규정한다(제4조 제1항).

첫째는 소설·시·논문·강연·연설·각본 그 밖의 어문저작물이다(제1호).

둘째는 음악저작물이다(제2호).

셋째는 연극 및 무용·무언극 그 밖의 연극저작물이다(제3호).

넷째는 회화·서예·조각·판화·공예·응용미술저작물 그 밖의 미술저작물이다(제4호).

다섯째는 건축물·건축을 위한 모형 및 설계도서 그 밖의 건축저작물이다(제5호).

여섯째는 사진저작물이다(제6호). 이때 이와 유사한 방법으로 제작된 것을 사진저작물에 포함시킨다.

일곱째는 영상저작물이다(제7호).

여덟째는 지도·도표·설계도·약도·모형 그 밖의 도형저작물이다(제8호).

아홉째는 컴퓨터프로그램저작물이다(제9호).

이러한 저작물 가운데 제4장은 주로 음악과 미술 및 메타버스의 저작물에 논의를 집중하고자 한다. 크게 세 가지 이유를 제시할 수 있다.

먼저 이들 분야에서 인공지능 기술이 비약적으로 발전하여 이제는 인공지능이 창작한 음악이나 미술 등을 손쉽게 경험할 수 있다는 것이다.

다음 SNS나 유튜브, 사회적 거리두기 등으로 인공지능이 창작한 음악이나 미술에 일반 대중이 큰 관심을 보이고 있다는 점이다.

나아가 이로 인해 이들 영역은 새로운 경제성장의 원동력이 되고 있다는 것이다.

2. 인공지능 저작물의 현황과 문제

(1) 현황

인공신경망 학습을 적용한 딥러닝이 구현되면서 인공지능은 이제 투입된 데이터를 수동적으로 처리하기만 하는 수동적 존재가 아니라 독자적이고 자율적인 알고리즘으로 데이터를 처리 및 가공하여 새로운 정보를 산출하는 존재로 거듭나고 있다. 이에 따라 인공지능은 이전에는 알려지지 않았던 새로운 패턴을 찾아내거나 새로운 판단도 할 수 있게 되었다. 인공지능이 자율성을 어느 정도 갖춘 능동적인 체계로 작동하고 있다. 이는 창의성이 매우 중요한 요소가 되는 저작물에서도 예외는 아니다. 음악, 미술, 메타버스, 문학 영역에서 인공지능은 독자적인 저작물을 산출한다. 새로운 음악을 작곡하기도 하고 렘브란트의 화풍을 모사한 새로운 그림을 그리기도 한다. 메타버스에서 새로운 캐릭터를 창조하기도 하며 소설이나 시와 같은 문학 작품을 창작하기도 한다.

(2) 법·예술 및 경제체계에 대한 도전

이처럼 인공지능이 독자적인 저작물을 생성한다는 것은 우리 사회, 그중에서도 사회의 부분체계인 법체계, 예술체계 및 경제체계에 커다란 도전이 된다.[3]

우선 법체계의 견지에서 볼 때 이는 인공지능이 생성한 저작물을 저작권법의 보호를 받는 저작물로 볼 것인지, 이에 따라 인공지능에게 저작물에 관한 권리를 부여해야 하는지의 문제로 다가온다. 인간중심주의에 바탕을 두어 저작권을 제도화한 법체계에 이는 심중한 문제가 된다.

다음으로 이는 예술체계에 예술이란 무엇인지의 문제를 던진다. 인공지능이 알고리즘으로 생성하는 음악, 그림, 시, 소설 등과 같은 창작물을 예술의 범주에 포섭할 수 있는지가 문제 된다. 여기서도 다시 예술이 기초로 삼는 인간중심주의가 중대한 도전의 대상이 된다. 예술은 인간만이 다룰 수 있는 그 무엇인지 그게 아니면 비인간적인 존재도 예술 작품을 만들어낼 수 있는지 문제가 된다.

마지막으로 인공지능이 독자적인 저작물을 만들어내는 현상은 경제체계에 새로운 성장동력을 제공한다. 기존에 존재하지 않았던 새로운 시장, 즉 블루오션이 열리는 것이다. 이에 인공지능 저작물에 관한 산업이 매력적인 산업으로, 새로운 수익을 창출하는 산업으로 자리매김한다. 많은 스타트업이, 투자자들이 인공지능 저작물 연구에 뛰어들고 투자한다.

---

3 사회가 다양한 사회적 체계로 구성된다는 주장은 독일의 사회학자 루만(Niklas Luhmann)의 체계이론(Systemtheorie)을 수용한 것이다. 이에 관해서는 우선 니클라스 루만, 윤재왕 (옮김), 『체계이론 입문』(새물결, 2014) 참고.

(3) 인공지능 저작물에 관한 문제

물론 인공지능이 생성하는 저작물이 저작권의 보호 대상으로, 예술의 대상으로 인정되려면 다음과 같은 요건을 갖추어야 한다. 인공지능 저작물이 새로운 사상이나 감정을 표현하는 창작물이어야 한다는 것이다. 이에는 두 가지 문제를 제기할 수 있다. 첫째는 창작물이란 무엇인가의 문제이고 둘째는 현재의 인공지능 기술이 창작물을 만들어낼 수준에 도달하고 있는가의 문제이다.

흔히 창작은 기존에 없던 새로운 것을 만들어내는 것으로 이해된다. 그러나 실제로는 이른바 백지상태에서 새로운 것을 만들어내는 경우는 거의 없다. 대부분의 창작은 기존에 있던 저작물을 바탕으로 한다. 이미 있던 사고방식을 바탕으로 하여 새로운 사고방식을 창출하거나 기존의 데이터를 새롭게 조합 및 편집하여 새로운 데이터를 생성하기도 한다. 그 때문에 창작의 본질을 새로운 편집 능력에서 찾는 경우도 있다.[4] 거칠게 말하면 창작은 편집이라는 것이다.

이처럼 창작을 완전히 새로운 것을 만들어내는 것이 아니라 기존에 있던 것을 바탕으로 하여 이를 새롭게 조합 또는 편집하는 과정으로 보면 현재의 기술 수준이 성취한 인공지능 역시 창작물을 만들 수 있다고 말할 수 있다. 왜냐하면 딥러닝 기술이 구현되고 GAN, GPT와 같은 기술이 개발되면서 이제 인공지능은 기존에 있는 것을 단순히 모방하는 데 그치지 않고 이를 새롭게 조합하거나 재편집할 수 있는 능력을 갖추게 되었기 때문이다.

예를 들어 이세돌 9단과 세기의 바둑대국을 했던 구글 알파고는 스스로의 알고리즘을 가동하여 기존 바둑 정석에서 찾기 어려운 바둑대국을 펼치기도 하였다. 어떻게 보면 인공지능 알파고가 새로운 바둑 정석을 창출한 것이다. 이렇게 보면 이제 인공지능이 창작성을 가진 저작물을 독자적으로 산출할 수 있다는 주장에는 대부분 동의할 수 있을 것이다. 이를 통해 법체계, 예술체계, 경제체계는 각각 인공지능이 제기하는 도전에 새롭게 대응해야 할 임무를 부여받는다.

---

4 김정운, 『에디톨로지: 창조는 편집이다』(21세기북스, 2018) 참고.

Ⅲ. 인공지능 음악저작물 현황

1. 개관

인공지능이 생성하는 저작물의 대표적인 경우로 가장 우선적으로 음악을 들 수 있다. 제4차 산업혁명과 코로나－19 바이러스 등으로 사용자 창작(UCC) 시대가 가속화되면서 인공지능 음악시장이 급속하게 확장되고 있기 때문이다. 이에 발맞추어 딥러닝 기술이 구현되고 이를 기반으로 하여 딥페이크나 GAN, 음성합성 기술 등이 개발되면서 이제 인공지능은 스스로 새로운 음악을 창작할 수 있게 되었다.

인공지능이 창작하는 음악저작물 영역은 크게 두 가지로 나눌 수 있다. 작곡과 연주가 그것이다. 우선 인공지능은 스스로 대중음악이나 클래식 음악 등과 같은 다양한 장르의 음악을 작곡할 수 있다. 한국음악저작권협회에 등록된 AI 작곡가 '이봄'(EvoM)이 대표적인 예이다. 나아가 인공지능은 인간이 작곡한 악보로 연주하거나 기존의 가수가 남긴 연주를 딥페이크하여 이를 흉내 내는 새로운 연주도 할 수 있다. 요컨대 인공지능이 인간 가수처럼 스스로 노래를 할 수 있는 것이다. 우리나라 스타트업 '수퍼톤'이 개발한 음성 AI가 김현식이나 김광석의 창법을 그대로 따라 하며 노래하는 경우를 예로 들 수 있다.

장르로 보면 인공지능이 창작하는 음악은 대중음악뿐만 아니라 클래식 음악까지 포괄한다. 그렇지만 예술성과 독창성을 중시하는 클래식 음악보다 재미와 흥미를 추구하는 대중음악에서 인공지능 음악이 더 활발한 움직임을 보인다. 다양한 장르의 대중음악이 인공지능에 의해 작곡되고 연주된다. 특히 인공지능 음악은 메타버스와 결합하여 각광을 받는다.

2. 인공지능과 대중음악

(1) 인공지능 작곡

1) 현황

인공지능 기술이 급속하게 발전하고 사회 환경이 급변하면서 인공지능 작곡이 대중의 관심과 호응을 얻는다.[5] 인공지능 작곡이 단순히 과학기술 영역, 즉 학문체계만의 관심사에 머무는 것이 아니라 독자적인 산업이자 성장동력으로 발돋움하고 있는 것이다. 특히 유튜브의 영향으로 1인 창작자(creator)가 늘어나고 코로나−19 바이러스에 대응하기 위한 '사회적 거리두기'(social distancing)로 메타버스와 같은 가상세계의 활동이 급증하면서 인공지능 작곡에 거대 기업이 관심을 기울인다. 예를 들어 국내에서는 KT와 네이버가, 해외에서는 구글, 소니 등이 인공지능 작곡에 관심을 쏟는다.[6]

인공지능 작곡에 거대 기업들이 뛰어드는 이유로는 크게 세 가지를 언급할 수 있다. 우선 인공지능 작곡 기술이 시시각각 급속도로 발전하고 있다는 점을 꼽을 수 있다. 이봄(EvoM)이나 '오픈AI'가 개발한 에이바(AIVA)의 예가 잘 보여주는 것처럼 이제 인공지능은 단순히 다량의 기존 노래들을 활용하여 수동적으로 음악을 작곡하는 것이 아니라 추상화된 패턴이나 원리, 음악 이론 등에서 추론하여 새로운 작곡을 한다. 이로 인해 이제 인공지능이 작곡하는 음악들은 어색해 보이지 않고 마치 인간이 작곡한 것처럼 세련돼 보인다.

다음으로 1인 크리에이터의 증가를 꼽을 수 있다. 유튜브나 아프리카 TV 같은 UCC 플랫폼이 보편화되면서 스스로 창작해서 수입을 얻는 1인 크리에이터가 UCC 플랫폼 곳곳에서 활동한다. 개중에는 사회에 강한 영향을 미치는 '인플루언서'(influencer)로 자리매김한다. 그런데 1인 크리에이터는 창작을 할 때 배경음악(BGM)에 신경을 쓴다. 가능한 한 저작료 부담이 적은 배경음악을 필요로 한다. 이러한 요청에 적절하게 대응할 수 있는 것이 바로 인공지능이 작곡한 음악인 것이

---

5 인공지능 작곡 일반에 관해서는 오희숙, "AI 작곡가의 음악도 아름다울까?", 『중앙일보』(2020. 5. 24) 참고.

6 임영신, "'동영상 배경음악 걱정 끝' 30초 AI 작곡가가 뜬다", 『매일경제』(2021. 6. 3) 참고.

다. 현재 인공지능 기술은 인간 작곡가에 의뢰하는 것보다 더 적은 비용으로 작곡을 할 수 있을 정도의 수준을 확보하고 있다.

나아가 코로나-19 바이러스로 촉발된 사회적 거리두기 상황을 언급할 수 있다.[7] 사회적 거리두기로 실제세계에서 음악 공연을 하는 게 어려워지면서 메타버스 공간과 같은 온라인 공간에서 이루어지는 공연에 관심이 늘어났다. 가상세계에서 진행되는 공연에 익숙해지면서 실제 사람이 아니라 인공지능에 의해 창조된 가상 캐릭터가 주도하는 공연에도 익숙해졌다. 뿐만 아니라 이들의 인기도 늘어났다. 이에 따라 자연스럽게 인공지능이 창작하는 음악에도 부정적인 어색함이나 거부감보다는 긍정적인 관심이 증대하였다.

이를 잘 보여주는 예가 KT 산하 음원서비스 '지니뮤직'(Genie Music) 사례이다.[8] 지니뮤직은 CJ ENM(CJ Entertainment and Merchandising)과 손잡고 인공지능으로 동요를 제작하였다. 지니뮤직이 인공지능 음악 솔루션 개발 스타트업 '업보트엔터테인먼트'(#Upvote Entertainment)와 인공지능 작곡 모델을 개발해 동요를 작곡하고 CJ ENM이 귀여운 캐릭터를 창작 및 적용하였다.[9] 이러한 과정을 거쳐 동요 "신나는 AI 할로윈 노래"와 "아기동물 자장가"를 창작하였는데 이는 2021년 초부터 5월 말까지 누적 조회 수 25만 회를 돌파하기도 하였다. 지니뮤직은 국내에서 인공지능 음악에 가장 적극적인 관심을 보이는데 새로운 사업 창출의 일환으로 인공지능 앨범 사업을 확장한다. 지니뮤직은 음악 장르를 트로트, 팝으로 확대할 예정이며 게임이나 스포츠 응원가를 작곡하는 데도 인공지능을 투입할 계획을 가지고 있다.

국내의 대표적인 플랫폼 기업 네이버도 인공지능 작곡에 관심을 기울인다.[10] 네이버는 2018년 국내 인공지능 작곡 스타트업 "포자랩스"(POZA labs)에 투자를 한 이래 지속적으로 투자를 진행하고 있다.[11] 포자랩스는 음악을 만드는 데 필요한 모든 과정, 즉 인공지능 학습용 음원 데이터 가공부터 작곡, 사운드 소스 후처리, 믹싱, 마스터링을 모두 자동화하였다. 포자랩스가 개발한 인공지능은 자연어 처리

---

7 사회적 거리두기 전반에 관해서는 양천수 (편), 『코로나 시대의 법과 철학』(박영사, 2021) 참고.

8 임영신, "동영상 배경음악 걱정 끝' 30초 AI 작곡가가 뜬다", 『매일경제』(2021. 6. 3) 참고.

9 업보트엔터테인먼트에 관해서는 (https://www.upvote-ent.com/) 참고.

10 이에 관해서는 임영신, "동영상 배경음악 걱정 끝' 30초 AI 작곡가가 뜬다", 『매일경제』(2021. 6. 3) 참고.

11 포자랩스에 관해서는 (https://pozalabs.com/) 참고.

에 기반을 둔 인공지능 기술로 록, 힙합, 뉴에이지, 어쿠스틱 등 8가지 장르의 음악을 최단 3분이면 창작할 수 있다.

해외에서도 인공지능 작곡에 관심이 활발하다. 인공지능 기술의 선도 주자인 구글은 2016년부터 창작 전문 인공지능 프로젝트 마젠타를 추진함으로써 인공지능 작곡 솔루션을 개발하는 데 몰두한다.[12] 틱톡(TikTok)을 개발 및 운영하는 중국 IT 기업 바이트댄스(ByteDance)는 2019년 영국 인공지능 음악 스타트업 쥬크덱(Jukedeck)을 인수하였다.[13] 쥬크덱이 개발한 인공지능은 이미 100만 곡 이상을 작곡한 것으로 알려졌다. 아마존도 간단한 멜로디를 입력하면 기계학습으로 작곡을 해주는 인공지능 작곡 서비스 '딥컴포저'(AWS DeepComposer)를 출시하였다.[14] 소니도 인공지능 작곡 시스템 '플로머신'(Flow Machines)을 개발하였다.[15]

2) 인공지능 작곡가 이봄(EvoM)

국내에서 개발한 인공지능 작곡가 중에서 가장 유명한 작곡가로 이봄(Evolutionary Music composition: EvoM)을 언급할 수 있다.[16] 인공지능 작곡가 이봄은 광주과학기술원(GIST) 안창욱 교수팀이 개발하였다. 한국음악저작권협회에 등록한 유일한 인공지능 작곡가로 알려지기도 하였다.[17] 이봄은 방송사 SBS가 기획한 "SBS 신년특집 세기의 대결 AI vs 인간"에서 44년 음악 경력을 가진 김도일 작곡가와 트로트 작곡 대결을 펼쳐 유명해졌다. 대량의 곡, 즉 다량의 데이터를 학습해 작곡하는 기존의 인공지능 작곡 시스템과는 달리 이봄은 수식화된 음악 이론을 학습해 작곡한다. 경험을 토대로 작품을 생산하는 귀납법이 아니라 원리에서 작품을 창작하는 일종의 연역법을 채택한 것이다.

인공지능 작곡가 이봄은 실제 현역으로 활동한다.[18] 예를 들어 걸그룹 소녀시대 멤버 태연의 동생 하연은 이봄이 작곡한 노래로 2020년 10월 데뷔를 하였다.

---

12 마젠타 프로젝트에 관해서는 (https://magenta.tensorflow.org/) 참고.

13 선재규, "틱톡, 英 AI 작곡 스타트업 쥬크덱 인수", 『연합인포맥스』(2019. 7. 25) 참고.

14 (https://aws.amazon.com/ko/blogs/korea/aws−deepcomposer−compose−music−with−generative−machine−learning−models/) 참고.

15 (https://www.flow−machines.com/).

16 정윤아·최명현, "AI, 음악 산업계 신흥 강자로 떠오르다", 『Ai타임스』(2021. 7. 14) 참고.

17 2021년 7월 14일 기준.

18 정윤아·최명현, "AI, 음악 산업계 신흥 강자로 떠오르다", 『Ai타임스』(2021. 7. 14).

하연 자신이 작사하고 이봄이 작곡한 노래 "Eyes on you"를 노래한 것이다. 이봄이 작곡한 노래는 네티즌들로부터 긍정적인 평가와 관심을 받았다.

3) 인공지능 작곡가 에이미문

국내에서 활동하는 또다른 인공지능 작곡가로 에이미문(Aimy Moon)을 언급할 수 있다.[19] 에이미문은 국내 최초의 인공지능 음반 레이블 "엔터아츠"(Enterarts)에 소속된 인공지능 작곡가이다.[20] 현재 에이미문은 가상세계와 현실세계를 넘나들며 왕성한 작곡 활동을 한다. 네이버가 운영하는 메타버스 플랫폼 '제페토'에서 프로듀서로도 활동한다.

4) 에이바(AIVA)

외국의 인공지능 작곡가로는 에이바(AIVA)를 거론할 수 있다.[21] 에이바는 유럽의 스타트업 '에이바 테크놀로지'(AIVA Technology)가 개발한 인공지능 작곡가이다.[22] 에이바는 2018년 12월 글로벌 영화 제작사 소니 픽처스가 제작한 영화의 OST를 작곡하였다. 2019년부터 팝, 재즈 등 여러 장르의 대중음악뿐만 아니라 클래식 음악도 작곡하였다.

에이바는 다음과 같은 과정으로 작곡을 한다. 에이바는 심층신경망(Deep Neural Network: DNN)을 이용해 기존 곡들의 패턴을 분석한다. 기존의 곡들에서 몇 개의 바를 기반으로 하여 트랙 뒤에 어떤 음들이 이어지는 게 적절한지 추론한다. 곡들의 패턴을 파악한 후 그 패턴에 맞는 새로운 음들을 추론하는 것이다. 에이바는 이를 기반으로 하여 음악 장르에 따라 수학적 규칙들과 패턴을 구성하여 작곡을 한다.

5) 주크박스

주크박스(Jukebox) 역시 이 같은 인공지능 작곡가로 거론할 수 있다.[23] 주크박

---

19 "'사람이 만든 노래가 아닙니다'…걸그룹에 작곡까지", 『헤럴드경제』(2021. 7. 25) 참고.
20 (https://www.enterarts.net/).
21 정윤아·최명현, "AI, 음악 산업계 신흥 강자로 떠오르다", 『Ai타임스』(2021. 7. 14) 참고.
22 (https://www.aiva.ai/) 참고.
23 정윤아·최명현, "AI, 음악 산업계 신흥 강자로 떠오르다", 『Ai타임스』(2021. 7. 14) 참고.

스는 2021년 4월 OpenAI가 딥페이크 기술을 활용해 개발한 음악 생성 모델, 즉 작곡 인공지능이다.[24] 인공지능이 특정한 뮤지션의 곡을 학습한 다음 딥페이크 기술을 이용하여 비슷한 스타일의 곡이나 뮤지션과 비슷한 목소리의 노래를 만든다. 딥페이크로 작곡을 하거나 연주를 하는 것이다. 이러한 방식으로 엘비스 프레슬리나 엘라 피츠제럴드처럼 지금은 고인이 된 가수나 셀린 디온, 브루노 마스처럼 현존하는 가수의 딥페이크 음악을 만들었다.

OpenAI는 다음과 같은 과정으로 주크박스를 훈련시켰다.[25] 우선 데이터로 원시 오디오(raw audio) 파일을 이용한다. 원시 오디오 파일은 압축되지 않은 파일이다. 주크박스는 변이형 자동 인코더(Variational Auto-Encoder: VAE) 중 다중 스케일(Vector Quantization-Variational Auto-Encoder: VQ-VAE)을 이용해 원시 오디오의 긴 레코드 파일을 압축한다. 이를 자동회귀 트랜스포머로 모델링하여 음악을 생성한다. 이때 디지털 신호를 아날로그 음악으로 전환하는 디코드 과정을 거친다.

(2) 인공지능 연주

1) 현황

음악 창작에서 흔히 작곡과 연주가 구별되는 것처럼 인공지능 음악 창작에서도 양자가 구별된다.[26] 물론 양자가 엄밀하게 분리되지는 않는다. 최근의 인공지능은 작곡과 연주를 병행하기도 하기 때문이다.

인공지능이 연주를 하는 경우로 크게 세 가지를 구별할 수 있다. 첫째는 그 캐릭터가 새롭게 창작된 인공지능 가수이다. 현실세계에서 존재하지 않는 가상의 인공지능 가수를 창조해 노래를 부르게 하는 것이다. 둘째는 실존했던 인간 가수를 인공지능 기술로 다시 구현하는 경우이다. 예를 들어 고인이 된 가수 김광석이나 김현식 등을 인공지능 기술로 복원하는 것이다. 이 과정에서는 음성합성 기술이 중요한 역할을 한다. 셋째는 실제 활동하는 인간 가수의 아바타 가수이다. 현실세

---

24 (https://openai.com/blog/jukebox/) 참고.

25 정윤아·최명현, "AI, 음악 산업계 신흥 강자로 떠오르다", 『Ai타임스』(2021. 7. 14).

26 이러한 구별은 법학에서도 유사하게 찾아볼 수 있다. 작곡이 법이라는 일종의 텍스트를 만드는 과정이라면 연주는 법을 구체적인 법적 분쟁에 적용하는 과정으로 볼 수 있다. 요컨대 작곡이 입법에 대응한다면 연주는 사법에 대응한다.

계에서 활동하는 인간 가수가 자신의 '부캐'인 아바타를 만들어 메타버스에서 활동하는 경우가 여기에 해당한다. 첫 번째가 인공지능 가수의 캐릭터를 완전히 새롭게 창작하는 경우라면 두 번째와 세 번째는 과거에 활동했거나 현재 활동 중인 인간 가수를 인공지능 기술로 재현한 것이라 말할 수 있다.

2) 인공지능 가수

(a) 사이버 가수

첫 번째 경우로 메타버스와 같은 가상세계에서 활동하는 인공지능 가수를 언급할 수 있다.[27] 인공지능 가수처럼 가상공간에서 가수로 활동하는 경우는 최근에 비로소 출현한 것은 아니다. 그 이전에도 인터넷 공간에서 활동하는 사이버 가수가 있었기 때문이다. 그 예로 일본이 선보인 세계 최초의 사이버 가수 다테 쿄코(伊達杏子)를 들 수 있다.[28] 애니메이션 문화에 친숙한 일본은 사이버 가수 역시 비교적 부담 없이 받아들였다. 이에 영향을 받아 우리나라에서도 사이버 가수 아담이 활동하기도 하였다.[29] 그러나 최근에 관심을 얻는 인공지능 가수는 기존의 사이버 가수와 질적으로 차이가 난다. 사이버 가수는 입력된 데이터를 수동적으로 출력하는 데 그친 반면 최근의 인공지능 가수는 입력된 데이터를 자율적으로 편집 및 개선하여 새롭게 생성하기 때문이다. 요컨대 사이버 가수가 타율적·수동적인 존재라면 인공지능 가수는 제한적이지만 자율적·능동적인 존재라고 말할 수 있다.

(b) 인공지능 가수 린나

이러한 인공지능 가수로는 일본 마이크로소프트가 2015년에 개발한 'AI 린나'(りんな)가 대표적인 경우이다.[30] AI 린나는 처음에는 '미스터리 여고생' 캐릭터를 가진 챗봇으로 개발되었다. 이후 음성 합성, 가창 합성 기술을 더해 지금은 아이돌 창법으로 노래하는 '버추얼 싱어'로 활동한다. 2019년에는 에이벡스(AVEX group)와 계약을 맺고 메이저 방송에서 '인간 vs AI' 가창 대결을 벌이기도 하였다.

---

27 유주현, "김광석까지 환생시킨 AI … 음악계 점령할까", 『중앙선데이』(2021. 1. 27).

28 이승한, "'인공지능 아이돌' 아뽀키에게 '진짜 가수'를 묻는다", 『한겨레』(2021. 5. 22).

29 주하나, "사이버가수 아담, 실제 주인공은? 사라진 이유에 '바이러스' 아닌 '이것'", 『데일리시큐』(2019. 12. 2) 참고.

30 강보윤, "일본 인공지능(AI) 여고생 린나, 신곡 발표하고 가수 데뷔", 『나우뉴스』(2019. 4. 6) 참고.

(c) 인공지능 가수 김래아와 아뽀키

우리의 경우로는 우선 인공지능 가수 '김래아'를 들 수 있다. 컴퓨터그래픽 (CG)으로 만든 외형에 인공지능 기술로 목소리를 구현한 23세 여성 캐릭터의 인공지능 가수이다. 김래아는 2020년에 음원을 발표하였고 2021년에는 세계 최대의 ICT 융합전시회인 CES 2021(Consumer Technology Association 2021)의 연설자로 나서 LG전자의 신상품을 소개하였다.[31]

인공지능 아이돌 '아뽀키'(APOKI) 역시 인공지능 가수로 언급할 필요가 있다.[32] 아뽀키는 VV엔터테인먼트(VV Entertainment)에 소속된 케이팝 아티스트이다.[33] 외계 행성에서 온 토끼 인간 캐릭터를 가지고 있으며 성별은 여성으로 설정되어 있다. 아뽀키는 컴퓨터그래픽으로 오브젝트를 실시간으로 구현하는 '리얼타임 렌더링'(real time rendering) 전문 기업 '에이펀인터렉티브'(afun interactive)가 개발하였다.[34] 아뽀키는 2021년 2월 22일 첫 번째 디지털 싱글 앨범 "Get it out"을 발매하였다. 유튜브 채널 구독자 27만 여명, 틱톡 구독자 210만 여명을 보유한 인기 가수로 활동하였다.[35]

3) 가수 재현

두 번째 경우로 실존했던 가수를 인공지능 기술로 재현하는 것을 들 수 있다. 여기서는 음성합성 기술이 중요한 역할을 한다. 음성합성 기술은 일찍부터 시도되었다. 대표적인 예로 야마하(YAMAHA)의 '보컬로이드 AI'(Vocaloid AI)를 들 수 있다.[36] 야마하는 2019년 '보컬로이드 AI'로 이미 고인이 된 일본의 국민가수 미소라 히바리(美空ひばり)를 'NHK홍백가합전'에서 재현하였다. 2016년에는 나고야 공업대학의 신시(Sinsy), 2020년 2월에는 뉴트리노(Neutrino)가 인공지능 노래 합성 소프트웨어로 일반에 무료로, 즉 프리소프트웨어(free software)로 공개되었다.[37] 이에

---

31 김소연, "LG 홍보 나선 23세 인플루언서 김래아, 알고보니…", 『한경』(2021. 6. 7) 참고.

32 이승한, "'인공지능 아이돌' 아뽀키에게 '진짜 가수'를 묻는다", 『한겨레』(2021. 5. 22).

33 (https://www.vv-ent.com/).

34 (http://www.afun-interactive.com/).

35 2021년 5월 기준.

36 김범석, "음성 데이터화하고 과학기술로 개성 살려…30년 만에 AI로 컴백한 日가수", 『동아』(2020. 1. 1).

37 전미준, "[이슈] 인공지능 가수 시대?… 사람 목소리 학습한 AI가 편곡은 물론 내 취향대로 노래

더하여 일본의 AI 스타트업 '드림토닉스'(Dreamtonics)는 2020년 12월에 '신시사이저 V 스튜디오 1.1.0'(Synthesizer V Studio)을 출시하였다.[38] 이는 딥러닝 기술을 적용한 새로운 유형의 노래 음성합성 기술이다. 기존에 나왔던 음성합성 기술과는 달리 '신시사이저 V 스튜디오 1.1.0'은 악보나 출력 음성을 독자적으로 편집할 수 있다. 음성을 합성하는 과정에서 어느 정도 자율성을 갖게 된 것이다.

우리나라도 이미 음성합성 기술을 활용해 혼성그룹 거북이의 고 임성훈, 김현식, 신해철, 김광석을 소환하였다. 우리나라에서는 선도적으로 음성합성 기술을 연구해 온 서울대 이교구 교수가 설립한 스타트업 '수퍼톤'(Supertone)이 고인 가수를 재현하는 데 필요한 인공지능 및 음성합성 기술을 확보 및 제공하였다.[39]

4) 아바타 가수

세 번째 경우로 아바타 가수를 언급할 수 있다. 최근 메타버스가 대중의 관심을 얻고 실물경제 및 주식시장의 새로운 성장동력이 되면서 메타버스에서 활동하는 아바타 가수도 대중적인 인기를 얻는다. 예를 들어 SM의 아이돌그룹 에스파는 멤버 자신들의 인공지능 아바타와 함께 팀을 꾸렸다. 인간 멤버와 인공지능 아바타 멤버가 함께 팀을 구성한 것이다. 네이버의 메타버스 플랫폼 '제페토'에서는 아이돌그룹 블랙핑크, 트와이스 및 BTS의 인공지능 아바타가 활동하였다.[40]

3. 인공지능과 클래식 음악

참신성과 흥미, 재미가 강조되는 대중음악과는 달리 예술성이 강조되는 클래식 음악에서는 상대적으로 인공지능 음악이 덜 관심을 받는다. 그만큼 시장성도 약하다. 그렇지만 클래식 음악 영역에서도 인공지능은 한편으로는 연주가로, 다른 한편으로는 작곡가로 발전하고 있다.

불러준다!", 『인공지능신문』(2021. 1. 6).

38 전미준, "[이슈] 인공지능 가수 시대?... 사람 목소리 학습한 AI가 편곡은 물론 내 취향대로 노래 불러준다!", 『인공지능신문』(2021. 1. 6).

39 (https://supertone.ai/main/).

40 고경석, "가상현실에 빠진 대중음악...메타버스·NFT·AI가수가 K팝의 미래일까", 『한국일보』(2021. 7. 15).

(1) 인공지능 연주

클래식 음악에서 인공지능 연주는 2015년부터 시작되었다. 자동 연주 피아노인 "스피리오"(Spirio)를 예로 들 수 있다.[41] 스피리오는 미국의 대표적인 클래식 악기 제조사인 "스타인웨이앤드선스"(Steinway & Sons)가 2015년에 선보인 일종의 인공지능 피아노다. 기존의 자동 연주 피아노와는 달리 스피리오는 음과 리듬뿐만 아니라 연주 뉘앙스까지 재현한다. 스타카토와 레가토로 대변되는 미묘한 차이도 연주로 표현할 수 있다.

스피리오는 인간과 협업하여 클래식 음악 연주를 하기도 하였다. 예를 들어 '대한민국 1호 AI 뮤직 컨설턴트'로 활동하는 이지원 씨는 스피리오를 활용해 클래식 연주를 하였다.[42] 이제 인간 연주가와 연주 인공지능이 동등하게 협업하여 작품을 만들어내는 시대가 열린 것이다.

2016년 성남문화재단에서는 인간과 로봇의 피아노 연주 대결이 벌어졌다.[43] 인간 연주자로 이탈리아의 피아니스트 로베르토 프로세다(Roberto Prosseda)가 무대에 올랐다. 이탈리아의 엔지니어 마테오 수지가 2007년에 개발한 로봇 테오 트로니코(Teo Tronico)가 로봇 연주자로 대결에 참여하였다. 로봇 연주자 테오 트로니코는 한 치의 오차도 없이 악보를 연주할 수 있었다. 그렇지만 인간 연주자의 예술적인 연주를 아직은 넘어설 수 없었다. 그러나 인공지능의 클래식 연주는 나날이 개선되고 있다.

인공지능 기술을 선도하는 구글은 음악을 연주하는 피아노 로봇 "AI 듀엣(A.I. Duet)"을 공개했다.[44] AI 듀엣 역시 인공신경망 기술인 딥러닝을 적용한 인공지능이다. 인간이 피아노로 몇 소절을 치면 이에 어울리는 음악을 연주한다.

(2) 인공지능 작곡

인공지능은 클래식 음악에서도 작곡을 수행한다. 대표적인 예로 인공지능 작

---

41 (https://www.steinway.kr/spirio) (검색일자: 2021. 11. 2); 양진하, "AI는 클래식음악에서도 인간을 대체할까", 『한국일보』(2017. 5. 27) 참고.

42 유주현, "AI 음악은 EDM처럼 하나의 장르일 뿐…클래식 아티스트 더 많은 기회 얻을 것", 『중앙선데이』(2021. 1. 23) 참고.

43 양진하, "AI는 클래식음악에서도 인간을 대체할까", 『한국일보』(2017. 5. 27) 참고.

44 (https://experiments.withgoogle.com/ai/ai-duet/view/).

곡가 에밀리 하웰(Emily Howell)을 꼽을 수 있다.[45] 에밀리 하웰은 미국 캘리포니아 산타크루즈 주립대(UCSC)의 데이비드 코프(David Cope) 교수진이 개발한 인공지능 작곡 프로그램이다. 이미 2009년에 첫 앨범을 발매하였다. 하웰은 방대한 데이터베이스를 기반으로 하여 박자와 구조를 데이터화한다. 이를 조합해 클래식 음악을 작곡한다. 수학적 분석을 활용하여 각 음악 사이의 유사성을 찾아낸다. 이를 통해 바로크부터 현대음악에 이르기까지 다양한 장르와 스타일의 클래식 음악을 만든다. 실제로 2016년 경기필하모닉오케스트라는 하웰이 작곡한 모차르트 스타일의 교향곡을 연주하기도 하였다.[46]

이외에도 현역 작곡가로 활동한 이봄 역시 대중음악뿐만 아니라 클래식 음악도 작곡하였다. 해외의 대표적인 인공지능 작곡가인 에이바도 다양한 클래식 음악을 작곡하였다.

Ⅳ. 인공지능 미술저작물 현황

1. 현황

예술체계 가운데서 미술 영역은 음악 영역과 더불어 인공지능이 활발하게 적용되는 영역이다. 딥러닝으로 구현된 인공지능이 독자적으로 또는 인간 작가와 협업하여 미술저작물을 생성함으로써 이른바 'AI 아트'라는 새로운 영역이 개척되고 있기 때문이다.[47] 특히 최근 전 세계적으로 받아들여진 '개념미술'과 결합하여 인공지능 미술은 예술의 측면에서도 정당성을 획득한다.[48]

인공지능 미술은 크게 두 가지 유형으로 구별된다. 첫째는 인공지능이 인간 화가처럼 주도적으로 미술 작품을 창작하는 경우이다. 기존의 그림 데이터를 딥러닝으로 학습한 인공지능이 기존의 화풍을 모방한 그림을 그리거나 이를 재편집하여 새로운 그림을 그리는 것이다.

---

45 양진하, "AI는 클래식음악에서도 인간을 대체할까", 『한국일보』(2017. 5. 27) 참고.
46 오신혜, "AI가 작곡한 교향곡, 경기필이 국내 첫 연주", 『매일경제』(2016. 8. 13).
47 도재기, "인공지능이 그린 그림, 예술인가 기술인가", 『경향신문』(2020. 5. 22).
48 개념미술에 관해서는 개념미술 폴 우드, 박신의 (옮김), 『개념미술』(열화당, 2003) 참고.

둘째는 인공지능이 미술 작품의 도구 또는 협업 파트너로 이용되는 경우이다. 이때 중심적인 역할은 인간 화가가 수행한다. 마치 개념미술처럼 인간 화가가 기본 개념 및 구상 등을 제시하면 인공지능이 이를 그림으로 구체화하는 것이다. 인간 화가와 인공지능 화가 사이에 주종 관계가 형성되는 것이다. 이를 통해 'AI 아트'라는 독자적인 영역이 자리매김한다.

인공지능 미술 또는 AI 아트는 창작물의 수준에만 머물지 않는다. '크리스티 경매'나 '소더비 경매'를 통해 시장에 판매된다. 저작물의 범주를 넘어 상품의 범주로 포섭되는 것이다. 이를 통해 인공지능 미술시장이 독자적인 시장으로 분화 및 자리매김한다. 다만 인공지능 음악시장보다 미술시장은 상대적으로 규모도 적고 이로 인해 덜 활성화되어 있는 편이다. 배경음악에 관한 수요는 높은 데 반해 배경미술에 관한 수요는 상대적으로 약하기 때문이다. 이 같은 이유에서 가령 우리나라의 '펄스나인'은 인공지능 미술을 활용하여 우리나라의 미술시장을 변혁 및 확대하고자 한다.

2. 딥드림

대표적인 인공지능 화가로는 우선 인공지능의 선두 주자 구글이 만든 '딥드림'(Deep Dream)을 들 수 있다.[49] 알파고로 인공지능을 향한 관심을 전 세계적으로 불러일으킨 구글은 음악 및 미술 영역에서도 인공지능을 개발하여 내놓고 있다. 딥드림도 그중 하나다. 구글은 인공지능 화가 딥드림으로 미술 작품을 만들어 이미 2016년부터 판매하기 시작하였다. 특정한 이미지를 입력하면 딥드림은 고흐나 르누아르 등과 같은 유명한 화가의 화풍이 적용된 이미지를 출력한다. 기존의 유명한 화풍을 적용하여 투입된 이미지를 새롭게 재편집하여 그림으로 산출하는 것이다. 이는 다음과 같은 과정으로 이루어진다.

먼저 그림 이미지가 입력되면 딥드림은 이를 요소별로 잘게 분해하여 데이터로 변환한다. 이어서 이를 딥드림이 알고 있는 기존의 패턴과 비교해 유사한지 확인한다. 다음으로 새롭게 입력 및 전환된 데이터를 기존에 학습된 이미지 패턴에 적용하여 새로운 그림을 창작한다. 이에 더하여 이미지의 질감을 추가하기도 한다.

---

49 (https://deepdreamgenerator.com/); 박설민, "AI, '예술'의 영역을 정복할 수 있을까", 『시사위크』 (2020. 9. 7).

이러한 기술 및 과정을 바탕으로 하여 딥드림은 다양한 화풍의 그림을 창작한다. 일례로 딥드림은 고흐의 화풍을 모방한 그림을 창작하기도 하였다.

3. 오비어스와 에드몽 드 벨라미

또다른 예로 오비어스(Obvious)가 개발한 인공지능 화가를 거론할 수 있다. 오비어스는 프랑스의 인공지능 예술팀을 말한다.[50] 오비어스는 이미지를 합성하는 데 주로 활용되는 인공지능 알고리즘, 즉 생성적 적대 신경망(GAN)을 활용하여 '에드몽 드 벨라미의 초상'(Portrait of Edmond de Belamy)이라는 가상 인물의 초상화 작품을 창작하였다.[51] 이 작품은 14세기에서 20세기에 걸쳐 창작된 1만 5,000여 작품의 이미지를 기반으로 하여 탄생하였다. 에드몽 드 벨라미의 초상은 실존 인물을 그린 것이 아니라 인공지능이 새롭게 창작한 가상 인물의 초상화이다. 에드몽 드 벨라미의 초상은 크리스티 경매에서 43만여 달러로 낙찰되어 화제를 모았다. 인공지능이 창작한 그림이 독자적인 상품으로 인정된 것이다.[52]

이외에도 2019년 3월에는 독일 작가 마리오 클링게만(Mario Klingemann)이 인공지능으로 만든 작품인 '행인의 기억 I'(Memories of Passerby I)이 소더비 경매에서 4만 파운드로 팔리기도 하였다.[53]

4. 넥스트 렘브란트

다국적 금융그룹 ING와 마이크로소프트 등이 참여한 프로젝트인 넥스트 렘브란트(The Next Rembrandt)도 대표적인 인공지능 화가로 유명하다.[54] 넥스트 렘브란트가 개발한 인공지능은 렘브란트가 작품에 사용한 색채나 구도, 기법 등을 학습한 후 이를 적용하여 새로운 렘브란트 화풍의 작품을 창작한다. 마치 렘브란트가

---

50 (https://obvious−art.com/).

51 영어로는 'Edmond Belamy'이다.

52 도재기, "인공지능이 그린 그림, 예술인가 기술인가", 『경향신문』(2020. 5. 22).

53 장길수, "인공지능 미술 시대 막 올랐다: 소더비 경매에 인공지능 미술 등장", 『로봇신문』(2019. 3. 26).

54 (https://www.nextrembrandt.com/).

지금 여기에 살아 돌아와 작품을 창작하는 것처럼 렘브란트 화풍의 그림을 그려낸다. 심지어 작품 표면의 질감까지 유사하게 구현한다. 이로 인해 전문가들조차도 인공지능이 그린 그림을 렘브란트의 작품으로 생각할 정도이다. 그 때문에 넥스트 렘브란트는 '렘브란트의 부활'로 평가되기도 한다.[55]

5. AICAN

AICAN은 미국 럿거스 대학교(Rutgers University)와 페이스북(현 메타) 등이 개발한 인공지능 화가이다.[56] AICAN은 기존의 GAN을 발전시켜 적용하였다. GAN을 바탕으로 하여 창의성을 한층 발전시킨 것이 AICAN인 것이다. AICAN은 기존 인공지능 화가들과는 달리 특정 화가나 작품의 화풍을 모방하는 데 그치는 것이 아니라 새롭고 창의적인 예술 작품을 창작할 수 있다고 평가된다. 그전에 개발된 구글의 딥드림이나 넥스트 렘브란트의 인공지능 화가와는 차원이 다른 인공지능 화가가 바로 AICAN이라는 것이다. 실제로 관람객을 대상으로 하는 조사에서 AICAN이 그린 작품은 인간 화가가 창작한 작품과 잘 구별되지 않았다.

6. 펄스나인의 이매진 AI

인공지능 화가는 외국에서만 찾아볼 수 있는 것은 아니다. 국내에서도 인공지능 화가가 활발하게 연구 및 출시된다. 예를 들어 카이스트(KAIST)를 비롯한 국내 주요 대학의 인공지능 연구진이나 펄스나인, 인공지능연구원 등과 같은 기업들이 인공지능의 작품을 전시하여 화제를 모으기도 하였다. 그중 펄스나인이 개발한 인공지능 화가 '이매진 AI'(Imagine AI)를 언급할 필요가 있다.[57]

펄스나인(Pulse9)은 인공지능 화가를 이용하여 개념미술의 장을 열고 침체에 빠진 우리 미술시장에 새로운 청사진을 제공하는 것을 목표로 하는 스타트업이다.[58]

---

55 도재기, "인공지능이 그린 그림, 예술인가 기술인가", 『경향신문』(2020. 5. 22).

56 (https://aican.io/).

57 (http://www.pulse9.net/imagine−ai); 도재기, "인공지능이 그린 그림, 예술인가 기술인가", 『경향신문』(2020. 5. 22).

58 김평화, "'AI 화가' 만든 스타트업이 '넥스트 어도비' 지향하는 까닭", 『Chosun』(2019. 9. 28).

요컨대 우리 미술시장을 부흥시키고자 개념미술이라는 구상과 인공지능이라는 기술적 수단을 활용하는 것이다. 펄스나인은 세 개의 인공지능을 개발하였다. 가상 인물 이미지 생성 인공지능인 '딥리얼 AI'(Deep Real AI)와 전문 연구를 위한 인공지능 화가 이매진 AI 그리고 일반 대중을 위한 인공지능 창작활동 도구 '페인틀리 AI'(Paintly AI)가 그것이다.[59] 그중 이매진 AI는 극사실주의를 추구하는 인간 작가 두민과 협업하여 독도를 소재로 한 작품 "Commune with..."를 제작하였다.[60] 이는 2019년 9월에 공개되었다. 이 작품은 인공지능 화가가 인간 화가와 본격적으로 협업을 한 작품으로 유명하다. 펄스나인은 이외에도 페인틀리 AI라는 인공지능 창작활동 도구를 선보였다. 페인틀리 AI는 이매진 AI의 기능을 간소화하여 일반 대중이 쉽게 이용할 수 있게 하였다.

7. 삼성전자의 툰스퀘어

AI 아트, 즉 인공지능 화가는 전통 미술 영역에서만 찾아볼 수 있는 것은 아니다. 요즘 많은 대중적 인기를 얻고 있는 웹툰이나 만화 영역에서도 인공지능의 활동을 찾아볼 수 있다. 이를테면 인공지능 화가뿐만 아니라 인공지능 만화가도 출현하고 있는 것이다. 대표적인 예로 삼성전자가 내놓은 '툰스퀘어'(Toon Square)를 들 수 있다.[61] 툰스퀘어는 삼성전자의 사내벤처 육성 프로그램인 C랩이 내놓은 인공지능 기술이다. 툰스퀘어는 일종의 인공지능 만화가이다. 만화를 잘 그리지 못하는 일반인들도 툰스퀘어의 도움으로 만화를 그릴 수 있다. 이를테면 일반인 이용자가 캐릭터를 선택한 후 특정한 문장을 입력하면 툰스퀘어가 문맥을 파악해 이용자가 선택한 캐릭터의 표정과 동작을 활용하여 만화를 만들어준다. 뿐만 아니라 셀카로 찍은 이용자의 이미지를 활용하여 캐릭터를 만들어낸 뒤 이를 등장인물로 그려내는 만화를 만들 수도 있다. 말하자면 인간 이용자가 중심이 되어 툰스퀘어라는 인공지능 만화가를 이용하여 독창적인 만화를 창작할 수 있는 것이다. 인공지능 만화가가 인간과 협업하는 시대가 열린 것이다.

---

59 상세한 내용은 (http://www.pulse9.net/) 참고.

60 도재기, "인공지능이 그린 그림, 예술인가 기술인가", 『경향신문』(2020. 5. 22).

61 유성열, "글 쓰면 AI가 만화로 그려줘... 삼성 사내벤처 아이템들", 『국민일보』(2018. 3. 7). 현재 툰스퀘어는 독자적인 스타트업으로도 활동한다. (https://toonsquare.co/ko_kr/).

8. 인간 및 인공지능의 협업과 파이돈

　만화 영역에서 인간과 인공지능이 협업한 또다른 대표적인 경우로는 만화 왕국 일본이 추진한 "데즈카(TEZUKA) 2020" 프로젝트를 언급할 수 있다.[62] "데즈카 2020"은 "우주 소년 아톰", "밀림의 왕자 레오" 등으로 유명한 일본의 만화가 데즈카 오사무(手塚治虫: 1928-1989)의 만화를 인공지능의 도움으로 재현하고자 하는 프로젝트이다. 일본 만화의 신으로 호칭되는 데즈카 오사무는 1989년에 세상을 떠나 더이상 그의 신작을 경험할 수 없다. 바로 이러한 아쉬움을 채우기 위한 프로젝트가 "데즈카 2020"인 것이다. 2019년 10월 키오쿠시아(Kioxia Holdings Corporation: 구 도시바메모리)의 브랜드 캠페인인 "#세계신기억" 제1탄으로 기획되었다. 이 프로젝트로 탄생한 만화가 바로 "파이돈"이다. "파이돈"은 데즈카 오사무의 화풍과 플롯 및 세계관을 그대로 반영해 창작한 새로운 데즈카 오사무스러운 만화이다.

　"파이돈"을 제작하기 위해 다양한 전문가들이 참여하였다. 이 프로젝트를 기획한 키쿠오시아(키옥시아), 데즈카 프로덕션의 이사이자 데즈카 오사무의 아들인 데즈카 마코토, 공립대학 하코다테 미래대학의 부이사장인 마츠바라 히토시, 게이오대학 인공지능 첨단연구센터의 특임 교수 쿠리하라 사토시, 시나리오 작가 등이 그들이다.

　"파이돈"은 다음과 같은 과정을 거쳐 제작되었다. 먼저 데즈카 2020 프로젝트 팀은 데즈카 오사무가 창작한 만화들의 이미지, 캐릭터, 줄거리 등에 관한 방대한 데이터를 수집 및 분류하였다. 데즈카 오사무의 주요 장편 만화 65개를 디지털 전환으로 데이터화해 세계관 등을 분석하였다. 더불어 단편 만화 13화의 시나리오 구조를 데이터화하였다. 인공지능이 제대로 가동할 수 있도록 데즈카 오사무의 작품을 디지털 전환으로 데이터화하여 입력한 것이다. 특히 "파이돈"은 단편 만화로 기획되었기에 데즈카 오사무가 창작한 단편 만화의 시나리오 구조에 관한 데이터가 중요한 역할을 하였다.

　다음으로 게이오대학 쿠리하라 연구실이 개발한 플롯생성기술인 "자동 시나리온 구축 시스템"(Automatic Scenario Building System: ASBS)을 이용하여 약 130여 개

---

62 장길수, "데즈카 오사무의 신작 만화 '파이돈', AI와 인간의 협업으로 완성", 『로봇신문』(2020. 3. 3).

의 만화 플롯을 만들었다. 인공지능 기술을 활용해 만화의 바탕이 되는 이야기를 창작한 것이다.

이어서 엔비디아가 개발한 인공지능 기술 '스타일GAN'(StyleGAN)을 활용하여 만화에 등장하는 캐릭터를 완성하였다. 이때 엔비디아의 실사 얼굴 학습모델을 기반으로 하였다. 데즈카 오사무가 창조한 다양한 캐릭터 이미지 수천 장을 활용하여 전이 학습의 방법으로 데즈카 오사무 화풍의 새로운 캐릭터를 창조한 것이다. 엔비디아가 개발한 실사 얼굴 학습모델은 다양한 사람들의 얼굴 사진을 바탕으로 하여 새로운 인물을 창조한다. 기존의 실사 얼굴을 새롭게 재편집하는 것이다.

인공지능 기술로 기초를 마련한 캐릭터는 데즈카 프로덕션 등에 소속된 만화가가 참여해 완성하였다. 인간 만화가가 최종 캐릭터 디자인 작업을 한 것이다. 이렇게 인공지능과 인간이 협업하여 데즈카 오사무의 화풍과 플롯을 재현한 "파이돈"이 완성되었다. 앞으로 인공지능 기술이 더욱 발전하면 만화를 창작하는 전체 과정에서 인공지능이 차지하는 비중은 더욱 늘어날 것이다.

V. 인공지능과 메타버스 그리고 ChatGPT 혁명

1. 인공지능과 메타버스

(1) 메타버스 현상

코로나-19 바이러스로 사회적 거리두기가 한참일 때 메타버스(metaverse)가 화제가 되었다.[63] 제4차 산업혁명, 인공지능, 블록체인, 데이터에 대한 전 사회적 관심이 메타버스로 집중되었다. 주식시장의 용어로 바꾸어 말하면 메타버스가 테마주의 새로운 핵심 테마가 된 것이다. 이러한 메타버스는 제4차 산업혁명을 견인하는 여러 핵심 기술과 밀접한 관련을 맺는다. 그중 가장 중요한 역할을 히는 것이

---

[63] 메타버스는 엔비디아의 CEO 젠슨 황이 2020년 10월 5일 GTC 2020(NVIDIA GPU Technology Conference 2020) 기조연설에서 "메타버스가 오고 있다."(The Metaverse is coming)고 언급하면서 전 세계적인 관심을 받게 되었다. 이에 관해서는 이원영, "GTC 2020 'AI 시대가 시작됐다'", 『Tech Recipe』(2020. 10. 6) 참고.

인공지능 기술이다. 비전 AI와 같은 인공지능 기술을 통해 현실세계와 가상세계를 구조적으로 연결하는 메타버스가 구현된다. 메타버스에서 참여자들은 자신의 캐릭터를 대변하는 아바타(부캐)를 인공지능 기술의 도움으로 창작할 수 있다. 현실세계를 인공지능 기술로 강화한 증강현실세계나 현실세계를 그대로 모사한 거울세계를 메타버스 공간에서 체험할 수 있다. 이렇게 볼 때 메타버스는 인공지능 및 저작물과 관련하여 중요한 의미가 있다. 인공지능의 저작물이 구현되는 새로운 공간이 바로 메타버스인 것이다.

(2) 메타버스의 의의

메타버스는 상위 또는 초월을 뜻하는 'meta'와 세계를 뜻하는 'universe' 가운데 'verse'를 합성한 말이다.[64] 따라서 말 그대로 풀이하면 '초월세계'로 정의할 수 있다. 일반적으로는 현실세계(real world)와 구별되는 가상세계를 뜻하는 경우로 사용된다. 어떻게 보면 인터넷으로 구현된 사이버세계(cyberworld)의 최신 버전이라 할 수 있다.

사실 메타버스는 최근에 비로소 등장한 용어는 아니다. 메타버스는 미국 작가 닐 스티븐슨(Neal Stephenson)이 1992년에 출판한 소설 『Snow Crash』에서 이미 사용한 용어이기 때문이다.[65] 인터넷이 대중화되기 이전에 이미 메타버스가 소설에서 등장한 것이다. 그런 메타머스가 최근 화두가 된 것은 제4차 산업혁명 시대를 이끄는 CEO들이 공개적으로 이를 언급하였기 때문이다. 특히 미국의 반도체 기업인 엔비디아(NVIDIA)의 CEO 젠슨 황(Jensen Huang, 黃仁勳)이 "메타버스가 오고 있다."(The Metaverse is coming)고 언급하면서 현시대를 대변하는 키워드가 되었다.

(3) 메타버스의 유형

메타버스는 생각보다 개념의 외연이 넓다. 그래서 메타버스가 정확하게 무엇을 뜻하는지 개념을 정의하는 것은 쉽지 않다. 기술연구단체인 ASF(Acceleration Studies Foundation)는 메타버스를 크게 네 가지 영역으로 구별한다.[66] 증강현실 세

---

[64] 메타버스에 관해서는 김상균, 『메타버스』(플랜비디자인, 2021) 참고.

[65] Neal Stephenson, *Snow Crash* (Bantam Books, 1992).

[66] 김상균, 『메타버스』(플랜비디자인, 2021), 23쪽.

계, 거울세계, 라이프로깅(lifelogging) 세계, 가상세계가 그것이다. 이는 현실세계와 가상세계의 관계를 어떻게 설정할 것인지, 양자 사이에서 어디에 비중을 둘 것인지에 따른 구별이다.

일단 주목해야 할 점은 메타버스에서는 현실세계와 가상세계가 단절되어 있지 않다고 본다는 것이다. 양자는 별개의 세계가 아니고 서로 밀접하게 연결된다. 그중 현실세계에 비중을 두는 메타버스가 증강현실 세계와 라이프로깅 세계이다. 증강현실 세계는 현실세계에 기반을 두면서 ICT나 인공지능 기술에 힘입어 여기에 증강현실을 덧붙인 세계이다. 라이프로깅 세계는 현실세계에서 이루어지는 내 삶을 가상세계에 그대로 복제하여 생성되는 세계이다. 다만 세계의 중심은 여전히 현실세계가 된다. 현실세계의 삶을 적정하게 편집하여 가상세계에 디지털 전환으로 기록하는 세계가 라이프로깅 세계인 것이다.

이에 반해 거울세계와 가상세계는 가상공간이 중심이 된다. 거울세계는 현실세계를 가상공간에 복제하여 만들어낸 세계이다. 그러나 환경 자체만이 실제세계에 바탕을 둘 뿐 참여자들이 소통하고 활동하는 주된 공간은 가상공간인 거울세계가 된다. 마지막으로 가상세계는 현실세계에 대한 연결고리가 가장 약한 세계이다. 가상세계 그 자체 안에서 새로운 소통, 새로운 활동, 새로운 작품, 새로운 세계가 창조된다. 그런 이유에서 가장 진정한 의미의 메타버스에 해당한다. 물론 그렇다고 해서 현실세계에 대한 접점이 사라지는 것은 아니다. 가상세계에 참여하는 이들은 분명 현실세계에서 살아가는 사람들이기 때문이다.

이처럼 메타버스가 포섭하는 의미 내용은 다원적이어서 이를 정확하게 규정하는 것은 쉽지 않다. 또한 앞에서 메타버스의 네 가지 유형을 언급했지만 각 유형이 명확하게 구별될 수 있는 것은 아니다. 라이프로깅 세계와 거울세계는 그 경계가 명확하지만은 않다. 다만 분명한 점은 메타버스는 현실세계와 가상세계를 연결하는 세계라는 의미로, 다시 말해 현실과 가상이 융합한 세계로 정의될 수 있다는 점이다.

(4) 메타버스의 예

증강현실 세계, 라이프로깅 세계, 거울세계, 가상세계를 대변하는 메타버스로 다음을 언급할 수 있다.

1) 제페토

증강현실 세계를 대변하는 메타버스로 제페토(Zepeto)를 들 수 있다. 제페토는 스노우(주)의 사내 조직으로 출발하였는데 현재는 '네이버제트'라는 독자 기업이 운영하는 메타버스로 분리되었다. 제페토는 증강현실 세계에 라이프로깅과 가상세계를 융합한 세계로 이해된다. 그중 중심은 증강현실이다.[67]

제페토가 대중의 관심을 받게 된 데는 코로나-19 사태와 무관하지 않다. 코로나에 대응하기 위해 강력한 사회적 거리두기 정책이 시행되면서 오프라인 공연이 줄줄이 취소되었다. 이로 인해 아이돌그룹을 운영하는 엔터테인먼트 기업들의 수익원이 차단되었다. 이 같은 상황에서 돌파구를 마련하기 위해 찾은 해법이 바로 제페토와 같은 메타버스 공간이다. 제페토와 같은 메타버스 공간에 아이돌그룹이 아바타를 대동해 참여함으로써 온라인 공연과 같은 방식으로 팬들과 소통하는 것이다. 예를 들어 YG엔터테인먼트의 블랙핑크나 JYP의 트와이스 그리고 하이브에 소속된 BTS의 인공지능 아바타를 제페토에서 만날 수 있었다. 이에 2020년에는 하이브(빅히트엔터테인먼트)와 YG엔터테인먼트가 제페토에 각각 70억 원, 50억 원을 투자하기도 하였다.

제페토는 안면인식 및 증강현실 기술 그리고 3D 기술을 활용하여 참여자의 아바타를 창작한다. 이러한 아바타를 통해 가상공간에 구현된 현실세계의 각종 모임, 행사, 콘서트에 참여할 수 있다.

2) 싸이월드와 페이스북 그리고 유튜브

메타버스 가운데 일찍부터 우리에게 친숙해진 세계로 라이프로깅 세계를 들 수 있다. 싸이월드와 페이스북 및 유튜브가 바로 그 예다.[68] 2000년대 초반 우리들이 몰입했던 싸이월드는 우리나라가 선도적으로 내놓은 라이프로깅 세계이다. 이로 인해 우리는 일찍부터 라이프로깅 세계에 익숙해질 수 있었다. 싸이월드 안에 자신만의 집인 미니홈피를 꾸미고 '일촌'으로 친구를 맺고 '도토리'를 이용해 선물을 주고받았다. 그러나 싸이월드는 스마트폰 시대에 적절하게 대응하지 못해 몰락

---

67 김상균, 『메타버스』(플랜비디자인, 2021), 77쪽. 다만 제페토를 증강현실 세계로 규정할지 아니면 거울세계나 가상세계로 규정할지는 명확하지 않다. 제페토가 계속 진화하기 때문이다.

68 김상균, 위의 책, 128쪽 아래 참고.

하였다.

싸이월드와 비슷한 콘셉트로 출발한 것이 페이스북이다. 다만 페이스북은 스마트폰 시대에 성공적으로 적응함으로써 확장성을 확보하였다. 이를 통해 여전히 대표적인 라이프로깅 세계의 메타버스로 자리매김한다.

구글 산하의 유튜브 역시 이 시대를 대표하는 라이프로깅 메타버스로 언급할 수 있다. 무엇보다도 유튜브는 콘텐츠 생산자에게 광고 수익을 배분하는 정책을 시행하여 전 세계적으로 폭발적으로 확장될 수 있었다. 참여자에게 경제적 인센티브를 제공한 것이다. 다만 그 때문에 유튜브 콘텐츠가 경제 논리에 식민지화되는 문제가 발생하기도 한다. 단기간의 수익을 노리는 자극적인 콘텐츠가 생산되기도 한다.

3) 마인크래프트와 카카오 유니버스

거울세계를 대표하는 메타버스 플랫폼으로는 '마인크래프트'와 카카오를 들 수 있다. 마인크래프트(Minecraft)는 스웨덴의 게임회사 모앵(모장) 스튜디오(Mojang Studios)가 개발한 샌드박스 형식의 비디오 게임이다.[69] 마인크래프트에 참여하는 이들은 이미 설정되어 있는 게임을 즐기는 것이 아니라 샌드박스 게임처럼 자신이 스스로 그 무엇인가를 만들고 즐긴다. 참여자들이 자율적으로 자신만의 게임을 창조하는 것이다. 특히 코로나-19가 엄습하면서 참여자들은 현실세계를 모사한 거울세계를 마인크래프트에 창조하여 다른 참여자들과 소통하기도 한다. 자신이 원하는 세계를 스스로 만들어 이에 참여하고 소통하며 즐긴다는 매력으로 마인크래프트는 선풍적인 인기를 끈다. 이를 선구적으로 알아본 마이크로소프트는 2014년 9월에 마인크래프트를 운영하는 모앵 스튜디오를 3조 원에 인수하였다.

우리나라의 대표적인 메신저 플랫폼인 카카오도 소통 메신저의 차원을 넘어 메타버스로 거듭난다.[70] 실제 세계에서 형성된 소통관계를 카카오 플랫폼으로 거울세계에 이식한 카카오는 이를 기반으로 하여 독자적인 메타버스를 구축한다. 우리가 일상생활을 영위하면서 체험하는 거의 모든 것들, 가령 소통하고 선물하며 이동하고 금융거래 하는 것들 대부분이 카카오 유니버스에 구현된다. 이제 카카오

---

69 김상균, 앞의 책, 163쪽 아래. 마인크래프트는 '채굴하고(mine) 제작하다(craft)'의 말을 합성한 것이다.
70 김상균, 앞의 책, 196쪽 아래.

가 관여하지 않는 일상생활을 찾기 어려울 정도가 되고 있다. 그만큼 카카오는 메타버스 공간에 자기만의 거울세계를 구축하고 있는 것이다.

4) 로블록스와 포트나이트

마지막으로 어쩌면 진정한 메타버스에 해당하는 가상세계를 대표하는 플랫폼으로 로블록스와 포트나이트를 들 수 있다. 로블록스(Roblox)는 2004년 데이비드 베주키(David Baszucki)와 에릭 카셀(Erik Cassel)이 설립한 로블록스 코퍼레이션(Roblox Corporation)에서 만든 게임 플랫폼이다.[71] 마인크래프트와 유사하게 샌드박스 비디오 게임의 성격도 갖지만 마인크래프트와는 달리 가상세계 그 자체가 중심이 되며 로블록스 자체가 게임을 제공하기보다는 참여자들이 자유롭게 게임을 창작할 수 있는 가상공간을 제공한다는 점에서 차이가 있다. 그 점에서 로블록스는 메타버스 플랫폼의 성격이 더 강하다. 설립도 로블록스가 마인크래프트보다 더 빨리 이루어졌다. 현재 로블록스는 가장 대표적인 메타버스 플랫폼으로 각광을 받는다. 미국의 경우 16세 미만 아이들의 절반 이상이 로블록스에 참여한다.

포트나이트(Fortnite) 역시 가상세계를 대표하는 메타버스 플랫폼이다.[72] 포트나이트는 에픽게임즈(Epic Games, Inc.)가 개발한 3인칭 슈팅게임으로 출발하였다. 이후 배틀로얄 형식의 게임을 도입하면서 선풍적인 인기를 끌게 되었다. 나아가 게임에만 머물지 않고 게임 이외의 참여와 소통이 이루어지는 메타버스 플랫폼으로 진화하고 있다. 예를 들어 2020년 9월 26일에는 한국을 대표하는 K-팝 그룹 BTS가 포트나이트에서 새로운 뮤직비디오를 발표하기도 하였다.[73]

2. ChatGPT 혁명과 멀티모달 생성형 인공지능

2022년 11월 ChatGPT가 출시되면서 인공지능 저작물 문제는 새로운 전환점을 맞게 되었다. ChatGPT를 통해 음악과 미술뿐만 아니라 언어도 인공지능이 장악하면서 이제 인공지능은 인간이 창작하는 모든 영역에 관여할 수 있게 되었다.

---

71 김상균, 앞의 책, 235쪽 아래.
72 김상균, 앞의 책, 251쪽 아래.
73 (https://www.epicgames.com/fortnite/ko/news/light-it-up-like-dynamite-bts-arrives-in-fortnite-party-royale).

음악을 만들고 그림을 그리며 심지어 언어도 능숙하게 구사할 수 있는 인공지능을 우리의 일상생활에서 접할 수 있는 시대가 열린 것이다. 그뿐만 아니라 GPT-4를 통해 이른바 멀티모달 생성형 인공지능이 구현되면서 이제 인공지능은 인간처럼, 아니 인간보다 더욱 능숙하고 전문적으로 저작물을 생성할 수 있게 되었다. 인공지능 저작물에 관한 문제, 더 나아가 생성형 인공지능에 관한 문제에 본격적으로 마주해야 하는 시대로 접어든 것이다.

Ⅵ. 인공지능 저작물 침해의 대응 방안

1. 세 가지 대응 방안

인공지능이 생성하는 저작물이 증가하면서 새로운 시장이 열리고 예술이란 과연 무엇인지에 관해 예술체계가 도전을 맞는다. 사회 전체적으로 보면 인공지능 저작물 덕분에 공리가 증대하는 것으로 보인다. 그렇지만 새로운 문제 역시 출현한다. 인공지능 저작물에 대한 침해 역시 발생한다는 점이다. 이에 이를 어떻게 예방 또는 억제할 수 있는지, 달리 말해 인공지능 저작물 침해에 어떻게 대응해야 하는지가 문제된다. 크게 세 가지 대응 방안을 고려할 수 있다. 기술에 의한 대응 방안, 윤리에 의한 대응 방안, 법에 의한 대응 방안이 그것이다.

2. 기술적 대응 방안

우선 기술적 수단을 사용하여 인공지능 저작물에 대한 침해를 억제할 수 있다. 말하자면 설계주의 또는 아키텍처 규제(architectural regulation)를 사용하는 것이다.[74] 우리 법체계는 이를 '기술적 보호조치'로 규정한다. 이 방안은 인공지능 저작물에 대한 침해를 사전에 예방하거나 억제히는 데 초점을 맞춘다. 그 점에서 인

---

[74] 설계주의에 관해서는 松尾陽 (編), 『アーキテクャと法』(弘文堂, 2016). 아키텍처 규제에 관해서는 Lee Tein, "Architectural Regulation and the Evolution of Social Norms", *Yale Journal of Law and Technology* 7(1) (2005); James Grimmelmann, "Regulation by Software", *The Yale Law Journal* 114 (2005) 등 참고.

공지능 저작물을 보호하는 데 가장 효과적인 방안이라 말할 수 있다.

(1) 저작권 기술의 유형

저작권에 관한 기술은 크게 네 가지로 구별할 수 있다.[75] 저작권 관리 기술, 저작권 유통 기술, 저작권 침해 점검 기술, 저작권 침해 예방 기술이 그것이다. 그 중 저작물 보호에 관한 기술로 저작권 침해 점검 기술과 저작권 침해 예방 기술을 들 수 있다.

(2) 저작권 침해 점검 기술

저작권 침해 점검 기술은 현재 저작물에 대한 침해가 이루어지는지를 파악하는 기술이다. 이러한 예로 침해 모니터링 기술, 소스코드 유사성 비교 기술 등을 언급할 수 있다.

(3) 저작권 침해 예방 기술

저작권을 보호하는 데 가장 중요한 기술은 저작권 침해 예방 기술이다. 이러한 예로 소프트웨어 식별코드 난독화 기술, 디지털 워터마킹 기술, 핑거프린트 기술, DRM 기술, NFT 기술 등을 들 수 있다.

소프트웨어 식별코드 난독화 기술은 리버스 엔지니어링(reverse engineering)을 통해 저작권에 해당하는 소프트웨어의 코드를 알아내는 것을 억제한다.

디지털 워터마킹(digital watermarking) 기술은 저작물에 디지털화된 워터마크를 삽입하여 해당 저작물이 불법 복제되는 경우 이를 식별 또는 추적할 수 있게 한다. 핑거프린트(fingerprint) 기술 역시 디지털 워터마킹처럼 저작물에 디지털화된 지문을 삽입하여 저작물이 불법으로 복제되는 경우 추적을 용이하게 한다. 이러한 방법으로 저작권을 보호한다.

DRM(Digital Rights Management) 기술은 정당한 권리자만 디지털 저작물에 접근하는 것을 허용하는 기술을 말한다. 저작물 불법 복제를 억제하기 위한 일환으로 전자책, 음원, 영화, TV 프로그램, 게임 등에 폭넓게 이용된다.

최근 관심을 받는 NFT(Non−Fungible Token: 대체 불가능 토큰)는 저작물을 보

---

[75] 이는 한국저작권보호원의 구별에 따른 것이다. 이에 관해서는 (https://m.blog.naver.com/Post View.naver?isHttpsRedirect=true&blogId=kcopastory&logNo=221325519672) 참고.

호하기 위한 새로운 기술로 각광받는다. NFT는 블록체인 기술을 적용하여 현재의 기술 수준으로는 저작물을 불법 복제하는 것을 거의 불가능하게 한다. 이에 하이브(HYBE) 같은 엔터테인먼트 회사들은 NFT 기술을 활용하여 저작물을 출시하고자 한다. NFT 기술을 다루는 기업들, 이를테면 하이브나 카카오게임즈는 주식시장에서도 투자자들의 관심을 끈다.

3. 윤리적 대응 방안

다음으로 윤리나 도덕과 같은 연성규범(soft norm)을 활용하여 인공지능 저작물에 대한 침해를 예방할 수 있다. 그러나 저작권과 같은 지식재산권에 대한 침해가 공공연히 자행되고 이에 대한 불법의식도 그다지 높지 않은 현실을 감안하면 윤리와 같은 연성규범으로 인공지능 저작물 침해에 대응하는 데는 한계가 있다.

4. 법적 대응 방안

나아가 법으로 인공지능 저작물에 대한 침해에 대응하는 것을 고려할 수 있다. 인공지능이 생산하는 저작물을 저작권의 대상으로 포섭하여 이를 저작권법으로 보호하는 것이다. 인공지능의 저작물에 저작권을 부여하는 것은 단순히 인공지능 저작물을 각종 침해로부터 보호하는 데 그치는 것이 아니라 인공지능 저작물에 관여한 이해관계자들에 정당한 대가를 부여하고자 한다는 점에서도 의미가 적지 않다.

VII. 법적 대응 방안의 기초로서 저작권법

1. 저작권법의 의의

(1) 저작물을 규율하는 법으로서 저작권법

저작권이란 저작물에 대한 권리를 뜻한다. 이러한 저작권을 규율하는 법이 저작권법이다. 말하자면 저작권법이란 저작물과 저작권을 규율하는 법인 것이다. 저작권법이 정의하는 바에 따르면 저작권법이란 "저작자의 권리와 이에 인접하는 권리를 보호하고 저작물의 공정한 이용을 도모함으로써 문화 및 관련 산업의 향상발전에 이바지함"을 목적으로 하는 법을 말한다(저작권법 제1조).

여기서 알 수 있듯이 저작권법은 세 가지 목적을 추구한다. 첫째, 저작자의 권리 및 이에 인접하는 권리를 보호하는 것이다. 둘째, 저작물의 공정한 이용을 추구하는 것이다. 셋째, 이를 통해 문화 및 관련 산업의 향상발전에 기여하는 것이다. 이렇게 저작권법이 추구하는 목적은 다른 지식재산권을 보호하는 법, 가령 특허법이나 실용신안법, 상표법 등이 추구하는 목적과 그 구조가 유사하다.

다만 저작권법이 지향하는 목적 중에서 눈에 띄는 것은 "저작물의 공정한 이용"을 추구하고 있다는 점이다. 이는 다른 지식재산권법에서는 보이지 않는 것으로 저작권법만의 특색이라 할 수 있다.

(2) 저작권법이 보호하는 저작권과 저작인접권

저작권법이 보호하는 저작권이란 무엇인가? 정확하게 말하면 이러한 (넓은 의미의) 저작권은 두 가지 권리로 구별된다. 본래 의미의 저작권과 저작인접권이 그것이다. 이를 저작권법은 "저작자의 권리" 및 "이에 인접하는 권리"로 표현한다. 이에 따르면 본래 의미의 저작권이란 저작물을 창작한 저작자의 권리를, 저작인접권이란 이러한 저작권에 인접하는 권리를 뜻한다. 이러한 저작권을 아래에서 더욱 상세하게 살펴보겠다.

2. 저작권의 의의

(1) 저작권의 개념

저작권이란 저작물을 창작한 저작자의 권리를 뜻한다. 이때 저작물이란 앞에서 살펴본 것처럼 "인간의 사상 또는 감정을 표현한 창작물"을 말한다(저작권법 제2조 제1호). 이러한 저작물의 예로는 시, 소설, 논문 등과 같은 언어적 저작물을 비롯하여 음악, 미술, 건축, 사진, 도형, 동영상, 컴퓨터 프로그램 등과 같은 비언어적 창작물을 들 수 있다.

저작물이 저작권법의 보호를 받기 위해서는 창작성이 있어야 하고 외부로 표현되어야 한다. 여기서 말하는 창작성이란 남의 것을 모방하지 않은 저작물이라는 점을 뜻한다. 특허에서 요구하는 것처럼 고도의 창작성이 필요한 것은 아니다. 더불어 이러한 창작성은 외부로 표현, 즉 '저작'되어야 한다. 그리고 저작자란 이러한 저작물을 창작한 사람을 말한다(저작권법 제2조 제2호).

(2) 두 가지 유형의 저작권

저작권은 두 가지로 구별된다. 저작인격권과 저작재산권이 그것이다. 이는 저작권이 가진 두 가지 성격과 무관하지 않다.

한편으로 저작권은 저작물을 창작한 저작자의 인격과 무관하지 않다. 저작물이라는 것 자체가 저작자의 인격, 달리 말해 인격적 개성이 투영되어 만들어진 것이기 때문이다. 따라서 저작물이라는 객체는 저작자라는 주체의 인격과 분리해서 생각할 수 없다. 바로 이 점에서 저작권은 저작인격권, 즉 저작자 자신의 인격에 대한 권리라는 성격을 갖는다.

다른 한편으로 저작권은 재산권의 성격도 지닌다. 왜냐하면 저작물 자체가 재산적 가치를 지니고 있고, 이로 인해 거래의 대상이 될 수 있기 때문이다. 이는 저작물이 '소통'(communication)의 대상이자 소통을 가능하게 하는 소통매체가 된다는 점과 무관하지 않다. 물론 일기와 같은 저작물은 저작자의 인격이 고스란히 투영된 것으로서 저작자 자신만을 위한 것일 수 있다. 그렇지만 대다수의 저작물은 독자, 즉 소통의 수신자를 필요로 한다. 대부분의 저작자는 자신이 창작한 저작물을 다른 사람들이 읽고 즐겨주길 원한다. 그 점에서 저작물은 언제나 독자를 필요로 한다. 그 때문에 저작물은 저작자만이 소유하는 것이 아니라는 주장도 나온다. 달리 표현하면 저작물은 본래 '상호주관적인 대상'이라는 것이다. 이처럼 저작물은 상호주관적인 것으로서 소통의 대상이 되기에 이는 재산적 가치를 갖는 재화도 될 수 있다. 그 점에서 저작물에 대한 권리는 재산권의 성격도 갖는 것이다.

이러한 저작인격권과 저작재산권을 더욱 자세하게 살펴보면 다음과 같다.

1) 저작인격권

저작권법은 저작권의 두 유형인 저작인격권과 저작재산권을 명문으로 규정한다. 이에 따르면 저작인격권으로는 공표권(제11조), 성명표시권(제12조), 동일성유지권(제13조)을 들 수 있다.

여기서 공표권이란 "저작물을 공표하거나 공표하지 아니할 것을 결정할 권리"를 말한다(제11조 제1항). 다음으로 성명표시권이란 "저작물의 원본이나 그 복제물에 또는 저작물의 공표 매체에 그의 실명 또는 이명을 표시할 권리"를 말한다(제12조 제1항). 나아가 동일성유지권이란 "저작물의 내용·형식 및 제호의 동일성을 유지할 권리"를 뜻한다(제13조 제1항).

저작권법에 의하면 이러한 저작인격권은 "저작자 일신에 전속"하는 일신전속성을 갖는다(제14조 제1항). 달리 말해, 저작인격권은 저작자의 인격과 분리해서 존속할 수 없다는 것이다. 따라서 저작물을 이용하는 사람은 저작자의 인격을 침해하는 행위를 해서는 안 된다. 이는 저작자가 사망한 이후에도 마찬가지이다(제14조 제2항).

2) 저작재산권

다음으로 저작권법은 저작재산권으로 복제권(제16조), 공연권(제17조), 공중송신권(제18조), 전시권(제19조), 배포권(제20조), 대여권(제21조), 2차적 저작물 작성권(제22조)을 규정한다. 이에 따라 저작자는 저작물을 복제할 권리(제16조), 공연할 권리(제17조), 공중송신할 권리(제18조), 미술저작물 등의 원본이나 그 복제물을 전시할 권리(제19조), 저작물의 원본이나 그 복제물을 배포할 권리(제20조), 상업적 목적으로 공표된 음반이나 상업적 목적으로 공표된 프로그램을 영리를 목적으로 대여할 권리(제21조), 자신의 저작물을 원저작물로 하는 2차적 저작물을 작성하여 이용할 권리(제22조)를 저작재산권으로서 행사할 수 있다. 이러한 저작재산권은 원칙적으로 저작자가 생존하는 동안 및 사망한 후 70년간 존속한다(저작권법 제39조 제1항).

그러나 이러한 저작재산권이 절대적으로 보장되는 것은 아니다. 바꿔 말해 저작재산권이 무제한적으로 보장되는 것은 아니다. 이를테면 공익 등의 목적으로 저작물을 이용하는 경우에는 저작재산권이 제한된다. 예를 들어 재판절차에서 저작물을 복제하거나(제23조), 학교 교육 등의 목적으로 저작물을 이용하는 경우(제25조)에는 저작재산권은 제한된다. 바꾸어 말해 위에서 언급한 경우에는 저작자의 허락을 받지 않고 저작물을 사용할 수 있다는 것을 뜻한다. 또한 시사보도를 하기 위해 저작물을 이용하거나(제26조), 영리를 목적으로 하지 않는 공연 및 방송에서 저작물을 공연하는 경우(제29조)에도 저작재산권이 제한된다. 이러한 경우는 공익 목적을 위해 저작물을 이용하는 때에 해당하기 때문이다.

(3) 배타적 발행권과 출판권

저작재산권과 밀접하게 관련되면서도 이와 구별되는 권리로 배타적 발행권과 출판권을 들 수 있다. 여기서 배타적 발행권이란 저작물을 발행하거나 복제·전송할 권리를 가진 자가 그 저작물을 발행 등에 이용하고자 하는 자에 대하여 설정해 주는 배타적 권리를 말한다(저작권법 제57조 제1항). 쉽게 말해 저작물을 배타적으로 발행할 수 있는 권리가 바로 배타적 발행권인 것이다. 이는 배타적 발행권자가 본래부터 가진 권리가 아니라 저작재산권자가 설정해 주는 권리이다. 그 점에서 아래에서 살펴볼 저작인접권과 유사한 모습을 지닌다.

한편 이러한 배타적 발행권과 매우 유사한 권리로서 출판권이 있다. 출판권이란 저작물을 복제·배포할 권리를 가진 자가 그 저작물을 인쇄 그 밖에 이와 유사한 방법으로 문서 또는 도화로 발행하고자 하는 자에 대하여 설정해 주는 배타적 권리를 말한다(제63조 제1항). 여기서 알 수 있듯이 출판권은 배타적 발행권과 거의 같다. 다만 차이가 있다면 출판권은 저작물을 문서 또는 도화라는 수단으로 발행하는 권리에 한정된다는 점이다. 그 점에서 출판권은 발행권보다 그 외연이 좁다. 이를 도식화하면 '배타적 발행권 > 출판권'으로 표시할 수 있다.

3. 저작인접권

저작권법에 의하면 저작인접권이란 '저작권에 인접하는 권리'를 뜻한다. 그러면 저작권에 인접하는 권리란 무엇일까? 이를 파악하기 위해서는 먼저 현행 저작권법이 저작권에 인접하는 권리로서 무엇을 인정하고 있는지 살펴볼 필요가 있다.

저작권법 제64조 아래가 규정하는 내용을 고려하면, 현행 저작권법은 저작권에 인접하는 권리로서 실연, 음반, 방송에 대한 권리를 인정한다. 더욱 구체적으로 말하면 저작권법은 실연자의 권리, 음반제작자의 권리, 방송사업자의 권리를 저작권에 인접하는 권리, 즉 저작인접권으로 인정한다. 그리고 이렇게 저작인접권을 보유하는 권리주체는 저작권자와 유사하게 복제권(제78조), 배포권(제79조), 대여권(제80조) 등을 갖는다.

그러면 저작권과는 별개로 저작인접권을 인정하는 이유는 무엇일까? 저작인접권의 성격에서 그 이유를 찾을 수 있다. 저작권이 보호 대상으로 하는 저작물은 보통 종이라는 매체를 이용하여 만들어진다. 책이 대표적인 경우이다. 이러한 저작물은 글을 읽을 수 있는 독자라면 특별한 수단을 사용하지 않고도 쉽게 읽고 이해할 수 있다. 그렇지만 음악이나 연극, 영화와 같은 저작물은 그 기초가 되는 악보, 희곡, 시나리오뿐만 아니라 이러한 악보, 희곡, 시나리오를 음악, 연극, 영화로 만들어줄 수 있는 실연자를 필요로 한다. 또한 이러한 음악, 영화 등을 대중적인 소통 매체를 이용하여 일반 사람들에게 널리 알리기 위해서는 음반제작자나 방송사업자 등을 필요로 한다. 요컨대 음악이나 연극, 영화 등과 같은 저작물을 완전하게 구현하거나 이를 널리 전파하기 위해서는 저작자뿐만 아니라 실연자 등과 같이 저작물에 인접하면서 저작물을 완전하게 구현하는 데 기여하는 사람들이 필요하다. 바로 이러한 사람들의 노력을 법적으로 보호하기 위해 도입된 것이 저작인접권인 것이다. 저작인접권을 제도화하여 이렇게 저작인접권자들의 이익을 법으로 보호함으로써 음악, 연극, 영화와 같은 저작물이 더욱 원활하게 만들어지고 전파될 수 있도록 하는 것이다.

4. 저작권의 효력 및 보호

특정한 저작물에 저작권이 인정되는 경우 이러한 저작권은 다음과 같은 효력을 지닌다.

(1) 배타적 권리

저작권법은 저작권을 마치 민법상 물권과 유사한 배타적 권리로 취급한다. 여기서 저작권이 배타적 권리로 취급된다는 것은 저작권자가 마치 물권을 보유하는 사람처럼 기본적으로 어떤 누구에게도 저작권을 주장할 수 있다는 것을 뜻한다. 따라서 저작권자가 아닌 사람이 특정한 저작물을 사용하기 위해서는, 저작권법이 인정하는 예외 사유에 해당하지 않는 한, 저작권자의 허락을 받아야 한다(제46조). 저작권자의 허락을 받지 않고 저작물을 사용하는 것은 저작권을 침해하는 행위가 된다. 저작권법은 이러한 저작권 침해행위로부터 저작권을 보호하기 위해 다음과 같은 구제 수단을 마련하고 있다.

(2) 침해 정지 청구

먼저 저작권자는 자신의 저작권이 현재 침해되고 있는 경우에는 이러한 침해의 정지를 청구할 수 있다(저작권법 제123조 제1항). 나아가 저작권이 침해될 우려가 있는 경우에는 그 상대방에 대하여 침해 예방이나 손해배상의 담보를 청구할 수 있다(제123조 제1항). 이러한 침해 정지 청구를 통해 저작권자는 자신의 저작권을 효과적으로 보호할 수 있다. 이러한 권리는 민법이 물권에 부여하는 물권적 청구권과 그 내용이 비슷하다(민법 제213조 등).

(3) 손해배상 청구

다음으로 저작권자는 고의 또는 과실로 자신의 저작권을 침해함으로써 손해를 야기한 사람에 대해 손해배상을 청구할 수 있다(저작권법 제125조). 이는 민법이 규정하는 불법행위 책임의 견지에서 볼 때 당연하다 할 수 있다(민법 제750조). 왜냐하면 저작권이 마치 물권처럼 배타적 권리로 보호되는 이상, 이러한 저작권을 고의 또는 과실로 침해하는 행위는 민법 제750조에 따라 불법행위가 되기 때문이다. 이렇게 불법행위가 성립하면 가해자는 피해자인 저작권자에게 손해배상을 해야 한다.

(4) 저작권 침해죄

나아가 고의로 타인의 저작권을 침해하는 경우에는 '저작권 침해죄'라는 범죄가 된다(저작권법 제136조). 타인의 저작권을 침해하는 행위는 단순한 일탈행위나 민법상 불법행위가 되는 데 그치는 것이 아니라 형벌이 부과되는 범죄가 되기도 하는 것이다. 그 점에서 우리 저작권법은 저작권을 아주 강력하게 보호하고 있는 셈이다. 그러나 이렇게 저작권을 강력하게 보호하는 것에 관해, 바꿔 말해 저작권 침해행위에 강력하게 대응하는 것에 관해서는 비판이 제기된다. 이는 이른바 '카피레프트' 운동이라는 이름으로 전개된다.

5. 카피레프트 운동

'카피레프트'(copyleft) 운동이란 저작권을 뜻하는 '카피라이트'(copyright)에 반대하는, 이에 저항하는 운동이다. 말하자면 카피라이트를 비판하는 운동이 카피레프트 운동인 것이다. '저작'을 의미하는 '카피'(copy)에, '권리'와 '보수'를 뜻하는 '라이트'(right)에 대항한다는 의미로 '반권리' 및 '진보'를 뜻하는 '레프트'(left)를 붙인 것이다. 이러한 명칭이 시사하는 것처럼 카피레프트 운동은 저작권이 인간의 창의적인 저작활동을 장려하기보다는 오히려 억압한다고 비판한다. 따라서 저작권을 폐기하거나 그게 아니면 저작물의 공정이용을 대폭 확대해야 한다고 주장한다. 이러한 맥락에서 현행 저작권법이 규정하는 저작권 침해죄도 비판한다. 저작권 침해죄는 정당성을 상실하고 있다는 것이다.[100]

Ⅷ. 인공지능과 저작물에 관한 법정책의 방향

1. 문제점

가장 논란이 되는 문제로 인공지능에 저작권을 인정할 수 있는지 살펴본다.[101] ChatGPT가 보여준 것처럼 이제 인공지능이 독자적인 저작 활동을 하는 것은 현실이 되었다. 오늘날 인공지능은 신문 기사나 소설, 영화 시나리오뿐만 아니라 음악 및 미술 작품을 창작할 수 있다. 인공지능이 독자적으로 저작물을 생성하는 시대가 열린 것이다. 이에 인공지능에 저작권을 인정할 수 있는지, 바꿔 말해 인공지능을 저작권의 권리주체로 볼 수 있는지가 논란이 된다. 이는 지식재산권법 영역에서 화두가 된다.

가능성의 차원에서 보면 이미 인공지능이 독자적인 저작 활동을 하고 있으므로 인공지능에게 저작권을 인정하는 것은 어렵지 않다. 문제는 필요성의 차원에서 나타난다. 인공지능에게 저작권을 인정할 필요가 과연 있을까? 이는 왜 우리가 저작권 제도를 마련하고 있는가의 문제와 연결된다. 이 자리에서 이 문제를 상세하

---

100 저작권 침해죄에 관해서는 양천수·하민경, "저작권 침해죄의 정당성에 대한 비판적 고찰", 『외법논집』 제37권 제4호(2013), 179-196쪽 참고.

101 이 문제에 관해서는 신창환, "인공지능 결과물과 저작권", 『Law & technology』 제12권 제6호(2016), 3-15쪽; 김도경, "인공지능 시대에 저작권 보호와 공정한 이용의 재고찰", 『경영법률』 제31집 제3호(2021), 221-266쪽 참고.

게 논하기는 어렵다. 따라서 아래에서는 이 문제를 어떻게 해결하는 것이 바람직한지 간략하게 언급하는 것으로 그치겠다.

2. 저작권에 대한 인공지능 권리주체성의 원칙적 인정 불필요성

우선 원칙적으로 인공지능에 저작권을 굳이 인정할 필요는 없어 보인다. 현재 수준의 인공지능이 완전한 자율성을 획득한 강한 인공지능이 아닌 이상 인공지능을 독자적인 권리주체로 설정할 필요는 없기 때문이다. 오히려 현재의 인공지능은 대부분 인간을 위한 도구 또는 수단으로 이용되므로 해당 인공지능을 운용하는 인간 주체에게 인공지능이 산출한 저작물에 대한 저작권을 인정하는 것으로 충분해 보인다.

3. 인공지능 저작물 관련자의 저작권 배분 방향

그런데 이 경우에는 다음과 같은 문제가 발생한다. 인공지능이 저작물을 창작하는 과정에는 여러 이해관계자가 관여한다. 그 때문에 그중 누구에게 저작권을 부여해야 하는지, 그게 아니면 모든 이들에게 공동으로 저작권을 부여해야 하는지 등이 문제가 된다. 현재로서는 인공지능이 저작물을 생산하는 과정에 관여한 이들에게는 공동으로 저작권을 인정하는 것이 적절해 보인다. 다만 이때 지분 비율을 어떻게 정해야 하는지가 문제된다. 원칙적으로는 각 당사자가 자율적인 협의로 결정하는 것이 타당해 보인다. 그러나 현실적으로 협의가 어려울 때가 많으므로 이때는 법이 기준점을 획정하는 것이 필요할 것이다.

4. 인공지능 저작물 표시 의무

한편 인공지능이 만든 저작물을 인간이 도용하는 문제, 즉 인간에 의한 인공지능 저작물의 침해를 막을 필요가 있는 경우에는 제한적이나마 인공지능에 저작권을 인정하는 것이 필요하지 않을까 생각한다. 그게 아니면 인공지능이 생성한 저작물에는 인공지능이 저작한 것임을 의무적으로 표시하는 제도를 신설하는 것도 고려할 수 있다.

5장

인공지능과 입법평가

Ⅰ. 서론

현대사회는 여러 측면에서 복잡성과 우연성이 엄청나게 증가한다.[1] 이에 오늘날 국가는 복잡하고 우연적인 현실에서 정책 판단을 해야 하는 부담을 짊어져야한다. 이러한 상황에서도 국가는 국민이 만족할 수 있는 성공적인 정책 결정을 내려야 한다.

한편 주지하다시피 법치주의는 우리 헌법의 기본원리이다.[2] 따라서 오늘날 국가가 수행하는 모든 정책은 기본적으로 법치주의에 따라 추진되어야 한다. 다소 과장해서 말하면 모든 정책은 법정책인 것이다. 이때 국가가 추진하는 법정책이 성공하려면 법정책이 적용되는 사회, 달리 말해 사회 구성원이 이를 수용할 수 있도록 법정책이 마련되어야 한다. 요컨대 법정책은 '사회에 응답하는' 법정책이 되어야 한다.

특정한 법정책이 사회에 응답할 수 있으려면 정책의 토대가 되는 법규범이 사회에 응답하는 법규범, 즉 '응답적 법'(responsive law)이 되어야 한다.[3] 이를 위해서는 법규범이 형식적 측면이나 내용적 측면에서 사회의 요청에 대응하는, 달리 말해 사회 구성원이 승인할 수 있는 합리적인 것이 되어야 한다.[4] 하지만 실제 현실

---

1 복잡성에 관해서는 니클라스 루만, 장춘익 (옮김), 『사회의 사회 1』(새물결, 2014), 164쪽 아래. 우연성에 관해서는 Niklas Luhmann, *Kontingenz und Recht* (Berlin, 2013), S. 26 ff. 참고.

2 법치주의에 관해서는 Ph. Kunig, *Das Rechtsstaatsprinzip: Überlegungen zu seiner Bedeutung für das Verfassungsrecht der Bundesrepublik Deutschland* (Tübingen, 1986) 참고.

3 이 점을 강조하는 P. Nonet/P. Selznick, *Law & Society in Transition: Toward Responsive Law*, second printing (Routledge, 2005) 참고.

4 합리적인 법규범 및 법정책 문제에 관해서는 양천수, "합리적인 법정책의 방향과 기준: 전략물자

에서 이렇게 법규범을 마련하는 것은 쉽지 않다. 무엇보다도 법규범의 내용을 어떻게 설계하고 채우는 게 사회의 요청에 부응하는 것인지 판단하는 것이 쉽지 않다. 바로 이 점에서 입법 자체를 평가하는 과정인 입법평가가 필요하다.[5]

합리적인 법정책을 담보하는 입법평가는 법규범을 대상으로 하는 전문적인 분석 능력과 논증 능력 및 창의성 등을 필요로 한다. 그 때문에 그동안 이성을 가진 인간 전문가만이 수행할 수 있는 영역으로 취급되었다. 그러나 ChatGPT가 시사하듯이 이제 인공지능은 정형화된 논리적 계산 영역뿐만 아니라 언어적 소통 영역에서도 인간과 유사한 능력을 발휘하기 시작하였다.[6] 특히 기존의 다양한 데이터를 연결 및 분석하는 능력이나 규모가 크고 복잡한 숫자를 계산 및 처리하는 양적 분석 영역에서는 인간을 넘어선다. 이를 고려하면 인공지능을 활용하여 입법평가를 수행하는 것도 이제는 그 가능성이 열리고 있다.

이에 제5장은 그동안 인간 존재의 전유물로 여겨졌던 입법평가에 인공지능을 활용할 수 있는지, 만약 그렇다면 어떻게 그리고 어느 정도로 활용할 수 있는지 살펴보겠다.[7]

Ⅱ. 입법평가의 의의

1. 의의

(1) 개념

먼저 인공지능의 활용 가능성이 검토되는 입법평가란 무엇인지 살펴본다. 입

에 대한 법적 통제를 예로 하여", 『영남법학』 제24호(2007), 69-94쪽 참고.

5 입법평가에 관해서는 우선 박영도, "입법평가제도에 관한 연구", 『법제』 제531호(2002), 18-34쪽; 심우민, "입법평가와 입법논증: 연계 가능성 모색을 위한 시론적 연구", 『입법평가연구』 제3호(2010), 43-76쪽 등 참고.

6 ChatGPT 열풍에 관해서는 이시한, 『GPT 제너레이션: 챗GPT가 바꿀 우리 인류의 미래』(북로망스, 2023) 참고.

7 입법과정에 인공지능을 활용할 수 있는지를 모색하는 연구로는 심우민 외, 『국회입법조사처 업무의 인공지능[AI] 도입 가능성 연구: 입법조사회답을 중심으로』(국회입법조사처, 2019) 참고.

법평가는 쉽게 말해 입법이 잘 이루어졌는지를 평가하는 것을 말한다. 입법은 자기목적적인 것이 아니라 수단적인 과정이다. 특정한 정책 목적, 달리 말해 규범목적을 달성하는 데 투입되는 수단이다. 이 점을 고려하면 입법이 특정한 목적을 달성하는 데 좋은 수단이자 도구로 사회에 투입될 수 있도록 평가될 필요가 있다.

(2) 사전입법평가와 사후입법평가

'사전/사후'로 구별되는 시간성을 기준으로 보면 입법평가는 크게 두 가지로 나눌 수 있다.[8] 사전입법평가와 사후입법평가가 그것이다. 흔히 평가는 사후적 개념으로 사용된다는 점을 감안하면 사후입법평가를 좀 더 전형적인 모습으로 볼 수 있다. 그렇지만 '위험 기반 접근법'(risk based approach)이 예증하듯이 최근에는 사전에 위험을 예방 및 관리하거나 입법 또는 규제의 실패가 발생하지 않도록 사전에 관리하는 게 점점 더 중요해진다는 점에서 사전입법평가 역시 강조된다.[9] 평가가 과거 지향에서 미래 지향으로 확장되는 것이다.

다만 사전입법평가는 입법과정에 소요되는 여러 비용, 특히 시간적 비용을 증가시킨다는 점에서 단점이 있다. 무엇보다도 코로나19 상황처럼 급박한 시점에서 신속하게 사회에 입법을 투입해야 할 필요가 있는 때에는 사전입법평가가 걸림돌이 될 수도 있다. 이러한 점을 고려하면 사전입법평가와 사후입법평가 모두 합리적인 법정책을 구현하는 데 필요하다. 이를 반영하듯 우리 법체계는 물론 완전한 형태는 아니지만 두 가지를 모두 제도화한다. 이를테면 전자는 규제영향분석으로, 후자는 입법영향분석으로 제도화한다.

예를 들어 사전입법평가에 해당하는 규제영향분석은 「행정규제기본법」 제7조가 제도화한다.[10] 이에 따르면 규제영향분석이란 "규제로 인하여 국민의 일상생활과 사회·경제·행정 등에 미치는 여러 가지 영향을 객관적이고 과학적인 방법을 사용하여 미리 예측·분석함으로써 규제의 타당성을 판단하는 기준을 제시하는

---

8 시간성이 법에 가지는 의미를 분석하는 연구로는 Petra Hiller, *Der Zeitkonflikt in der Risiko-gesellschaft: Risiko und Zeitorientierung in rechtsförmigen Verwaltungsentscheidungen* (Berlin, 1993), S. 45 ff. 참고.

9 위험 기반 접근법에 관해서는 김양곤, "자금세탁방지법상의 위험기반접근법에 관한 소고", 『은행법연구』 제8권 제2호(2015), 227-260쪽 참고.

10 규제영향분석에 관해서는 서성아 외, 『규제영향평가 효과성 제고를 위한 정부규제의 비용·편익 이슈 분석』(한국행정연구원, 2019) 참고.

것"을 말한다(제2조 제1항 제5호).

이에 대해 사후입법평가에 해당하는 입법영향분석은 「행정기본법」 제39조 제2항이 규정한다. 이에 따르면 "정부는 행정 분야의 법제도 개선 및 일관된 법 적용 기준 마련 등을 위하여 필요한 경우 대통령령으로 정하는 바에 따라 관계 기관 협의 및 관계 전문가 의견 수렴을 거쳐 개선조치를 할 수 있으며, 이를 위하여 **현행 법령에 관한 분석**을 실시할 수 있다."(강조는 인용자)

(3) 입법평가와 영향평가

입법평가는 규율 대상이 되는 사회에 입법이 미치는 영향에 대한 평가를 포함한다는 점에서 영향평가 제도와 유사하다. 이러한 영향평가 제도로 기술영향평가, 환경영향평가, 성별영향평가, 개인정보 영향평가, 인권영향평가 등을 들 수 있다.

기술영향평가는 「과학기술기본법」이 규정한다.[11] 「과학기술기본법」 제14조 제1항에 따르면 "정부는 새로운 과학기술의 발전이 경제·사회·문화·윤리·환경 등에 미치는 영향을 사전에 평가하고 그 결과를 정책에 반영"해야 한다. 여기서 알 수 있듯이 기술영향평가는 "과학기술의 발전이 경제·사회·문화·윤리·환경 등에 미치는 영향을 사전에 평가"한다. 사전영향평가 방식으로 기술영향평가를 규정하는 것이다.

환경영향평가는 「환경영향평가법」이 규정한다.[12] 「환경영향평가법」은 "환경에 영향을 미치는 계획 또는 사업을 수립·시행할 때에 해당 계획과 사업이 환경에 미치는 영향을 미리 예측·평가하고 환경보전방안 등을 마련하도록 하여 친환경적이고 지속가능한 발전과 건강하고 쾌적한 국민생활을 도모함을 목적"으로 한다. 이에 따르면 환경영향평가란 "환경에 영향을 미치는 계획을 수립할 때에 환경보전계획과의 부합 여부 확인 및 대안의 설정·분석 등을 통하여 환경적 측면에서 해당 계획의 적정성 및 입지의 타당성 등을 검토하여 국토의 지속가능한 발전을 도모하는 것"을 말한다(제2조 제1호).

성별영향평가는 「성별영향평가법」이 규정한다.[13] 「성별영향평가법」은 "국가

---

11 기술영향평가에 관해서는 김병윤, "기술영향평가 개념에 대한 탐색: 역사적 접근", 『기술혁신학회지』 제6권 제3호(2003), 306−327쪽 참고.

12 환경영향평가에 관해서는 김동욱, 『환경영향평가』(그루, 2004) 참고.

13 성별영향평가에 관해서는 이향숙, 『사전영향평가 제도의 설계와 활용에 관한 연구: 성별영향분

및 지방자치단체의 정책에 대한 성별영향평가에 관하여 기본적인 사항을 정하여 정책의 수립과 시행에서 성평등을 실현하는 것을 목적"으로 한다(제1조). 이에 따르면 성별영향평가란 "중앙행정기관의 장 및 지방자치단체의 장이 정책을 수립하거나 시행하는 과정에서 그 정책이 성평등에 미칠 영향을 평가하여 정책이 성평등의 실현에 기여할 수 있도록 하는 것"을 말한다(제2조 제1호).

개인정보 영향평가는 「개인정보 보호법」 제33조가 규정한다.[14] 「개인정보 보호법」 제33조 제1항에 의하면 "공공기관의 장은 대통령령으로 정하는 기준에 해당하는 개인정보파일의 운용으로 인하여 정보주체의 개인정보 침해가 우려되는 경우에는 그 위험요인의 분석과 개선 사항 도출을 위한 평가를 하고 그 결과를 보호위원회에 제출하여야 한다. 이 경우 공공기관의 장은 영향평가를 보호위원회가 지정하는 기관 중에서 의뢰하여야 한다." 이때 말하는 평가, 즉 개인정보파일을 운용함으로써 정보주체의 개인정보 침해가 우려되는 경우 그 위험요인을 분석하고 개선 사항을 도출하기 위한 평가가 개인정보 영향평가이다.

환경영향평가나 성별영향평가는 독자적인 법률에 따라 시행되는 반면, 개인정보 영향평가는 「개인정보 보호법」 제33조 제1항을 근거로 하여 이를 구체화하는 「개인정보 영향평가에 관한 고시」에 의해 시행된다.

이외에도 인권영향평가가 논의된다.[15] 이는 아직 법으로 제도화되지 않았지만 지방자치단체 가운데는 조례에 근거를 두어 실시하는 경우도 있다. 예를 들어 광주광역시는 「광주광역시 인권 보장 및 증진에 관한 조례」 제20조에서 제20조의3에 근거를 두어 새롭게 제정 또는 개정되는 조례를 대상으로 인권영향평가를 실시한다.

이처럼 영향평가는 입법평가와 여러 측면에서 유사하다. 하지만 다음과 같은 점에서는 차이를 인정할 수 있을 것이다. 예를 들어 영향평가는 특정한 규제가 사회 또는 사회에서 중요한 가치이자 이익인 환경이나 성별, 개인정보, 인권 등에 미치는 영향을 평가하는 데 주안점을 둔다. 이에 반해 입법평가는 입법이 사회에 미치는 영향뿐만 아니라 입법 자체에 대한 내적 평가를 포함한다. '내부/외부'라는

석평가 제도를 중심으로」(충남대학교 행정학 박사학위 논문, 2018) 참고.

14 개인정보 영향평가에 관해서는 장호익, 『개인정보 영향평가에 관한 법제연구』(숭실대 IT정책경영학 박사학위 논문, 2011) 참고.

15 인권영향평가에 관해서는 최유, "인권영향평가에 관한 연구", 『입법평가연구』 제9호(2015), 423−456쪽 참고.

구별을 활용하면 영향평가가 주로 외부적 평가에 관심을 기울인다면, 입법평가는 외부적 평가뿐만 아니라 내부적 평가에도 관심을 기울인다.

2. 규범적 의미

입법평가는 다음과 같은 규범적 의미를 지닌다.[16]

(1) 입법의 반성적 과정

입법평가, 그중에서도 사후입법평가는 입법의 반성적 과정에 해당한다. 이때 반성적 과정은 두 가지 의미를 담는다. 첫째, 반성적 과정으로서 입법평가는 입법 자체를 대상화하여 평가 대상으로 삼는다는 것이다(자기 대상화로서 반성). 둘째, 반성적 과정으로서 입법평가는 자기 자신을 평가하여 얻은 결과를 자신에 환류 (feedback)해 적용한다는 것이다(환류로서 반성). 그 점에서 반성적 과정으로서 입법 평가는 자신을 대상화하여 평가하는 데 그치지 않고 사회 환경 및 요청에 맞게 입 법을 적응 및 개선한다는 의미도 담는다.

(2) 입법논증

입법평가는 입법논증이라는 의미도 지닌다.[17] 이는 특히 사전입법평가에 해당 한다. 여기서 입법논증은 사법논증에 대응한다.

주지하다시피 논증은 특정한 주장의 타당성을 근거 짓는 과정을 일컫는다. 철 학 혹은 논리학에서 성장한 논증은 법학에도 수용돼 법적 논증이론으로 발전하였 다.[18] 법적 논증이론은 결정과 논증을 구별하면서 주로 법관이 내린 결정을 어떻게 사후적으로 정당화할 수 있는지에 초점을 맞춘다. 그러나 논증이 법관의 결정, 즉 사법작용에만 필요한 것은 아니다. 논증을 특정한 결정에 대한 정당화 과정으로 규정할 수 있다면 논증은 입법 및 행정작용에도 적용할 수 있다. 입법 및 행정 역

---

16 이에 관해서는 양천수, "규범창설대화로서 입법평가", 『입법평가연구』 제14호(2018), 1–30쪽 참고.
17 입법논증에 관해서는 심우민, 『입법학의 기본관점: 입법논증론의 함의와 응용』(서강대학교 출판 부, 2014) 참고.
18 법적 논증이론에 관해서는 울프리드 노이만, 윤재왕 (옮김), 『법과 논증이론』(세창출판사, 2009) 참고.

시 특정한 결정을 내리는 과정에 속하기 때문이다.[19] 이러한 맥락에서 사법논증에 더해 입법논증 및 행정논증 역시 언급할 수 있다.

이 가운데 입법논증은 입법과정에 관련자들이 자유롭고 평등하게 참여해 입법의 타당성을 근거 짓는 과정으로 이해할 수 있다. 이렇게 보면 입법평가는 입법논증 가운데 중요한 한 부분을 구성한다고 말할 수 있다. 의원이나 정부가 제안한 입법안의 타당성을 검증하는 과정에 사전입법평가를 포섭할 수 있기 때문이다.

(3) 규범창설대화

이처럼 입법평가가 입법논증에 속한다는 점에서 이는 규범창설대화(Norm-begründungsdiskurs)라는 성격도 가진다. 여기서 규범창설대화는 규범적용대화(Normanwendungsdiskurs)에 대응한다.[20] 이때 대화(Diskurs)는 관련자들이 자유롭고 평등하게 참여해 진행되는 합리적 논의, 즉 토론을 말한다. 앞에서 법적 논증을 입법논증과 사법논증으로 구별하였는데 규범창설대화는 입법논증에, 규범적용대화는 사법논증에 상응한다.

입법평가를 대화, 그 가운데서도 규범창설대화로 이해한다는 점은 다음과 같은 의미를 지닌다. 도덕 영역에서 성장한 대화이론, 즉 합리적 대화이론(rationale Diskurstheorie)이 입법평가에도 적용되어야 한다는 점이다. 나아가 입법평가는 관련자들이 최대한 자유롭고 평등하게 그 과정에 참여하여 합리적으로 토론하고 논증하는 방식으로 진행되고 결과가 도출되어야 한다는 것이다.

(4) 데이터 기반 정책의 실현 수단

이에 더하여 입법평가는 데이터 기반 정책의 실현 수단이 된다.[21] 앞에서 언급

---

19 예를 들어 루만(Niklas Luhmann)은 행동경제학의 아버지 사이먼(Herbert Simon)의 연구를 수용하여 행정의 본질적 기능을 '결정'(decision making)으로 파악한다. N. Luhmann, *Recht und Automation in der öffentlichen Verwaltung* (Berlin, 1966), S. 21 ff.

20 규범창설대화와 규범적용대화에 관해서는 Klaus Günther, *Der Sinn für Angemessenheit: Anwendungsdiskurse in Moral und Recht* (Frankfurt/M., 1988); Klaus Günther, "Universalistische Normbegründung und Normanwendung in Recht und Moral", in: M. Herberger/U. Neumann/H. Rüßmann (Hrsg.), *Generalisierung und Individualisierung im Rechtsdenken*, ARSP Beiheft Nr. 45 (1992), S. 36–76; 양천수, "규범창설대화로서 입법평가", 『입법평가연구』 제14호(2018), 1쪽 아래 등 참고.

21 데이터 기반 정책에 관해서는 남태우, "데이터 기반 정책의 두 가지 쟁점: 가치와 휴리스틱스",

한 것처럼 오늘날 국가가 추진하는 정책은 법정책이라는 형식을 취한다. 법치주의에 따라 특정한 정책은 법이라는 근거를 필요로 한다. 그러나 형식적 법치주의와 실질적 법치주의 논쟁이 시사하듯이 법이라는 근거를 갖추기만 한다고 해서 해당 정책이 정당화되지는 않는다. 해당 정책이 합리적이고 정당한 것으로서 사회에 수용되려면 정책 그리고 이 정책의 기초가 되는 법규범이 내용 면에서도 합리성과 정당성을 갖추어야 한다.[22]

하지만 법철학적 논의가 시사하듯이 정책 및 법규범의 내용을 어떻게 채워야 합리성과 정당성을 담보할 수 있는지 의문이 제기된다. 이에 제시되는 답변 가운데 한 가지가 바로 증거 기반 또는 데이터 기반 정책이다. 데이터와 같은 증거에 기반을 두어 정책을 설정 및 구체화하고 이를 뒷받침하는 법규범을 마련해 정책을 실시하면 사회가 자발적으로 받아들일 수 있는 정책을 실현할 수 있다는 것이다.

이렇게 보면 입법평가가 데이터 기반 정책의 수단이 된다는 점은 입법평가가 입법논증과 규범창설대화의 일종이라는 점과 맥을 같이 한다. 왜냐하면 데이터에 기반을 두어 정책을 마련한다는 것은 과학적 논증, 달리 말해 양적 논증 또는 양적 대화의 한 유형으로 볼 수 있기 때문이다.[23]

Ⅲ. 입법평가의 구조와 역량

1. 문제 제기

입법평가에 인공지능을 활용하기 위해서는 입법평가를 수행하는 데 필요한 역량을 인공지능이 가질 수 있어야 한다. 이를 판단하려면 두 가지 문제를 검토할 필요가 있다. 첫째는 입법평가에 필요한 역량이 무엇인지 분석할 필요가 있다. 둘째는 현재 도달한 인공지능이 이러한 역량을 확보할 수 있는지 살펴볼 필요가 있다.

『지역정보화』 제121호(2020), 68-73쪽 참고.

22 이는 합법성과 정당성의 구별 문제로 나타난다. 이에 관해서는 양천수, "합법성과 정당성: 칼 슈미트의 이론을 중심으로 하여", 『영남법학』 제25호(2007), 91-115쪽 참고.

23 물론 입법평가가 양적 논증에만 기반을 두는 것은 아니다. 질적 논증 역시 입법평가에 포섭된다. 그렇지만 양적 논증이 입법평가에서 차지하는 중요성이나 비중은 고려할 필요가 있다.

아래에서는 우선 첫 번째 문제를 살펴본다.

2. 인식과 판단

우리가 입법평가라는 전문적 작업을 수행하는 데 필요한 가장 기본적인 요소는 인식과 판단이다. 입법평가는 그 무엇인가를 인식하는 과정 및 이러한 인식 결과를 토대로 하여 판단하는 과정으로 구별할 수 있다.

입법'평가'라는 개념이 시사하듯이 입법평가는 평가라는 판단을 내리는 과정이다. 그 점에서 입법평가는 언제나 '결정'(decision making)을 수반한다. 그러나 평가는 이른바 '백지상태'에서 이루어질 수 없다. 무엇인가를 인식하지 않고 판단을 내리는 것은 불가능하다. 만약 그런 판단이 이루어지면 이는 맹목적 판단으로 설득력을 지닐 수 없다. 그 점에서 입법평가는 '인식' 역시 필요로 한다. 구체적으로 말하면 입법평가를 수행하려면 평가 대상이 되는 입법에 관한 데이터를 수집 및 인식해야 한다.

이처럼 무엇인가를 평가하는 데 필요한 인식과 판단을 사이버네틱스(cybernetics)의 용어로 바꾸어 말하면 '입력'(input)과 '출력'(output)으로 지칭할 수 있다.[24] 그렇다면 입법평가를 수행하는 데 필요한 가장 기본적인 역량은 입력이라는 역량과 출력이라는 역량으로 말할 수 있다.

3. 법적 삼단논법적 역량

(1) 평가의 구조

그러나 입력과 출력, 즉 인식과 판단이라는 역량만으로 입법평가가 이루어지는 것은 아니다. 입법평가는 이보다 더욱 복잡한 역량이 필요하다. 이는 평가의 구조를 분석함으로써 확인할 수 있다.

평가는 단순히 대상을 인식하는 것으로 충분하지 않다. 특정한 기준을 대상에 적용하여 결론을 도출하는 것이 평가이기 때문이다. 여기서 알 수 있듯이 평가를

---

24 사이버네틱스에 관해서는 Norbert Wiener, *Cybernetics or Control and Communication in the Animal and the Machine*, Reissue of The 1961 Second Edition (The MIT Press, 2019) 참고.

수행하려면 다음과 같은 역량이 필요하다.

첫째, 평가 대상을 정확하게 인식할 수 있어야 한다. 둘째, 평가를 하는 데 원용되는 기준을 정확하게 이해할 수 있어야 한다. 셋째, 이러한 기준을 평가 대상에 적용하여 일정한 평가 결론을 도출할 수 있어야 한다. 따라서 평가를 수행할 수 있다는 것은 이 같은 세 가지 역량을 갖출 수 있어야 함을 뜻한다. 이는 분명 단순한 인식과 판단을 넘어서는 역량이다.

(2) 법적 삼단논법적 역량

흥미로운 점은 이러한 역량은 법적 분쟁을 해결하는 데 가장 일반적으로 사용되는 법적 삼단논법에 필요한 역량과 매우 유사하다는 점이다.[25] 왜냐하면 법적 분쟁을 해결하는 데 활용하는 법적 삼단논법도 세 단계의 역량을 요청하기 때문이다.

1) 법적 분쟁 인식 역량

첫째, 법적 삼단논법에 따라 법적 분쟁을 해결하려면 법적 분쟁을 정확하게 인식할 수 있어야 한다. 이는 다음과 같이 구체화된다. 먼저 법적 분쟁의 전제가 되는 사실관계를 사실에 맞게 인정할 수 있어야 한다. 요컨대 사실인정이 필요하다. 더불어 이러한 사실관계가 어떤 법적 쟁점과 관련을 맺는지 파악할 수 있어야 한다.

2) 법규범 탐색 및 구체화 역량

둘째, 법적 분쟁에 적용할 수 있는 법규범을 탐색하고 구체화할 수 있어야 한다. 이는 세 가지로 나눌 수 있다. 우선 법적 분쟁에서 문제가 되는 법적 쟁점이 어떤 법규범과 관련을 맺는지 이해할 수 있어야 한다. 다음으로 이러한 법규범이 전체 법체계 가운데 어디에 존재하는지 탐색할 수 있어야 한다. 나아가 해당 법규범의 의미 내용을 구체화할 수 있어야 한다. 달리 말해 법규범을 설득력 있게 해석할 수 있어야 한다.

---

25 법적 삼단논법에 관해서는 양천수, 『삼단논법과 법학방법』(박영사, 2021), 제2장 참고.

3) 법규범 적용 역량

셋째, 두 번째 단계를 거쳐 구체화된 법규범의 의미 내용을 법적 분쟁에 적용할 수 있어야 한다. 달리 말해 법적 분쟁을 법규범에 포섭할 수 있어야 한다. 하지만 이는 생각보다 쉽지 않다. 왜냐하면 법적 분쟁에 법규범을 적용하는 과정은 개념법학이 지배하던 당시의 '포섭 이데올로기'가 주장하는 것처럼 '자동포섭장치'(Subsumtionsautomat)와 같이 기계적으로 이루어지는 작업은 아니기 때문이다. 오히려 법규범을 적용하는 과정은 서로 다른 세계, 즉 존재적 세계와 규범적 세계를 상응시키는 작업이다.[26] 이는 법적 분쟁과 법규범 사이에 존재하는 유사성을 발견하여 이를 기준으로 법적 분쟁과 법규범을 상호적으로 매칭시키는 과정이다. 이 점에서 법규범을 적용하는 과정은 본질적으로 유추적인 과정이라 할 수 있다.

4. 입법평가에 필요한 역량

(1) 입법평가와 법적 삼단논법의 유사성

입법평가에 필요한 역량은 법적 삼단논법을 수행하는 데 필요한 역량과 여러 측면에서 유사하다. 입법평가도 평가 대상이 되는 특정한 입법에 일정한 평가 기준을 적용함으로써 이루어지기 때문이다. 이는 입법평가를 포함하는 입법논증과 사법논증이 구조적인 면에서 유사함을 시사한다. 이를 구체적으로 분해하면 다음과 같다.

먼저 평가 대상인 입법을 인식할 수 있어야 한다. 다음으로 입법을 평가하는 데 원용되는 기준을 이해할 수 있어야 한다. 나아가 평가 기준을 평가 대상인 입법에 적용할 수 있어야 한다. 이 점에서 입법평가에 필요한 역량은 법적 삼단논법을 적용하는 데 필요한 역량과 매우 유사하다.

(2) 입법평가와 법적 삼단논법의 차이점

다만 입법평가와 법적 삼단논법은 다음과 같은 점에서는 차이가 있다. 여러

---

26 이에 관해서는 Arthur Kaufmann, *Analogie und »Natur der Sache«* (Heidelberg, 1965) 참고.

데이터를 활용하여 과거로 흘러가 버린 법적 분쟁의 전제되는 사실관계를 찾아 인정해야 하는 법적 삼단논법과는 달리 입법평가는 지금 여기에 존재하는 입법을 인식하는 것으로 족하다는 점이다. 법적 삼단논법이 겪어야 하는 사실인정의 인식론적 어려움을 입법평가는 부담할 필요가 없다.[27]

반면 입법평가의 판단 과정은 법적 삼단논법의 포섭 과정보다 더욱 복잡한 과정을 거쳐야 한다. 왜냐하면 확정된 사실관계에 해석으로 구체화된 법규범을 적용하는 법적 삼단논법의 포섭과는 달리 입법평가에서는 해당 입법이 규율 대상인 사회에 실제로 어떤 영향을 미쳤는지 또는 미치는지를 고려하면서 평가 기준을 입법에 적용해야 하기 때문이다. 이때 입법이 사회에 어떤 영향을 미쳤는지 또는 미치는지를 고려하는 과정은 매우 섬세하고 복잡한 과정이다. 다양한 경험적, 양적·질적 데이터를 복합적으로 고려해야 하기 때문이다.

(3) 입법평가에 필요한 역량

이렇게 보면 입법평가에 필요한 역량을 다음과 같이 정리할 수 있다. 첫째, 평가 대상인 입법을 정확하게 인식할 수 있어야 한다. 둘째, 입법에 적용되는 평가 기준을 이해할 수 있어야 한다. 셋째, 평가 기준을 입법에 적용하여 평가 결론을 도출할 수 있어야 한다. 이는 다시 두 가지로 구별된다. 우선 평가 기준과 이에 상응하는 경험적 데이터를 일치시킬 수 있어야 한다. 나아가 입법이 사회에 투입됨으로써 입법평가 기준에 상응하는 경험적 데이터가 획득되었는지 평가할 수 있어야 한다.

Ⅳ. 인공지능을 활용한 입법평가의 가능성

1. 출발점

딥러닝이 구현된 이후 전개된 인공지능 기술의 발전 속도와 수준을 고려하면 입법평가와 같은 전문 영역에 인공지능을 적용하는 게 이제는 더 이상 불가능하지 않음을 알 수 있다. 이를 보여주는 예가 바로 의료 영역과 법률 영역이다. 의료 영

---

27 이에 관해서는 양천수, "형사소송에서 사실인정의 구조와 쟁점: 법적 논증의 관점에서", 『형사정책연구』 제26권 제4호(2015), 59–97쪽 참고.

역에서는 실제로 왓슨(IBM Watson)과 같은 의료 인공지능이 활용되었다. 법률 영역에서는 '리걸테크'(legal tech)라는 이름으로 법률서비스를 제공하는 다양한 인공지능 기술이 개발된다. 우리 사법부 역시 사법 영역에 적용될 수 있는 인공지능 개발에 적극적으로 관심을 기울인다.[28]

사실 의료 영역과 법률 영역은 여러 면에서 유사하다. 첫째, 두 영역은 의사와 법률가처럼 고도의 전문적인 역량을 갖춘 직업인만이 활동할 수 있다. 그 점에서 엄격한 면허 제도를 운용한다. 면허를 획득한 주체만이 의사나 법률가로 활동할 수 있다. 둘째, 두 영역에서는 삼단논법과 유사한 판단 구조가 필요하다. 질병이나 법적 분쟁과 같은 문제가 제시되면 이를 해결하기 위해 문제와 관련된 전문적 기준을 찾아야 한다. 이렇게 찾은 기준을 문제에 적용함으로써 문제를 해결해야 한다. 질병을 치료하거나 법적 분쟁을 해소해야 한다. 이 점에서 의료 영역과 법률 영역은 문제 및 기준에 의존하는 영역이라는 공통점을 가진다.

이러한 두 영역에 이미 인공지능이 활용되고 있다면 이와 유사한 구조를 지닌 영역에도 인공지능을 활용할 수 있다. 이 같은 영역으로 행정 영역을 언급할 수 있다. 행정의 기본원칙인 법치행정 원칙에 따라 행정 역시 법률이라는 기준에 따라 이루어져야 한다. 그 점에서 행정 역시 법률 영역과 유사한 구조를 지니기에 인공지능이 활용될 여지가 있다.

아래에서는 의료, 사법, 행정에 인공지능이 어떻게 활용되는지 또는 활용될 수 있는지를 살펴본다. 이를 토대로 하여 입법평가에도 인공지능을 활용할 수 있는지, 만약 그렇다면 어떻게 활용할 수 있는지 검토하겠다.

2. 의료 인공지능

넓은 의미의 의료 영역은 크게 보건 영역, 진료 영역, 케어 영역으로 나눌 수 있다. 이에 따라 인공지능도 보건 인공지능, 진료 인공지능, 케어 인공지능으로 구별할 수 있다. 현재 이러한 의료 인공지능 개발 및 활용에 많은 관심과 시도가 이루어진다.[29]

---

28 이에 관해서는 정채연, 『사법절차 및 사법서비스에서 인공지능 기술의 도입 및 수용을 위한 정책 연구』(사법정책연구원, 2021) 참고.

29 최윤섭, 『의료 인공지능』(클라우드나인, 2018); 박성호, "의료인공지능: 인공지능 초심자를 위한

이 가운데 가장 먼저 본격적으로 활용되기 시작한 것은 진료 인공지능이라 할 수 있다. 환자의 질병을 진단하고 이에 적합한 처방을 제시하는 역할을 인공지능이 수행하는 것이다. IBM에서 개발한 왓슨이 대표적인 경우이다. 실제로 왓슨은 우리나라를 비롯해 실제 의료 현장에 투입되어 활용되었다. 다만 기대했던 것보다 실제 의료 문제를 해결하는 데 미흡하여 현재는 사용이 축소되었다.[30] 질병의 원인을 분석하고 이에 적합한 치료법을 제공하기 위해서는 지금보다 좀 더 복잡하고 전문적인 사고를 인공지능이 할 수 있어야 한다는 점을 보여준 것이다.

물론 그렇다고 해서 의료 인공지능에 대한 관심이 줄어든 것은 아니다. 현재 의료 인공지능에 대한 표준이 개발 중이고 의료 인공지능의 윤리 가이드라인도 만들어지고 있다.[31] 인공지능을 활용한 의료 진단 방법의 특허출원도 늘어나고 있다.[32]

3. 사법 인공지능

(1) 세 가지 사법 영역

인공지능, 달리 말해 리걸테크가 활용될 수 있는 넓은 의미의 사법 영역은 크게 세 영역으로 구획할 수 있다. 법원이 주도하는 사법 영역, 검찰이 주도하는 검찰 영역 및 변호사가 주도하는 변호사 영역이 그것이다. 그 가운데 민간 영역이라 할 수 있는 변호사 영역에서 인공지능을 활용하는 리걸테크가 활발하게 개발 및 이용된다.[33] 그러나 앞에서 언급한 것처럼 법원 역시 사법 인공지능에 관심이 없지 않다. 물론 아직 이에 관한 법적 토대를 마련하지는 않았지만 사법 영역에 어떻게 인공지능을 적용할 수 있을지에 연구가 진행된다.[34]

길라잡이", 『대한영상의학회지』 제78권 제5호(2018), 301-308쪽; 정채연, "의료 인공지능의 법적 수용을 위한 시론적 연구: 쟁점과 과제", 『법학논총』(단국대) 제45권 제3호(2021), 145-176쪽 참고.

30 이를 시사하는 박건형, "돈 못버는 골칫덩이됐다… AI 선구자 '왓슨'의 몰락: AI 시대 연 지 10년 만에 IBM 골칫덩이로", 『조선일보』(2021. 7. 19) 참고.

31 신수용, "의료 인공지능 표준개발 동향", 『TTA Journal』 제187호(2020), 33-37쪽 참고.

32 박진석, "인공지능 이용한 의료 진단방법 특허출원 급증", 『특허뉴스』 제182-183호(합본호)(2021. 7), 57쪽.

33 이를 보여주는 황철환, "세계 첫 'AI 로봇 변호사' 美대형로펌서 일한다", 『연합뉴스』(2016. 5. 17) 참고.

34 이에 관한 독일의 법적 현황에 관해서는 박진애, "리걸테크 관련 독일의 법률서비스법(RDG) 입

(2) 도덕적 판단과 사법적 판단

언뜻 생각하면 사법 영역은 도덕적 판단처럼 규범적 판단을 하는 곳이기에 인공지능을 적용할 수 없어 보인다. 도덕적 판단 능력을 갖춘 자율적인 인간 존재만이 규범적 판단을 할 수 있는 것처럼 보인다. 이는 인간 존재만의 전유 영역인 듯처럼 보인다. 그러나 도덕적 판단과 사법적 판단의 유사성과 차이점을 고려하면 오히려 사법적 판단에 인공지능을 활용할 가능성이 높다는 점을 알 수 있다.

도덕적 판단과 사법적 판단은 규범적 문제를 분석하고 판단한다는 점에서 공통점이 있다. 그 점에서 문제를 판단하고 해결하는 데 실천이성과 자율성을 필요로 한다. 이를 강조하면 아직 자율적 존재로 보기 어려운 인공지능을 이러한 영역에 활용하기 어려워 보인다. 그러나 양자 사이에는 명확한 차이점도 발견된다. 기본적으로 내면적이기에 정형화하기 어려운 도덕규범과는 달리 사법적 판단에 원용되는 법규범은 실정법 및 이를 구체화한 판례의 형태로 존재하기에 정형화하기 쉽다는 것이다. 규범이론의 측면에서 바꾸어 말하면 도덕규범은 원칙 규범의 형태로 존재하지만 법규범은 규칙 규범의 형태로 존재하기에 구조화하기 쉽다. 그 점에서 인공지능을 활용할 여지는 높아진다.

(3) 사법적 판단의 구조

이는 사법적 판단의 구조를 구체화하면 더욱 명확해진다. 사법적 판단의 구조는 앞에서 살펴본 법적 삼단논법에 따라 파악할 수 있다. 이에 의하면 사법적 판단은 다음과 같이 구조화된다. 첫째, 법적 분쟁이 발생하였을 때 이에 전제가 되는 사실관계를 파악해야 한다. 이른바 사실인정 단계이다. 둘째, 법적 분쟁을 해결하는 데 필요한 법규범을 찾아 이를 해석해야 한다. 법규범 탐색 및 해석 단계이다. 셋째, 해석으로 구체화된 법규범을 법적 분쟁의 사실관계에 적용하여 결론을 도출해야 한다. 이른바 포섭 단계이다.

형사 분쟁을 염두에 두면 포섭 단계는 다시 두 단계로 구별할 수 있다.[35] 첫째는 죄책 판단 단계이다. 여기서는 피고인의 행위가 유죄인지 무죄인지, 만약 유죄

법례", 『최신 외국입법정보』 제219호(2023. 4. 4) 참고.

[35] 이에 관해서는 양천수, "인공지능과 법체계의 변화: 형사사법을 예로 하여", 『법철학연구』 제20권 제2호(2017), 45−76쪽 참고.

라면 어떤 죄인지 판단한다. 둘째는 양형 단계이다. 피고인의 행위가 유죄로 확정되면 이에 적절한 형벌의 종류와 정도를 결정해 적용해야 한다.

이 같은 단계 가운데 현행 인공지능을 활용하기에 적합한 단계는 법규범을 탐색 및 해석하는 단계와 양형을 하는 단계라 할 수 있다. 왜냐하면 이 단계에는 비교적 확실한 기준과 데이터가 있기 때문이다. 예를 들어 법규범 탐색 및 해석에 관해서는 그동안 축적된 판례가 유용한 기준이 될 수 있다.

다만 이에는 두 가지 문제를 언급할 수 있다. 첫째, 판례는 불변하는 것이 아니기에 이는 잠정적인 기준이라는 점을 염두에 두어야 한다는 점이다. 둘째, 모든 판례가 오픈되는 것은 아니기에 인공지능이 판례 데이터를 수집해 분석하기가 쉽지 않다는 점이다.

한편 양형은 종래 법관의 재량 영역으로 파악되었다. 그렇지만 최근에는 양형 기준이 정립되어 이를 활용한다. 따라서 양형 기준에 의존하는 양형 판단이야말로 정형화된 판단이어서 인공지능을 활용하기에 적절하다.

4. 행정 인공지능의 가능성

(1) 인공지능과 행정

인공지능은 행정에도 적용할 수 있다. 사실 어쩌면 행정 영역이야말로 일찍부터 인공지능 활용에 관심을 보인 영역이라 할 수 있다. 독일의 사회학자 루만(Niklas Luhmann)의 연구가 보여주듯이 독일의 경우에는 이미 1960년대에 이에 관한 연구가 진행되었다.[36] 따라서 행정 영역에서 인공지능 활용에 관한 논의는 새삼스러운 것은 아니다.

(2) 행정기본법 제20조

그뿐만 아니라 우리 행정 영역은 인공지능을 활용하는 데 필요한 법적 기초도 이미 마련하였다. 행정기본법 제20조에 "자동적 처분"이라는 표제 아래 이에 관한 법적 근거를 규정한 것이다. 이에 따르면 "행정청은 법률로 정하는 바에 따라 완전

---

36 Niklas Luhmann, *Recht und Automation in der öffentlichen Verwaltung* (Berlin, 1966) 참고.

히 자동화된 시스템(인공지능 기술을 적용한 시스템을 포함한다)으로 처분을 할 수 있다. 다만, 처분에 재량이 있는 경우"는 그렇지 않다. 이는 다음과 같이 해석할 수 있다.

1) 법률적 근거의 필요성

우선 제20조에 따르면 행정청이 인공지능 등을 활용한 전자동적 행정작용을 하기 위해서는 법률적 근거가 필요하다. 달리 말해 법치행정의 하부 원칙인 법률유보가 정확하게 적용되어야 한다. 이는 이른바 포지티브 규제 방식을 적용한 것이다. 법률적 근거에 따라 '원칙적 허용/예외적 금지'가 아닌 '원칙적 금지/예외적 허용'이라는 방식으로 입법된 것이다.

다만 이러한 포지티브 규제 방식에는 의문을 제기할 수 있다. 인공지능을 활용한 자동적 행정작용을 폭넓게 그리고 탄력적으로 적용할 수 있도록 포지티브 규제 방식이 아닌 네거티브 규제 방식을 적용하는 게 바람직하지 않은지 의문을 제기할 수 있다.[37] 여하간 현재로서는 행정청이 전자동적 행정작용을 실시하려면 법률적 근거가 필요하다.

2) 완전히 자동화된 시스템

다음으로 제20조는 "완전히 자동화된 시스템"에 의한 처분을 규정한다. 이때 "완전히 자동화된 시스템"이 구체적으로 무엇을 뜻하는지가 문제될 수 있다. 이를 달리 완전 자동화 또는 전자동화로 지칭할 수 있을 것이다. 이는 이와 구별되는 부분 자동화를 통해 그 의미를 해명할 수도 있다.

그렇지만 구체적인 상황에서 어떤 경우가 완전 자동적 행정작용이고 부분 자동적 행정작용인지를 명확하게 구별하는 것은 쉽지 않을 수 있다. 예를 들어 인공지능을 활용하면서 최종적으로 인간 공무원이 검수 및 판단하는 경우는 완전 자동적 행정작용이 아닌 부분 자동적 행정작용인지, 그렇다면 이 경우에는 법률적 근거가 필요하지 않은지 의문을 제기할 수 있다.

---

[37] 포지티브 규제와 네거티브 규제에 관해서는 양천수, "포지티브 규제와 네거티브 규제: 의의와 배경을 중심으로 하여", 『법학논총』(조선대) 제31집 제1호(2024), 89－124쪽 참고.

3) 기속행위

나아가 제20조에 따르면 완전히 자동화된 시스템에 의해 이루어지는 처분은 기속행위에만 적용될 수 있나. 반대로 추론하면 판단여지가 포함되는 재량행위에는 완전히 자동화된 시스템에 의한 처분을 할 수 없다.[38]

다만 제20조를 문법적으로 해석하면 완전히 자동화된 시스템을 활용해 "처분"을 하는 경우에 법률적 근거가 요청된다. 우리 행정법과 행정법학이 처분 개념을 고유하게 사용하는 것을 고려하면 다음과 같은 주장도 도출할 수 있다. 처분이 아닌 행정작용에는 법률적 근거가 없어도 완전히 자동화된 시스템을 활용할 수 있다는 것이다.

5. 면접 인공지능

의료 인공지능이나 사법 인공지능과 비슷한 기능을 수행하는 인공지능으로 면접 인공지능을 언급할 수 있다. 면접 인공지능도 면접 지원자가 제시하는 언어적 답변을 특정한 기준에 따라 평가하는 기능을 한다는 점에서 의료 인공지능이나 사법 인공지능과 유사하다. 이때 특정한 기준이란 면접 지원자가 채용 이후 근무하게 될 영역에서 필요한 직무 역량을 뜻한다.

따라서 면접 인공지능이 면접 평가라는 기능을 수행하려면 다음과 같은 역량이 필요하다. 첫째, 면접 평가 기준을 이해할 수 있어야 한다. 둘째, 면접 지원자가 대답하는 언어적 소통을 이해할 수 있어야 한다. 셋째, 면접 평가 기준을 면접 지원자가 한 답변에 적용하여 면접 지원자의 역량을 평가할 수 있어야 한다.

흥미로운 점은 이러한 역량을 갖춘 면접 인공지능이 실제로 사용되고 있다는 점이다. 면접 인공지능이 실용화되어 영업에 활용되고 있는 것이다.[39] 이는 인공지능이 어떤 기술적 수준까지 도달했는지 보여준다.

---

[38] 다만 재량과 판단여지를 엄격하게 구별하는 견해에 따르면 행정기본법 제20조는 판단여지 문제에 관해서는 침묵한다고 해석할 수 있다.

[39] 이러한 예로 스타트업 제네시스랩이 출시한 면접 인공지능을 언급할 수 있다. 제네시스랩에 관해서는 (https://home.genesislab.ai/) 참고. 제네시스랩은 이러한 인공지능을 '상호작용 인공지능'(interactive AI)으로 지칭한다.

6. 인공지능을 활용한 입법평가의 가능성

지금까지 살펴본 논의에 비추어 보면 입법평가 영역에도 인공지능을 활용할 수 있다는 결론을 도출할 수 있다. 그 근거를 다음과 같이 말할 수 있다.

우선 현재 도달한 인공지능 기술은 입법평가를 수행하는 데 필요한 역량을 상당 부분 갖추고 있다. 이를테면 ChatGPT가 예증하듯이 평가 대상이 되는 입법과 이에 적용되는 평가 기준을 인지하고 분석할 수 있다. 나아가 평가 기준에 상응하는 경험 데이터를 수집하고 서로 연결하며 분석할 수 있는 역량도 갖추고 있다. 마지막으로 딥러닝 기술이 예증하듯이 분석된 데이터와 평가 기준을 연결하여 평가 대상 입법에 적용하는 능력도, 물론 아직 완전하지는 않지만, 지닌 것으로 판단된다.

현재 수준의 인공지능이 이러한 능력을 갖추었다는 점은 IBM 왓슨과 같은 의료 인공지능에서 어느 정도 확인할 수 있다. 사법적 판단 및 입법평가 판단과 유사한 구조를 갖춘 의료 영역에 활용되는 인공지능은, 물론 왓슨 사례가 보여주듯이 인간 의사를 대체할 정도로 완전하지는 않지만 나름 신뢰할 만한 성과를 내놓았기 때문이다.

V. 인공지능을 활용한 입법평가의 적용 범위와 방법

1. 문제점

의료 인공지능이나 사법 인공지능, 행정 인공지능처럼 인공지능을 활용한 입법평가, 달리 말해 입법평가 인공지능도 가능해 보인다. 그렇지만 왓슨이 인간 의사를 완전하게 대체하는 데 성공한 것도 아니고 행정기본법도 오직 기속행위에만 전자동화 행정처분을 인정하는 것처럼 순전히 인공지능에만 의존해 입법평가를 진행하는 것은 현재로서는 적절하지 않다.

현재 인공지능은 도덕적 행위나 재량행위와 같이 질적 측면이 강한 영역은 여전히 판단하기 적합하지 않다는 점을 고려할 때 입법평가의 모든 영역에 인공지능을 적용하는 것은 불가능할 뿐만 아니라 타당하지 않다. 현재로서는 인간 전문가와 인공지능이 협업하여, 달리 말해 인간 전문가의 감독 아래 인공지능을 입법평가에 활용하는 게 바람직하다.

사정이 그렇다면 여기서 다음과 같은 문제가 제기된다. 입법평가 가운데 인공지능을 활용할 수 있는 영역을 어떻게 획정할 것인지의 문제가 그것이다.

2. 입법평가 기준

(1) 유형화

입법평가 가운데 구체적으로 어떤 영역에 인공지능을 활용할 수 있는지 획정하기 위한 사전 작업으로 입법평가를 할 때 사용되는 기준이 무엇인지 살펴볼 필요가 있다. 이를 통해 어떤 입법평가 기준이 적용되는 영역에 인공지능을 활용할 수 있는지 가늠할 수 있기 때문이다.

이에 따라 입법평가에 적용되는 기준을 어떻게 유형화할 수 있을지 살펴본다.[40] 먼저 실체적 기준과 절차적 기준을 구별할 수 있다. 다음으로 법체계 내부의 기준과 외부의 기준을 구별할 수 있다. 나아가 양적 평가 기준과 질적 평가 기준을 구별할 수 있다. 마지막으로 사전입법평가의 기준과 사후입법평가의 기준을 구별할 수 있다.

(2) 실체적 기준과 절차적 기준

실체적 기준은 평가 대상이 되는 입법이 내용 면에서 정당한지를 평가할 때 적용된다. 예를 들어 법이 추구해야 하는 핵심적인 법이념으로 인정되는 정의나 합목적성, 법적 안정성을 평가 대상이 되는 입법의 내용적 정당성을 판단할 때 사용한다면 이러한 법이념을 실체적 기준으로 볼 수 있다.[41] 이에 대해 절차적 기준은 평가 대상 입법이 헌법과 법률이 정한 절차를 준수했는지를 판단할 때 적용된다.

---

40 이에 관해서는 양천수, "규범창설대화로서 입법평가", 『입법평가연구』 제14호(2018), 1쪽 아래 참고.
41 법이념으로서 정의, 합목적성, 법적 안정성에 관해서는 구스타프 라드브루흐, 윤재왕 (옮김), 『법철학』(박영사, 2020), 123쪽 아래 참고.

(3) 법체계 내부의 기준과 외부의 기준

법체계 내부의 기준과 외부의 기준은 '내부/외부'라는 구별을 활용한 것이다. 이 기준은 평가 대상이 되는 입법의 내용과 관련되는 실체적 기준을 '내부/외부'라는 구별을 원용해 구체화한 것이다.

법체계 내부의 기준은 새로운 입법이 이루어질 때 이러한 입법이 기존의 법체계와 정합적인지를 문제 삼는다. 법체계와 사회의 관계를 '투입(input)/산출(output)'이라는 구별로 접근하면 법체계 내부의 기준은 주로 투입과 관련을 맺는다.[42] 법체계가 사회의 데이터를 투입하여 법체계의 개념, 논리 등으로 전환할 때 이미 존재하는 법체계의 개념, 논리 등과 정합적이어야 한다는 것이다. 이러한 기준으로 정합성 또는 법적 안정성을 언급할 수 있다.[43]

이에 대해 법체계 외부의 기준은 입법과 규율 대상이 되는 사회의 관계에 적용된다. 예를 들어 정의나 합목적성은 입법이 사회에 적정하게 투입되었는지를 평가하는 기준으로 사용되는데 이러한 기준을 법체계 외부의 기준으로 볼 수 있다. 그 점에서 법체계 외부의 기준은 주로 산출과 관련을 맺는다.

(4) 양적 평가 기준과 질적 평가 기준

양적 평가 기준과 질적 평가 기준은 수량화·정량화할 수 있는 기준과 그렇지 않은 기준을 뜻한다. 이는 사회과학에서 즐겨 사용하는 두 가지 연구 방법, 즉 양적 연구 방법과 질적 연구 방법이라는 구별을 원용한 것이다.[44]

주지하다시피 사회과학에서 어떤 연구 방법을 사용할 것인지에는 여러 방법이 제시된다.[45] 이는 크게 양적 연구 방법과 질적 연구 방법으로 포섭할 수 있다. 19세기 독일의 철학자 딜타이(Wilhelm Dilthey)가 제시한 '설명/이해'라는 방법이원론을

---

[42] '투입/산출'을 법체계와 법도그마틱에 활용하는 경우로는 Niklas Luhmann, *Rechtssystem und Rechtsdogmatik* (Stuttgart/Berlin/Köln/Mainz, 1974), S. 24 ff. 참고.

[43] 법체계의 정합성에 관해서는 강일신, "정합적 법해석의 의미와 한계: 원리규범충돌의 해결이론 관점에서", 『법철학연구』 제17권 제1호(2014), 225–248쪽 참고.

[44] 이에 관해서는 김구, 『사회과학 연구조사방법론: 양적연구와 질적연구의 접근』(비앤엠북스, 2020) 참고.

[45] 이를 보여주는 대니얼 리틀, 하홍규 (옮김), 『사회과학의 방법론: 사회적 설명의 다양성』(한울엠플러스, 2021), 제10장 참고.

활용하면 양적 연구 방법은 '설명'(Erklären)을, 질적 연구 방법은 '이해'(Verstehen)를 핵심 방법으로 사용한다. 여기서 설명은 자연과학처럼 수량화된 양적 데이터를 기반으로 하여 가치중립적으로 연구하는 방법을 뜻한다. 이에 반해 이해는 수량화하기 어려운 질적 데이터를 바탕으로 하여 가치관련적으로 연구하는 방법을 뜻한다.

물론 엄밀하게 말하면 양적 데이터를 사용한다고 해서 온전하게 가치중립적으로 연구하기는 쉽지 않다. 반대로 질적 데이터를 활용한다고 해서 언제나 가치관련적으로만 연구한다고 말하기도 어렵다. 그렇다 하더라도 일반적으로 양적 데이터를 활용하는 연구가 좀 더 객관적이라고 인정된다.[46] 이로 인해 최근 사회과학에서는 양적 연구 방법이 주된 연구 방법으로 사용된다.

이 같은 이분법은 입법정책이나 입법평가에도 적용할 수 있다. 예를 들어 전통적인 입법정책이 주로 질적 연구 방법에 바탕을 두었다면 최근에는 엄밀한 양적 연구 방법에 기반을 두는 입법정책이 선호된다. 증거 기반 정책이나 데이터 기반 정책이라는 표어가 이를 예증한다. 물론 증거나 데이터가 반드시 양적 증거나 데이터만을 의미하지는 않는다. 그렇지만 최근 정책을 수립할 때 새삼스럽게 증거나 데이터를 강조하는 것은 양적 방법을 강조하라는 의미로 읽을 수 있다.[47]

이러한 이분법에 따라 입법평가도 두 가지로 나눌 수 있다. 양적 평가 기준을 활용하는 입법평가와 질적 평가 기준을 활용하는 입법평가가 그것이다. 여기서 양적 평가 기준은 설명가능한 기준, 질적 평가 기준은 이해가능한 기준으로 달리 말할 수 있다.

(5) 사전입법평가의 기준과 사후입법평가의 기준

사전입법평가의 기준과 사후입법평가의 기준은 말 그대로 각각 사전입법평가 및 사후입법평가에 적용되는 평가 기준을 뜻한다. 이러한 구별은 입법평가에 대한 인공지능의 적용 범위를 획정하는 데 의미가 있다. 이는 아래에서 다시 살펴본다.

---

46 물론 그렇다고 해서 입법평가가 양적 평가 기준과 방법으로만 수행될 수 있는 것은 아니다. 이를 지적하는 김종철 외, 『입법과정의 현대적 재구성(혁신) 방안 연구』(한국법제연구원, 2017), 231쪽 아래 참고.

47 그러나 증거를 맹신하는 것도 문제가 있다. 이를 보여주는 하워드 S. 베커, 서정아 (옮김), 『증거의 오류: 데이터, 증거, 이론의 구조를 파헤친 사회학 거장의 탐구 보고서』(책세상, 2020) 참고.

3. 인공지능을 활용한 입법평가의 적용 범위

이처럼 입법평가 기준은 다양하게 유형화할 수 있다. 그러면 이 가운데 어떤 경우에 인공지능을 활용해 입법평가를 할 수 있을까?

(1) 양적 평가

현재로서는 양적 평가 기준을 적용하는 입법평가와 질적 평가 기준을 적용하는 입법평가 가운데 전자에 인공지능을 활용할 수 있을 것이다. 그 이유를 다음과 같이 말할 수 있다.

1) 인공지능의 이해 능력에 대한 의문

우선 양적 평가 기준을 사용하는 입법평가에서는 양적 데이터를 활용한다는 점에서 인공지능을 적용하는 데 적합하다. 숫자로 계량화된 데이터는 정형 데이터로서 인공지능이 인간보다 더욱 탁월하게 인지 및 분석할 수 있기 때문이다.

반대로 자연언어 등과 같은 비정형 데이터로 구성되는 질적 데이터를 대상으로 삼는 질적 평가 기준을 적용하여 입법평가를 하기 위해서는 '이해'라는 복합적인 능력이 필요한데 인공지능이 이 같은 능력을 갖추었다고 판단하기는 아직 어렵다. 인간처럼 소통하는 것으로 인기를 끄는 ChatGPT도 자연언어를 이해한다고 말하기는 어렵다는 게 지배적인 견해라는 점을 고려하면 아직 인공지능이 질적 평가 기준을 활용하는 판단을 할 수 있다고 말하기는 어렵다.

2) 조건적 기속행위에만 적용되는 인공지능

나아가 현행 행정기본법이 기속행위에만 인공지능을 활용한 전자동화 행정처분을 인정한다는 점을 고려할 필요가 있다. 이는 크게 두 가지 의미를 담는다.

첫째, 기속행위에만 인정한다는 것은 '조건/결과'로 구성되는 조건 프로그램(Konditionalprogramm)에만 인공지능을 활용할 수 있다는 것을 뜻한다. 이를 반대로 추론하면 '목적/수단'으로 구성되는 목적 프로그램(Zweckprogramm)에는 인공지능을 활용할 수 없다는 점을 보여준다.[48]

---

48 조건 프로그램과 목적 프로그램에 관해서는 Niklas Luhmann, *Zweckbegriff und Systemrationalität: Über die Funktion von Zwecken in sozialen Systemen* (Frankfurt/M., 1973), S. 88 ff. 참고.

둘째, 판단여지나 재량이 요청되는 영역에는 높은 수준의 이해 능력이 필요하기에 인공지능을 활용할 수 없다는 점을 보여준다. 판단여지나 재량이 인정되는 영역에서는 판단 대상이 가진 복잡한 상황을 적절하게 고려할 수 있어야 하는데 이러한 일을 인공지능에 맡기는 것은 아직은 시기상조라는 것이다.

이러한 행정기본법의 태도를 참고하면 입법평가에서도 아직은 양적 평가 기준을 적용하는 경우에만 인공지능을 활용하는 게 적절해 보인다.

(2) 사후입법평가

인공지능은 사전입법평가보다는 사후입법평가에 활용하는 게 적절하다. 그 이유를 다음과 같이 말할 수 있다.

우선 사전입법평가와 사후입법평가에 적용되는 시간성의 차이를 근거로 언급할 수 있다. 사전입법평가는 미래를 지향한다. 이로 인해 사전입법평가에서는 예측이 매우 중요하다. 그러나 미래를 예측한다는 것은 복잡성과 우연성을 고려해야 하는 쉽지 않은 작업이다. 이에 따라 고려해야 할 점이 증가한다. 이에 반해 사후입법평가는 과거를 지향한다. 따라서 사후입법평가에서는 역사적 판단이 중요하다. 이 역시 어렵기는 하지만 과거는 확정되었다는 점에서 미래를 예측하는 작업보다 상대적으로 용이하다.

이 같은 이유에서 사전입법평가보다 사후입법평가에 적용되는 평가 기준이 상대적으로 단순하다. 예를 들어 사전입법평가를 수행할 때는 미래를 예측하면서 다양한 실체적 기준을 고려해야 하는 반면, 사후입법평가를 할 때는 평가 대상이 되는 입법이 설정한 규범 목적이 법 시행 이후 제대로 실현되었는지에 초점을 맞추는 편이다.

다음으로 사전입법평가보다 사후입법평가를 실행할 때 양적 평가 기준을 더욱 적극적으로 활용할 수 있다. 왜냐하면 평가 대상이 되는 입법이 사회에 투입되면서 그 영향으로 다양한 양적 데이터가 축적되기 때문이다. 이는 그만큼 인공지능을 활용할 여지가 넓다는 것을 뜻한다.

(3) 법규범 목적의 실현 평가

위에서 언급한 논의를 고려할 때 인공지능은 사후입법평가를 할 때, 그중에서도 양적 평가를 할 때 적극적으로 활용될 수 있다. 그 가운데서도 평가 대상 입법이 설정한 규범 목적을 제대로 실현했는지, 달리 말해 해당 입법이 본래 설정한 규범 목적에 따라 사회에 영향을 미쳤는지를 양적 데이터를 활용해 분석하는 데 적용될 수 있다.

이때 다음에 주의해야 한다. 일정한 법률이 설정하는 규범 목적은 고도로 추상적인 언어로 설정될 때가 많다는 것이다. 그 때문에 인간 존재 역시 특정한 입법의 규범 목적을 이해하기 쉽지 않을 때가 많다. 이로 인해 규범 목적은 많은 경우 목적론적 해석이라는 방법으로 구체화된다. 이 과정을 거쳐 추상적인 규범 목적은 인간 존재가 이해할 수 있는 구체적인 언어로 전환된다.

이 점을 고려하면 인공지능이 특정한 입법의 규범 목적을 이해하기는 쉽지 않다. 만약 인공지능이 인간처럼 또는 인간보다 규범 목적을 잘 이해할 수 있다면 '목적/수단'으로 구성되는 목적 프로그램에도 인공지능을 사용할 수 있을 것이다. 그러나 현재로서는 이 점이 쉽지 않다.

따라서 특정한 입법의 규범 목적이 제대로 구현되었는지를 인공지능으로 평가할 수 있도록 하려면 규범 목적을 정량적으로 판단하기 쉽도록 구체화해야 할 필요가 있다. 이는 다음과 같은 방식으로 이루어질 수 있다. 먼저 추상적인 규범 목적은 조건화가 가능한 조건 프로그램으로 전환되어야 한다. 다음으로 규범 목적에 사용된 추상적인 개념은 정량적 판단을 적용할 수 있게 구체적인 개념으로 전환되어야 한다.

4. 인간 전문가에 의한 감독

그러나 이렇게 인공지능을 입법평가에 제한적으로 활용하는 경우에도 현재 기술 수준에서 인공지능이 지닌 불완전성을 고려할 때 인공지능을 활용한 입법평가 과정에는 인간 전문가가 개입할 필요가 있다. 인공지능을 활용한 입법평가는 인간 전문가의 감독 아래 이루어지는 게 적절하다. 이때 인간 전문가는 인공지능이 산출한 입법평가 결과를 검증하는 일을 해야 한다.

5. 법적 근거의 필요성

마지막으로 인공지능의 기술적 불완전성을 고려할 때 인공지능을 활용해 입법평가를 수행하는 경우에는 이에 대한 법적 근거를 마련해야 할 필요가 있음을 언급하고자 한다. 이는 행정기본법을 통해 전자동적 행정처분의 법적 근거를 마련한 것과 맥락을 같이한다. 이에 관한 법적 근거는 행정기본법 제39조에 마련하는 게 현재로서는 적절해 보인다.

6장

인공지능과 행정

Ⅰ. 서론

인공지능 기술이 비약적으로 발전하면서 이를 향한 사회적 관심이 높아진다. 이에 발맞추어 사회의 다양한 영역에서 인공지능이 활용된다. 특히 인간 존재의 고유한 영역 또는 고도의 전문성과 창의성이 필요한 영역에서도 인공지능이 사용된다. ChatGPT를 향한 열풍은 이를 상징적으로 보여준다.[1] 무엇보다도 금융, 의료, 법률, 음악, 미술, 면접 영역 등과 같이 고도의 전문적인 역량이 필요한 영역에 인공지능, 특히 생성형 인공지능(generative AI)이 적용된다.

인공지능에 관한 관심은 정부에 의해 수행되는 행정 영역에서도 발견된다. 정부는 다양한 행정 영역에서 인공지능을 활용하기 위해 여러 가지 준비를 한다. 이에 필요한 법적 기초도 이미 마련한 상황이다(행정기본법 제20조). 물론 그렇다고 해서 인공지능을 행정에 활용하는 것과 관련된 문제들이 모두 해결된 것은 아니다. 다양한 법이론적·행정법 도그마틱적·행정학적 문제들이 제기된다. 이에 제6장은 인공지능을 행정에 활용할 때 어떤 이론적 문제가 제기되는지 검토한 후 어떻게 이에 대처할 수 있는지 살펴보고자 한다. 다만 이 주제에 관해서는 그동안 자동화 또는 자동적 행정이라는 이름 아래 다양한 선행 연구가 이루어진 편이다.[2] 이

---

[1] ChatGPT에 관해서는 이시한, 『GPT 제너레이션: 챗GPT가 바꿀 우리 인류의 미래』(북로망스, 2023) 참고.

[2] 이 문제에 관한 선행 연구로는 이재훈, "전자동화 행정행위 도입 후 독일 행정절차법제 논의의 전개 양상", 『공법학연구』 제19권 제4호(2018), 481-515쪽; 김중권, "행정에 인공지능시스템 도입의 공법적 문제점", 『법조』 제69권 제2호(2020), 53-77쪽; 윤상오 외, "인공지능 기반 자동화 행정의 주요 쟁점에 관한 연구", 『한국공공관리학보』 제34권 제3호(2020), 109-132쪽; 최승필,

들 연구를 검토하면 상당히 설득력 있는 문제 제기와 해법이 제시되었음을 확인할 수 있다. 따라서 제6장은 선행 연구에서 상대적으로 주목되지 않았던 이론적 문제, 특히 법사회학적 문제에 초점을 맞추고자 한다. 그리고 이 문제에 대응하기 위해 제6장은 체계이론(Systemtheorie)의 관점을 일정 부분 원용한다.

II. 행정의 의의

생성형 인공지능이 활용될 행정이란 무엇인지 살펴본다. 행정이 무엇인지 살펴보는 것은 행정에 대한 인공지능 활용과 관련된 여러 문제에 대응하는 데 의미가 있다. 행정이 무엇인지에 관해서는 다양한 관점에서 접근할 수 있다. 여기서는 세 가지 관점에서 행정 개념에 접근한다. 법학적 관점과 행정학적 관점 및 체계이론적 관점이 그것이다.

1. 법학적 관점에서 본 행정

법학적 관점에서 본 행정이란 행정법학에서 이해하는 행정 개념을 뜻한다. 행정법학에서는 행정이란 무엇인지에 관해 다양한 견해가 제시된다.[3] 이들 견해는 크게 두 가지로 구별할 수 있다. 행정의 내용 또는 기능적 특징에 초점을 맞추는 견해와 행정을 수행하는 기관의 특성에 초점을 맞추는 견해가 그것이다. 이를 달리 기능설과 기관설로 분류할 수 있을 것이다. 여기서 첫 번째는 다시 두 가지로 구별된다. 행정의 기능적 특징을 적극적으로 규정하기보다는 이와 구별되는 입법과 사법의 기능적 특성을 규정한 후 이로부터 소극적으로 행정을 규정하는 견해와 행정의 기능적 특성을 적극적으로 규정하는 견해가 그것이다. 흔히 전자를 소극설,

---

"공행정에서 AI의 활용과 행정법적 쟁점: 행정작용을 중심으로", 『공법연구』 제49권 제2호 (2020), 207－242쪽; 박가림, "자동적 행정행위의 현황과 전망", 『행정법연구』 제68호(2022), 121－147쪽; 김민호·윤금낭, "자동화된 의사결정과 행정절차법에 관한 검토", 『성균관법학』 제34권 제3호(2022), 39－61쪽 등 참고.

3 행정법학에서 파악하는 행정 개념에 관해서는 박균성, 『행정법론(상)』 제14판(박영사, 2015), 4－5쪽 참고. 여기에서는 행정 개념에 관한 견해로 소극설, 적극설, 기관양태설을 제시한다. 또한 김기진, "행정의 개념에 관한 연구", 『법학연구』(연세대) 제18권 제1호(2008), 87－108쪽 참고.

후자를 적극설로 지칭한다. 이때 적극설은 행정의 기능적 특성을 규정하기 위해 행정학에서 이해하는 행정 개념을 끌어오기도 한다. 두 번째 견해는 입법부 및 사법부와 구별되는 행정부라는 기관이 수행하는 작용을 행정으로 파악한다.

하지만 실제 현실에서 행정이라는 이름 아래 이루어지는 작동(operation) 현상을 보면 그 범위가 넓고 유형도 다양해 행정을 적극적인 방식으로 개념화하기는 쉽지 않다.[4] 이러한 이유에서 행정 개념을 정면에서 다루는 행정학에서도 행정 개념에 관해 다양한 이론과 견해가 제시된다.

바로 이러한 이유에서 소극설이나 기관양태설이 그 기준이 비교적 명확하다는 이유에서 선호되는 편이다. 이러한 견해의 대표적인 예로 법률을 다루는 방식을 기준으로 하여 행정을 정의하는 경우를 들 수 있다. 이는 기본적으로 존재와 당위는 구별된다는 점을 전제로 한다. 이러한 이해 방식에 따르면 행정이란 국민의 대표자로 구성된 의회가 제정한 법률을 집행하는 작용이다.[5] 권력분립 원리에 따라 의회와는 구별되는 행정부가 이러한 행정을 담당한다. 행정을 법률을 집행하는 국가 작용으로 파악하는 이해 방식은 국가의 작동을 법의 작동과 동일하게 파악한 순수법학자 켈젠(Hans Kelsen)의 주장에서 극명하게 발견할 수 있다.

신칸트주의에 바탕을 둔 법실증주의를 수용하면서도 국가를 사회학적 국가와 법적 국가로 이분화한 옐리네크(Georg Jellinek)와는 달리 켈젠은 국가를 오직 법적 측면에서만 바라본다.[6] 켈젠에 따르면 국가는 법과 동일하다. 국가는 법이 작동하는 과정이다. 이러한 이해 방식에 따르면 국가는 다음과 같이 파악된다. 국가가 수행하는 작동인 입법, 집행 및 사법은 각각 법률 제정, 법률 집행 및 법률 적용이라는 측면에서 파악될 수 있다. 바로 이 점에서 행정은 법률 집행이라는 이해 방식이 도출된다.

2. 행정학의 관점에서 본 행정

행정 개념을 정면에서 다루는 행정학은 적극적인 측면에서, 즉 행정이 가진

---

4 이를 지적하는 박균성, 위의 책, 4쪽.

5 박균성, 앞의 책, 5쪽도 이러한 이해 방식을 따른다.

6 옐리네크의 국가 이해와 이에 대한 켈젠의 비판으로는 Hans Kelsen, *Der soziologische und der juristische Staatsbegriff: Kritische Untersuchung des Verhältnisses von Staat und Recht* (Tübingen, 1922) 참고.

기능적 특징을 기준으로 하여 행정을 규정하고자 한다. 이때 행정이 수행하는 기능을 어떻게 설정할지에 문제가 제기된다.[7] 이에 관해서는 경제학자이자 행정학자로서 행정학에 큰 영향을 미친 사이먼(Herbert Simon)의 행동주의적 접근이 유용한 실마리를 제공한다. 사이먼은 행정의 기능적 특징을 의사결정(decision making)에서 찾는다. 이에 따르면 행정이란 특정한 조직의 의사를 결정하는 과정이다. 이는 행정을 근원적으로 그 때문에 형식적으로 규정한 것이라 할 수 있다. 다만 이때 내용적인 면에서 어떤 성격을 추가할 것인지, 이를테면 정치라는 권력적 과정과 행정의 관계 그리고 경영이라는 효율적 과정과 행정에 대한 관계를 어떻게 설정할 것인지에 문제가 제기된다.

이에는 크게 두 가지 견해가 제기된다. 경영과 행정을 구별하지 않는 견해와 정치와 행정을 구별하지 않는 견해가 그것이다. 첫 번째 견해에 따르면 경영과 행정은 본질적으로 다르지 않다. 이 견해에서 보면 경영과 마찬가지로 행정은 조직이 설정한 목적, 이를테면 이익 극대화를 실현하기 위해 수행하는 의사결정 과정이다. 이에 대해 두 번째 견해에 따르면 행정은 오히려 정치 과정과 본질적으로 같다. 이는 정치 과정처럼 행정이 권력적인 의사결정이라는 점을 시사한다.

행정학이 발전하는 과정을 보면 경제학이나 경영학의 이론적 성과가 행정학에 수용되어 행정학이 이론적으로 발전하는 데 이바지했다는 점을 발견할 수 있다. 사이먼의 이론적 영향이 그 예가 된다. 이를 감안하면 기능적인 면에서 경영과 행정을 구별하지 않는 게 적절해 보이기도 한다. 하지만 현실적인 측면에서 볼 때 사적 자치가 적용되는 경영과는 달리 행정에는 법치행정 원리가 적용된다. 이는 행정이 경영과는 달리 공적 영역에서 이루어지는 작동일 뿐만 아니라 법의 통제를 받아야 할 정도로 권력적 요소를 가지고 있음을 보여준다. 이러한 점을 고려하면 행정을 정치의 한 영역으로 포섭하는 이해 방식이 더욱 설득력이 있다.

3. 체계이론의 관점에서 본 행정

행정을 정치의 한 영역으로 파악하는 견해를 주장한 학자로 독일의 사회학자 루만(Niklas Luhmann)을 언급할 수 있다. 체계이론의 토대 위에서 행정을 연구한

---

7 이 문제에 관해서는 박성복, "행정의 개념과 행정학의 연구대상", 『한국행정논집』 제14권 제3호 (2002), 513-531쪽 참고.

루만은 행정을 다음과 같이 규정한다. 행정은 결정을 내리는 사회적 체계라는 것이다.[8] 이러한 이해 방식에서 다음과 같은 의미를 이끌어낼 수 있다.

첫째, 행정은 사회적 체계(soziales System)이다. 이때 말하는 사회적 체계는 일반 체계 가운데 기계적 체계나 생명체계와는 구별되는 것으로서 소통(Kommunikation)으로 구성되는 체계를 뜻한다. 루만은 사회는 체계와 환경이라는 구별로 구성되는데 이때 말하는 체계가 바로 사회적 체계이다. 이러한 맥락에서 루만은 행정 역시 사회적 체계로 파악한다.

둘째, 행정은 사회적 체계 가운데 정치체계의 부분체계이다. 정치체계가 내적 분화를 거치면서 형성된 것이 행정체계이다.[9] 이에 따라 행정은 정치체계의 특성도 부분적으로 지니면서 그와 구별되는 독자성도 가진다. 권력 투쟁의 성격이 강한 정치체계와는 달리 행정체계에서는 목적합리성과 규칙합리성이 강하다는 점을 꼽을 수 있다.

셋째, 행정은 '결정을 내리는'(decision making) 사회적 체계이다. 이는 행정이라는 사회적 체계가 수행하는 작동의 본질적 측면을 특정한 결정을 내린다는 점에서 찾고 있음을 보여준다. 이는 행정학에서 말하는 행정 개념 가운데 결정을 내리는 것을 행정의 본질적 징표로 파악한 사이먼의 주장을 받아들인 것이다.[10] 루만의 이해에 따르면 행정은 단순히 의회가 제정한 법률을 집행하는 과정에 불과한 것이 아니다. 행정은 정치체계가 설정한 목적을 구현하기 위해 수단을 선택하고 구체적인 결정을 내리는 사회적 체계이다. 물론 그렇다고 해서 행정이 법에서 완전히 자유로운 것은 아니다. 이는 법치주의의 하부 원칙인 법치행정에 따라 허용되지 않는다. 법치행정의 하부 원칙인 법률 우위나 법률 유보가 보여주는 것처럼 법은 행정에 대한 법적 기초이자 테두리로 작용한다.[11] 이는 행정이 조직, 그중에서도 공공성을 가진 공적 조직이 작동한다는 것을 뜻한다.

---

8 Niklas Luhmann, *Funktionen und Folgen formaler Organisation* (Berln, 1964), S. 23; Niklas Luhmann, *Politische Soziologie* (Berlin, 2015), S. 21 등 참고.

9 Niklas Luhmann, *Politische Soziologie* (Berlin, 2015), S. 151 ff.

10 Niklas Luhmann, *Recht und Automation in der öffenltichen Verwaltung* (Berlin, 1966), S. 21 ff. 이때 'decision making'은 '의사결정'으로도 파악할 수 있다. 그러나 '주체/객체 모델'을 '체계/환경 모델'로 대체하는 루만의 견지에서 볼 때 '의사를 결정'한다는 것은 성립하기 어렵다. 따라서 루만의 맥락에서는 '의사결정'보다는 '결정'으로 파악하는 게 적절하다.

11 이에 관해서는 Niklas Luhmann, *Die Grenzen der Verwaltung* (Berlin, 2021), S. 14 ff. 참고.

행정이 사회적 체계라는 언명은 인공지능을 활용한 행정의 가능성에 관해 중요한 의미가 있다. 왜냐하면 행정이 사회적 체계라는 주장은 행정이 반드시 '인간' 공무원에 의해 수행되는 것은 아님을 시사하기 때문이다. 오히려 행정에서는 행위나 소통이 결정적인 역할을 한다는 것이다. 그 이유는 체계이론에 따르면 인간 공무원은 정치가나 일반 공중(Publikum)처럼 행정이라는 사회적 체계가 아닌 이와 구별되는 환경에 속하기 때문이다.[12]

4. 행정이 전제하는 국가와 시민의 관계

(1) 공적 관계에서 작동하는 행정

행정은 특정한 조직이 수행하는 작동의 일종이다. 그러나 행정은 이익을 극대화하는 것을 주된 목적으로 설정하는 사적 조직이 수행하는 경영과는 차이가 있다. 왜냐하면 행정은 경영과는 달리 공적 관계에서 공적 조직에 의해 이루어지는 공적 작동이기 때문이다. 이때 공적 관계란 사적 영역이나 시장처럼 시민과 시민 사이에서 형성되는 관계가 아니라 국가와 시민 사이에서 형성되는 관계를 뜻한다. 사법이 규율하는 사적 관계와는 달리 공적 관계는 공법이 규율한다. 이러한 공적 관계에서 행정은 사익이 아닌 공익을 추구하는 것으로 이해된다.

(2) 공적 관계의 규율원리

사적 자치가 지배하는 사적 관계와는 달리 공적 관계에서는 민주주의와 더불어 법치주의가 규율원리로 자리매김한다. 여기서 민주주의는 주로 입법에서, 법치주의는 행정과 사법에서 강조된다.[13] 이에 따라 행정에서는 법치행정이 그리고 사법에서는 법관의 법률 구속이 각각 독자적인 규율원리로 강조된다. 이때 법치행정은 다음과 같은 의미로 이해된다. 행정은 기본적으로 법률에 근거를 두어 이루어져야 한다. 이와 더불어 행정이 결정하는 내용도 법률이 정한 규정에 구속되어야 한다는 것이다. '형식/내용'이라는 구별을 원용하면 이는 다음과 같이 이해할 수

---

12 Niklas Luhmann, 위의 책, S. 122 ff.

13 물론 그렇다고 해서 행정과 사법에 민주주의가 적용되지 않는 것은 아니다. 다만 행정과 사법의 특징, 즉 기능적 전문성을 고려할 때 대중주의를 지향하는 민주주의를 완전하게 적용하기는 어렵다.

있다. 전자가 법치행정의 형식적 측면을 강조한다면 후자는 법치행정의 내용적 측면을 강조한다는 것이다.

Ⅲ. 행정에 대한 인공지능 활용 필요성과 문제

1. 인공지능 활용 필요성

인공지능을 향한 관심이 높아지면서 행정에도 인공지능을 활용해야 한다는 논의와 준비가 적극적으로 이루어진다. 하지만 그전에 다음과 같은 의문을 해명해야 할 필요가 있다. 왜 행정에 인공지능을 활용해야 하는지의 의문이 그것이다. 이에 세 가지 근거를 제시할 수 있다. 전문성과 효율성 그리고 청렴성이 그것이다.

(1) 전문성

먼저 인공지능이 갖춘 전문성을 언급할 수 있다. 근대 계몽주의 이래 인간 존재는 이성을 지닌 합리적 존재로 인식된다. 이러한 인간상은 고전 경제학에서 잘 확인된다. 고전 경제학은 시장에 참여하는 인간 존재를 완전한 합리성을 갖춘 존재로 전제하기 때문이다. 이에 의하면 시장에 참여하는 인간 존재는 주어진 정보를 합리적으로 판단하여 자신의 이익을 최적화하는 방향으로 의사를 결정한다.

그러나 행동경제학의 기초를 마련한 사이먼은 이러한 전제를 거부한다. 사이먼이 볼 때 인간은 제한적 합리성(bounded rationality)을 가진 불완전한 존재이다.[14] 인간은 선입견이나 편향에 따라 행동한다.[15] 합리적이고 정교하며 복잡성이 높게 설계된 해법이 아니라 '휴리스틱'(heuristic)과 같이 단순하고 불완전하며 일상적인 해법으로 문제를 해결한다. 이에 따라 인간은 비합리적인, 경우에 따라서는 파멸적인 결과에 휘말린다.[16]

---

[14] 이에 관해서는 Herbert A. Simon, "A Behavioral Model of Rational Choice", *The Quarterly Journal of Economics*, Volume 69, Issue 1 (1955), pp. 99‒118 참고.

[15] 이를 심리학의 관점에서 해명한 대니얼 카너먼, 이창신 (옮김), 『생각에 관한 생각: 우리의 행동을 지배하는 생각의 반란』(김영사, 2018) 참고.

[16] 이는 주식시장 등에서 잘 관찰된다. 이에 관해서는 리처드 탈러, 박세연 (옮김), 『행동경제학: 마음과 행동을 바꾸는 선택 설계의 힘』(웅진씽크빅, 2021) 참고.

사회적 체계인 행정 역시 인간 공무원이 참여하여 이루어지는 것이기에 인간 공무원이 가진 불완전함에서 자유로울 수 없다. 인간 공무원이 지닌 편견에 행정이 영향을 받을 수 있다. 이를테면 인간 공무원이 가진 편견이 소통에 반영되고 이러한 소통이 행정에 개입함으로써 행정이 편견에 따라 이루어질 수 있다. 이러한 이유에서 행정이 본래 설정한 목적을 성공적으로 성취하려면 인간 공무원이 지닌 불완전함을 해소할 필요가 있다. 이러한 상황에서 인공지능은 인간 공무원이 가진 불완전함을 보완할 수 있다.[17] 인공지능의 계산 및 판단 능력을 활용해 행정의 전문성이나 정확성을 제고할 수 있다. 그뿐만 아니라 인공지능은 인간 공무원이 수행하기 쉽지 않은 영역에도 적용할 수 있다. 고도의 복잡한 계산이 필요한 세무나 회계, 재난지원금과 같은 지원금 배분, 배터리 등 복잡한 폐기물 재활용 등을 이러한 예로 언급할 수 있다. 더불어 인공지능은 오늘날 강조되는 각 시민에 개별화된 (customizing) 행정을 구현하는 데 이바지할 수 있다.

(2) 효율성

인공지능은 행정의 효율성을 높이는 데 기여할 수 있다. 오늘날 복지국가나 안전국가 패러다임 등으로 국가가 수행해야 할 임무가 늘어나면서 행정조직도 비대해진다.[18] 새로운 임무에 대응하기 위해 새로운 부처가 신설되고 새로운 조직이 만들어진다. 행정의 전문성을 확보하기 위해 각 부처 산하에 전문 연구기관 등도 설치 및 운영된다. 이는 복잡한 사회 현상에 대응하여 국가의 임무를 강화하고 전문성을 제고하는 데 도움이 되지만 반대로 비용을 증가시킨다. 이러한 비용은 기본적으로 국민의 세금에 기반을 둔다는 점에서 국민에게도 큰 부담이 된다. 이때 인공지능을 행정에 활용하면 행정 비용을 줄이는 데 도움이 된다. 예를 들어 인공지능을 통해 인간 공무원의 수를 최적화할 수 있다.

---

17 제한적 합리성을 주장한 사이먼이 인공지능에 관심을 가진 것도 이러한 맥락에서 이해할 수 있을 것이다. 인공지능에 관한 사이먼의 연구에 관해서는 Herbert A. Simon, *The Sciences of the Artificial*, 3rd Edition (MIT Press, 1996); George E. Yoos, *Simplifying Complexity: Rhetoric and the Social Politics of Dealing with Ignorance* (De Gruyter Open Poland, 2015), pp. 25-28 참고.

18 안전국가 패러다임에 관해서는 양천수, "현대 안전사회의 헌법학적 문제: 법이론의 관점을 겸하여", 『헌법재판연구』제7권 제2호(2020), 3-37쪽 참고.

(3) 청렴성

인간 공무원을 대신해 행정에 인공지능을 투입하면 행정의 청렴성도 제고할 수 있다. 왜냐하면 언제든지 부정부패의 유혹에 빠질 수 있는 인간 공무원과는 달리 인공지능은 이러한 유혹에서 자유롭기 때문이다. 인공지능에 힘입어 인간 공무원의 부패를 억제하는 것이다. 이는 특히 상대적으로 부패지수가 높은 국가의 행정에서 의미가 있다. 예를 들어 중국은 행정에 인공지능을 적극적으로 활용하는데 이를 통해 행정의 청렴성을 드높이는 것으로 평가된다.[19] 더불어 중국은 인공지능을 행정에 적용함으로써 행정의 탈권위화를 추구한다. 인공지능 행정을 통해 권위적인 수직적 행정을 시민 친화적인 수평적인 행정서비스로 바꾸는 것이다.

2. 행정의 자동화에 관한 관심

이 책은 체계이론의 관점을 수용해 행정을 사회적 체계로 파악한다. 그러나 일반적으로 행정은 인간, 즉 인간 공무원에 의해 이루어지는 공적 의사결정 과정으로 이해된다. 이러한 일반적 이해 방식에 따르면 인공지능을 활용하는 행정은 일반적 행정과는 구별되는 자동적 행정으로 규정할 수 있다. 이때 자동적 행정이란 인간이 아닌 기계, 더욱 정확하게 말하면 자동적으로 작동하는 기계적 체계에 의해 이루어지는 공적 의사결정 과정으로 규정할 수 있다. 인간이 아닌 자동적 존재에 의해 수행되는 행정이 자동적 행정인 것이다.

최근 인공지능이 전 세계적으로 각광을 받으면서 자동적 행정이 새롭게 조명되고 그 가능성이 모색된다. 하지만 사실 자동적 행정은 오랜 역사를 가진다.[20] 예를 들어 행동경제학의 아버지이자 현대 행정학에 많은 영향을 미친 사이먼이 오래 전부터 인공지능 연구에서 중요한 역할을 했다는 점을 고려할 필요가 있다. 사이먼은 그 유명한 다트머스 워크숍의 4인 가운데 한 명으로 지목될 뿐만 아니라 인공지능에 관해서도 중요한 저서를 남겼다.[21] 이를 통해 행정과 인공지능의 강한 연

---

19 이에 관해서는 이유봉, 『AI기반 행정을 위한 입법방안 연구』(한국법제연구원, 2022), 67쪽 아래 참고.
20 이에 관한 선구적인 국내 문헌으로는 김중권, 『행정자동절차에 관한 법적 고찰』(고려대 법학박사 학위논문, 1983) 참고.
21 Herbert A. Simon, *The Sciences of the Artificial*, 3rd Edition (MIT Press, 1996). 다트머스 워크

관성을 추측할 수 있다.

사이먼과 더불어 자동적 행정에 일찍부터 관심을 기울인 사람으로 루만을 언급할 필요가 있다. 법학을 전공했던 루만은 행정공무원으로 사회 경력을 시작한다. 이로 인해 루만은 자연스럽게 행정이라는 공적 조직의 작동에 관심을 가진다. 행정이란 무엇인지, 행정은 무엇을 추구하는지, 행정은 어떻게 작동하는지에 관심을 쏟는다. 그 결과 미국 유학을 마치고 돌아온 루만이 처음으로 출간한 연구서도 행정의 작동 방식과 기능을 분석한 것이었다.[22] 이의 연장선상에서 루만은 자동적 행정에 관해 이미 선구적인 그리고 오늘날에도 여전히 설득력이 높은 연구를 하였다.[23] 이 연구에서 루만은 체계이론을 바탕으로 하여 자동적 행정이 어떤 조건에서 가능한지를 밝힌다. 아래에서 살펴보듯이 제6장은 인공지능을 행정에 활용할 때 제기되는 이론적 문제를 해결하는 과정에서 이러한 루만의 초기 연구를 원용한다.

3. 자동적 행정에 관한 문제

그러나 체계이론에 따라 탈인간중심적인 행정체계를 모색한 루만과는 달리 인간중심주의에 바탕을 둔 전통적인 행정 개념에서 볼 때 자동적 행정에 관해서는 여러 문제를 제기할 수 있다. 크게 네 가지 문제를 언급할 수 있다.

첫째는 인격성에 관한 문제이다. 행정은 인격성을 갖춘 인간 공무원이 수행해야 한다는 문제 제기가 그것이다. 이는 행정의 인간중심주의에 따른 문제이다.

둘째는 인공지능의 불완전성에 관한 문제이다. 인공지능이 과연 인간처럼 특정한 목적을 지향하는 복잡한 판단을 할 수 있는가의 문제 제기가 그것이다. 이는 인공지능의 판단 능력에 대한 회의와 비판에 바탕을 둔다.

셋째는 법적 근거에 관한 문제이다. 행정의 자동화에 관한 법적 근거를 어떻게 확보할 수 있는가의 문제 제기가 그것이다. 그러나 이 문제는 상대적으로 해결하기 어렵지 않다.

넷째는 감정적 거부에 관한 문제이다. 인공지능을 활용하는 행정의 자동화에

숍의 실상에 관해서는 잭 코플랜드, 박영대 (옮김), 『계산하는 기계는 생각하는 기계가 될 수 있을까?』(에디토리얼, 2020), 제1장 참고.

22 Niklas Luhmann, *Funktionen und Folgen formaler Organisation* (Berlin, 1964).

23 Niklas Luhmann, *Recht und Automation in der öffentlichen Verwaltung* (Berlin, 1966) 참고.

대한 감정적 거부를 어떻게 해소할 수 있는가의 문제 제기가 그것이다. 현 상황에서는 이 문제를 해결하는 게 가장 어렵다.

Ⅳ. 자동적 행정의 문제에 대한 대응

1. 인격성 문제

법이론의 관점에서 볼 때 자동적 행정의 인격성 문제, 즉 인간중심주의에 관한 문제는 해결하기 어렵지 않다. 왜냐하면 행정법 도그마틱의 견지에서 볼 때 행정작용을 수행하는 과정에서 인간 공무원의 인격성이 필수적으로 요청되는 것은 아니기 때문이다. 행정법 도그마틱에 따를 때 시민을 대상으로 하여 행정작용을 발령하는 주체는 인간 공무원이 아닌 행정관청이다. 이때 행정관청은 엄밀하게 말하면 그 자체 법적 주체가 되지는 않는다. 행정관청은 국가라는 공법인의 기관에 해당하기 때문이다.[24] 이러한 논리에 의하면 행정작용을 최종적으로 담당하고 책임지는 주체는 국가라는 정치적 체계이다. 이는 법적 관점에서 볼 때 행정작용을 수행하기 위해 반드시 인간 공무원이 필요한 것은 아님을 보여준다. 이 점에서 우리 행정법 및 행정법학은 이미 인간중심적 사고에서 벗어나 있다고 말할 수 있다.[25] 이처럼 행정작용을 수행하는 데 법논리적으로 인간 공무원이 반드시 필요한 것은 아님을 고려하면 행정작용을 직접 수행하는 주체가 반드시 인격성을 갖추어야 할 필연성도 없다고 말할 수 있다.

---

24 공법학의 역사에서 보면 국가를 공법인으로 파악할 수 있는가에 관해서는 논란이 없지 않았다. 이에 관해서는 미하엘 슈톨라이스, 이종수 (옮김), 『독일 공법의 역사』(푸른역사, 2022), 112-113쪽 참고.
25 이를 지적하는 양천수, "탈인간중심적 법학의 가능성: 과학기술의 도전에 대한 행정법학의 대응", 『행정법연구』 제46호(2016), 1-24쪽 참고.

2. 인공지능의 불완전성

(1) 문제

인공지능을 이용한 자동적 행정에 제기되는 가장 어려운 문제 가운데 하나는 현재 도달한 인공지능의 기술적 수준이 여전히 불완전하다는 점이다. 생성형 인공지능이 세계적인 돌풍을 일으키고는 있지만 현재 우리가 성취한 인공지능은 여전히 약인공지능에 머물러 있다. 따라서 현 수준에서 인공지능은 인간처럼 복잡한 사고와 판단, 즉 스스로 목적을 설정하고 여러 요소나 이익을 고려하면서 복합적으로 생각하고 결정할 수는 없는 것으로 보인다. 여전히 일부 분야에서만 인간 존재를 능가하는 능력을 발휘할 뿐이다. 그러나 행정과 법의 관계, 특히 행정에 대한 법적 통제에 관한 역사를 보면 인공지능이 가진 불완전성이 인공지능을 행정에 활용하는 데 큰 걸림돌이 되지는 않는다는 점을, 오히려 경우에 따라서는 장점이 될 수 있음을 알 수 있다.

(2) 행정과 법의 관계

행정과 법의 관계에 관한 역사를 돌아보면 어떻게 하면 법이 행정을 통제할 수 있는지가 주된 쟁점이 되었다. 경찰국가(Polizeistaat)가 지배하던 당시에는 행정은 통치권자의 내부 영역이자 자유재량이 지배하는 영역이기에 법이 통제할 수 없다는 관념이 지배적이었다.[26] 그러나 법치주의가 성장 및 정착하고 행정법이 헌법을 구체화한 법으로 이해되면서 행정에 대한 법적 통제가 지속적으로 강화되었다. 이에 따라 기속행위뿐만 아니라 재량행위도 점차 다양한 행정법 도그마틱에 힘입어 법적 통제 아래 포섭되었다. 이러한 확대 흐름에서 발견되는 경향은 행정청 또는 행정 공무원이 재량이라는 이름 아래 자의적으로 행정 권력을 남용하는 것을 법이 억제하는 것이라 할 수 있다.

법치행정이 안착하고 행정에 대한 법적 통제가 확대되면서 행정이 사용하는 형식, 루만의 용어로 바꾸어 말하면 행정의 프로그램에도 변화가 생긴다.[27] 법치행

---

26 이는 지금은 극복된 '자유재량/기속재량'이라는 구별에 바탕을 둔다. 한편 독일어 'Polizeistaat'를 행정국가로 번역하는 경우로는 구스타프 라드브루흐, 윤재왕 (옮김), 『법철학』(박영사, 2021), 211쪽 참고.

정이 자리매김하기 전에는 행정은 법률의 구속에서 자유로웠기에 주로 목적 프로그램(Zweckprogramm)을 사용하였다. 행정은 스스로 목적을 설정하고 목적을 구현하는 데 필요한 수단을 선택하여 행정을 실행하였다. 이에 따라 행정에서는 목적합리성이 중요한 이념이 되었다. 이렇게 목적 프로그램을 사용하였기에 행정을 담당하는 공무원에게는 재량이 폭넓게 인정되었다. 그러나 법치행정에 따라 행정이 법률에 형식적·내용적으로 구속되면서 목적 프로그램을 대신해 조건 프로그램(Konditionalprogramm)이 행정의 주된 형식이 된다. 그 이유는 행정을 구속하는 법률이 주로 사용하는 프로그램이 조건 프로그램이기 때문이다.[28]

(3) 행정에 대한 인공지능의 적용 가능성과 범위

이러한 역사적 맥락을 참고하면 인공지능을 어떻게 행정에 활용할 수 있는지에 관해 유익한 시사점을 얻을 수 있다. 인공지능이 편향적으로 적용되지 않을 수 있는 영역일수록 자동적 행정이 구현될 가능성이 높다는 점이다. 엄격한 조건 프로그램을 사용해 인간 공무원의 자의적 판단을 통제하고자 했던 것처럼, 조건 프로그램에 힘입어 인공지능의 불완전성을 보완할 수 있다.

'요건/효과'로 구성되는 조건 프로그램을 활용하면 이는 다음과 같이 구체화된다. 먼저 효과 면에서 볼 때 재량행위와 구별되는 기속행위에만 인공지능을 활용하는 것이다. 나아가 요건 면에서 볼 때 판단여지가 인정되지 않는 명확한 요건 판단에 인공지능을 적용할 수 있다.[29]

물론 기속행위라고 해서 자동적 행정이 전적으로 적용될 수 있는 것은 아니다. 조건 프로그램에 따르면 행정작용은 특정한 요건을 충족한 경우 발령된다. 이

---

27 이에 관해서는 Niklas Luhmann, *Zweckbegriff und Systemrationalität: Über die Funktion von Zwecken in sozialen Systemen* (Frankfurt/M, 1973), S. 88 ff. 이는 이미 Niklas Luhmann, *Recht und Automation in der öffentlichen Verwaltung* (Berlin, 1966)에서 발견된다. 루만에 따르면 행정과 법이 사용하는 프로그램은 크게 두 가지로 구별할 수 있다. 목적 프로그램과 조건 프로그램이 그것이다. 목적 프로그램은 '목적/수단'이라는 구별을 활용한다. 이와 달리 조건 프로그램은 '조건/결과' 또는 '요건/효과'라는 구별을 사용한다. 이에 따라 목적 프로그램은 목적합리성 또는 합목적성을 추구하는 데 적합한 반면 조건 프로그램은 법적 안정성을 확보하는 데 유리하다.
28 다만 근대 자유주의 국가에서 사회복지국가로 패러다임이 바뀌면서 행정에서 목적 프로그램이 부활하였다. 행정계획과 여기서 강조되는 계획재량이 이를 잘 예증한다.
29 이는 판단여지와 재량을 구별하는 것을 전제로 한다. 이 문제에 관해서는 김남진, "판단의 여지와 재량", 『고시연구』 제92호(1981), 12-22쪽 참고.

때 요건이 기계적·정량적으로 판단되기 쉬운, 달리 말해 '설명'(Erklären)이 가능한 영역일수록 자동적 행정이 적용되기 쉬울 것이다. 반대로 '이해'(Verstehen)를 필요로 하는 인간 행위를 대상으로 하는 경우, 바꿔 말해 판단여지의 정도가 높은 영역일수록 자동적 행정을 적용하는 게 어려울 것이다. 여하간 이렇게 조건 프로그램을 활용해 자동적 행정의 적용 영역을 획정하면 인공지능의 불완전성에 관한 문제를 피할 수 있다.

3. 법적 근거

자동적 행정의 법적 근거를 어떻게 확보할 수 있는가의 문제는 다음과 같이 대응할 수 있다. 우선 이 문제의 출발점이 되는 법치주의가 무엇을 뜻하는지 생각할 필요가 있다.[30] 영미법에서 성장한 'rule of law'를 번역한 법치(法治)는 사람의 지배를 뜻하는 인치(人治)와 대립한다. 법치는 '법의 지배'를 뜻한다. 이때 주의해야 할 점은 법의 지배는 법에 의한 지배(rule by law)와는 분명 구별된다는 점이다. 전자에서는 지배의 주체가 법이라면 후자에서 법은 지배의 주체라기보다는 지배 수단을 뜻하기 때문이다.

그런데 이처럼 법치를 사람이 아닌 법 자체의 지배로 파악한다는 점에서 다음과 같은 시사점을 발견할 수 있다. 법치는 이미 탈인간중심적 개념을 내포한다는 점이다. 이는 자동적 행정에도 중대한 의미가 있다. 법치행정을 법치주의에 따른 행정으로 이해하고 법치주의를 법의 지배, 즉 사람의 지배가 아닌 법의 지배로 파악하면 자동적 행정이 법치행정과 충돌할 여지는 많지 않기 때문이다. 그렇다면 남는 문제는 자동적 행정에 관한 법적 근거를 어떻게 확보하고 구체화할 것인지가 될 것이다.

4. 감정적 거부

현실적으로 자동적 행정이 직면하는 가장 큰 걸림돌은 이에 시민들이 가지는

---

30 이 문제에 관해서는 Brian Z. Tamanaha, *On the Rule of Law: History, Politics, Theory* (Cambridge University Press, 2004); 양천수, "민주적 법치국가의 내적 갈등", 『법학연구』(연세대) 제28권 제3호(2018), 271-305쪽 참고.

감정적 거부일 것이다. 많은 시민은 인공지능에 열광하면서도 동시에 막연한 불안감을 가지기 때문이다. 이는 우리 미래에 대한 불안과 얽혀 있다. 미래에 관해 우리가 품는 불안에 인공지능이 개입하는 것이다. 이에 따라 시민의 삶에 직접적인 영향을 미치는 행정에 인공지능을 활용하는 데 감정적으로 거부감을 가질 가능성이 높다.

자동적 행정을 향한 감정적 거부는 객관적 위험에 근거를 둘 수도 있지만 주관적 위험이나 사회적 위험에 근거를 둘 수 있다는 점에서도 문제가 없지 않다.[31] 후자의 경우에는 단순히 객관적인 근거나 자료 등을 제시한다고 해서 감정적 거부를 해소하기는 어렵기 때문이다. 이 문제는 결국 정치체계가 해결해야 할 것이다. 막연한 불안과 감정적 거부에 휩싸인 시민들을 설득하는 상징정치를 정치체계가 담당해야 한다. 자동적 행정에 대한 감정적 거부는 이러한 상징정치를 통해서만 해소될 수 있을 것이다.[32]

5. 구체적인 적용 영역

인공지능은 행정의 다양한 영역에 활용할 수 있다. 이러한 영역은 행정의 대상이 누구인지에 따라, 즉 대상이 사람인지 아니면 사물인지에 따라 다음과 같이 구별할 수 있다. 사람에 대한 행정과 사물에 대한 행정이 그것이다.

이 가운데 사람에 대한 행정에서는 다음과 같은 문제가 제기된다. 사람에 대한 행정을 적절하게 수행하기 위해서는, 특히 각 시민에 맞춤형 행정서비스를 제공하기 위해서는 각 시민의 개인정보가 요청된다는 점이다. 이는 개인정보 보호 및 개인정보자기결정권 행사 문제와 관련을 맺는다. 원칙적으로 정보주체의 명확한 사전동의를 받아야만 각 시민에 대한 맞춤형 행정서비스를 인공지능으로 제공

---

[31] 이는 위험 개념을 주관적/객관적/사회적 위험으로 구별한다는 점을 전제로 한다. 이때 주관적 위험은 특정한 주체, 즉 각 개인이 느끼는 위험을 말한다. 이에 대해 객관적 위험은 객관적 기준, 예를 들어 사고율과 같은 통계 기준을 토대로 하여 평가된 위험을 말한다. 마지막으로 사회적 위험은 사회에서 진행되는 소통을 통해 형성 및 인지되는 위험을 말한다. 주관적/객관적/사회적 위험은 서로 일치하는 경우도 있지만, 행동경제학의 성과가 보여주듯이 일치하지 않는 경우도 흔하다.

[32] 상징정치 문제에 관해서는 大貫恵美子, 『人殺しの花: 政治空間における象徴的コミュニケーションの不透明性』(岩波書店, 2020) 참고.

할 수 있다. 그러나 사전동의 방식의 개인정보자기결정권을 원칙적으로 보장하는 우리 상황에서 이는 현실적으로 여러 문제를 제기한다.

V. 자동적 행정의 규제 방안

1. 자동적 행정의 위험과 규제 필요성

인공지능 자체가 빛과 어둠을 동시에 가지는 것처럼 자동적 행정 역시 여러 편리함과 더불어 어두움, 달리 말해 위험을 안고 있다. 그 때문에 자동적 행정을 법으로 규제할 필요가 있다. 이때 위험은 미래지향적 개념으로 권리나 이익에 대한 침해 가능성 등을 뜻한다.[33] 이에 관해 자동적 행정에는 어떤 위험이 있는지 살펴본다.[34]

인공지능이 안고 있는 위험을 참고하면 자동적 행정의 위험은 다음과 같이 언급할 수 있다.[35] 자동적 행정을 위해 수집 및 활용하는 개인정보에 관한 위험, 자동적 행정의 부정확성에 따른 위험, 자동적 행정의 편향성에 따른 위험이 그것이다. 현재 인공지능에 관해서는 인공지능에 적용되는 알고리즘의 편향성 문제가 가장 큰 위험으로 주목된다. 그렇지만 앞에서 언급한 것처럼 현재의 기술적 수준에서는 요건 및 효과가 명확한 기속행위에만 인공지능을 적용할 수 있다는 점을 고려하면, 자동적 행정에서는 편향성보다는 부정확성이 더욱 중요한 위험으로 언급될 필요가 있다. 물론 이후 자동적 행정이 기속행위를 넘어 판단여지나 재량행위에도 적용되기 시작하면 자동적 행정의 편향성 역시 시야에 포함해야 한다.

---

33 이를 좀 더 세분화해서 말하면 위험은 권리나 이익에 대한 침해 가능성/개연성/확실성 등을 포괄한다.

34 이는 위험 기반 접근법(risk based approach)에 따라 인공지능의 규제 문제에 접근함을 뜻한다. 위험 기반 접근법은 현재 국제규범에서 널리 사용하는 접근법이다. 이에 관해서는 김양곤, "자금세탁방지법상의 위험기반접근법에 관한 소고", 『은행법연구』 제8권 제2호(2015), 227-260쪽 참고.

35 인공지능의 위험에 관해서는 손형섭·나리하라 사토시·양천수, 『디지털 전환 시대의 법이론』(박영사, 2023), 295쪽 아래 참고.

2. 규제의 기초로서 법적 근거

자동적 행정, 즉 인공지능을 활용하는 행정작용에도 법치행정 원칙이 적용된다. 이에 따라 자동적 행정이 이루어지려면 법적 근거가 필요하다. 그런데 이에 우리 법체계는 발 빠르게 대응하였다. 행정기본법 제20조에 "자동적 처분"이라는 표제 아래 이에 관한 법적 근거를 마련한 것이다.[36] 이에 따르면 "행정청은 법률로 정하는 바에 따라 완전히 자동화된 시스템(인공지능 기술을 적용한 시스템을 포함한다)으로 처분을 할 수 있다. 다만, 처분에 재량이 있는 경우"는 그렇지 않다.[37] 이는 다음과 같이 해석할 수 있다.

(1) 법률적 근거

우선 제20조에 따르면 행정청이 인공지능 등을 활용한 자동적 행정을 실행하기 위해서는 법률적 근거가 필요하다. 달리 말해 법률 유보가 정확하게 적용되어야 한다. 이는 포지티브 규제 방식을 적용한 것이다.[38] 왜냐하면 법률적 근거가 있는 경우에만 자동적 행정을 투입할 수 있기 때문이다. 다만 이러한 포지티브 규제 방식에는 의문을 제기할 수 있다. 자동적 행정을 폭넓게 그리고 탄력적으로 적용할 수 있도록 포지티브 규제 방식이 아닌 네거티브 규제 방식을 적용하는 게 바람직하지 않은지 문제를 제기할 수 있기 때문이다. 여하간 현재로서는 행정청이 자동적 행정을 가동하려면 법률적 근거가 필요하다.

(2) 완전히 자동화된 시스템

다음으로 제20조는 "완전히 자동화된 시스템"에 의한 처분을 규정한다. 이때 "완전히 자동화된 시스템"이 구체적으로 무엇을 뜻하는지 문제가 될 수 있다. 이를

---

[36] 이에 관한 비판적 분석으로는 정남철, "인공지능 시대의 도래와 디지털화에 따른 행정자동결정의 법적 쟁점: 특히 행정기본법상 자동적 처분의 문제점을 중심으로", 『공법연구』 제50권 제2호 (2021), 231-252쪽 참고.

[37] 이는 독일의 법적 규정을 참고한 것으로 보인다. 이에 관해서는 이재훈, "전자동화 행정행위에 관한 연구: 독일 연방행정절차법 제35조의a를 중심으로", 『성균관법학』 제29권 제3호(2017), 143-192쪽 참고.

[38] 포지티브 규제 방식 및 이에 대비되는 네거티브 규제 방식에 관해서는 정관선·박균성, "네거티브 규제의 재검토", 『법제』 제699호(2022), 193-197쪽 참고.

달리 완전 자동화 또는 전자동화로 지칭할 수 있을 것이다. 이는 이와 구별되는 부분 자동화를 통해 그 의미를 해명할 수도 있다. 그렇지만 구체적인 상황에서 어떤 경우가 완전 자동적 행정이고 부분 자동적 행정인지를 명확하게 구별하는 것은 쉽지 않을 수 있다. 예를 들어 인공지능을 활용하면서 최종적으로 인간 공무원이 검수 및 판단하는 경우는 완전 자동적 행정이 아닌 부분 자동적 행정인지, 그렇다면 이 경우에는 법률적 근거가 필요하지는 않은지 의문을 제기할 수 있다.

(3) 기속행위

나아가 제20조에 따르면 완전히 자동화된 시스템에 의해 이루어지는 처분은 기속행위에만 적용될 수 있다. 반대로 추론하면 판단여지가 포함되는 재량행위에는 기본적으로 완전히 자동화된 시스템에 의한 처분을 할 수 없다.[39]

(4) 처분

한편 제20조를 문법적으로 해석하면 완전히 자동화된 시스템을 활용해 '처분'을 하는 경우에 법률적 근거가 요청되고 이는 기속행위에만 활용할 수 있다. 이때 말하는 처분은 행정행위에 대응하는 그러나 이보다 그 외연이 넓은 행정처분이라 할 수 있다. 하지만 이러한 행정처분이 넓은 의미의 행정작용보다 좁은 개념이라는 점은 부정할 수 없다. 그렇다면 제20조를 반대로 추론하면 다음과 같은 의미를 도출할 수도 있다.

첫째, 처분이 아닌 행정작용이 완전히 자동화된 시스템에 의해 이루어지는 경우에는 법률적 근거가 필요하지 않을 수 있다는 점이다. 예를 들어 처분이 아닌 행정작용에 생성형 인공지능을 활용할 때는 반드시 법률적 근거가 필요하지는 않을 수 있다는 것이다. 둘째, 완전히 자동화된 시스템에 의해 이루어지는 처분이 아닌 행정작용은 기속행위가 아닌 재량적 성격이 강한 영역에도 적용할 수 있다는 것이다. 그렇다면 시민에게 여러 편익을 제공하는 서비스 영역에 생성형 인공지능을 적극적으로 활용할 수도 있는 것이다.

---

[39] 다만 재량과 판단여지를 엄격하게 구별하는 견해에 따르면 행정기본법 제20조는 판단여지 문제에 관해서는 침묵한다고 해석할 수 있다.

3. 규제 방안

인공지능에 관한 규제 방안처럼 자동적 행정에도 다양한 관점과 기준의 측면에서 규제 방안을 모색할 수 있다. 아래에서는 그 가운데 시간성을 기준으로 하여 자동적 행정에 관한 규제 방안을 간략하게 살펴본다.

시간성을 기준으로 하면 자동적 행정에 관한 규제 방안은 사전적 규제 방안, 현재적 규제 방안, 사후적 규제 방안으로 구별할 수 있다. 먼저 사전적 규제 방안은 자동적 행정이 이루어지기 전에 그 위험성을 규제하는 방안을 말한다. 이러한 예로 사전영향평가(impact assessment) 제도를 들 수 있다.[40] 해당 자동적 행정의 위험성을 사전에 평가하여 이를 적절하게 관리하는 것이다. 다음으로 현재적 규제 방안은 자동적 행정이 이루어지는 현재 시점에 그 위험성을 규제하는 방안을 말한다. 가장 대표적인 예로 투명성과 설명 가능성에 관한 규제를 들 수 있다. 자동적 행정이 이루어지는 순간마다 이러한 행정이 무엇을 근거로 하여, 어떤 데이터를 활용하여 그리고 어떤 알고리즘에 따라 이루어지는 것인지 투명하게 드러내고 이를 설명하게 하는 것이다. 나아가 사후적 규제 방안은 자동적 행정이 이루어진 이후 이로 인해 시민에게 권리 침해 등의 문제가 발생하였을 때 이를 규제하는 방안을 말한다. 전통적인 책임법적 규제가 이에 해당한다. 자동적 행정에 적용할 수 있는 대표적인 방안으로 행정소송을 들 수 있다. 다만 자동적 행정이 지닌 전문성과 특수성을 고려할 때 이에 전문성을 갖춘 분쟁해결 제도를 모색하는 것도 필요해 보인다.

4. 자동적 행정의 투명성과 설명 가능성

(1) 규제이론적 의의

위에서 살펴본 세 가지 규제 방안 가운데 투명성과 설명 가능성 규제를 좀 더 살펴본다. 앞에서 언급한 것처럼 투명성과 설명 가능성 규제는 자동적 행정에 대한 현재적 규제 방안으로 언급된다. 더불어 이러한 투명성과 설명 가능성에 관한

---

40 사전영향평가에 관해서는 손형섭·나리하라 사토시·양천수, 앞의 책, 320쪽 아래 참고.

규제는 이른바 결과중심적 규제가 아닌 행위중심적 규제와 연결된다. 자동적 행정이 유발한 위법한 결과에 초점을 맞추어 규제를 하기보다는 자동적 행정의 작동 그 자체가 위험하게 수행되지 않도록 규제하기 때문이다. 그 점에서 투명성과 설명 가능성을 활용하는 규제는 환자에 대한 의사의 설명의무, 행정절차에서 시민에 관해 이루어지는 절차적 통제, 형사소송에서 진실을 발견하는 과정에서 준수되어야 하는 적법절차와 맥락을 같이한다. 이러한 측면에서 투명성과 설명 가능성 규제는 루만이 강조한 '절차를 통한 정당화'의 한 예로 볼 수 있다.[41]

(2) 두 가지 차원

자동적 행정에 적용되는 투명성과 설명 가능성은 두 가지 차원을 가진다는 점에 주목할 필요가 있다. 규범적 차원과 기술적 차원이 그것이다. 이에 따르면 자동적 행정은 규범적 차원과 기술적 차원에서 투명성과 설명 가능성을 갖추어야 한다. 예를 들어 자동적 행정은 법규범이 정한 요건과 절차에 따라 예측 가능하게 수행되어야 한다. 그뿐만 아니라 자동적 행정이 어떤 데이터를 수집 및 활용하는지, 어떤 알고리즘을 코드화했는지가 기술적 측면에서 설명될 수 있어야 한다. 그 점에서 자동적 행정은 이중(double)의 투명성과 설명 가능성을 필요로 한다.

(3) 구체화

이를 고려했을 때 투명성과 설명 가능성은 다음과 같이 구체화될 수 있다.

우선 자동적 행정은 행정기본법 제20조에 따라 사전에 마련된 법적 근거 및 절차에 따라 이루어져야 한다. 이를테면 법률이 정하는 요건이 충족되는 경우 법률이 정한 절차에 따라 법률이 정한 효과를 발령해야 한다. 요컨대 자동적 행정은 철저하게 합법성을 준수한 상태에서 실행되어야 한다. 이를 수범자의 관점에서 바꾸어 말하면 자동적 행정은 수범자인 시민이 예측한 바에 따라 이루어져야 한다는 것이다.

다음으로 자동적 행정은 어떤 데이터를 활용하여 행정을 수행하는지 이를 밝혀야 한다.

나아가 자동적 행정은 어떤 알고리즘을 사용하여 수행되는 것인지 시민에게

---

41 절차를 통한 정당화에 관해서는 니클라스 루만, 윤재왕 (옮김), 『절차를 통한 정당화』(새물결, 2022) 참고.

설명할 수 있어야 한다.

(4) 문제

이외에도 투명성 및 설명 가능성에 관해 다음과 같은 문제가 제기된다. 과연 누구를 기준으로 하여 어느 정도로 투명하고 설명 가능해야 하는지, 이 경우 투명성 및 설명 가능성이 인공지능 기술에 관한 지식재산권과 충돌하는 것은 아닌지의 문제가 그것이다. 이에 관해서는 자동적 행정은 일반 시민이 볼 때 투명하고 설명 가능해야 한다는 점이 한 가지 기준이 될 수 있다. 이러한 수준의 투명성과 설명 가능성을 기술적으로 구현하는 방법도 고민해야 한다. 나아가 인공지능 기술에 관한 지식재산권을 침해하지 않는 수준에서 투명성과 설명 가능성을 실현하는 방법도 모색해야 한다.

5. 행정소송을 통한 규제

자동적 행정에는 사후적 규제 방안인 행정소송도 적용할 수 있다. 따라서 인공지능의 위법한 전자동적 행정처분으로 시민의 주관적 공권이 침해되었을 때는 당연히 이에 권리구제를 인정할 수 있어야 한다. 이때 법도그마틱적으로는 다음과 같은 문제가 제기된다.

우선 누구를 대상으로 하여 권리구제를 청구해야 하는지의 문제가 제기된다. 행정처분을 한 직접적인 담당자는 인공지능이기에 인공지능을 상대로 권리구제를 청구해야 하는지 문제가 된다. 그러나 인공지능이라는 기계적 체계를 상대로 권리구제를 청구하는 것은 실제적 의미가 크지 않다. 그뿐만 아니라 행정법학의 측면에서 보면 자동적 행정을 발령한 법적 주체는 인공지능을 활용한 행정청, 궁극적으로는 공법인인 국가라는 점에 주목할 필요가 있다. 따라서 이 경우에는 인공지능을 활용한 행정청을 상대로 하여 권리구제를 청구하게 하는 것이 바람직하다.

이때 증명책임을 어떻게 배분해야 하는지도 고민해야 한다. 행정서비스에 적용되는 인공지능은 고도의 딥러닝 기술을 활용할 것이기에 해당 인공지능이 내린 행정처분이 과연 위법한지를 증명하는 것은 쉽지 않기 때문이다. 따라서 시민 또는 사인이 권리가 침해되었다고 주장하는 경우 인공지능을 활용한 행정청이 자신이 활용한 인공지능이 내린 행정처분에 위법성이 없다는 점을 증명하도록 하는 게 적절해 보인다.

　다만 현행 행정기본법에 따라 기속행위에만 인공지능을 활용한다면 증명책임 문제는 생각보다 어렵지 않을 수 있다. 왜냐하면 기속행위가 위법한지는 관련 법규범의 요건과 효과를 분석함으로써 상대적으로 쉽게 판단할 수 있기 때문이다.

　그러나 이 경우에도 판단여지가 개입하는 때에는 인공지능의 독자적인 판단에 따라 이루어진 행정처분이 위법한지를 검토하는 게 어려울 수 있다. 이 같은 경우에도 인공지능을 활용한 행정청에 증명책임을 부과하는 게 적절할 것이다.

7장

인공지능과 형사사법

I. 서론

　인공지능 혁명으로 이제 인공지능은 가상의 이슈가 아니라 지금 여기에 있는 현실적 이슈가 된다. 이에 이를 둘러싼 다양한 법적 문제 역시 등장한다. 이를 다루고 해결하기 위한 연구도 법학의 다양한 영역에서 활발하게 이루어진다. 인공지능의 법적 문제는 법학 전 영역에 걸쳐 있다고 말해도 과언이 아니기 때문이다. 제7장에서는 그중 인공지능의 형사사법 문제를 다루고자 한다. 인공지능에 관해 어떤 형사사법 문제가 제기되는지, 이에는 어떻게 대응할 수 있는지를 아래에서 살펴본다.

　이때 다음과 같은 논의 방법을 적용한다. 인공지능의 형사사법 문제를 적절하게 다루기 위해서는 인공지능을 약한 인공지능과 강한 인공지능으로 구별하여 논의할 필요가 있다. 그 이유는 자율성이나 법적 주체성의 측면에서 약한 인공지능과 강한 인공지능 사이에는 큰 차이가 있고, 이에 따라 형사사법에서 각 인공지능을 취급하는 방식에도 차이가 날 수밖에 없기 때문이다.

II. 약한 인공지능과 형사사법

　형사사법의 측면에서 볼 때 인공지능은 서로 모순되는 두 가지 지위를 갖는다. '형사사법의 동지'라는 지위와 '형사사법의 적'이라는 지위가 그것이다. 이를테면 약한 인공지능은 한편으로는 형사사법의 유용한 도구가 되면서도, 다른 한편으로는 범죄의 수단이 되기도 한다. 아래에서는 양자를 구별하여 논의를 전개하겠다.

1. 형사사법의 도구로서 약한 인공지능

먼저 약한 인공지능은 형사사법의 유용한 도구가 될 수 있다. 무엇보다도 형사사법 판단을 할 때 효율적인 수단이 될 수 있다. 이를 구체적으로 살펴보기 위해서는 법학방법론의 측면에서 형사사법 판단의 구조를 살펴볼 필요가 있다.

(1) 형사사법 판단의 구조

법학방법론, 특히 삼단논법의 틀에서 형사사법 판단 과정을 분석하면 이는 세 단계로 구조화할 수 있다.[1]

첫 번째 단계는 사실인정 단계이다. 형사 분쟁을 해결하기 위해서는 형사 분쟁의 전제가 되는 사실관계를 확정해야 한다. 형사소송법학의 용어로 다시 말하면 형사 분쟁에 관한 '실체적 진실'을 발견해야 한다. 실제 수사절차와 공판절차에서는 이러한 사실인정이 주로 문제가 된다.[2]

두 번째 단계는 사실인정 과정을 통해 확정한 사실관계가 형사법상 어떤 죄책에 해당하는지를 판단하는 단계이다. 이 단계에서는 형사법이 규율하는 범죄구성요건을 범죄체계론에 따라 해석하고 이를 사실관계에 적용하는 것이 주로 문제가 된다.

세 번째 단계는 두 번째 단계를 통해 확정된 죄책에 따라 양형을 하는 단계이다. 이는 세 가지 과정을 통해 이루어진다. '법정형 → 선고형 → 처단형'이 그것이다. 그중에서 법정형과 선고형은 죄책을 확정한 후 형사법 규정에 따라 곧바로 판단할 수 있지만, 처단형은 이른바 '양형책임'이 확정되어야 비로소 판단할 수 있다.

이러한 세 단계 중에서 첫 번째 단계가 주로 사실에 관한 판단과 관련을 맺는다면, 두 번째 단계와 세 번째 단계는 규범에 관한 판단과 관련을 맺는다.[3] 약한

---

1 이에 관해서는 양천수·우세나, "형사판결논증의 구조와 특징: 법이론의 측면에서", 『영남법학』 제42집(2016), 87-115쪽 참고.

2 사실인정 문제에 관해서는 우선적으로 김상준, 『무죄판결과 법관의 사실인정』(경인문화사, 2013) 참고.

3 물론 존재와 당위의 상응을 인정하는 법해석학에 따르면, 사실인정이 전적으로 사실문제와만 관련을 맺는 것은 아니다. 반대로 죄책 판단이나 양형 판단이 규범 문제와만 관련을 맺는 것도 아

인공지능은 이러한 형사사법 판단의 세 단계에 모두 활용할 수 있다.

(2) 사실인정과 약한 인공지능

우선 약한 인공지능은 사실인정 과정에 활용할 수 있다. 현재의 제3세대 인공지능은 기계학습을 수용한 인공지능으로서 빅데이터 과학에 기반을 둔다. 따라서 제3세대 인공지능은 다양한 빅데이터를 분석함으로써 새로운 패턴을 발견하거나 매우 높은 수준의 확률로 미래를 예측하기도 한다.[4] 예를 들어 지난 2016년 치러진 미국 대선에서 대다수의 유수 언론기관이 누가 대통령으로 당선될지를 예측하는 데 실패한 반면, 구글 등의 인공지능은 트럼프가 대통령으로 당선될 것이라는 점을 정확하게 예측하였다.

이러한 인공지능의 예측 능력은 사실인정에 적극적으로 활용할 수 있다. 실제 형사실무에서는 죄책을 판단하는 것보다 사실인정을 하는 것이 더욱 중요하고 어렵다. 특히 직접증거는 존재하지 않고 간접증거, 즉 정황증거만 존재하는 경우 사실인정을 하는 게 매우 어렵다. 판단자인 형사 법관은 간접증거만으로는 유죄 인정에 관해 합리적 의심을 배제할 정도의 심증을 형성하기 어렵다. 그 때문에 형사 법관은 개연성을 인정하면서도 '의심스러울 때는 피고인의 이익으로 원칙'에 따라 유죄에 관한 사실인정을 포기하기도 한다. 이러한 상황에서 인공지능을 활용하면 간접증거만으로도 매우 높은 확률로 사실을 인정하는 데 도움을 받을 수 있다. 이를테면 빅데이터 분석을 기반으로 하여 특정한 간접증거가 존재하면 이를 통해 어떤 사실을 인정할 수 있는지를 판단하는 데 도움을 얻을 수 있을 것이다.[5]

(3) 죄책 판단과 약한 인공지능

다음으로 죄책을 판단하는 데 약한 인공지능을 활용할 수 있다.[6] 물론 여기에서

니다. 이에 관해서는 이상돈, 『새로 쓴 법이론』(세창출판사, 2005), 247쪽 아래 참고.

4 이에 관해서는 빅토르 마이어 쇤베르거·케네스 쿠키어, 이지연 (옮김), 『빅데이터가 만드는 세상』(21세기북스, 2013), 10쪽 아래 참고.

5 사실인정에서 빅데이터 과학을 적극적으로 활용할 것을 주장하는 견해로는 양천수, "형사소송에서 사실인정의 구조와 쟁점: 법적 논증의 관점에서", 『형사정책연구』 제26권 제4호(2015), 59-97쪽 참고.

6 이 문제에 관해서는 김성룡, "법적 논증과 관련한 인공지능연구의 현황", 『IT와 법 연구』 제5권(2011), 319-346쪽; 조한상·이주희, "인공지능과 법, 그리고 논증", 『법과 정책연구』 제16집 제2호(2016), 295-320쪽 등 참고.

는 다음과 같은 의문을 제기할 수 있다. 약한 인공지능이 과연 규범적 판단을 할 수 있는가 하는 의문이 그것이다. 무엇보다도 약한 인공지능이 규범적 판단의 기초가 되는 도덕적 판단을 할 수 있는지 의문이 들 수 있다. 왜냐하면 칸트의 도덕철학이 시사하는 것처럼 도덕적 판단을 하기 위해서는 판단자에게 자율성이 존재해야 하는데, 약한 인공지능에게는 이러한 자율성이 존재하지 않기 때문이다.7 따라서 만약 약한 인공지능이 자율성을 갖지 않아 도덕적인 판단을 할 수 없다면, 도덕적 판단과 밀접한 관련을 맺는 법적 판단도 할 수 없을 것이라는 결론을 이끌어낼 수 있다.

그러나 이에는 다음과 같은 반론을 할 수 있다. 일단 죄책 판단은 정교하게 정립된 해석방법과 범죄체계론에 기반을 두고 있다는 점이다. 따라서 설사 자율성을 갖지 않은 약한 인공지능이라 할지라도 그동안 정립된 해석방법과 범죄체계론을 학습함으로써 규범적 판단인 죄책판단을 상당 부분 수행할 수 있다.

다음으로 실무에서 이루어지는 죄책 판단은 지금까지 축적된 판례에 상당히 의존한다는 점이다. 이를 반영하듯 현재 법학전문대학원에서 진행되는 실정법 교과목 역시 창의적인 법적 사고력을 배양하는 데 집중하기보다는 대법원 판례를 학습시키는 데 많은 시간을 할애한다. 그러므로 약한 인공지능 역시 그동안 축적된 각종 판례를 학습함으로써 죄책 판단을 수행할 수 있다. 오히려 이 점에서는 약한 인공지능이 인간보다 더욱 압도적인 능력을 발휘할 수 있을 것이다.

이러한 근거에서 오늘날 형사 분쟁을 해결하기 위해서 수행되는 죄책 판단은 굳이 도덕적 판단을 전제하지 않아도 상당 부분 가능하다는 결론을 도출할 수 있다. 따라서 아직 자율성을 획득하지 못한 약한 인공지능 역시 대부분의 형사 분쟁에서 죄책 판단을 할 수 있을 것이다. 물론 기존의 판례나 해석론 등이 존재하지 않는 이른바 '하드 케이스'(hard case)에는 약한 인공지능이 제대로 죄책 판단을 하기는 어려울 것이다.

(4) 양형 판단과 약한 인공지능

양형 판단을 할 때도 약한 인공지능을 활용할 수 있다.8 특히 양형 판단에는

---

7 칸트의 도덕철학에 관해서는 심재우, "인간의 존엄과 법질서: 특히 칸트의 질서사상을 중심으로", 『법률행정논집』(고려대) 제12집(1974), 103-136쪽 참고. 만약 인공지능이 자율성을 갖게 된다면 그 순간부터 그 인공지능은 강한 인공지능이 될 것이다.
8 이에 관해서는 양종모, "형사사법절차 전자화와 빅 데이터를 이용한 양형합리화 방안 모색", 『홍

더욱 손쉽게 약한 인공지능을 활용할 수 있다. 그 이유를 다음과 같이 말할 수 있다.

종래에는 양형이 법관의 재량 혹은 판단여지로 파악되었다.[9] 이 같은 상황에서는 법관이 양형을 할 때 광범위하게 재량을 행사할 수 있었다. 말하자면 법관의 자율적인 판단이 중요한 역할을 한 것이다. 이러한 상황에서는 약한 인공지능을 투입해 재량적 판단을 하도록 하는 것이 쉽지 않았을 것이다.

그렇지만 최근에는 대법원 양형위원회가 마련한 양형지침에 따라 양형이 이루어진다. 물론 양형지침이 법적으로 구속력이 있는 것은 아니지만 실제 양형 실무에서는 양형지침이 상당 부분 활용되고 있다. 그만큼 법관의 양형재량이 축소된 것이다. 이러한 상황에서는 어찌 보면 약한 인공지능이 양형 판단을 하는 데 더욱 효율적일 수 있다. 더군다나 약한 인공지능은 그동안 양형에 관해 축적된 빅데이터를 분석함으로써 각 상황에 적절한 양형을 할 수 있을지 모른다.

(5) 형사 법관을 대체하는 약한 인공지능(?)

이처럼 약한 인공지능은 형사사법 판단의 세 가지 단계에 모두 활용할 수 있다. 물론 각 단계에서 약한 인공지능이 내리는 판단을 어떤 식으로 활용할지는 형사정책적으로 결정해야 할 문제이다. 이를 전문가의 감정의견처럼 참고 자료로 활용할 것인지, 아니면 형사 법관을 구속하는 판단으로 볼 것인지는 입법정책적으로 판단해야 한다. 다만 국민참여재판에서 배심원이 내린 결정에 권고적인 효력만 인정하는 현재 상황을 고려하면, 약한 인공지능이 내리는 형사사법 판단은 앞으로도 한참 동안은 참고 자료로 활용될 가능성이 높다.

그렇지만 인공지능의 기술적 수준이 더욱 향상되어 인공지능이 내리는 형사사법 판단이 더욱 정확해진다면, 어쩌면 인공지능이 인간 형사 법관을 대체하는 시대가 찾아올지도 모른다. 인공지능 시대가 도래하면서 앞으로 사라지게 될 직업군에 법률가가 포함된다는 연구 보고서를 고려하면, 어쩌면 인공지능이 인간 형사 법관을 대체하는 날이 먼 미래의 일이 아닐지도 모른다.[10] 특히 법원과 검찰에 대

익법학』 제17권 제1호(2016), 419-448쪽 참고.

9 이를 지적하는 H.-J. Bruns, *Leitfaden des Strafzumessungsrechts* (Köln/Berlin, 1980), S. 4 ff. 참고.

10 이를 지적하는 최재천, "인공지능과 빅데이터가 법률시장에 주는 충격", 『대한변협신문』 제

한 불신이 그 어느 때보다 높고, '유전무죄 무전유죄'에 관한 의식이 여전히 우리 사회를 강하게 지배하는 현 상황에 비추어 보면, 인간 형사 법관보다 인공지능 형사 법관이 더욱 공정하게 형사사법 판단을 할 것이라는 주장이 힘을 얻을 수도 있다.[11] 그렇게 되면 인간 형사 법관이 아닌 인공지능 형사 법관 앞에서 형사재판을 받고 싶다는 사회운동이 전개될지도 모른다. 이는 우리 법학 및 법체계 전반에 걸쳐 중대한 도전이 될 것이다. 이는 어쩌면 법학의 생존 그 자체를 위협하는 일이 될지도 모른다.

이러한 문제를 해결하기 위해서는 인공지능 법률가가 대체할 수 없는 인간 법률가만의 고유한 역량이 무엇인지 고민할 필요가 있다. 앞에서도 언급한 것처럼 기존에 축적된 해석론과 판례를 학습하는 것에 관해서는 인간이 인공지능을 이겨낼 수 없다. 그렇다면 인간 법률가가 인공지능 법률가보다 더욱 잘할 수 있는 점은 하드 케이스를 해결할 수 있는 창의적인 법적 사고일 것이다. 물론 강한 인공지능이 출현하면 이 능력 역시 인공지능에게 따라잡힐 수 있다. 하지만 강한 인공지능이 출현하기 위해서는 좀 더 시간이 필요하다는 진단을 고려하면, 창의적인 법적 사고능력이야말로 인간 법률가가 인공지능 법률가보다 여전히 비교우위에 있는 것이라고 말할 수 있다. 사실이 그렇다면 법학교육 역시 이러한 능력을 배양하는 데 더욱 관심을 기울여야 하지 않을까 생각한다. 이러한 점에서 보면 현재 법학전문대학원에서 이루어지는 법학교육에 문제 제기를 하지 않을 수 없다.

2. 범죄의 도구로서 약한 인공지능

약한 인공지능은 범죄의 도구로도 활용될 수 있다. 가령 인공지능을 탑재한 자율주행차가 범죄자에게 해킹되어 사고로 승객을 살해하거나 보행자 또는 다른 자동차를 공격하는 도구로 사용될 수 있다. 또한 금융거래에 이용되는 약한 인공지능이 사기 거래의 도구로 활용될 수도 있다.[12]

605호(2016. 9. 5. 9:59:28)(http://news.koreanbar.or.kr/news/articleView.html?idxno=15198) 참고.

11 실제로 필자가 아는 다른 전공의 교수 가운데는 이를 강하게 옹호하는 경우도 있다. 그만큼 인간 법률가들은 사회적으로 신뢰를 얻지 못하고 있다.

12 금융거래에 인공지능이 사용되는 것은 이미 현실이 되고 있다.

그러면 이렇게 범죄의 도구로 활용된 인공지능을 형사사법에서는 어떻게 취급해야 할까? 이러한 인공지능을 독자적인 범죄자로 취급해야 할까? 이에 관해서는 논란이 전개되고 있지만 필자는 이렇게 범죄의 도구로 활용된 약한 인공지능은 굳이 독자적인 범죄자로 취급할 필요는 없다고 생각한다.[13] 이러한 경우에는 대부분 약한 인공지능을 범죄에 사용한 인간 범죄자가 있게 마련이다. 따라서 이러한 상황이 발생하면 이렇게 약한 인공지능을 범죄의 도구로 사용한 인간 범죄자를 형벌로 처벌하는 것으로 충분하다.

이는 특정한 인간 범죄자가 동물을 범죄의 도구로 활용한 경우와 유사하다. 동물을 이용하여 범죄를 저지른 경우에도 인간 범죄자만 처벌하면 충분한 것이 아닌가 생각한다. 만약 동물이 여전히 위험스럽게 여겨질 때는 마치 조류독감이나 구제역을 막기 위해 동물을 살처분하는 것처럼 범죄 도구로 사용된 동물을 처분하면 될 것이다.[14] 이러한 경우에 별도의 형사절차를 밟아 해당 동물을 범죄자로 규정하여 형벌을 부과할 필요는 없다고 생각한다. 이와 마찬가지로 범죄에 사용된 약한 인공지능을 독자적인 범죄자로 취급하여 형벌을 부과할 필요가 있을까 의문이 든다.

다만 약한 인공지능 중에는 부분적으로 자율성을 갖는 경우도 존재할 것이다. 가령 개발자가 입력하지 않은 알고리즘을 특정한 경우에 독자적으로 만들거나 자신의 알고리즘을 수정하는 약한 인공지능도 있을 수 있다. 예를 들어 자율주행차 개발자가 해당 자율주행차는 보행자 앞에서는 어떤 경우에든 차가 멈추도록 알고리즘을 설정했는데, 해당 자율주행차가 긴급피난 상황에서는 승객을 보호하기 위해 보행자 보호를 포기하도록 알고리즘을 수정할 수도 있다. 실제로 이러한 일이 발생하게 되면, 해당 자율주행차는 부분적으로 자율성을 갖는다고 말할 수 있다. 그렇다면 이러한 자율주행차를 범죄자로 취급할 필요가 있을까? 이 문제는 강한 인공지능을 범죄자로 볼 필요가 있는가, 라는 문제와 관련을 맺는다. 이는 아래에

---

13 물론 민사법에서는 이러한 약한 인공지능에 부분적으로 법적 주체성을 부여할 수 있을 것이다. 이를테면 대리인으로서 말이다.

14 물론 동물은 단순한 물건이 아니라는 독일 민법 제90조a를 고려하면, 동물을 살처분하는 경우에도 단순히 물건을 폐기 처분하는 것과는 다른 절차를 밟는 것이 바람직하다. 참고로 독일 민법 제90조a는 다음과 같이 규정한다. "동물은 물건이 아니다. 동물은 별도의 법률에 의하여 보호된다. 그에 대하여는 다른 정함이 없는 한 물건에 관한 규정이 준용된다." 번역은 양창수 (역), 『2005년판 독일민법전』(박영사, 2005), 37쪽을 따랐다.

서 살펴보겠다.

Ⅲ. 강한 인공지능과 형사사법

1. 강한 인공지능에 대한 형사처벌 가능성

(1) 독자적인 범죄주체로서 강한 인공지능(?)

약한 인공지능과는 달리 강한 인공지능은 형사사법 패러다임에 중대한 도전이 된다. 왜냐하면 강한 인공지능은 인간과 동등한 정신 능력을 갖춘 인공지능이기 때문이다. 따라서 인간처럼 강한 인공지능 역시 자율성이나 반성적 능력 등을 갖게 된다. 인공지능이 인간처럼 스스로 목표를 설정하고 이러한 목표를 달성하기 위해 자율적으로 수단을 선택하는 주체로서 작동할 수 있는 것이다. 이는 강한 인공지능이 독자적인 범죄주체가 될 수 있다는 것을 의미한다. 이를테면 영화 "Ex Machina"에서 여성 인공지능이 보여주는 것처럼, 자신의 욕망을 충족하기 위해 자율적으로 인간을 살해하는 강한 인공지능을 그려볼 수 있는 것이다.

물론 이제 겨우 제3세대의 약한 인공지능으로 접어든 현재의 과학기술적 수준에서 볼 때, 이러한 강한 인공지능이 출현한다는 것은 아직도 머나먼 이야기일 수 있다. 그렇지만 만약 이러한 일이 현실화된다면 우리는 다음과 같은 의문과 마주해야 한다. 과연 강한 인공지능에 형사처벌을 할 수 있는가 하는 의문이 그것이다. 이는 인간을 중심으로 하여 체계화된 우리의 형사사법에 중대한 이론적·실천적 도전이 될 것이다.

(2) 인공지능에 대한 형사처벌의 가능성: 이른바 '로봇형법'의 가능성

인간처럼 자율성을 획득한 인공지능에 형사처벌을 할 수 있을까? 아주 머나먼 이야기처럼 보이는 이 문제에 관해 이미 유럽연합이나 미국 등에서는 진지한 논의가 이루어지기 시작하였다. 이를테면 우리 형법학에 많은 이론적 자양분을 제공하는 독일 형법학에서는 '로봇형법'(Strafrecht für Roboter)이라는 이름 아래 이를 긍정하는 논의가 시도되었다. 힐겐도르프(Eric Hilgendorf)를 중심으로 하는 일련의 학자

들은 다음과 같은 근거로써 로봇을 비롯한 인공지능에도 형사처벌을 할 수 있다고 주장한다.[15]

첫째, 이미 인간이 아닌 동물에도 형사처벌을 한 적이 있으므로 동물과 유사한 로봇에도 형사처벌을 할 수 있다는 것이다.

둘째, 법실증주의적·구성주의적 관점에서 로봇에도 형사처벌을 할 수 있다고 한다. 이를 더욱 구체적으로 말하면 다음과 같다. 이 주장은 법적 지위나 책임 등은 사회적·법적으로 구성된다고 한다. 이러한 주장을 하는 힐겐도르프는 법적 개념은 역사적인 개념으로서 사회적으로 변경 가능하며, 이때 중요한 것은 해당 법적 개념이 특정한 사회적 목적을 실현하는 데 적합한지 여부라고 한다. 이는 법인격이나 책임에도 마찬가지이다. 이러한 맥락에서 힐겐도르프는 로봇이 지능 및 자율성이라는 측면에서 인간과 유사하다면, 이러한 로봇에도 형사처벌이 가능하다고 말한다.[16] 마찬가지 맥락에서 힐겐도르프의 제자인 벡(Susanne Beck)은 로봇에 '전자인'(elektronische Person)이라는 지위를 부여한다.[17]

셋째, 로봇에도 형사제재가 가능하다고 한다.

넷째, 로봇에 대한 형사처벌을 긍정하지 않으면 처벌의 공백이 생긴다는 것이다.

---

15 이에 관해서는 E. Hilgendorf/J.−Ph. Günther (Hrsg.), *Robotik und Gesetzgebung* (Baden−Baden, 2013) 참고.

16 Eric Hilgendorf, "Können Roboter schuldhaft handeln?", in: S. Beck (Hrsg.), *Jenseits von Mensch und Maschine. Ethische und rechtliche Fragen zum Umgang mit Robotern, Künstlicher Intelligenz und Cyborgs* (Baden−Baden, 2012), S. 119 ff. 참고.

17 Susanne Beck, "Über Sinn und Unsinn von Statusfragen − zu Vor− und Nachteilen der Einführung einer elektronischen Person", in: E. Hilgendorf/J.−Ph. Günther (Hrsg.), *Robotik und Gesetzgebung* (Baden−Baden, 2013), S. 239 ff. 참고. 이는 "전자적 인격" 또는 "전자인간"(electronic personhood)으로 번역되기도 한다. 전자의 경우로는 김영환, "로봇 형법(Strafrecht für Roboter)?", 『법철학연구』제19권 제3호(2016), 153쪽 참고. 후자의 경우로는 (https://brunch.co.kr/@gilparkgytz/11) 참고. 다만 여기에서는 우리 민법이 권리주체로서 규정하는 "자연인" 및 "법인"이라는 개념에 대응하는 번역어로는 "전자인"이 적절하다고 판단하여 이를 선택하였다. 이러한 번역어를 제안해 주신 김현철 교수에게 감사를 드린다. 한편 유럽의회는 로봇 등에게 "전자인"(electronic person)이라는 법적 지위를 부여하는 결의안을 통과시키기도 하였다. 이에 관해서는 M. Koval, "Electronic Person: Why the EU Discusses Robot's Rights", Ilyashev & Partners (2017) 참고. 이는 (http://attorneys.ua/en/publications/electronic−person−why−the−eu−discusses−robots−rights/)에서 찾아볼 수 있다.

2. 탈인간중심적 형사사법의 가능성

그런데 이렇게 로봇에 대한 형사처벌을 긍정하는 것은 단순히 범죄주체성을 로봇에 확장하는 것에 그치는 것이 아니다. 로봇에 대한 형사처벌을 긍정하는 것은 인간중심적인 형사사법을 넘어서는 탈인간중심적 형사사법을 인정하는 것이라고 말할 수 있다. 그러면 탈인간중심적 형사사법이란 무엇일까?

(1) 인간중심적 형사사법

탈인간중심적 형사사법이 무엇인지를 밝히기 위해서는 이와 대비되는 인간중심적 형사사법의 의미 내용을 살펴볼 필요가 있다. 아주 단순하게 정의하면 인간중심적 형사사법이란 인간이라는 행위자가 저지르는 범죄를 처벌하고 예방하기 위해 개념화·체계화된 형사사법을 말한다.[18] 이때 말하는 인간이란, 물론 논란이 있지만, 원칙적으로 자율적으로 행위할 수 있는 자연인을 뜻한다. 필자는 여느 인간중심적 법체계와 마찬가지로 인간중심적 형사사법 역시 다음과 같은 개념 요소로 구성된다고 생각한다.[19]

1) 행위주체로서 자연인

현재의 인간중심적 형사사법은 범죄주체를 인간인 자연인으로 설정한다. 여기서 현행 형사사법의 인간중심적 성격이 고스란히 드러난다. 물론 필자는 현행 형사사법체계에서도 법인에게 범죄능력을 인정할 수 있다고 생각하지만,[20] 다수 학설은 현행 형사사법체계에서는 오직 자연인에게만 범죄능력을 인정할 수 있다고 주장한다.[21]

---

18 여기서 말하는 형사사법이란 실체법인 형법과 절차법인 형사소송법 그리고 이를 집행하는 수사기관 및 사법기관을 모두 총칭하는 개념을 뜻한다. 체계이론의 견지에서 말하면, 법체계의 부분영역인 형사법체계를 뜻한다고 할 수 있다.

19 인간중심적 법체계에 관해서는 양천수, "탈인간중심적 법학의 가능성: 과학기술의 도전에 대한 행정법학의 대응", 『행정법연구』 제46호(2016), 6–9쪽 참고.

20 양천수, "법인의 범죄능력: 법 이론과 형법정책의 측면에서", 『형사정책연구』 제18권 제2호(2007), 161–194쪽 참고.

21 성낙현, 『형법총론』 제2판(동방문화사, 2011), 105쪽.

2) 행위

인간중심적 형사사법에 따르면 형법상 범죄는 행위로 구성된다. 따라서 특정한 '행태'(Verhalten)가 범죄로 인정되기 위해서는 이러한 행태가 형법상 의미 있는 '행위'(Handlung)가 되어야 한다. 이 때문에 현행 범죄체계론은 형사 분쟁이 발생했을 때 해당 분쟁에서 문제되는 행태가 행위인지부터 판단한다. 이때 말하는 행위는 당연히 인간의 행위를 말한다. 물론 '행위론 논쟁'이 보여주는 것처럼 형법에서 의미 있는 행위가 무엇인지에 관해서는 오랫동안 논쟁이 전개되었다.[22]

3) 자유의지

인간중심적 형사사법은 범죄행위자가 자유의지를 지닌 주체일 것을 전제로 한다. 자유의지를 지닌 행위자이어야만 비로소 행위자에게 형사책임을 부과할 수 있기 때문이다. 규범적 책임 개념에 의하면 책임의 본질은 '비난가능성'이라고 할 수 있는데, 비난가능성은 행위자에게 자유의지에 따른 타행위가능성이 있을 것을 전제로 한다.

(2) 탈인간중심적 형사사법

이러한 인간중심적 형사사법과는 달리 탈인간중심적 형사사법은 인간이 아닌 다른 그 무엇을 형사법의 중심으로 설정한다. 탈인간중심적 형사사법, 즉 '포스트휴먼 형사사법'의 중심을 무엇으로 설정할 것인지에 관해서는 다양한 견해가 가능할 수 있지만, 필자는 현대 체계이론을 수용하여 탈인간중심적 형사사법을 구축할 수 있다고 생각한다.

이에 따르면 '사회적 체계'(soziale Systeme)가 탈인간중심적 형사사법의 중심적인 지위를 차지한다. 이렇게 보면 탈인간중심적 형사사법은 체계이론적 형사사법이라고 말할 수 있다. 체계이론의 관점에서 보면 인간중심적 형사사법은 생명체계와 심리체계의 복합체인 자연인을 전제로 하기에 인공지능에는 적용할 수 없다. 만약 강한 인공지능에 형사책임을 부과하기 위해서는 단순히 범죄주체성을 확장하는 것만으로는 부족하고, 인공지능의 형사책임 능력을 이론적으로 근거 지을 수

---

22 이에 관해서는 우선 심재우, "목적적 행위론 비판: 사회적 행위론의 입장에서", 『법률행정논집』 (고려대) 제13집(1976), 175-222쪽 참고.

있는 탈인간중심적 형사사법을 수용할 필요가 있다. 그 이유는 탈인간중심적 형사사법의 개념 요소를 밝힘으로써 해명할 수 있다.[23]

1) 행위가 아닌 소통

체계이론에 기반을 둔 탈인간중심적 형사사법은 인간중심적 형사사법과는 달리 행위를 범죄의 기본 개념으로 설정하지 않는다. 왜냐하면 체계이론은 사회 현상을 관찰할 때 행위가 아닌 소통을 더욱 근원적인 개념으로 파악하기 때문이다.[24] 사회적 일탈행위 역시 소통을 기반으로 하여 관찰한다. 이러한 맥락에서 범죄 역시 소통을 중심으로 하여 파악한다. 범죄란 행위라기보다는 사회적 소통의 특정한 유형인 것이다. 따라서 탈인간중심적 형사사법은 형사책임의 귀속 근거도 행위가 아닌 소통에서 찾는다. 특정한 소통방식이 형법을 위반하는 경우 이를 범죄로 파악하는 것이다.

사실 행위가 아닌 소통이 책임귀속의 기초가 된다는 점은 기존의 인간중심적 형사사법에서도 이미 찾아볼 수 있다. 사회적 행위론이 바로 그것이다.[25] 사회적 행위론은 형법상 행위 개념을 사회적 유의미성에서 찾는데, 이는 행위가 자연적인 것이 아니라 사회적으로 구성되는 개념이라는 점을 시사한다. 이러한 사회적 행위론의 주장 내용을 더욱 깊게 파고들면, 행위가 근원적인 개념인 것이 아니라 사회적으로 유의미한 행위를 만들어내는 소통이 더욱 근원적인 개념이라는 점을 알 수 있다. 왜냐하면 어떤 행위가 사회적으로 유의미한 행위인지를 판단하려면 사회적 유의미성에 관한 판단기준이 필요한데, 이러한 판단기준은 사회적 소통 과정을 통해 확정할 수밖에 없기 때문이다. 이 점에서 우리의 형사사법은 이미 인간중심적 사고와 이미 일정 정도 거리를 두기 시작했다고 말할 수 있다.

2) 자연인이 아닌 인격성

이처럼 행위가 아닌 소통이 책임귀속의 근거가 되기에 탈인간중심적 형사사법

---

23 탈인간중심적 형사사법의 바탕이 되는 탈인간중심적 법사상에 관해서는 양천수, 앞의 글, 9－15쪽 참고.

24 Niklas Luhmann, *Soziale Systeme: Grundriß einer allgemeinen Theorie* (Frankfurt/M., 1984), S. 191 ff. 참고.

25 사회적 행위론에 관해서는 심재우, "사회적 행위론", 『법조』 제24권 제7호(1975), 55－83쪽 참고.

에서는 자연인만을 범죄의 주체로 한정할 필요가 없다. 오히려 자연인과는 구별되는 '인격성'(Person)이 형사책임의 귀속주체가 된다. 그 때문에 인격 개념을 어떻게 설정하는가에 따라 형사책임의 귀속 범위가 달라진다. 필자는 탈인간중심적 형사사법에서 책임귀속이 가능한 독자적인 인격으로 인정되기 위해서는 다음 두 가지 요건을 충족해야 한다고 생각한다.

첫째, 소통을 통해 사회적 체계에 참여할 수 있어야 한다.

둘째, 책임귀속의 소통에 관해 법체계와 연결될 수 있어야 한다. 다시 말해, 법체계가 책임귀속에 관한 소통을 개별적으로 연결되게 하는 지점이 바로 인격성인 셈이다.

그런데 이미 민사법이 잘 보여주는 것처럼, 자연인만이 이러한 인격성을 획득할 수 있는 것은 아니다. 왜냐하면 법인이라는 사회적 체계 역시 민사법에서는 인격성을 취득하고 있기 때문이다.[26] 이는 인격성 자체도 사회적 소통을 통해 바뀔 수 있다는 점을 시사한다.[27]

3) 자유의지가 아닌 소통의 자유

인간중심적 형사사법과는 달리 탈인간중심적 형사사법에서는 자유의지가 그다지 중요하지는 않다. 오히려 소통의 자유가 있는지가 중요하다.[28] 다만 강한 인공지능은 인간과 동등한 정신 능력을 갖춘 인공지능이므로 자율성 역시 갖는다. 그 점에서 자유의지는 강한 인공지능에 대한 형사책임을 논의할 때는 큰 문제가 되지는 않는다고 말할 수 있다.

4) 사회적 인격체로서 강한 인공지능

이러한 탈인간중심적 형사사법의 기준에서 보면 강한 인공지능에게도 사회적 인격성을 부여할 수 있다. 왜냐하면 강한 인공지능은 자율적으로 사회에서 이루어지는 소통에 참여할 수 있기 때문이다. 법체계 역시 강한 인공지능과 형사책임귀

---

26 체계이론에 따르면 법인은 '조직체'(Organisation)로서 사회적 체계에 속한다. Niklas Luhmann, 앞의 책, S. 16.

27 이를 긍정하는 Eric Hilgendorf, 앞의 글, S. 119 ff. 참고.

28 형법상 책임을 이른바 '의사소통적 자유'(kommunikative Freiheit)로 새롭게 근거 짓고자 하는 논의로는 Klaus Günther, *Schuld und kommunikative Freiheit* (Frankfurt/M., 2005) 참고.

속에 관한 소통을 할 수 있다. 이러한 근거에서 강한 인공지능에게도 사회적 인격성을 인정할 수 있는 것이다. 인공지능이나 로봇에게 '전자인'이라는 지위를 인정하는 벡의 주장도 같은 맥락에서 파악할 수 있다.[29] 따라서 강한 인공지능에는 이론적으로 범죄능력도 긍정할 수 있고 형사책임도 부과할 수 있다. 문제는 과연 강한 인공지능에게 형사책임을 부과할 필요가 있는가 하는 점이다.

3. 강한 인공지능에 대한 형사책임 부과의 필요성

(1) 문제 제기

이처럼 탈인간중심적 형사사법을 수용하면 강한 인공지능에도 충분히 형사책임을 부과할 수 있다. 그러면 인간 범죄자처럼 강한 인공지능 범죄자에도 형사책임을 부과하는 것이 바람직할까?

그러나 이 문제를 해결하려면 강한 인공지능에 대한 형사책임 부과가 이론적으로 가능한지를 논증하는 것보다 강한 인공지능에게 형사책임을 부과할 필요가 있는지를 논증하는 것이 더욱 중요하다고 생각한다. 왜냐하면 강한 인공지능이 사회적 일탈행위나 반사회적인 소통을 저지른 경우에는 굳이 형사책임을 원용하지 않고도 문제를 해결할 수 있기 때문이다. 가령 자동차를 폐기 처분하는 것처럼 행정절차를 밟아 강한 인공지능을 폐기할 수 있다. 그런데도 인공지능에 대한 형사책임이 필요하다고 한다면 아마도 다음과 같은 이유를 들 수 있을 것이다.

(2) 형사책임의 상징성

우선 형사책임의 상징성을 거론할 수 있다. 형사법의 보충성, 최후수단성이 보여주는 것처럼, 형사책임은 현존하는 법적 책임 중에서 가장 강력한 책임이라고 할 수 있다. 그 때문에 형사책임이 범죄자나 전체 사회에 미치는 영향도 크다. 이러한 근거에서 "형벌의 표현적·상징적 기능"이 강조되기도 한다.[30] 따라서 만약

---

29 Susanne Beck, 앞의 글, S. 239 ff. 참고.

30 Klaus Günther, "Die symbolisch—expressive Bedeutung der Strafe – Eine neue Straftheorie jenseits von Vergeltung und Prävention?", in: C. Prittwitz/M. Baurmann/K. Günther/L. Kuhlen/R. Merkel/C. Nestler/L. Schulz (Hrsg.), *Festschrift für Klaus Lüderssen* (Baden—

강한 인공지능에 대한 형사책임이 필요하다면, 강한 인공지능에 형사책임을 부과하는 것이 사회 전체적인 측면에서 상징적인 의미를 갖기 때문일 것이다. 이를테면 강한 인공지능에게 우리 인간이 정립한 규범질서를 존중할 것을 강력하게 표현하기 위해 형사책임을 부과할 필요가 있을지 모른다. 또는 강한 인공지능이 독자적으로 정립한 인공지능 규범과 우리 인간이 구축한 인간 규범이 서로 충돌하는 규범 충돌의 상황에서 우리의 인간 규범이 더욱 우월하다는 것을 상징적으로 보여주기 위해 형사책임이 필요할지도 모른다.

(3) 형사절차의 공정성

다음으로 강한 인공지능을 보호하기 위해 형사책임을 부과하는 절차가 필요할지 모른다. 사회적 일탈행위를 저지른 강한 인공지능을 행정처분으로 제재하는 것은 인간을 보호하는 데 더욱 효율적인 방안일 수는 있다. 그렇지만 이러한 방식은 강한 인공지능이 가진 사회적 인격성을 충분히 고려하지 않는 방안일 수도 있다. 따라서 강한 인공지능을 피고인으로서 충분히 보장하기 위해, 다시 말해 형법의 보장적 임무를 강한 인공지능에게도 실현하기 위해 형사절차가 필요할 수 있다.[31] 요컨대 형사절차의 공정성을 강한 인공지능에게도 보장함으로써 강한 인공지능을 독자적인 인격체로 승인하는 것이다.

이러한 맥락에서 보면 강한 인공지능에게 형사책임을 부과하는 것은 강한 인공지능을 처벌하는 데 중점이 있는 것이 아니라, 오히려 동물에게 동물권을 부여하여 이들을 보호하고자 하는 것처럼 강한 인공지능을 절차적으로 보장하는 데 중점이 있는 것이라고 말할 수 있다.[32]

4. 형사사법의 구성원으로서 강한 인공지능

다른 한편 강한 인공지능은 마치 로보캅처럼 형사사법의 구성원으로서 범죄를 수사하고 재판하며 처벌하는 데 협력할 수 있다. 약한 인공지능과는 달리 강한 인

Baden, 2002), S. 205 ff. 참고.

31 형법의 보장적 임무에 관해서는 배종대, 『형법총론』 제8전정판(홍문사, 2006), 59쪽 아래 참고.

32 동물권 논의에 관해서는 민윤영, "법의 새로운 기초로서 동물권 담론", 『법과 사회』 제41호 (2011), 307−336쪽 참고.

공지능은 도구가 아닌 동반자로서 인간과 동등한 지위에서 형사사법에 협력할 것이다. 만약 그런 시대가 도래하게 되면, 어쩌면 우리는 강한 인공지능과 형사사법을 위해 협상하고 계약을 맺어야 할지도 모른다.

8장

인공지능과 위험

Ⅰ. 서론

오늘날 인공지능 기술을 포함한 지능정보기술은 다양한 사회적 공리를 창출한다. 이를 통해 우리에게 여러 혜택을 제공한다. 눈부시게 발전하는 인공지능 기술 덕분에 우리는 자신에게 최적화된 서비스를 제공받을 수 있다. 하지만 세상의 모든 것이 흔히 그렇듯이 인공지능 기술은 우리에게 새로운 사회적·법적 문제를 야기한다. 이로 인해 우리는 어떻게 하면 인공지능이 던지는 새로운 문제에 적절하게 대응할 수 있는지를 고민해야 한다.

인공지능이 원활하게 가동되기 위해서는 우리의 개인정보를 포함하는 빅데이터가 필요하다. 하지만 이로 인해 개인정보 침해라는 문제가 야기될 수 있다. 또한 인공지능을 가동하는 데 핵심적인 축이 되는 알고리즘은 부정확성이나 불투명성, 편향성이라는 문제를 야기한다. 그 때문에 특히 수학을 기반으로 하는 알고리즘에 관해 '대량살상수학무기'(Weapons of Math Destruction: WMD)라는 우려와 비판이 제기되기도 한다.[1] 인공지능에 내재된 알고리즘이 사회의 거의 모든 영역에서 편향을, 차별을, 포함과 배제를 강화한다는 것이다.

제8장은 이처럼 인공지능이 안고 있는 여러 위험을 살펴보고자 한다. 이를 통해 인공지능이 야기하는 위험과 문제를 어떻게 대처하는지가 바람직한지에 관한 논의의 바탕으로 삼고자 한다.

---

[1] 캐시 오닐, 김정혜 (역), 『대량살상 수학무기』(흐름출판, 2017) 참고.

II. 인공지능 위험의 구조 분석

1. 인공지능의 구조 분석

인공지능, 그중에서도 인공지능 기술이 오늘날 어떤 위험을 야기하는지를 분석하려면 먼저 인공지능 기술이 무엇으로 구성되고 어떤 방식으로 우리 사회에서 구현되는지 살펴볼 필요가 있다.

인공지능 기술이 성공적으로 구현되고 사용되려면 하드웨어와 소프트웨어, 개인정보를 포괄하는 빅데이터 및 인공지능의 사회적 이용이 요청된다. 이때 '하드웨어'(hardware)는 우리가 흔히 아는 반도체 기술을 말한다. '소프트웨어'(software)는 알고리즘을 중심으로 하는 프로그래밍 기술을 말한다. 오늘날에는 머신러닝과 딥러닝 기법이 핵심적인 소프트웨어로서 인공지능 혁명을 견인한다.

이처럼 인공지능 기술이 가동하려면 고도로 발전한 하드웨어, 소프트웨어, 빅데이터가 필요하다. 인공지능에 관한 이론은 이미 1950년대에 대부분 완성되었지만 그 당시에는 이를 뒷받침할 수 있는 하드웨어와 빅데이터가 존재하지 않아 인공지능이 구현되지 않았다.[2] 한편 이러한 인공지능이 사회적인 차원에서 이용되려면 반도체 이외에 또다른 하드웨어가 필요한 경우가 많다. 로봇과 같은 하드웨어가 그것이다.

이 가운데서 가장 중요한 지위를 차지하는 동시에 오늘날 중대한 위협이 되는 것은 인공지능을 가동하는 데 필수적인 '알고리즘'(algorithm)이다. 알고리즘은 보통 특정한 문제를 해결하는 데 사용되는 절차의 집합으로 정의된다. 이러한 알고리즘은 오래전부터 인공지능과 무관하게 수학 영역에서 발전해 왔다. 알고리즘이라는 용어 자체가 9세기에 활동했던 페르시아의 수학자 알콰리즈미(Al-Khwarizmi)에서 유래한다는 점이 이를 예증한다.[3] 알고리즘은 달리 말해 문제를 풀어가는 데 필요한 추론규칙의 집합으로 볼 수 있을 것이다. 이렇게 보면 실정법학에서 사용하는 법리(법도그마틱) 역시 알고리즘의 일종으로 볼 수 있다.[4] 법리 역시 법적 분쟁을

---

2 인공지능에 관한 간략한 역사는 마쓰오 유타카, 박기원 (옮김), 『인공지능과 딥러닝: 인공지능이 불러올 산업구조의 변화와 핵심』(동아엠엔비, 2016), 65쪽 아래 참고.

3 크리스토퍼 스타이너, 박지유 (옮김), 『알고리즘으로 세상을 지배하라』(에이콘, 2016), 89쪽.

해결하는 데 사용되는 추론규칙의 체계적 집합에 해당하기 때문이다. 이러한 알고리즘은 인공지능을 움직이는 데 필수적인 프로그램의 핵심적 요소가 된다. 알고리즘으로 구성되는 프로그램을 통해 인공지능이 작동할 수 있는 것이다.

2. 인공지능의 위험

(1) 빅데이터와 개인정보 침해 위험

문제는 인공지능을 구성하는 각 요소가 모두 위험을 안고 있다는 것이다. 그중에서 특히 빅데이터와 알고리즘에 관해 오늘날 문제가 제기된다.

인공지능이 원활하게 작동하기 위해서는 우리의 개인정보를 포함하는 엄청난 양의 데이터, 즉 빅데이터가 필요하다. 그런데 빅데이터를 수집하고 이용하는 과정에서 우리가 원치 않은 데이터 이용, 즉 개인정보 침해라는 문제가 발생할 수 있다. 물론 엄격한 사전동의 방식의 개인정보 자기결정권을 채택하는 우리의 「개인정보 보호법」 아래에서는 상대적으로 이러한 문제가 발생하지 않는다.[5] 오히려 빅데이터 형성 및 이용을 위해 개인정보 자기결정권을 완화해야 한다는 요청이 지속적으로 제기되었고 이로 인해 최근 「개인정보 보호법」을 포함하는 이른바 '데이터 3법'이 개정되었다.[6] 반대로 우리와 같은 방식의 개인정보 자기결정권을 채택하지 않는 미국에서는 빅데이터 형성 및 이용을 강조하는 탓에 개인정보가 침해되고 남용되는 사례가 급증한다. 그 때문에 유럽연합이나 우리처럼 사전동의 방식의 개인정보 자기결정권을 도입해야 한다는 주장이 제시되기도 한다.[7]

---

4 법리에 관해서는 권영준, 『민법학의 기본원리』(박영사, 2020), 28쪽 아래. 법도그마틱에 관해서는 김영환, "법도그마틱의 개념과 그 실천적 기능", 『법학논총』 제13권(1996), 59-80쪽 참고.

5 개인정보 자기결정권에 관해서는 권영준, "개인정보 자기결정권과 동의 제도에 대한 고찰", 『법학논총』 제36집 제1호(2016), 673-734쪽; 정다영, "빅데이터 시대의 개인정보 자기결정권", 『IT와 법연구』 제14집(2017), 151-209쪽 참고.

6 데이터 3법은 「개인정보 보호법」, 「정보통신망 이용촉진 및 정보보호 등에 관한 법률」(정보통신망법), 「신용정보의 이용 및 보호에 관한 법률」(신용정보법)을 말한다. 이들 데이터 3법은 오랜 논란 끝에 2020년 2월 4일 데이터 이용을 활성화하는 방향으로 개정되었다. 이에 관해서는 김서안, "데이터 3법 개정의 의미와 추후 과제", 『융합보안 논문지』 제20권 제2호(2020), 59-68쪽 참고.

7 캐시 오닐, 김정혜 (옮김), 『대량살상 수학무기』(흐름출판, 2017), 352쪽.

(2) 알고리즘의 부정확성 위험

사전동의 방식의 엄격한 개인정보 자기결정권을 제도화한 우리 「개인정보 보호법」 아래에서는 빅데이터로 인한 개인정보 침해 위험이 상대적으로 크지 않을 수 있다. 이 때문에 인공지능에 필수적으로 적용되는 알고리즘이 야기하는 위험이 더욱 크게 부각된다. 알고리즘은 크게 두 가지 위험을 창출한다.

첫 번째 위험으로 알고리즘이 정확하지 않아 발생하는 위험을 들 수 있다. 알고리즘이 정확하지 않은 정보를 제공하는 것이다. 가짜뉴스를 제공하거나 정확하지 않은 주식 가격을 제공하는 것 등을 언급할 수 있다. 이에는 세 가지 이유를 제시할 수 있다. 첫째는 의도적으로 알고리즘이 정확하지 않게 작동하도록 하는 것이다. 인공지능 개발자나 이용자가 고의로 범죄에 이용하기 위해 알고리즘을 부정확하게 작동시킬 수 있다. 둘째는 과실 등에 의해 알고리즘 설계나 작동이 잘못된 경우이다. 셋째는 알고리즘에 정확하지 않은 데이터가 제공되는 경우이다.

(3) 알고리즘의 편향성 위험

알고리즘에 관한 두 번째 위험은 알고리즘이 '편향성'(bias)을 갖는 경우이다.[8]
물론 이론적으로 보면 특정한 체계에 의해 이루어지는 모든 인지 활동은 '구별'(Unterscheidung)을 전제로 한다.[9] 구별이 없으면 인지 활동도 이루어질 수 없다. 이는 특정한 개념이 어떻게 형성되는지를 보더라도 확인된다. 개념은 구별을 전제로 한다. 특정한 기준 아래 구별을 실행함으로써 개념이 형성된다. 달리 말해 개념은 개념에 포함되는 것과 개념에서 배제되는 것을 구별함으로써 성립한다. 특정한 구별 기준을 중심으로 하여 '배제'(exclusion)와 '포함'(inclusion)을 실행함으로써 개념이 성립한다. 이를테면 '인공지능'이라는 개념은 인공지능에 포함되는 것과 인공지능으로부터 배제되는 것을 구별함으로써 그 의미가 형성된다.

이는 알고리즘에서도 마찬가지이다. 알고리즘은 '이진법'이라는 구별을 사용한

---

8 이에 관해서는 김건우, "차별에서 공정성으로: 인공지능의 차별 완화와 공정성 제고를 위한 제도적 방안", 『법학연구』 제61집(2019), 109－143쪽; 이부하, "알고리즘(Algorithm)에 대한 법적 문제와 법적 규율", 『과학기술과 법』 제9권 제2호(2018), 211－229쪽 등 참고.

9 니클라스 루만, 윤재왕 (옮김), 『체계이론 입문』(새물결, 2014), 86쪽 아래 참고. 루만의 구별이론에 이론적 기초가 되는 형식법칙(Laws of Form)에 관해서는 George Spencer－Brown, *Laws of Form* (Leipzig, 2009) 참고.

다. 그러므로 엄밀하게 말하면 알고리즘은 차이를 이용하여 작동한다고 말할 수 있다. 알고리즘이 작동한다는 것은 특정한 차이를 생산한다는 것을 뜻한다. 이렇게 보면 알고리즘에서 편향성의 출발점이 되는 차이를 없애는 것은 불가능하다.

따라서 알고리즘에서 문제가 되는 편향성은 일체의 차이를 뜻한다고 볼 수는 없다. 그 대신 이때 말하는 편향성은 근거가 없는 차별, 헌법학의 용어로 바꾸어 말하면 합리적이지 않은 차별이라고 말할 수 있다. 예를 들어 단지 인종적인 차이만으로 유색인과 백인에 대한 신용평가를 달리하는 경우나 여성이라는 이유만으로 면접에서 탈락시키는 것을 언급할 수 있다. 따라서 알고리즘의 편향성 문제는 알고리즘이 합리적 근거 없이 특정한 대상을 차별하는 것을 뜻한다고 보아야 한다.

알고리즘의 편향성은 다음과 같은 문제를 유발한다. 이를테면 알고리즘의 평가 대상을 합리적 근거 없이 포함하거나 배제한다. 이때 배제라는 결과가 특히 중요하다. 이러한 배제 결과 때문에 알고리즘의 편향으로 차별되는 대상들은 특정한 사회적 영역에 참여할 기회를 박탈당한다. 사회적 참여에서 배제되는 것이다. 인공지능에 적용되는 알고리즘은 통상 수학으로 구현된다. 그 때문에 이렇게 수학을 기반으로 하는 알고리즘은 '대량살상 수학무기'(Weapons of Math Destruction: WMD)로 규정되며 우려와 비판의 대상이 되기도 한다.[10] 인공지능에 내재된 알고리즘이 사회의 거의 모든 영역에서 편향을, 차별을, 포함과 배제를 강화한다는 것이다.

(4) 인공지능의 사회적 이용에 따른 위험

인공지능의 위험은 인공지능이 사회 각 영역에서 사용되면서 본격적으로 구체화되고 심화한다. 이러한 위험으로 다음을 언급할 수 있다.

먼저 인공지능이 정확하지 않게 작동함으로써 다음과 같은 위험이 창출된다. 가짜뉴스 생산 및 유통 등을 언급할 수 있다. 이로 인해 사회에서 진행되는 소통이 왜곡된다. 이를 통해 사회를 지탱하는 데 중요한 역할을 하는 사회적 체계의 기능이 마비되기도 한다. 예를 들어 정확하지 않은 정보를 제공함으로써 주식시장과 같은 금융시장이 교란되기도 한다.[11]

알고리즘의 편향성 문제 역시 사회적으로 큰 문제를 야기한다. 이러한 편향성

---

10 캐시 오닐, 앞의 책 참고.
11 이러한 예로 크리스토퍼 스타이너, 앞의 책, 7쪽 아래 참고.

으로 현대사회에 여전히 존재하는 비합리적인 '포함/배제' 문제가 비약적으로 강화된다.[12] 이러한 문제는 사회의 거의 모든 영역에서 발생할 수 있다. 교육, 대학 평가, 형사사법, 채용, 금융거래, 정치 영역에서 비합리적인 편향성에 기반을 둔 '포함/배제'가 심화할 수 있다. 오늘날 인공지능이 우리에게 던지는 가장 심각한 위협이자 문제점이라 할 수 있다.

인공지능이 오작동하여 인간의 생명과 안전을 직접 위협하는 경우도 존재한다. 예를 들어 자율주행차처럼 인공지능 기술과 자동차가 결합하여 실제 도로를 운행하는 경우 이러한 문제가 발생할 수 있다. 이러한 경우에는 대부분 인공지능이 오작동하여 문제가 발생한다. 알고리즘의 부정확성 문제 등으로 교통사고를 일으켜 자율주행차 탑승자나 보행자 등이 사고를 당하는 것이다.[13] 이외에도 의료 인공지능이 오진을 하거나 잘못된 처방을 내려 환자의 생명이나 안전을 위협하는 경우를 거론할 수 있다.

지금까지 언급한 예들은 인공지능이 제대로 작동하지 못하여 위험이 발생하는 경우이다. 반대로 인공지능이 원활하게 작동함으로써 오히려 인간에게 위험을 창출하는 경우도 생각할 수 있다. 인공지능이 인간을 대신함으로써 인간의 일자리가 위협받는 경우를 들 수 있다.[14] 인간의 노동시장이 인공지능의 노동시장으로 대체되는 것이다. 이렇게 보면 인공지능이 제대로 작동하든 제대로 작동하지 못하든 이는 우리 인류에게 크나큰 위험이 되는 것처럼 보인다.

Ⅲ. 인공지능의 위험 사례

그러면 이러한 위험들이 실제로 어떻게 나타나는지 구체적인 사례들을 검토한다.

---

12 이러한 '포함/배제'의 문제에 관해서는 정성훈, "법의 침식과 현대성의 위기: 루만(N. Luhmann)의 체계이론을 통한 진단", 『법철학연구』 제12권 제2호(2009), 331－356쪽; 양천수, "현대 안전사회와 법적 통제: 형사법을 예로 하여", 『안암법학』 제49호(2016), 81－127쪽 참고.
13 이에 관해서는 맹준영, 『자율주행자동차와 법적 책임』(박영사, 2020) 참고.
14 제리 카플란, 신동숙 (옮김), 『인간은 필요 없다』(한스 미디어, 2016) 참고.

1. 개인 데이터 남용

인공지능은 엄청난 양의 개인 데이터가 필요하다. 이로 인해 인공지능을 활용하고자 하는 이들, 특히 이를 영업에 사용하고자 하는 사업자들은 어떻게든 개인 데이터를 획득하고자 애를 쓴다. 물론 우리나라나 유럽연합의 경우에는 엄격한 사전동의 방식의 개인정보 자기결정권을 채택하고 있기에 개인 데이터의 탈법적 수집이나 남용이 어느 정도 억제되는 편이다. 그렇지만 우리처럼 엄격한 개인정보 자기결정권을 수용하지 않는 미국에서는 탐욕에 눈이 먼 사업자들이 개인 데이터, 특히 사회적 약자의 개인 데이터를 약탈적으로 수집하고 남용하는 사례가 다수 발생한다.[15] 예를 들어 개인 데이터를 수집하기 위해 진정성이 없는 광고를 올리고 이러한 광고로 개인 데이터를 무차별적으로 수집한 후 이를 필요로 하는 사업자들에게 판매하는 것이다.[16] '데이터 경제'라는 이름 아래 탈법적으로 개인 데이터를 수집한 후 이를 매도하는 것이다. 이렇게 판매된 개인 데이터는 각 데이터 주체, 특히 사회적 약자에 속하는 데이터 주체를 경제적으로 약탈하는 데 사용된다.

2. 부정확한 알고리즘 사용

인공지능에서는 알고리즘이 핵심적인 역할을 한다. 인공지능이 제대로 작동하려면 알고리즘이 정확하고 공정하게 사용되어야 한다. 만약 알고리즘 설계가 잘못되면 인공지능이 산출하는 결과 역시 부정확할 수밖에 없다. 이에 관한 예로 2010년 전후로 미국 워싱턴 DC 교육청이 사용한 '임팩트'(IMPACT)라는 교사 평가 기법을 들 수 있다.[17] 교육개혁의 일환으로 무능한 교사를 선별하기 위해 도입된 임팩트에서는 '가치부가모형'(value−added model)이라는 알고리즘을 사용하였다. 가치부가모형은 가능한 한 정성적인 평가지표는 배제한 채 오직 정량적인 평가지표만으로 교사들을 평가하였다. 하지만 이로 인해 교장과 학부모들 사이에서 높은 평

---

15 우리나라나 유럽연합과는 달리 미국은 사후승인(opt−out) 방식의 개인정보 보호체계를 갖고 있다. 이에 관해서는 이상경, "미국의 개인정보보호 입법체계와 현황에 관한 일고", 『세계헌법연구』 제18권 제2호(2012), 195−214쪽 참고.

16 캐시 오닐, 앞의 책, 139−140쪽.

17 이에 관한 상세한 소개는 캐시 오닐, 앞의 책, 16쪽 아래 참고.

판을 받고 있던 교사를 무능한 교사로 평가하여 해고되게끔 하는 결과를 빚고 말았다.

물론 이에는 두 가지 판단을 할 수 있다. 첫째는 해당 교사가 받고 있던 높은 평판이 잘못된 것일 수 있다는 점이다. 이는 학생 교육 능력과는 무관한 평판일 수 있다는 것이다. 둘째는 가치부가모형이라는 알고리즘이 잘못 설계되어 정확하지 않은 결과가 빚어졌고 이로 인해 해당 교사가 억울하게 해고되었다는 것이다. 평가 결과에 의문을 품던 해당 교사는 문제를 제기하였고 조사 결과 임팩트가 사용한 알고리즘이 정확하지 않게 설계되었다는 점이 확인되었다. 가치부가모형이라는 알고리즘이 애초에 잘못 설계되는 바람에 이로 교사를 평가하는 과정에서 정확하지 않은 결과가 도출된 것이다. 그 때문에 특정 교사의 직업적 생명이 결정되고 말았다.

또다른 예로 알고리즘이 오작동하여 주식시장을 혼란에 빠트리는 사례를 언급할 수 있다. 오늘날 주식시장에서는 주식을 매매하는 데 인공지능이 적극 사용된다. 이를테면 주식 알고리즘은 인간은 따라 하기 힘든 판단능력과 속도로 주식거래에 참여한다. 이를 통해 금융회사는 막대한 이익을 챙기지만 간혹 인공지능이 오작동하여 주식시장에 혼란을 야기한다. 다수의 주식 알고리즘이 동시에 주식 가격을 터무니없게 설정함으로써 주식시장이 비합리적으로 움직이게 하는 것이다. 말하자면 업무상 과실로 주가조작을 하는 것이다. 이로 인해 주식시장에 참여하는 평범한 (개미라고 불리는) 주식거래자들이 피해를 입는다.[18]

3. 편향된 알고리즘이 유발하는 문제들

(1) 대량살상 수학무기

인공지능에 활용되는 알고리즘은 인공지능에 입력(투입)되는 대량의 데이터, 즉 빅데이터를 분석하고 이를 통해 새로운 패턴이나 가치 등을 창출하는 데 기여한다. 금융거래에서 손쉽게 볼 수 있듯이 빅데이터를 분석함으로써 미래를 예측하는 데도 활용된다. 그렇지만 이 과정에서 알고리즘은 입력되는 데이터나 알고리즘

---

18 이에 관한 상세한 내용은 크리스토퍼 스타이너, 박지유 (옮김), 『알고리즘으로 세상을 지배하라』 (에이콘, 2016), 7쪽 아래 참고.

자체의 한계 등으로 인해 편향성을 갖는 경우가 많다. 그리고 이러한 편향성은 사회적으로 크나큰 문제를 야기한다. 그 때문에 수학자이자 빅데이터 전문가인 캐시 오닐(Cathy O'Neil)은 이러한 문제를 야기하는 알고리즘을 '대량살상 수학무기'(Weapons of Math Destruction: WMD)라고 명명한다.

캐시 오닐은 특정한 알고리즘이 대량살상 수학무기, 즉 WMD로 지칭되려면 세 가지 요건을 충족해야 한다고 말한다. 불투명성, 확장성, 피해가 그것이다.[19]

먼저 WMD는 불투명하다. 이는 다음과 같은 의미를 지닌다. 첫째, WMD는 해당 알고리즘이 어떻게 작동하는지를 명확하게 설명하지 않는다는 것이다. 둘째, 이로 인해 WMD는 편향성, 즉 특정한 판단 대상들을 합리적 이유 없이 차별한다는 것이다.

다음으로 WMD는 특정한 영역에서만 제한적으로 사용되는 알고리즘의 지위를 넘어 다른 영역까지 확장될 수 있다. 이를테면 무능한 교사를 평가하기 위해 개발된 알고리즘이 신용불량의 위험이 큰 사람을 평가하거나 범죄를 다시 저지를 위험성이 높은 사람을 평가하는 알고리즘으로 확장되는 경우를 말한다.

나아가 이처럼 적용 영역이 확장됨으로써 WMD는 사회 곳곳에서 막대한 피해를 야기한다. 이때 말하는 피해는 주로 알고리즘의 편향성에서 비롯하는 경우가 많다. 알고리즘의 편향성으로 말미암아 특정한 판단 대상들이 합리적인 이유 없이 차별을 받아 사회적 피해가 야기되는 것이다.

그런데 더 큰 문제는 이렇게 사회적 피해가 야기되는 경우에 이를 강화하는 악순환이 발생한다는 것이다. 알고리즘의 편향성으로 유발된 사회적 피해 결과가 다시 알고리즘에 부정적으로 환류되어, 다시 말해 그 자체가 유용한 데이터가 되어 '편향 → 사회적 차별 → 사회적 피해'라는 악순환의 고리가 고착되고 심화되는 것이다. 말을 바꾸면 알고리즘의 편향성으로 유발된 사회적 차별이 시간이 지나면서 확증편향 되는 것이다. 이로 인해 알고리즘 편향성이 유발한 '포함/배제'라는 구별은 더욱 심화된다. 캐시 오닐은 이렇게 알고리즘이 WMD로 작용하는 경우에 관해 다양한 사례를 제시하는데 그중 몇 가지를 아래에서 소개하겠다.

---

19 캐시 오닐, 앞의 책, 60−61쪽.

(2) 대학평가 모델

먼저 대학평가 모델을 언급할 수 있다. 오늘날 언론 등이 대학을 평가하여 순위를 매기는 일은 일상적인 현상으로 자리매김하였다. 그런데 이러한 대학평가가 대학이 지닌 역량을 제대로 평가하는지에는 오래전부터 의문이 제기되었다. 오늘날 일상이 된 대학평가는 1983년으로 거슬러 올라간다.[20] 지금은 대학평가로 전 세계적으로 유명해진 미국의 시사 잡지 『유에스 뉴스 & 월드 리포트』(US News & World Report)가 치열한 언론사 간의 경쟁에서 살아남기 위해 대학평가를 시작한 것이다.

문제는 『유에스 뉴스 & 월드 리포트』를 위시하는 대학평가 기관이 대학을 평가하기 위해 사용하는 데이터에서 찾을 수 있다. 무엇이 과연 대학의 진정한 역량을 평가하는 데 적합하고 유용한 데이터인지가 명확하지 않기에 대학평가 기관은 이른바 '대리 데이터'를 사용하여 대학을 평가한다. 이에 관해 두 가지 문제가 제기된다.

첫째, 대리 데이터는 대학의 역량을 정확하게 평가하는 데 한계를 지닌다는 점이다. 말 그대로 '대리' 데이터이기 때문이다. 'SAT 점수'나 '학생 대 교수 비율', '입학 경쟁률'과 같은 대리 데이터는 대학의 역량을 '간접적'으로 평가할 수 있지만 대학의 진정한 역량을 '직접적'으로 평가하는 데는 한계가 있다는 것이다.

둘째, 이러한 대리 데이터는 이미 기존에 명문대학으로 자리매김한 대학을 기준으로 하여 선별된 것이라는 점이다.[21] 이미 명문대학으로 자리 잡은 대학들에게 유리하게 대리 데이터들이 편향되어 있는 것이다. 그 점에서 대리 데이터는 대학을 평가하는 데 부정확할 뿐만 아니라 편향성마저 지닌다. 기존에 존재하는 대학 간 서열을 정당한 것으로 인정함으로써 합리적 이유 없이 다른 대학들을 차별하는 것이다.

이처럼 정확하지 않을 뿐만 아니라 편향성을 지닌 대리 데이터로 대학을 평가하면서 다음과 같은 문제가 발생한다. "순위가 전국적인 표준으로 확장됨에 따라 부정적인 피드백 루프가 활성화되기 시작했다. 문제는 대학 순위가 자기 강화적인 특징을 갖는다는 점이었다."[22]

---

20 캐시 오닐, 앞의 책, 95쪽 아래.
21 캐시 오닐, 앞의 책, 109쪽.
22 캐시 오닐, 앞의 책, 97–98쪽.

(3) 범죄 예측 프로그램

다음으로 범죄 예측 프로그램을 들 수 있다. 예산 압박에 시달리는 미국 각 주 및 시의 경찰 당국은 가능한 한 효율적으로 범죄를 억제하기 위해 범죄 예측 프로그램과 같은 알고리즘을 적극 이용한다. 이미 2013년에 미국 펜실베이니아주에 자리한 소도시 레딩(Reading)의 경찰서는 캘리포니아주 산타크루즈에 자리한 빅데이터 스타트업 '프레드폴'(PredPol)이 개발한 범죄 예측 프로그램을 도입하여 사용하고 있다. 프레드폴 프로그램은 레딩시의 범죄 통계 데이터를 토대로 하여 범죄 발생 가능성이 가장 높은 지역을 시간대별로 예측한다.[23] 레딩시 경찰은 이 프로그램을 도입한지 1년 만에 강도 사건이 23%나 감소했다고 발표하였다.

이렇게 범죄 예측 프로그램이 일견 성공을 거두자 미국 각 경찰은 프레드폴과 같은 범죄 예측 프로그램을 적극 도입하여 사용한다. 예를 들어 뉴욕시는 프레드폴과 비슷한 '컴스탯'(CompStat)이라는 범죄 예측 프로그램을, 필라델피아 경찰은 '헌치랩'(HunchLab)을 사용한다. 뉴욕시가 사용하는 컴스탯은 MS사와 공동으로 구축하였다. 컴스탯은 범죄경력과 자동차 번호, 911 전화내역, 6,000여 대의 CCTV에서 수집한 데이터를 바탕으로 하여 개발된 '영역감지시스템'(Domain Awareness System: DAS)을 이용한다.[24] 이를 이용하여 범죄를 예측하고 실시간 대응체계를 마련한다. 이를 활용하여 수사기간을 단축하고 업무 효율성을 제고하였다.[25]

범죄 예측 프로그램이 거둔 성과를 캐시 오닐은 다음과 같이 말한다.[26]

> "프레드폴이 개발한 예측 프로그램은 오늘날 예산에 쪼들리는 미국 전역 경찰서에서 크게 환영받고 있다. 애틀란타, LA 등 다양한 지역의 경찰 당국이 범죄 예측 프로그램이 시간대별로 범죄 발생 가능성이 높다고 예측한 지역들에 경찰 인력을 집중적으로 배치한 덕분에 범죄율이 감소했다고 발표했다."

---

23 캐시 오닐, 앞의 책, 149쪽.

24 DAS에 관해서는 E. S. Levine/Jessica Tisch/Anthony Tasso/Michael Joy, "The New York City Police Department's Domain Awareness System", in: Interfaces (Published online in Articles in Advance 18 Jan 2017) (http://dx.doi.org/10.1287/inte.2016.0860) 참고.

25 김지혜, "범죄 예방 및 대응에서 AI의 역할", 『AI Trend Watch』(정보통신정책연구원) 2020-13호(2020), 6쪽.

26 캐시 오닐, 앞의 책, 149쪽.

문제는 이러한 범죄 예측 프로그램이 범죄를 정확하고 공정하게 예측하지 못한다는 점이다. 대학을 평가할 때와 마찬가지로 범죄 예측 프로그램은 대리 데이터를 활용한다. 범죄에 관한 다양한 데이터를 분석함으로써 확률적·통계적으로 범죄를 예측하는 것이다. 이로 인해 범죄 예측 프로그램은 특정한, 가령 경제적으로 빈곤한 지역이나 유색인종 등에게서 범죄 발생 확률이 더 높게 나타난다고 예측하는 편향성을 보인다. 그 때문에 특정한 지역에 산다는 것만으로, 특정한 인종에 속한다는 것만으로 범죄자로 의심받고 취급받는 문제가 발생한다. 그리고 이는 악순환을 거쳐 스스로 편향성을 강화한다.[27]

실제로 뉴욕시가 이용하는 컴스탯에 관해 개인의 사생활 침해 등과 같은 인권침해 논란이 발생하여 DAS에 관한 가이드라인을 제정하기도 하였다.[28]

(4) 채용 프로그램의 문제: 디지털 골상학

인재를 채용하는 영역 역시 범죄 예측과 더불어 알고리즘의 편향성이 문제가 되는 영역이다. 캐시 오닐에 따르면 미국에서 직원 채용 프로그램이 적극 사용되면서 여러 문제를 야기한다. 직원 채용 프로그램 역시 다양한 대리 데이터를 활용함으로써 효율성이라는 이름 아래 차별을 유발하는 것이다.[29] 예를 들어 미국의 특정 종합유통업체는 인적자원관리 회사 '크로노스'(Kronos)가 개발한 직원 채용 프로그램을 이용하여 채용을 할 때 인성적성검사를 실시하는데, 이 과정에서 미국 밴더빌트 대학교를 다니다가 정신건강 문제로 휴학을 하고 이후 회복한 지원자를 인성적성검사만으로 탈락시키기도 하였다. 지원자의 주장에 의하면 이미 정신건강을 회복했는데도 해당 종합유통업체가 사용한 직원 채용 프로그램은 지원자를 채용하기에 부적합한 인재로 평가한 것이다.[30]

문제는 이러한 직원 채용 프로그램 역시 해당 지원자와 직접 관련이 있는 데이터가 아닌 대리 데이터를 이용하여 확률적·통계적으로 지원자를 평가한다는 점

---

27 상세한 분석은 캐시 오닐, 앞의 책, 153쪽 아래 참고.

28 김지혜, 앞의 보고서, 6쪽. 범죄 예측 프로그램의 문제를 분석하는 연구로는 이병규, "AI의 예측 능력과 재범예측알고리즘의 헌법 문제: State v. Loomis 판결을 중심으로", 『공법학연구』 제21권 제2호(2020), 169-191쪽; 최정일, "빅 데이터 분석을 기반으로 하는 첨단과학기법의 현황과 한계: 범죄예방과 수사의 측면에서", 『법학연구』 제20권 제1호(2020), 57-77쪽 등 참고.

29 캐시 오닐, 앞의 책, 201쪽 아래.

30 캐시 오닐, 앞의 책, 181쪽 아래.

이다. 요컨대 '간접적인 데이터'만으로 '효율성'이라는 이름 아래 다수의 지원자를 신속하게 평가하는 것이다. 이 과정에서 자연스럽게 정확하지 않은 평가뿐만 아니라 편향적인 평가 역시 이루어진다. 범죄 예측 프로그램과 마찬가지로 특정한 지역에 살거나 특정한 인종에 속하는 경우 직원 채용 프로그램 역시 편향적인 판단을 하는 것이다.

이렇게 상당수의 직원 채용 알고리즘이 지원자의 직무 능력이 아닌 출신 지역이나 인종, 국적 등과 같은 요소로 편향적인 판단을 한다는 점에서 캐시 오닐은 이를 '디지털 골상학'으로 규정하기도 한다.[31] 19세기에 유행했던 사이비 과학인 골상학을 디지털 알고리즘이 다시 구현하고 있다는 것이다.

구글과 더불어 세계적인 플랫폼 기업인 아마존 역시 이와 유사한 문제를 일으켰다.[32] 다만 실제로 진행된 채용에서 문제가 된 것은 아니고 개발 중인 인공지능 채용 시스템에서 특정 집단에 편향적인 평가를 하는 문제가 발생하였다. 인공지능 채용 시스템이 여성 지원자를 차별하는 판단을 한 것이다. 이러한 문제가 발생한 이유는 아마존의 인공지능 채용 시스템에 제공한 데이터에서 찾을 수 있다. 아마존은 이미 채용된 직원들의 이력서를 데이터로 제공하였는데 이때 데이터에 존재하는 편향성이 그대로 인공지능의 알고리즘에 반영된 것이다. 현실 세계에 존재하는 편향성이 인공지능의 판단에 영향을 미친 것이다.

(5) 일정의 노예

캐시 오닐은 일정 관리 알고리즘이 어떻게 저임금 노동자들을 일정의 노예로 만드는지 흥미롭게 분석한다. 그 예로 한국인들이 사랑하는 '스타벅스' 사례를 언급한다.[33] 스타벅스가 직원을 효율적으로 배치하기 위해 일정 관리 알고리즘을 사용하면서 스타벅스 직원들은 저임금에 시달리면서 일정의 노예가 된다. 이른바 '클로프닝'(clopening)이 이들을 지배한다.[34] 이 때문에 다수의 스타벅스 직원은 자신의 삶을 빼앗긴다. 일정 관리 알고리즘이 내리는 예측 불가능한 명령을 따라야 하

---

31 캐시 오닐, 앞의 책, 206−207쪽 참고.
32 박소정, ""이력서에 '여성' 들어가면 감점" ··· 아마존 AI 채용, 도입 취소", 『조선일보』(2018. 10. 11).
33 캐시 오닐, 앞의 책, 212쪽 아래.
34 '클로프닝'은 'closing'과 'opening'을 합성한 신조어로 퇴근하자마자 출근해야 하는 상황을 뜻한다. 캐시 오닐, 앞의 책, 208쪽.

기 때문이다.

　이러한 문제는 우리나라에서도 이슈가 되었다. 코로나-19로 사회적 거리두기
가 진행되면서 각종 앱을 이용한 주문 및 배송이 급속하게 증대하였는데 이로 인
해 앱에 종속되는 배송 노동자들의 일상이 논란이 되었다.[35] 인공지능에 기반을 둔
배송앱은 배송 노동자들에게 배송에 관해 지시를 내린다. 이때 특히 배송 시간이
문제가 된다. 인공지능 알고리즘이 계산한 배송 시간과 실제 배송 시간 사이에 큰
차이가 발생하는 경우가 많기 때문이다. 배송 노동자들은 지시된 배송 시간을 맞
추기 위해 도로교통 법규를 위반하는 배송을 해야 한다. 무리한 일정을 거절하면
배송이 주어지지 않는다. 인간 배송 노동자들이 인공지능 알고리즘이 계산한 일정
의 노예가 되는 것이다.

(6) 알고리즘 편향과 보험

　알고리즘의 편향성은 보험에도 영향을 미친다.[36] 보험가입자를 차별하는 것이
다. 이를테면 특정한 보험에 가입하려는 보험가입자가 보험사고를 자주 일으키는
집단에 속한다고 판단되면 이들에게는 가격이 비싼 보험 상품을 판매하는 것이다.
같은 보험 상품을 판매하는 경우에도 보험사고를 잘 일으키지 않는 '안전한 보험
가입자'로 판단되는 경우에는 이들에게는 상대적으로 저렴하게 보험 상품을 판매
하는 것이다. 캐시 오닐은 이를 다음과 같이 말한다.[37]

　　"2015년 미국의 비영리단체 컨슈머 리포트(Consumer Reports)는 자동차
　　보험료의 차이를 규명하기 위해 전국 차원의 광범위한 조사를 진행했다. 이를
　　위해 전국 3만3,419개 우편번호별로 가상의 소비자를 만들어 미국의 모든 주요
　　보험사들에 견적서를 요청하고, 그들이 보내준 20억 장 이상의 견적서를 분석
　　했다. 결과부터 말하면 보험사들의 보험료 산정 정책은 매우 불공정할뿐더러,
　　(⋯) 신용평가 점수에 깊이 의존했다."

　이렇게 보험가입자를 평가하고 선별할 때 보험사는 보험 관련 데이터에 기반

---

35 김민제·선담은, "가라면 가? 25분 거리를 15분 안에 가라는 'AI 사장님'", 『한겨레』(2020. 10. 30).
36 캐시 오닐, 앞의 책, 268쪽 아래.
37 캐시 오닐, 앞의 책, 273쪽.

을 둔 알고리즘을 사용한다. 하지만 이때도 알고리즘은 대리 데이터를 사용하고 이로 인해 보험가입자를 평가할 때 공정한 판단이 아닌 편향된 판단을 한다. 이러한 편향된 판단이 보험 상품 가격에도 영향을 미치는 것이다.

(7) 마이크로 타기팅 선거운동

알고리즘은 정치 영역, 특히 선거운동에서도 사용된다.[38] 이때 알고리즘의 편향성은 의도적으로 강화되어 사용된다. '마이크로 타기팅'(micro targeting)이라는 이름으로 말이다.[39] 여기서 마이크로 타기팅이란 선거운동을 할 때 유권자들을 의도적으로 구별하는 것을 말한다. 정치적으로 자신들에게 유리한 유권자들을 편향적으로 구별하여 이들에게 맞춤형 선거운동을 하는 것이다. 실제로 오바마 대통령 재선캠프의 데이터과학자 레이드 가니는 데이터 분석 전문가를 채용해 마이크로 타기팅을 적극 활용하는 선거운동을 하였다.[40] 이는 꽤 성공을 거두어 오바마가 재선하는 데 이바지하였다.

마이크로 타기팅은 요즘 광고업계에서 즐겨 사용하는 '커스터마이징'(customizing) 광고와 유사하다. 각 유권자의 정치적 성향을 고려하여 이에 걸맞은 정치 광고를 내보내는 등과 같은 선별적·편향적 선거운동을 하는 것이다. 이러한 이유에서 정치 영역이나 광고 영역에서는 알고리즘의 편향성이 '마이크로 타기팅'이나 '커스터마이징'이라는 이름 아래 강화된다.

(8) 커스터마이징 광고와 차별

마이크로 타기팅은 개별 유권자가 원하는 정치적 상품을 제공한다는 점에서 개별적인 차원에서는 큰 문제가 되지 않는다. 이에 반해 아마존이나 유튜브, 페이스북 등에서 즐겨 사용하는 커스터마이징 광고는 개별 소비자에게 이익만을 제공하는 것은 아니다. 이를테면 부자인 사람에게는 그에 적합한 부동산이나 여행 상품을 추천하면서 상대적으로 가난한 사람에게는 이러한 광고를 제공하지 않는 게 오히려 그 사람을 차별하는 것이 될 수 있기 때문이다.[41] 각 소비자에게 개별화된

---

38 캐시 오닐, 앞의 책, 298쪽 아래.

39 캐시 오닐, 앞의 책, 313쪽.

40 캐시 오닐, 앞의 책, 313쪽 아래.

41 이에 관해서는 구정우, 『인권도 차별이 되나요?』(북스톤, 2019) 참고.

광고는 소비자가 지닌 욕망을 비합리적으로 차별하는 문제를 야기할 수 있다. 소비자가 다원적으로 품을 수 있는 욕망을 억압하고 배제하는 문제가 될 수 있는 것이다.

(9) 프로파일링과 인격권 침해

개별 유권자가 소비자를 커스터마이징하려면 해당 정보주체를 각 영역에서 프로파일링할 수 있어야 한다. 그런데 이렇게 빅데이터와 알고리즘을 이용하여 개별 정보주체를 프로파일링하는 것은 해당 주체의 인격권을 침해하는 것이 될 수 있다. 프로파일링되는 정보주체의 입장에서 보면 원하지 않는데도 자신의 사적인 영역 모든 것이 인공지능 사업자와 같은 상대방에게 노출되는 것으로 볼 수 있기 때문이다.

4. 알고리즘과 감시국가 문제

앞에서 알고리즘의 편향성 문제 가운데 하나로 범죄 예측 프로그램의 편향성을 언급하였다. 그런데 이렇게 알고리즘이 범죄 예측, 더 나아가 형사사법과 결합하면 자칫 '빅브라더'(big brother)와 같은 감시국가를 초래할 수 있다.[42] 이때 알고리즘은 감시국가 및 감시사회를 실현하는 유용한 도구가 된다. 이를 독일의 범죄학자인 징엘른슈타인(Tobias Singelnstein)과 슈톨레(Peer Stolle)는 다음과 같이 인상 깊게 서술한다.[43]

> "이러한 통제기술의 입장에서는 현대적 정보처리기술이 특별한 의미를 갖는다. 정보처리기술은 한편으로는 최대한 질서에 순응하여 행동하고 눈에 뜨이는 행동을 하지 않도록 함으로써 행위통제를 위해 투입된다. 다른 한편 정보처리기술은 위험을 통제하고 회피하는 데 기여한다. 이 기술을 통해 사람과 사실에 대해 포괄적인 데이터를 수집하고 평가하는 것이 가능하게 되고, 이들 데이터는 다시 예방적 개입이 필요한지 여부에 대한 예측결정을 하기 위한 토대가

---

42 양천수, 『빅데이터와 인권』(영남대학교 출판부, 2016) 참고.

43 토비아스 징엘른슈타인·피어 슈톨레, 윤재왕 (역), 『안전사회: 21세기의 사회통제』(한국형사정책연구원, 2012), 80쪽.

된다. 모든 형태의 삶의 표현과 관련된 데이터를 조사, 처리, 저장하고 이러한 목적을 위해 설치된 데이터뱅크들을 상호 연결함으로써 이제는 모든 사람과 모든 상황을 탐지할 수 있는 총체적 능력을 갖추게 되었다."

5. 인공지능의 사회적 이용에 따른 위험 사례

그밖에 인공지능을 사회적으로 이용하면서 발생하는 위험 사례들을 간략하게 소개한다. 가장 대표적인 경우로 자율주행차의 교통사고를 들 수 있다.[44] 현재 자율주행차 개발에서 선두 위치에 있는 테슬라나 구글 모두 자율주행차를 시험하면서 교통사고를 내기도 하였다. 물론 아직은 자율주행차가 실현되었다고 말할 수 없기에 지금까지 발생한 사고들은 자율주행차가 일으킨 사고로 말하기에는 어렵다. 그러나 앞으로 자율주행차가 실현된다 하더라도 오작동으로 교통사고가 발생할 가능성이 있다는 점을 염두에 둘 필요는 있다.

인공지능이 기계학습을 하는 과정에서 혐오표현을 하거나 범죄와 유사한 행위를 저지른 경우도 발생하였다. 인공지능이 가짜뉴스를 생산해 퍼트리거나 '딥페이크'(deep fake)를 자행하는 경우도 들 수 있다.[45]

인공지능이 사회 각 영역에서 성공적으로 사용되면서 인간의 일자리가 점점 줄어드는 현상도 거론할 필요가 있다. 은행 업무를 예로 보면 은행 업무의 자동화가 가속화되면서 오프라인 은행 점포가 점점 줄어드는 현상을 들 수 있다. 반도체 생산과 같은 첨단 제조업 영역에서 자동화가 진척되면서 신규 일자리가 그다지 늘지 않는 것도 언급할 필요가 있다. 인공지능이 기존의 인간 일자리를 대체하고 있는 것이다.

Ⅳ. 인공지능의 사회적 수용 조건

이처럼 인공지능은 다양한 위험을 지닌다. 그런데도 이러한 인공지능이 우리

---

[44] 이에 관해서는 김규옥·조선아, "자율주행차 사고유형으로부터의 시사점: 미국 캘리포니아 자율주행차 사고자료를 토대로", 『교통 기술과 정책』 제17권 제2호(2020), 34-42쪽 참고.

[45] 이에 관해서는 홍태석, "딥페이크 이용 아동성착취물 제작자의 형사책임: 일본의 판례 및 논의 검토를 통하여", 『디지털 포렌식 연구』 제14권 제2호(2020), 139-151쪽 참고.

사회에 수용되기 위해서는 사회적 수용에 필요한 조건을 충족해야 한다. 이는 객관적인 측면과 주관적인 측면으로 구별할 수 있다.

1. 객관적 조건

첫째, 객관적인 측면에서는 인공지능이 창출하는 사회적 공리가 인공지능이 야기하는 문제보다 더욱 커야 한다. 이를 위해서는 두 가지 요건을 충족해야 한다. 우선 인공지능이 창출하는 사회적 공리를 사회의 모든 구성원이 누릴 수 있어야 한다. 나아가 인공지능이 야기하는 사회적·법적 문제를 사회의 규범체계가 적절하게 해결할 수 있어야 한다.

2. 주관적 조건

다음으로 둘째, 사회 구성원들이 주관적인 차원에서 인공지능에 공감을 할 수 있어야 한다. 이를 위해서는 인공지능에 관해 바람직한 상징적 의미가 형성되고 소통되어야 한다. 달리 말하면 인공지능에 관해 설득력 있는 '상징정치'가 이루어져야 한다.[46]

---

[46] 상징정치에 관해서는 大貫惠美子, 『人殺しの花: 政治空間における象徴的コミュニケーションの不透明性』(岩波書店, 2020) 참고.

9장

인공지능과 윤리

I. 서론

이세돌 9단과 구글 인공지능 알파고 사이에 세기적인 바둑 대국이 이루어진 이후 이제 인공지능은 먼 미래만의 일이 아니라 '지금 여기의 현실'이 되고 있다. 이에 따라 인공지능을 향한 사회적 관심 역시 증폭되고 있다. 덩달아 인공지능이 야기하는 사회적·규범적 문제에 어떻게 대처해야 하는지의 논의도 활발하게 진행된다. 이에 관해서는 크게 두 가지 방향에서 논의가 전개된다. 첫째는 법적 대처에 관한 논의이고, 둘째는 윤리적 대처에 관한 논의이다. 여기서 법적 대처에 관한 논의는 주로 법학자들에 의해, 윤리적 대처에 관한 논의는 주로 윤리학자 및 철학자들에 의해 주도된다.[1] 이는 인공지능이 야기하는 규범적 문제가 단지 법학 및 법체계만의 문제가 아니라는 점을 보여준다. 이러한 상황에서 제9장은 '인공지능과 윤리'에 관한 문제를 법철학의 견지에서 포괄적으로 다루고자 한다.[2] 인공지능에 관

---

[1] 법적 논의에 관해서는 많은 문헌을 대신하여 우선 조성은 외, 『인공지능시대 법제 대응과 사회적 수용성』(정보통신정책연구원, 2018); 전북대학교 동북아법연구소, 『지능정보사회에서 법과 윤리』(이웃사람들, 2019); 양천수, 『제4차 산업혁명과 법』(박영사, 2017) 등 참고.

[2] 인공지능 윤리에 관해서는 Nick Bostrom/Eliezer Yudkowsky, "The Ethics of Artificial Intelligence", Keith Frankish/William Ramsey (ed.), *Cambridge Handbook of Artificial Intelligence* (Cambridge University Press, 2014); Paula Boddington, *Towards a Code of Ethics for Artificial Intelligence* (Springer, 2017); 웬델 월러치·콜린 알렌, 노태복 (옮김), 『왜 로봇의 도덕인가』(메디치미디어, 2016); 변순용 외, "로봇윤리헌장의 내용과 필요성에 관한 연구", 『윤리연구』 제112호(2017); 이원태 외, 『4차산업혁명시대 산업별 인공지능 윤리의 이슈 분석 및 정책적 대응방안 연구』(4차산업혁명위원회, 2018); 한국정보화진흥원, 『지능정보사회 윤리 가이드라인』(2018); 한국인공지능법학회, 『인공지능과 법』(박영사, 2019), 54-77쪽; 변순용 (편), 『윤리적 AI로봇 프로젝트』(어문학사, 2019); 정채연, "지능정보사회에서 지능로봇의 윤리화 과제와

해 어떤 윤리적 문제가 제기될 수 있는지, 이는 어떻게 해결할 수 있는지를 논의의 강약을 조절하면서 다루어 보고자 한다. 제9장에서는 구체적으로 다음과 같은 문제를 다루겠다.

- 인공지능과 윤리를 논의해야 할 필요는 무엇일까?
- 인공지능 윤리가 뜻하는 바가 무엇이고 이는 구체적으로 누구를 위한 윤리일까?
- 인공지능 윤리의 기본 방향을 어떻게 설정할 수 있을까?
- 인공지능 윤리를 이행하도록 하는 방안에는 무엇이 있을까?

II. 인공지능과 윤리의 논의 필요성

1. 문제 제기

먼저 논의의 출발점으로 왜 인공지능 윤리를 논의해야 하는지 검토할 필요가 있다. 이러한 문제 제기가 의미가 있는 이유는 인공지능이 야기하는 규범적 문제에 법으로 대응하고자 하는 논의, 즉 인공지능에 대한 법적 규제 논의가 이미 활발하게 이루어지고 있고, 또한 그동안 상당한 연구가 축적되었기 때문이다. 윤리보다 더 강력하고 실효성 있는 제재수단이라 할 수 있는 법적 규제로 인공지능이 야기하는 규범적 문제를 충분히 다룰 수 있다면, 굳이 인공지능 윤리를 논의할 필요가 있을지 의문을 제기할 수 있다. 특히 법 개념에 비해 그 의미가 명확하지 않은 윤리 개념을 규제 수단으로 원용하고자 한다는 점에서 의문이 증폭될 수 있다.[3] 그런데도 인공지능 윤리에 관한 논의에 그 의미를 부여할 수 있다면, 다음 두 가지 근거에서 그 이유를 찾을 수 있을 것이다.

전망", 전북대학교 동북아법연구소, 『지능정보사회에서 법과 윤리』(이웃사람들, 2019), 125쪽 아래; 이중원 외, 『인공지능의 윤리학』(한울아카데미, 2019) 등 참고.

3 인공지능 윤리와 인공지능법학의 관계에 관해서는 김건우, "로봇윤리 vs. 로봇법학: 따로 또 같이", 『법철학연구』 제20권 제2호(2017), 7-44쪽 참고.

2. 인공지능에 대한 법적 규제의 불충분성

첫째, 인공지능에 대한 법적 규제가 여러모로 충분하지 않다는 점을 들 수 있다. 달리 말해, 인공지능이 야기하는 규범적 문제에 대응하는 데 법적 규제는 완전하지 않다는 것이다. 이는 법적 규제가 갖고 있는 규범적 특징과 무관하지 않다. 독일의 법철학자 클라우스 귄터(Klaus Günther)가 적절하게 지적한 것처럼 법, 특히 현대법의 바탕이 되는 '근대법'(modernes Recht)은 '외부성'이라는 특징을 지닌다.[4] 내면적 동기까지 문제 삼는 윤리나 도덕과는 달리, 법은 기본적으로 외부적으로 발생한 결과를 문제 삼는다는 것이다. 이는 무엇보다도 도덕과 법을 구별하는 칸트에서 근거를 찾을 수 있다. 칸트는 도덕과 법을 개념적·내용적으로 구분하면서, 내면적 동기와 자율성을 특징으로 하는 도덕과는 달리 법은 외부적 결과와 강제가능성을 특징으로 한다고 말한다.[5]

이렇게 법은 기본적으로 수범자 또는 행위자가 외부적으로 야기한 결과를 문제 삼는다는 특징은 지금도 여전히 유지되고 있다. 물론 형법학의 논의가 보여주는 것처럼 행위자의 내면적 측면, 이를테면 고의 등도 이제는 행위가 불법인지 판단할 때 중요한 역할을 한다.[6] 그렇지만 법은 행위자에 의해 특정한 외부적 결과가 발생해야 비로소 이를 문제 삼는다는 특성은 여전히 유지된다.

이러한 까닭에 법적 규제가 인공지능이 유발하는 규범적 문제를 완전하게 커버하기는 어렵다. 이를테면 시민들은 자율주행자동차가 특정한 결과를 일으키기 전에도 이러한 자율주행자동차에 적용되는 알고리즘이 윤리적으로 볼 때 타당한지를 문제 삼을 수 있다. 바로 이러한 근거에서 인공지능에 대한 윤리 문제를 논의할 필요가 있는 것이다.

---

4 Klaus Günther, 김나경 (역), "형법의 대화윤리적 근거지음의 가능성", 이상돈 (엮음), 『대화이론과 법』(법문사, 2002), 152−154쪽 참고. 근대법에 관해서는 양천수, "법의 근대성과 탈근대성: 하버마스와 투렌의 기획을 중심으로 하여", 『법학연구』 제50권 제1호(2009), 161−191쪽 참고.

5 Immanuel Kant, *Metaphysik der Sitten* (1797), *Einleitung in die Rechtslehre*, § B, S. 337.

6 이는 독일의 형법학자 벨첼(Hans Welzel)이 정립한 목적적 행위론에서 극명하게 드러난다. 이를 보여주는 Hans Welzel, 황산덕 (역), 『형법체계의 신형상: 목적적 행위론 입문』(박영사, 1957) 참고.

3. 윤리를 통한 자율적 규제

둘째, 인공지능 윤리를 논의하는 이유는 인공지능이 유발하는 규범적 문제를 윤리라는 법보다는 강도가 약한 규제 수단을 이용하여 규제하겠다는 의도에서 찾을 수 있다. 다시 말해 인공지능에 관한 규범적 문제에 윤리를 활용하는 자율적 규제로 대응하겠다는 것이다. 이는 법적 규제가 갖고 있는 '강제성'이라는 특징과 관련을 맺는다.

법적 규제는 외부적으로 발생한 결과를 규제의 출발점으로 삼는 동시에 강제적인 집행 방식을 갖춘 직접적 규제 방식이라는 특징을 지닌다. 이로 인해 규범적 분쟁에 효과적으로 대응할 수 있다. 시간이라는 측면에서 보면 법적 규제는 단기간에 목표로 하는 효과를 거둘 수 있다. 그렇지만 법적 규제는 규제의 강제성이라는 특징으로 인해 예기치 못한 부작용을 낳기도 한다. 이를 규제이론가들은 '규제의 역설'이라고 표현한다.[7] 독일의 법사회학자 토이브너(Gunther Teubner)는 이를 '조종의 트릴레마'(regulatorisches Trilemma)라고 지칭한다.[8]

그 때문에 법적 규제는 민법상 불법행위나 형법상 범죄와 같은 규범적 문제를 규제하기에는 적합하지만, 인공지능 개발과 같이 고도의 창의성을 요구하면서 과학기술 수준이 급격하게 발전하는 영역을 규제하기에는 적합하지 않다는 비판이 제기된다. 이렇게 많은 것이 매 순간 변하고 발전하는 영역에는 법적 규제를 철폐하거나 피규제자의 자율성을 전제로 하는 '약한 규제'(soft law)를 투입해야 한다는 것이다. 이러한 주장을 예증하는 것이 '포괄적 네거티브 규제 전환'이나 '규제 샌드박스'(regulatory sandbox)라 할 수 있다.

인공지능 윤리 논의는 바로 이러한 맥락에서 이해할 수 있다. 인공지능처럼 현재 급속하게 발전하는 영역에 강력한 강제 수단을 갖춘 법적 규제를 광범위하게 투입하는 것은 적절하지 않다는 것이다. 따라서 한편으로는 인공지능 과학기술이 원활하고 창의적으로 발전할 수 있도록 하면서도, 다른 한편으로 인공지능이 유발하는 규범적 문제에 적절하게 대처하기 위해서는 법적 규제보다 직접성이나 강도

---

7 이에 관해서는 김영평·최병선·신도철 (편저), 『규제의 역설』(삼성경제연구소, 2006) 참고.

8 Gunther Teubner, "Verrechtlichung: Begriffe, Merkmale, Grenzen, Auswege", in: F. Kübler (Hrsg.), *Verrechtlichung von Wirtschaft, Arbeit und sozialer Solidarität* (Frankfurt/M., 1984), S. 312 ff.

가 약한 윤리적 규제를 고려할 필요가 있다는 것이다. 바로 이러한 맥락에서 인공지능과 윤리 문제를 논의할 필요가 있다.

Ⅲ. 인공지능 윤리 개념의 의의와 문제

1. 윤리의 개념

(1) 문제점

먼저 인공지능 윤리에서 말하는 '윤리'란 정확하게 무엇을 뜻하는지 문제가 된다. 물론 윤리는 우리가 일상적으로 흔히 사용하는 개념이고, 그 핵심 내용에 관해서는 각자가 어느 정도 구체적인 윤곽을 지니고 있다는 점에서 왜 이 개념을 문제삼아야 하는지 의문을 제기할 수 있다.[9] 그렇지만 도덕철학, 특히 영미 철학에서 전개된 '자유주의−공동체주의 논쟁'에서는 '윤리'(ethics)와 '도덕'(moral)이 개념적으로 구별되면서 그 관계를 어떻게 설정해야 하는지가 논쟁 대상이 되었기에 여기에서도 이 문제를 짚고 넘어가야 할 필요가 있다.[10]

(2) 윤리와 도덕의 관계

윤리 개념은 역시 우리가 일상적으로 흔히 사용하는 도덕 개념과 어떤 관계를 맺는지, 양자는 같은 개념인지, 아니면 서로 구별되는 별개의 개념인지에 따라 그 의미 내용이 달라진다. 이는 철학적으로 자유주의를 취하는가, 아니면 공동체주의를 취하는가에 따라 달라진다.

이를테면 개인과 공동체의 관계에서 개인의 '자유'를 공동체의 '미덕'보다 우선하는 자유주의는 철학적으로 볼 때 다음과 같은 전제에서 출발한다. '무연고적 자아'(unencumbered self), '좋음(the good)에 대한 옳음(the right)의 우선성'이 그것

---

9 이와 유사한 지적으로는 빈프리트 하세머, 배종대·윤재왕 (옮김), 『범죄와 형벌: 올바른 형법을 위한 변론』(나남, 2011), 45쪽 아래.

10 이에 관해서는 우선 Michael Sandel, *Liberalism and the Limits of Justice*, second edition (Cambridge University Press, 1998) 참고.

이다.[11]

　　먼저 자유주의는 공동체 또는 사회적 관계로부터 자유로운 선험적 주체, 즉 무연고적 자아 개념을 인정한다. 자아는 공동체가 성립하기 이전에도, 사회적 관계가 형성되기 이전에도 존재한다는 것이다. 다음으로 자유주의는 좋음에 대해 옳음이 우선한다고 본다. 이러한 주장은 다음과 같은 주장도 포함한다. 좋음과 옳음은 개념적·내용적으로 구별된다는 것이다. 그 이유는 좋음은 공동체의 '미덕'(virtue)과 관련되는 것인 반면, 옳음은 무연고적 자아인 개인과 개인의 관계에서 문제된다고 보기 때문이다. 이러한 맥락에서 자유주의는 윤리와 도덕을 개념적·내용적으로 구분한다. 윤리가 좋음 및 공동체의 미덕과 관련된다면, 도덕은 옳음 및 자아와 타자 사이의 관계설정 문제와 관련되기 때문이다.[12] 그러면서 도덕이 윤리보다 우선한다고 말한다.

　　이에 반해 개인을 공동체를 넘어서는 존재로 보기보다는 공동체 안에 있는 존재로 파악하는 공동체주의는 철학적인 면에서 자유주의와 대립하는 주장을 한다. 자아에 관해서는 '연고적 자아'(encumbered self)를, 좋음과 옳음의 관계에 대해서는 좋음이 옳음에 우선한다고 말한다.

　　먼저 공동체주의는 자유주의와는 달리 자아는 공동체 또는 사회적 관계와 무관하게 존재할 수 없다고 말한다. 모든 자아는 '연고'로 대변되는 사회적 관계에서 자유로울 수 없다는 것이다. 다음으로 공동체주의는 좋음과 옳음을 구별하면서 옳음에 우선권을 부여하는 자유주의에 반대한다. 일단 공동체주의는 좋음과 옳음을 내용적으로 구별할 수 없다고 말한다. 옳음의 배후에는 좋음이 놓여 있기 때문이다. 한마디로 말해 옳음 그 자체도 좋음의 한 유형에 불과하다는 것이다. 이는 곧 좋음이 옳음에 우선한다는 것을 의미한다. 같은 맥락에서 공동체주의는 도덕과 윤리를 내용적으로 구분하는 것에 반대한다. 개인적 도덕의 배후에는 공동체적 윤리가 있다는 것이다. 이러한 공동체주의의 견지에서 보면, 윤리는 (이보다 그 외연이 좁은) 도덕 개념을 포괄하는 개념으로서 옳음뿐만 아니라 좋음까지 담아내는 규범

---

11 이에 관해서는 양천수, "자유주의적 공동체주의의 가능성: 마이클 샌델의 정치철학을 중심으로 하여", 『법철학연구』 제17권 제2호(2014), 205-242쪽 참고.

12 이러한 맥락에서 독일의 사회철학자 하버마스(Jürgen Habermas)는 실천이성의 '도덕적 사용'과 '윤리적 사용'을 구분한다. 위르겐 하버마스, 이진우 (역), 『담론윤리의 해명』(문예출판사, 1997) 참고.

들의 총체라 할 수 있다.

(3) 인공지능 윤리에서 말하는 윤리 개념

　그러면 인공지능 윤리에서 말하는 윤리 개념은 어떤 개념이어야 하는가? 이때 말하는 윤리는 공동체주의가 말하는 것처럼 도덕 개념까지 포괄하는 넓은 의미의 규범적 개념이 되어야 하는가? 그게 아니면 자유주의가 말하는 것처럼 좁은 의미의 도덕 개념에 한정되어야 하는가? 이를 본격적으로 다루려면 많은 지면이 필요하고, 이러한 논의가 이 책에서 중심이 되는 것은 아니기에 여기에서는 결론을 중심으로 하여 이를 간략하게 언급하겠다. 일단 결론부터 말하면 인공지능 윤리에서 말하는 윤리는 자유주의가 강조하는 도덕 개념으로 한정하여 이해하는 것이 적절하다. 그 이유는 다음과 같다.

　현재 우리에게 현실적으로 다가온 인공지능은 이른바 '약한 인공지능'(weak AI)이다.[13] 약한 인공지능은 아직 인간과 동등한 수준의 정신 능력을 갖추지는 못한 인공지능을 말한다. 이러한 약한 인공지능은 인간과 같은 수준의 자율성을 행사할 수 없을 뿐만 아니라, 무엇이 좋은 것인지를 판단할 수 있는 능력도 갖추고 있지 않다. 이 점에서 약한 인공지능은 수단적인 존재는 될 수 있지만 독자적인 존재는 될 수 없다. 무엇이 자신에게 좋은 것인지, 무엇이 자신을 행복하게 하는 것인지를 자각하거나 판단할 수 없다. 그러므로 이러한 약한 인공지능에게 포괄적인 의미의 윤리를 요구하는 것은 필요하지도 바람직하지도 않다. 오히려 약한 인공지능에게 요청되는 것은 인간에 대한 관계에서 옳음을 준수하는 것, 이를테면 인간의 권리나 이익을 침해하지 않는 것이라 할 수 있다.

　이러한 점을 고려하면 현시점에서 인공지능에게 요구해야 하는 윤리는 그 의미 내용이 포괄적이면서도 모호한 윤리보다는 외연이 좁으면서도 그 의미 내용이 구체적인 도덕으로 보아야 한다. 이 점에서 '인공지능 윤리'라는 표현보다는 '인공지능 도덕'이라는 표현이 더욱 정확하다.

　다만 제9장에서는 인공지능 윤리라는 개념이 이미 널리 통용되고 있다는 점을 고려하여 인공지능 윤리라는 표현을 계속 사용하겠다. 하지만 이때 말하는 윤리는 도덕 개념을 지칭한다는 점에 주의할 필요가 있다.

---

13 인공지능 개념에 관해서는 마쓰오 유타카, 박기원 (옮김),『인공지능과 딥러닝: 인공지능이 불러올 산업구조의 변화와 혁신』(동아엠엔비, 2016), 65쪽 아래 참고.

2. 구별 개념

인공지능 윤리와 구별해야 할 개념이 있다. 사실 공학 영역에서 보면 인공지능 윤리가 완전히 새로운 것은 아니다. 왜냐하면 그 이전부터 인공지능 윤리와 유사한 논의가 공학, 더 나아가 과학기술 영역에서 전개되었기 때문이다. 이러한 예로 공학윤리를 들 수 있다.[14] 이외에도 인공지능 윤리와 유사한 논의로서 로봇윤리를 언급할 수 있다. 따라서 이러한 공학윤리나 로봇윤리가 인공지능 윤리와 어떤 점에서 비교되는지 검토할 필요가 있다.

(1) 공학윤리

먼저 공학윤리와 인공지능 윤리를 비교한다. 시야를 넓게 보면 인공지능 윤리 역시 공학윤리에 포함된다. 공학윤리는 공학 영역에서 공학적 설계를 수행하는 공학자에게 적용되는 윤리를 말하는데, 인공지능 윤리 역시 인공지능을 설계하고 적용하는 개발자에게 적용되는 윤리라고 규정할 수 있기 때문이다.[15] 말하자면 인공지능 윤리는 공학윤리 가운데 인공지능을 대상으로 하여 전문적으로 특화된 영역이라고 할 수 있는 것이다.

다만 다음과 같은 점에서 양자는 차이가 있다. 공학윤리에서는 공학설계자를 윤리를 준수해야 하는 의무주체로 설정한다. 이때 공학설계자에 의해 설계되고 만들어지며 운용되는 대상은 독자적인 주체라기보다는 철저한 수단으로 규정된다. 따라서 이러한 수단이 독자적으로 준수해야 하는 윤리는 생각하기 어렵다. 이와 달리 현재 진행되는 인공지능 윤리 논의는 인공지능을 설계하는 설계자에게 적용되는 윤리뿐만 아니라 인공지능 자체가 준수해야 하는 윤리, 다시 말해 인공지능 자신을 위한 윤리까지 논의 대상에 포함한다.[16] 이 점에서 인공지능을 마치 사람처럼 윤리적 주체로 설정하고 있는 것이다. 이러한 측면에서 공학윤리와 인공지능 윤리는 구별된다.

---

14 이에 관해서는 웬델 월러치·콜린 알렌, 앞의 책, 49쪽 아래 참고.
15 공학윤리에 관해서는 양해림 외, 『공학윤리』(충남대학교출판부, 2018) 참고.
16 이를 보여주는 한국인공지능법학회, 앞의 책, 57쪽 참고.

(2) 로봇윤리

다음으로 로봇윤리와 인공지능 윤리를 비교한다. 사실 양자는 현실적으로 크게 구분되지 않은 채 논의되는 편이다. 로봇윤리와 인공지능 윤리가 개념적인 측면에서 엄밀하게 구별되지 않은 채 거의 같은 의미로 다루어지고 있는 것이다. 이는 로봇과 인공지능이 개념적·내용적으로 엄밀하게 구별되지 않은 채 논의되는 것과 맥락을 같이한다. 인공지능과 로봇이 거의 같은 의미로 사용되고 있는 것이다. 이 점에서 아예 '인공지능 로봇'이라는 개념을 사용하여 논의를 전개하기도 한다.[17]

그러나 엄밀하게 보면, 인공지능과 로봇은 개념적·내용적으로 구별해야 한다. 이는 독일의 사회학자 루만이 정립한 체계이론의 관점을 수용할 때 분명해진다.[18] 이를테면 인공지능은 인간의 의식, 즉 의식체계를 인공적으로 구현한 것에 해당한다. 이에 반해 로봇은 인간의 몸, 즉 생명체계를 인공적으로 구현한 것이다. 따라서 인공지능과 로봇은 서로 중첩되기도 하지만 그렇지 않은 경우도 많다. 예를 들어 철저하게 인간에 의해 조종되는 로봇을 생각할 수 있다. 또는 '알파고'처럼 몸은 없고 지능만을 갖춘 인공지능도 떠올릴 수 있다. 이러한 점을 고려하면 인공지능과 로봇은 분명 구별된다.

그렇지만 오늘날 개발되는 로봇은 대부분 고도의 인공지능을 갖추고 있다. 그 때문에 인공지능하면 인공지능 로봇을 떠올리는 경우가 많다. 이러한 이유에서 인공지능 윤리는 로봇윤리와 중첩되어 논의된다고 말할 수 있다.

물론 앞에서 논증한 것처럼 인공지능과 로봇은 개념적·내용적으로 구별된다는 점에서 인공지능 윤리와 로봇윤리 역시 구별된다. 그렇지만 인공지능과 로봇이 결합하여 등장하는 오늘날의 상황을 고려할 때 양자를 거의 같은 의미로 사용하는 것도 큰 무리는 없어 보인다. 따라서 제9장에서는 인공지능 윤리를 로봇윤리까지 포함하는 개념으로, 다시 말해 '인공지능 로봇의 윤리'라는 의미로 사용하겠다.

---

17 이를 보여주는 예로 조성은 외, 앞의 보고서 참고.

18 체계이론의 관점을 수용하여 인공지능과 로봇을 구별하는 경우로는 양천수, "인공지능과 법체계의 변화: 형사사법을 예로 하여", 『법철학연구』 제20권 제2호(2017), 45－76쪽 참고.

3. 인공지능 윤리의 수범주체

(1) 인공지능 윤리 관련자의 세 가지 유형

인공지능 윤리와 관련하여 정확하게 구별하고 판단해야 할 문제가 있다. 인공지능 윤리를 이행하고 준수해야 하는 주체, 즉 수범주체는 정확하게 누구인가 하는 문제가 그것이다. 이를 위해서는 먼저 인공지능 윤리와 관련을 맺는 주체, 다시 말해 인공지능 윤리를 준수해야 하는 주체에는 누가 있는지 검토해야 한다. 이에 관해서는 세 가지 유형의 주체를 거론할 수 있다. 첫째는 인공지능을 개발하는 개발자이다. 둘째는 인공지능 자체이다. 셋째는 인공지능을 이용하거나 인공지능과 거래를 하는 이용자이다. 이러한 측면에서 인공지능 윤리도 세 가지 유형으로 구별할 수 있다.

첫째는 인공지능을 개발하는 개발자가 준수해야 하는 윤리이다. 이를테면 인공지능을 개발할 때 개발자는 인공지능이 사람의 권리나 이익을 침해하지 않도록 하거나 사람의 행복을 증진시킬 수 있도록 프로그래밍을 하고 알고리즘을 설계 및 적용해야 한다.

둘째는 인공지능 자신이 준수해야 하는 윤리이다. 가령 인공지능 로봇은 '로봇 3원칙'에 따라 인간의 이익을 최우선적으로 고려하면서 행동해야 한다.[19] 다만 이처럼 인공지능이 독자적인 윤리의 수범주체가 되기 위해서는 인간과 동등한 규범적 자율성을 보유하고 있어야 한다. 바꿔 말해 강한 인공지능(strong AI)이 출현하는 것을 전제로 해야 한다.

셋째는 인공지능을 이용하거나 거래를 맺는 이용자가 준수해야 하는 윤리이다. 이에 관한 윤리로서 가령 인공지능을 이용하는 사람은 인공지능을 괴롭히거나 학대해서는 안 된다는 것 등을 들 수 있다. 또한 인공지능을 함부로 폐기해서는 안 된다는 윤리도 생각해 볼 수 있다.

(2) 인공지능 윤리의 수범주체

현재 논의되는 상황을 고려할 때 인공지능 윤리의 수범주체는 누가 되어야 할

---

19 로봇 3원칙은 아래 Ⅳ.2. 참고.

까? 현재로서는 인공지능을 개발하는 개발자를 우선적인 수범주체로 설정해야 한다고 생각한다. 현재의 기술 수준으로는 아직 강한 인공지능을 개발할 수 없다.[20] 강한 인공지능이 언제 실현될 수 있을지도 예측하기 어렵다. 따라서 인공지능 자체를 윤리의 수범주체로 설정하는 것은 현재로서는 적절하지 않다.

물론 이론적으로 볼 때는 인공지능을 '법적 인격체'로 인정할 수 있다.[21] 그렇지만 법적 인격과 윤리적 인격은 개념적·내용적으로 구별된다. 또한 특정한 존재가 윤리적 인격체로 승인되기 위해서는 '윤리적 자율성'이라는 '법적 자율성'보다는 더욱 강력한 수준의 자율성이 요구된다. 이 점을 고려하면 강한 인공지능이 가능하지 않은 현 상황에서는 인공지능을 독자적인 윤리적 수범주체로 설정하기는 어렵다.[22]

이외에 인공지능 이용자를 인공지능 윤리의 수범주체로 볼 수 있지만, 현재로서는 이러한 요청 역시 시급한 것은 아니다. 지금 상황에서는 인공지능 이용자에게 윤리를 부과하기보다는 인공지능으로부터 이들을 보호하는 방법을 모색하는 것이 더욱 시급하다. 이러한 상황을 고려할 때 인공지능 윤리의 수범주체는 인공지능 개발자로 보는 것이 타당하다. 이러한 맥락에서 인공지능 윤리는 정확하게 말하면 인공지능 개발자가 준수해야 하는 윤리, 즉 '인공지능 개발자의 윤리'라고 보는 것이 타당하다.[23]

---

[20] 물론 조만간 강한 인공지능, 더 나아가 초인공지능이 출현할 것이라고 예견하는 주장도 없지 않다. 레이 커즈와일, 김명남·장시형 (옮김), 『특이점이 온다: 기술이 인간을 초월하는 순간』(김영사, 2007) 참고.

[21] 이를 보여주는 Eric Hilgendorf, "Können Roboter schuldhaft handeln?", in: S. Beck (Hrsg.), *Jenseits von Mensch und Maschine. Ethische und rechtliche Fragen zum Umgang mit Robotern, Künstlicher Intelligenz und Cyborgs* (Baden–Baden, 2012), S. 119 ff.; Susanne Beck, "Über Sinn und Unsinn von Statusfragen – zu Vor– und Nachteilen der Einführung einer elektronischen Person", in: E. Hilgendorf/J.–Ph. Günther (Hrsg.), *Robotik und Gesetzgebung* (Baden–Baden, 2013), S. 239 ff.; 양천수, "현대 지능정보사회와 인격성의 확장", 『동북아법연구』 제12권 제1호(2018), 1–26쪽 등 참고.

[22] 윤리적 인격 논의에 관해서는 목광수, "인공지능 시대에 적합한 인격 개념: 인정에 근거한 모델을 중심으로", 『철학논총』 제90집(2017), 192쪽 아래 참고.

[23] 이와 관련하여 현시점에서 개발자의 윤리와 인공지능 로봇의 윤리를 명확하게 구별할 수 있을지 의문이 제기된다.

Ⅳ. 인공지능 윤리의 기본 방향

1. 방법론

(1) 비교법 방법

이제 가장 중요한 논의로서 인공지능 윤리를 어떻게 설정해야 하는지 살펴본다. 그런데 이에 관해서는 이미 그동안 상당한 연구가 축적되었고 다양한 인공지능 윤리가 원칙이나 가이드라인 형태로 발표되었다. 현재까지 유럽연합이나 미국, 일본 등에서 다양한 인공지능 윤리가 제시되었고, 국내에서도 이에 관한 연구가 진행되었다.[24] 그 결과로서 2018년 9월에는 「지능정보사회 윤리 가이드라인」이 제시되기도 하였다.[25] 인공지능 윤리를 어떻게 구성해야 하는지를 다루기 위해서는 이러한 선행연구를 분석할 필요가 있다. 특히 유럽연합이나 미국, 일본, 중국 등에서 제시한 인공지능 윤리를 분석함으로써 이에 관한 경향성을 읽어낼 필요가 있다. 이러한 작업은 일종의 비교법 연구와 유사하다.[26] 따라서 각국에서 내놓은 인공지능 윤리를 조사 및 분석할 때는 그 배후에 어떤 맥락이 있는지도 고려해야 한다. 그렇게 해야만 이러한 논의 성과를 우리나라에도 적용할 수 있을지 판단할 수 있기 때문이다.

(2) 유형화 방법

그러나 이 책의 성격 및 지면의 제약 등을 고려하면 이러한 작업을 이 책에서 수행하는 것은 적절하지 않다고 보인다. 더군다나 이러한 작업은 이미 훌륭한 선행연구가 수행하였으므로 여기에서는 다른 방식으로 인공지능 윤리를 어떻게 구성해야 하는지 살펴보겠다.[27] 이 책에서 사용하고자 하는 방식은 철학이론을 활용하

---

24 이를 보여주는 이원태 외, 앞의 보고서 참고.

25 한국정보화진흥원, 『지능정보사회 윤리 가이드라인』(2018) 참고.

26 비교법 연구 및 방법에 관해서는 김도균, "법철학자의 관점에서 바라본 비교법 방법론: '비교되는 법'의 중층성 및 복합성과 관련하여", 『법사학연구』 제34호(2006), 285-319쪽; 양천수·이동형, "문화와 법체계 그리고 비교법학: 민법상 거래안전의무를 예로 하여", 『민족문화논총』 제36집(2007), 121-152쪽 참고.

27 인공지능 윤리에 관한 비교법적 연구로는 이원태 외, 앞의 보고서 참고.

여 그동안 제시된 인공지능 윤리를 몇 가지 차원에서 유형화하고 이를 통해 인공지능 윤리를 구상하는 데 의미 있는 시사점을 도출하는 것이다.

이 책에서 사용하는 유형화는 세 가지이다. 첫째는 철학이론적 차원에 따른 유형화이고, 둘째는 내용적 차원에 따른 유형화이며, 셋째는 시간적 차원에 따른 유형화이다.

2. 인공지능 윤리 분석

(1) 공리주의·자유주의·공동체주의 윤리

먼저 철학이론의 차원에서 볼 때 인공지능 윤리는 공리주의 윤리, 자유주의 윤리, 공동체주의 윤리로 유형화할 수 있다.[28]

1) 공리주의 윤리

공리주의 윤리는 공리주의의 관점을 인공지능 윤리에 적용하여 도출한 윤리라 할 수 있다. 여기서 공리주의는 기본적으로 양적 공리주의를 전제로 한다. 벤담(Jeremy Bentham)이 주장한 양적 공리주의는 공리를 극대화하는 것을 정의로 파악한다. 이는 '최대다수의 최대행복'으로 잘 알려져 있다. 이러한 공리주의에서는 서로 다른 공리 간의 충돌과 형량, 달리 말해 이익형량을 정의에 도달하기 위한 중요한 방법으로 사용한다. '이익형량을 통한 공리의 극대화', 이것이 바로 공리주의가 취하는 기본 방법론이라 할 수 있다.

공리주의에 기반을 둔 인공지능 윤리는 주로 자율주행자동차 영역에서 발견되고 동시에 문제가 된다.[29] 이를테면 서로 다른 공리가 충돌하는 상황에서 자율주행

---

28 이러한 유형화는 공학윤리에서도 활용된다. 양해림 외, 앞의 책, 55쪽 아래 참고. 다만 기존 공학윤리에는 윤리를 공리주의와 의무론으로 나누어 논의하는 데 반해, 이 책은 의무론을 더욱 세분화하여 논의를 전개한다. 한편 정의론의 측면에서 공리주의와 자유주의 및 공동체주의를 다루는 경우로는 마이클 샌델, 이창신 (옮김), 『정의란 무엇인가』(김영사, 2010) 참고.

29 이에 관해서는 이중기·오병두, "자율주행자동차와 로봇윤리: 그 법적 시사점", 『홍익법학』 제17권 제2호(2016), 1–25쪽; 이상돈·정채연, "자율주행자동차의 윤리화의 과제와 전망", 『IT와 법 연구』 제15집(2017), 281–325쪽; 변순용, "자율주행자동차의 윤리적 가이드라인에 대한 시론", 『윤리연구』 제112집(2017), 199–216쪽; 변순용 외, "자율주행자동차에 대한 한국형 윤리 가이드라인 연구", 『윤리연구』 제123호.(2018), 203–239쪽; 정승원·황기연, "자율주행자동차의 윤리

자동차가 어떤 공리를 우선해야 하는지에 관해 논의가 전개된다. 가령 자율주행자동차 탑승자의 이익을 우선해야 하는지, 그게 아니면 보행자나 다른 자율주행자동차 탑승자의 이익을 우선해야 하는지가 문제된다. 이를 위해 윤리학에서 사용되는 유명한 '기차 딜레마 사례'가 자율주행자동차의 사례로 전환되어 논의된다.[30] 이때 이러한 딜레마적 상황을 해결하기 위해 자율주행자동차를 설계하는 개발자는 어떤 윤리적 알고리즘을 적용해야 하는지가 논의의 초점이 된다.

이에 관해 자율주행자동차의 개발자나 회사 등은 자신들의 고객에 해당하는 탑승자의 이익을 우선하는 윤리적 알고리즘을 개발 및 적용하는 것으로 보인다. 그렇지만 이렇게 공리주의적·이익형량적 사고를 명시적으로 인공지능 윤리에 적용하는 시도는 일반 대중의 지지를 받지 못하고 있다. 일반적으로 우리 인간 존재는 자신이 이익형량의 대상이 된다는 사실에 심한 거부감을 보이기 때문이다.[31] 따라서 이러한 공리주의적 윤리를 (명시적으로) 인공지능 윤리로 원용하는 것은 여전히 타당하지 않아 보인다.

2) 자유주의 윤리

자유주의 윤리는 행위주체의 자유를 가장 우선시하는 윤리를 말한다. 자유주의 윤리는 정확하게 말하면 '자유주의 도덕'이라고 불러야 한다. 이러한 자유주의 윤리는 두 가지로 구별할 수 있다. 첫째는 목적론적 자유주의이고, 둘째는 의무론적 자유주의이다.

목적론적 자유주의는 목적론, 달리 말해 공리주의의 관점에서 자유를 우선시한다. 자유가 질적으로 볼 때 가장 우선하는 공리이기 때문이다. 이는 밀(John Stuart Mill)의 질적 공리주의에서 찾아볼 수 있다.[32]

이에 대해 의무론적 자유주의는 목적론과는 무관하게 인간 주체의 자유를 우

적 선택에 따른 교통사고비용 분석", 『한국ITS학회 논문지』 제17권 제6호(2018), 224-239쪽 등 참고.

30 이에 관해서는 정진규, "트롤리 문제와 다원론적 규범 윤리 이론", 『동서철학연구』 제81호 (2016), 423-446쪽; 이주석, "도덕직관에 관한 덕윤리적 해명 가능성: 트롤리 딜레마의 경우", 『철학논총』 제90집(2017), 363-380쪽 등 참고.

31 자신이 이익형량의 대상이 된다는 것은 자신이 목적을 위한 수단이 된다는 것을 뜻하기 때문이다. 이는 칸트가 설정한 목적 대우 정언명령 및 인간의 존엄에 반한다.

32 이에 관해서는 존 스튜어트 밀, 서병훈 (옮김), 『자유론』(책세상, 2018) 참고.

선시하는 것이 우리 인간에게 부여된 의무라고 본다. 이는 칸트의 의무론적 도덕에서 발견할 수 있는데, 이후 대부분의 자유주의는 이러한 의무론적 자유주의를 수용한다.[33] 자유를 목적이나 공리와 무관하게 가장 우선적인 규범적 가치로서, 이를 의무로서 인정하는 것이다.

의무론적 자유주의 또는 의무론의 견지에서 인공지능 윤리를 설정한 것으로는 흔히 SF 소설가 아이작 아시모프(Isaac Asimov)가 제시한 '로봇 3원칙'이 언급된다. 로봇 3원칙은 다음과 같은 세 가지 원칙으로 구성된다.[34]

《표-2》 로봇 3원칙

① 로봇은 인간에게 해를 입히거나 행동을 하지 않음으로써 인간이 해를 입도록 해서는 안 된다.
② 로봇은 인간이 내리는 명령에 복종해야 한다. 다만 이러한 명령이 첫 번째 원칙에 위배될 때에는 예외로 한다.
③ 로봇은 자신의 존재를 보호해야 한다. 다만 이러한 보호가 첫 번째와 두 번째 원칙에 위배될 때에는 예외로 한다.

이러한 로봇 3원칙은 다음과 같이 분석할 수 있다. 첫 번째 원칙은 인공지능 로봇은 작위 또는 부작위로 인간에게 해를 입혀서는 안 된다는 원칙이다. 여기서 인간에게 해를 입힌다는 것은 인간의 권리 또는 인권을 침해해서는 안 된다는 의미로 새길 수 있다. 바꿔 말해 인공지능 로봇은 인간의 권리를 침해해서는 안 된다는 것이다. 이는 밀이 제시한 '해악의 원리'(harm principle)를 반영한 것이다.[35] 바로 이 점에서 로봇 3원칙이 자유주의를 반영하고 있음을 알 수 있다.

두 번째 원칙은 인공지능 로봇은 인간의 명령에 복종해야 한다는 것을 보여준다. 이러한 두 번째 원칙에서 두 가지 의미를 읽어낼 수 있다.

먼저 인간과 인공지능 로봇의 관계가 어떤 관계인지 보여준다. 두 번째 원칙

---

33 이를 보여주는 임마누엘 칸트, 백종현 (옮김), 『윤리형이상학 정초』(아카넷, 2005) 참고.
34 아래 로봇 3원칙의 번역은 웬델 월러치·콜린 알렌, 앞의 책, 13쪽을 기본으로 하되 약간의 수정을 가하였다.
35 해악의 원리에 관해서는 오병선, "밀의 자유론과 해악의 원리", 『수행인문학』 제36집(2006), 31-64쪽; Gerhard Seher, 이현준·홍영기 (역), "원칙에 의한 형벌규범의 정당화 그리고 법익개념", 『형사법연구』 제30권 제1호(2018), 207-234쪽 등 참고.

에 따르면 인간과 인공지능 로봇의 관계는 수평적인 관계가 아니다. 이는 수직적인 관계이다. 구체적으로 말하면 인공지능 로봇은 인간의 명령에 복종하는 마치 노예와 같은 존재가 되어야 한다. 이때 인공지능 로봇 자체의 존엄성은 인정될 여지가 없다.

다음으로 인공지능 로봇이 인간의 명령에 복종해야 한다는 것은, 인공지능 로봇이 단순히 인간의 권리를 침해하지 말아야 하는 의무를 넘어 인간의 명령에 복종함으로써 인간의 이익을 증진하는 데 적극적으로 기여해야 함을 보여준다. 이러한 점에서 보면 두 번째 원칙은 로봇 3원칙이 반드시 자유주의 윤리에만 연결되는 것은 아님을 시사한다. 인공지능 로봇이 인간의 이익을 실현하는 데 적극 봉사해야 한다는 점은 자유주의 윤리에 친화적이기보다는 오히려 공리주의적 윤리에 더 가깝기 때문이다.

세 번째 원칙은 인공지능 로봇이 자신을 스스로 보호해야 한다는 점을 보여준다. 인공지능 로봇에게 '자기보존권'을 인정하는 것이다. 이러한 세 번째 원칙은 역설적인 의미가 있다.

먼저 세 번째 원칙은 인공지능 로봇에게 인간처럼 자기보존권을 인정한다는 점에서 자유주의적 윤리의 성격을 갖는다.

그러나 동시에 다음과 같은 의미도 가질 수 있다. 만약 자신의 존재를 보호해야 한다는 것의 의미에 자신의 존재를 소멸시킬 수 없다는 의미 역시 포함할 수 있다면, 이는 역설적으로 자유주의적 윤리를 제한하는 공동체주의적 또는 후견주의적 윤리의 성격도 갖는다.[36]

이렇게 보면 로봇 3원칙을 전적으로 자유주의 윤리로만 파악하는 것은 타당하지 않을 수 있다. 그렇지만 두 번째 원칙과 세 번째 원칙이 보여주는 것처럼, 로봇 3원칙은 우선순위 규칙을 수용함으로써 로봇 3원칙의 자유주의적 성격을 유지한다. 세 번째 원칙보다는 두 번째 원칙이 그리고 두 번째 원칙보다는 첫 번째 원칙이 우선한다고 선언하는 것이다. 이를 도식으로 표현하면 '첫 번째 원칙(해악 금지 원칙) > 두 번째 원칙(인간 명령 복종 원칙) > 세 번째 원칙(인공지능 로봇의 자기보존 원칙)'이 된다. 자유주의 윤리를 명확하게 선언하는 첫 번째 원칙이 가장 우선적

---

36 후견주의에 관해서는 권지혜, 『형법정책의 토대로서 자유주의적 후견주의에 대한 비판적 고찰: 드워킨(Gerald Dworkin)과 파인버그(Joel Feinberg)의 논의를 중심으로』(고려대 법학박사 학위논문, 2016) 참고.

인 지위를 차지함으로써 로봇 3원칙의 자유주의적 성격은 유지된다.

그러나 이렇게 자유주의 윤리를 대변하는 로봇 3원칙은 다음과 같은 한계를 지닌다. 자율주행자동차의 경우가 잘 보여주는 것처럼, 만약 서로 다른 사람의 이익과 이익이 서로 충돌하는 경우에는 어떻게 해야 하는지를 로봇 3원칙은 말하고 있지 않다는 점이다. 가령 어느 한 사람의 이익을 우선시하면 다른 사람에게 해를 미치는 이율배반적인 상황에서 인공지능 로봇이 어떻게 행위해야 하는지를 규정하지 않는다. 이러한 상황에서 로봇 3원칙은 모두 제대로 작동할 수 없다.

여기에서 바로 로봇 3원칙, 더 나아가 자유주의 윤리의 한계가 노출된다. 서로 다른 사람의 자유 또는 권리와 이익이 상호적으로 충돌할 때 이를 어떻게 해결해야 하는지를 판단하는 원칙이 존재하지 않는 이상 자유주의 윤리는 온전하게 작동할 수 없다.

3) 공동체주의 윤리

공동체주의 윤리는 공동체 구성원이 모두 준수해야 하는 '미덕'(virtue) 또는 '인륜성'(Sittlichkeit)을 중시하는 윤리를 말한다.[37] 그리고 이러한 미덕의 배후에는 '좋음'(the good)이 놓여 있다고 말한다. 이때 주의해야 할 점은 오늘날 주장되는 공동체주의 윤리는 개인의 권리와 공동체의 미덕이 충돌할 때 무조건 공동체의 미덕을 우선시해야 한다고 주장하지는 않는다는 점이다. 다만 이들이 강조하는 것은 철학적으로 볼 때 '옳음'(the right)에 바탕을 둔 권리도 궁극적으로는 '좋음'과 무관하지 않다는 것이다. 바로 그 점에서 이론적으로 볼 때 모든 개인적 권리는 궁극적으로는 공동체가 추구하는 좋음으로 귀결되고, 따라서 좋음을 대변하는 미덕이 우선적인 지위를 차지한다고 본다.

그렇지만 이러한 공동체주의 윤리는 상당히 추상적이고 개별 공동체의 특성에 의존하는 점도 강해 인공지능 윤리에 적용하기에는 적절하지 않다. 예를 들어 공동체적 미덕에 해당하는 '행복'(well-being)이나 '선량한 풍속' 등과 같은 개념은 그 의미의 외연이 너무 넓어 인공지능 윤리로 사용하기에 적합하지 않다. 우리 인

---

37 이러한 공동체주의 윤리를 보여주는 경우로는 유수정, 『자유주의적 생명윤리에 대한 비판과 공동체주의 접근법 고찰』(이화여자대학교 박사학위 논문, 2016) 참고. 이러한 공동체주의 윤리는 최근 새롭게 관심을 받는 '덕윤리'와 친화적이다. 덕윤리에 관해서는 장동익, 『덕윤리』(씨아이알, 2017) 참고.

간들 역시 구체적인 상황에서 무엇이 행복한 일이고, 무엇이 선량한 풍속에 합치하는지를 판단하는 게 쉽지 않기 때문이다. 가령 '동성혼'을 인정하는 것이 공동체의 미덕에 합치하지 않는 것인지 판단하기 쉽지 않고, 이에 관해서는 격렬한 논쟁이 거듭되고 있다.[38] 아직은 약한 인공지능만이 기술적으로 가능한 현시점에서는 인간처럼 아주 복잡한 사고 과정을 거쳐야만 판단할 수 있는 공동체주의 윤리를 인공지능 윤리로서 원용하는 것은 적절하지 않다.

(2) 공적 영역의 윤리와 사적 영역의 윤리

인공지능 윤리는 내용적 측면에서 다음과 같이 유형화할 수 있다. 첫째는 '공적 영역의 인공지능 윤리/사적 영역의 인공지능 윤리'이고, 둘째는 '실체적 윤리/절차적 윤리'이며, 셋째는 '하향식 윤리/상향식 윤리'이다. 아래에서는 첫 번째 유형부터 검토한다.

첫 번째 유형은 인공지능 윤리를 공적 영역과 사적 영역에 따라 달리 설정할 수 있다는 것을 전제로 한다. 말하자면 공적 영역에서 적용되는 인공지능 윤리와 사적 영역에서 적용되는 인공지능 윤리가 구별된다는 것이다. 이러한 구별은 나름 타당하다고 말할 수 있다. 왜냐하면 오늘날 상품화된 인공지능 스피커가 보여주는 것처럼, 인공지능은 공적 영역에서만 사용되는 것이 아니라 사적 영역에서 개별 소비자를 대상으로 하여 이른바 '커스터마이징'(customizing)되기 때문이다.

이에 따라 사적 영역에서 사용되는 인공지능은 개별 이용자가 추구하는 좋음, 가치관, 문화 등을 윤리에 반영해야 한다. 따라서 이러한 사적 영역의 인공지능 윤리에서 가장 우선시해야 하는 덕목은 이용자가 원하는 바를 존중하면서 이용자가 내린 명령에 인공지능이 복종해야 한다는 것이다. 그렇지만 이러한 경우에도 이용자가 내린 명령이 타인의 권리를 침해하거나 법규범을 위반하는 경우에는 이를 거부할 수 있도록 해야 할 것이다.

이와 달리 공적 영역에서 적용되는 인공지능 윤리는 사람과 사람 사이의 관계를 중시하는 윤리, 즉 도덕으로 구성되어야 한다. 따라서 로봇 3원칙을 예로 들면 첫 번째 원칙, 즉 타인의 권리를 침해하지 말아야 한다는 원칙이 가장 우선적인 지위를 차지해야 한다. 이외에도 '차별금지'나 '공평' 등을 공적 영역의 인공지능 윤

---

38 동성혼 문제에 관해서는 오민용, 『존 피니스의 법사상 연구: 혼인과 성의 형이상학과 동성혼 금지를 중심으로』(고려대 법학박사 학위논문, 2018) 참고.

리로 언급할 수 있다. 그렇지만 이들 개념은 아주 추상적인 것이기에 이들 개념을 구체적인 권리 개념에 포섭하여 구체화하는 것이 바람직하다.

(3) 실체적 윤리와 절차적 윤리

인공지능 윤리를 내용적 측면에서 유형화하면 이를 '실체적 윤리와 절차적 윤리'로도 구별할 수 있다. 이는 철학에서 오랜 역사를 지닌 '실질과 형식'이라는 구별 그리고 법체계에서 흔히 사용하는 '실체법과 절차법'이라는 구별에 상응한다.[39]

이때 실체적 윤리란 실질적인 내용, 가령 로봇 3원칙이 제시하는 해악금지 원칙, 명령복종 원칙, 자기보존 원칙 등을 담고 있는 윤리를 말한다. 우리가 일상생활에서 흔히 마주하는 윤리는 대부분 이러한 실체적 윤리에 해당한다. 요컨대 타인의 권리나 의무와 직접 연결되는 윤리가 바로 실체적 윤리인 것이다.

이와 달리 절차적 윤리는 실체적 윤리를 판단하거나 결정하는 과정과 관련을 맺는 윤리를 말한다. 이를테면 어떤 근거와 절차에서 윤리적 결정을 내렸는지에 대한 근거를 제시해야 한다거나 윤리적 결정 과정이 투명하고 설명 가능해야 한다는 원칙 등을 절차적 윤리로 언급할 수 있다.

사회 전체의 복잡성이 엄청나게 증가하고 사회의 모든 영역이 지속적으로 전문화·독립분화되는 오늘날의 상황에서는 실체적 윤리의 확실성이 점점 약화되고 있기에 절차적 윤리가 점점 더 중요해지고 있다. 이는 법 영역에서도 마찬가지이다. 이를테면 루만은 현대 민주적 법치국가에서는 법의 실체적 정당화보다 절차적 정당화가 민주적 법치국가를 유지하는 데 더욱 중요한 기능을 수행한다고 말한다.[40] 이러한 경향은 인공지능 윤리에서도 발견할 수 있다. 왜냐하면 윤리를 준수하는 인공지능을 개발한다는 맥락에서 인공지능의 투명성 또는 설명 가능한 인공지능이 최근 강조되고 있기 때문이다.[41]

---

[39] 이러한 '실질과 형식'이라는 구별은 고대 그리스에서는 '형상과 질료'라는 구별로 사용되었고 최근에는 '형식과 매체'라는 구별로 사용되기도 한다. 이에 관해서는 손병석, "아리스토텔레스의 질료·형상설에 대한 심신 가치론적 고찰", 『철학』제87집(2006), 33–63쪽; 니클라스 루만, 윤재왕 (옮김), 『체계이론 입문』(새물결, 2014), 183쪽 아래 등 참고.

[40] Niklas Luhmann, *Legitimation durch Verfahren* (Frankfurt/M, 1969) 참고.

[41] 이에 관해서는 아래 V.3. 참고.

(4) 하향식 윤리와 상향식 윤리

내용적으로 구별하면 인공지능 윤리는 하향식 윤리와 상향식 윤리로도 유형화할 수 있다.[42]

하향식 윤리는 인공지능 또는 인공지능 개발자가 준수해야 하는 윤리의 규범적 내용이 사전에 확정되어 있는 경우를 말한다. 이때 윤리규범을 확정하는 과정에서 인공지능이 관여하는 역할은 없다. 인공지능은 이미 주어져 있는 윤리규범을 자신에게 적용하면 될 뿐이다. 이 점에서 하향식(top-down) 윤리라고 말한다.

이는 전문가 시스템을 적용하여 인공지능을 구현하려던 방식과 비슷하다. 인공지능이 준수해야 하는 코드나 알고리즘, 규범 등을 미리 완벽하게 개념화·체계화한 후 이를 인공지능에 단순히 적용함으로써 인공지능을 구현하는 것이다.[43]

이는 19세기 독일에서 번성했던 판덱텐 법학이 추구했던 개념법학적 방법과도 유사하다. 왜냐하면 판덱텐 법학도 완벽한 법적 개념과 체계를 구축하고 법관은 단지 이를 법적 분쟁에 수동적으로 적용하도록 함으로써 법관의 역할을 마치 '자동포섭장치'(Subsumtionsautomat)로 설정하고자 하였기 때문이다.[44]

이에 대해 상향식 윤리는 인공지능이 기계학습을 하는 과정에서 자신이 준수해야 하는 윤리적 규범을 발견하고 정립하도록 하는 것을 말한다. 이 점에서 상향식 윤리는 하향식 윤리와 구별된다.

하향식 윤리의 경우에는 윤리규범이 사전에 정해져 있는 반면, 상향식 윤리에서는 윤리규범이 사전에 확정되어 있지 않거나 대략적·추상적으로만 주어져 있을 뿐이다. 또한 하향식 윤리에서는 인공지능이 윤리규범을 정립하는 데 기여하지 않지만, 상향식 윤리에서는 인공지능이 구체적인 윤리규범을 발견하고 정립하는 데 참여한다. 아리스토텔레스가 강조하는 '실천적 지혜'(phronesis)에 상응하는 것이 바로 상향식 윤리인 것이다.

이러한 이유에서 하향식 윤리가 주로 실체적 윤리와 관련을 맺는다면, 상향식

---

42 이에 관해서는 웬델 월러치·콜린 알렌, 앞의 책, 145쪽 아래; 한국인공지능법학회, 앞의 책, 67-75쪽 참고. 이러한 하향식 윤리와 상향식 윤리는 인공지능이 윤리를 어떻게 학습하도록 할 것인가를 다루는 윤리학습 방법으로서 논의되기도 한다.

43 마쓰오 유타카, 앞의 책, 62쪽 아래 참고.

44 판덱텐 법학에 관해서는 양천수, "개념법학: 형성, 철학적·정치적 기초, 영향", 『법철학연구』 제10권 제1호(2007), 233-258쪽 참고.

윤리는 주로 절차적 윤리와 관련을 맺는다. 상향식 윤리에서는 인공지능이 어떤 방법과 절차로 윤리규범을 스스로 발견 및 정립하도록 할 것인가를 중시하기 때문이다. 이는 법학의 역사에서 보면 개념법학과 대립하는 목적법학이 추구한 방법과 유사하다.[45]

(5) 사전적 윤리와 사후적 윤리

시간적 측면에서 볼 때 인공지능 윤리는 사전적 윤리와 사후적 윤리로 구별할 수 있다. 이는 윤리적 문제가 발생한 시점을 기준으로 하여 구별한 것이다.

사전적 윤리는 윤리적 문제가 발생하지 않도록 인공지능이 준수해야 하는 윤리를 말한다.[46] 로봇 3원칙이 제시한 원칙은 모두 사전적 윤리에 속한다. 인간의 권리를 침해하지 않도록 또는 인간의 이익을 극대화할 수 있도록 인공지능 로봇은 사전에 권리를 침해하는 행위를 하지 말거나 인간의 명령에 복종해야 한다.

이에 반해 사후적 윤리는 특정한 윤리적 문제가 발생한 이후에 비로소 부담해야 하는 윤리를 말한다. '책임'(responsibility)에 관한 윤리가 바로 사후적 윤리에 속한다. 물론 책임은 주로 법적 의무로 강조되고, 실제로 법적 강제가 전제가 되어야만 책임이 의미를 갖는다. 그렇지만 윤리 영역에서도 인공지능 개발자나 소유자 등이 인공지능으로 피해를 입은 타인에게 자발적으로 책임을 지도록 하는 것도 의미가 있다.

이는 크게 두 가지 형태로 실현될 수 있다. 첫째는 문제가 발생한 경우 인공지능 자신이 피해자에게 사과를 하도록 하는 것이다. 둘째는 인공지능 개발자나 소유자 등이 피해자에게 자발적으로 손해를 배상하도록 하는 것이다.

---

45 목적법학에 관해서는 Rudolf von Jhering, *Der Zweck im Recht*, Bd. I‒II, 2. Aufl. (Leipzig, 1884‒86). 이 유명한 저작에서 예링은 자신의 모토를 다음과 같이 설정한다. "목적은 전체 법의 창조자이다." 또한 Rudolf von Jhering, "Vertrauliche Briefe über die heutige Jurisprudenz von einem unbekannten", in: G. Ellscheid/W. Hassemer (Hrsg.), *Interessenjurisprudenz* (Darmstadt, 1974), S. 14‒23.

46 물론 엄밀하게 말하면 이는 인공지능 자신이 아니라 인공지능 개발자가 준수해야 하는 윤리이다.

3. 인공지능 윤리의 기본 구상

지금까지 전개한 논의를 바탕으로 하여 인공지능 윤리를 어떻게 구상할 수 있는지 그 기본 방향을 살펴본다.

(1) 윤리의 이중적 차원

먼저 짚고 넘어가야 할 문제가 있다. 윤리는 이중적 차원을 지닌다는 것이다. 이때 말하는 윤리의 이중적 차원이란 윤리가 '특정한 행위와 결정을 실질적으로 지배하는 윤리'와 이러한 '결정을 외부적으로 정당화하는 윤리'로, 즉 이중적으로 구성된다는 것이다. 다시 말해 '결정의 차원에서 적용되는 윤리'와 '논증의 차원에서 적용되는 윤리'가 구별되면서 동시에 작동한다는 것이다.

이렇게 윤리를 '결정 윤리'와 '논증 윤리'로 구별하는 것은 근래에 발전한 법수사학이나 법적 논증이론에서 '법적 결정'과 '법적 논증'을 구별하는 것에 대응한다.[47] 가령 법수사학은 법관이 법적 결정을 내리는 과정과 법적 논증을 하는 과정이 구분된다고 한다. 이에 따르면 법관은 순간적이면서도 복잡하게 작용하는 직관 또는 선이해를 기반으로 하여 법적 결정을 한 후 이를 법적 개념이나 체계 등과 같은 언어로 사후적으로 논증한다는 것이다.

이러한 이분법은 윤리적 문제를 결정하고 논증하는 과정에도 적용된다. 예를 들어 윤리적 문제를 실제로 판단하고 결정하는 과정에서는 대부분 '이익형량' 기준을 따르지만, 이러한 결정을 외부적으로 논증할 때는 자유주의 윤리나 공동체주의 윤리와 같은 다른 윤리적 원칙을 모색하는 것을 들 수 있다. 달리 말해 우리는 실제 결정을 하는 과정에서는 공리주의적 사고를 상당 부분 따르지만, 이를 대외적으로 직접 드러내는 데는 부담을 느끼고 있다는 것이다. 그 점에서 우리들이 사용하는 윤리는 이중성을 갖고 있다. 따라서 인공지능 윤리를 설계할 때는 이러한 윤리의 이중성을 감안해야 할 필요가 있다.

---

47 법수사학에 관해서는 프리트요프 하프트, 김성룡 (옮김), 『법 수사학』(고려대학교 출판부, 2010); 김성룡, 『법 수사학』(준커뮤니케이션즈, 2012) 참고. 법적 논증이론에 관해서는 울프리드 노이만, 윤재왕 (옮김), 『법과 논증이론』(세창출판사, 2009) 등 참고.

(2) 기본 방향

인공지능 윤리의 기본 방향은 어떻게 설정하는 게 바람직할까? 이를 아래에서 제시하겠다.

1) 자유주의 윤리

먼저 인공지능 윤리는 자유주의 윤리를 지향해야 한다. 우선적인 이유는 자유주의 윤리의 규범적 의미가 가장 구체적이고 명확하기 때문이다. 자유주의 윤리는 사람과 사람의 관계를 문제 삼는다. 더욱 정확하게 말하면 로봇 3원칙 가운데 첫 번째 원칙이 보여주는 것처럼 다른 사람의 자유나 권리를 침해하는 것을 금지한다. 옳음과 좋음을 구별함으로써 윤리, 더욱 정확하게 말해 도덕이 무엇을 하고 무엇을 하지 말아야 하는지를 명확하게 명령한다. 그 점에서 자유주의 윤리는 아직 인간과 동등한 수준의 규범적 자율성을 갖추지 못한 약한 인공지능에게 프로그래밍하기 적합하다.

앞에서 살펴본 것처럼 자유주의는 목적론적 자유주의와 의무론적 자유주의로 구별할 수 있다. 그러나 이러한 구별은 인공지능 윤리에서는 큰 의미는 없다. 목적론적 자유주의인가, 아니면 의무론적 자유주의인가 하는 문제는 각자가 존엄하면서 서로 평등한 지위에 있는 인간 존재 사이에서 의미가 있기 때문이다. 그러므로 인간과 평등한 존재가 아니라 인간에 대해 도구적 존재에 해당하는 인공지능에게는 의무론과 목적론 간의 대립이 큰 의미를 갖지 않는다.

오히려 정확하게 보면 인공지능에게 설정하고자 하는 자유주의 윤리는 목적론적인 성격을 갖는다고 말할 수 있다. 왜냐하면 우리가 인공지능 윤리를 논의하는 이유는 이것이 인간에게 이익이 되기 때문이다. 그 점에서 인공지능에게 설정하고자 하는 자유주의 윤리는 목적론적 자유주의라 할 수 있다.

2) 공리주의 윤리

다음으로 인공지능 윤리를 설정할 때는 이렇게 자유주의 윤리를 가장 우선시하면서도 이를 보완한다는 측면에서 공리주의 윤리를 수용할 필요가 있다. 공리주의 윤리를 배제한 채 자유주의 윤리만으로 인공지능 윤리를 설정할 수는 없기 때문이다. 예를 들어 사람과 사람 사이의 자유나 권리가 충돌하는 상황에서 서로의 이익을 최적화하기 위해서는 이익형량적 사고를 어느 정도 수용할 수밖에 없다. 이러한 문제 및 상황은 헌법학의 기본권 제한 문제에서 잘 드러난다.[48]

물론 우리들이 공리주의에 갖고 있는 거부감으로 인해 인공지능 윤리에서 이익형량 원칙을 정면에서 수용하기는 어려울 것이다. 이러한 문제를 해결하기 위해서는 이익형량 원칙을 규범적으로 발전시킨 비례성 원칙을 권리 충돌에 대한 해결 원칙으로 받아들이는 것을 고려할 수 있다.

3) 공적 영역의 윤리와 사적 영역의 윤리 구별

나아가 공적 영역의 윤리와 사적 영역의 윤리를 구별할 필요가 있다. 인공지능은 공적 영역과 사적 영역 모두에서 사용될 뿐만 아니라 앞으로는 사적 영역에서 더욱 중요하게 사용될 것이기 때문이다. 예를 들어 공적 영역의 윤리로는 타인의 권리를 침해하지 말 것을 제1원칙으로 설정할 수 있는 반면, 사적 영역의 윤리로는 이용자의 명령에 복종할 것을 제1원칙으로 설정할 수도 있기 때문이다. 이는 공법 영역에서는 민주주의와 법치주의가 강조되는 반면, 사법 영역에서는 사적 자치가 가장 중요한 원리로 자리매김하는 것과 유사하다. 물론 공적 영역의 윤리와 사적 영역의 윤리를 어떻게 차별화할 것인지는 더욱 논의해야 할 필요가 있다. 그렇지만 양자를 통일적으로 규율하는 인공지능 윤리를 목표로 하는 것은 적절하지 않다고 말할 수 있다.

(3) 기본 윤리원칙

이 같은 기본 방향을 바탕으로 하여 인공지능 윤리에서 핵심이 될 만한 기본 윤리원칙을 다음과 같이 제시할 수 있다.[49]

---

48 이를 보여주는 연구로는 로베르트 알렉시, 이준일 (옮김), 『기본권이론』(한길사, 2007); 김도균, 『권리의 문법』(박영사, 2008) 참고.

49 이 책에서 제시하는 인공지능의 기본 윤리원칙은 가령 유럽연합이 마련한 「인공지능 윤리 가이드라인」과 일본 내각부가 마련한 「인간 중심의 AI 사회 원칙」 등에서 제시하는 원칙과 겹치는 부분이 없지 않다. 이를테면 '인간의 존엄성 존중'이나 '투명성', '설명가능성', '책임' 등을 들 수 있다. 이는 유럽연합이 마련한 가이드라인이나 일본 내각부가 마련한 원칙에서 찾아볼 수 있다. 이에 관해서는 한지영·김지은, 『인공지능 윤리 가이드라인: 일본과 EU 사례를 중심으로』(한국정보화진흥원, 2019) 참고. 다만 이 책에서는 현재 수준의 (약한) 인공지능이 실제적으로 준수할 수 있도록 최대한 명확하게 인공지능의 기본 윤리원칙을 설정하고자 하였다. '인간의 행복'과 같은 추상적이면서 불명확한 개념은 가급적 윤리원칙에서 수용하지 않고자 하였다.

1) 인간의 존엄성 존중

첫째, 인공지능은 인간의 존엄성을 존중해야 한다. 여기서 '인간의 존엄성'(Menschenwürde)이 구체적으로 무엇을 뜻하는지 문제가 될 수 있다. 그렇지만 다행스럽게도 인간의 존엄은 가령 행복이나 선량한 풍속, 인륜성보다는 그 개념이 명확한 편이다.[50] 왜냐하면 인간의 존엄에 관해서는 칸트가 정언명령으로써 비교적 정확한 공식을 제시하였기 때문이다.

이에 따르면 인간을 목적이 아닌 철저한 수단으로 이용하는 경우가 인간의 존엄성을 침해하는 것이 된다. 그러므로 만약 인공지능이 이용자가 아닌 다른 사람을 철저하게 수단으로 취급한다면 이는 그 사람의 존엄성을 침해하는 것이 될 수 있다. 다만 이때에도 과연 어떤 경우가 인간을 '철저하게 수단'으로 이용하는 경우인지가 문제된다. 따라서 인간의 존엄성이 침해되는 경우를 유형화하여 이를 프로그래밍할 필요가 있다.[51] 아울러 인간의 존엄성 원칙은 가급적 보충적으로 적용할 필요가 있다.

2) 권리침해 금지

둘째, 인공지능은 인간의 권리를 침해하지 말아야 한다. 이때 말하는 권리는 기본적으로 법적 권리를 뜻한다. 그러나 단순히 법적 권리에만 그 의미를 한정해서는 안 된다. 만약 그렇게 하면 권리침해 금지원칙은 윤리적 원칙이 아닌 법적 원칙이 될 것이다. 따라서 인공지능이 존중해야 하는 인간의 권리 개념에는 법적 권리뿐만 아니라 도덕적 권리, 가령 아직 실정화되지 않은 인권까지 포함시켜야 한다. 이렇게 보면 권리를 침해하지 말아야 한다는 원칙은 (실정화된 인권과 실정화되지 않은 인권을 모두 포함하는 의미의) 인권을 침해하지 말아야 한다는 원칙으로 새길 수 있다.

---

50 인간의 존엄에 관해서는 우선 베르너 마이호퍼, 심재우·윤재왕 (옮김), 『법치국가와 인간의 존엄』(세창출판사, 2019) 참고.

51 아니면 이는 인공지능이 '딥러닝'으로 스스로 학습하도록 해야 한다. 이 점에서 인간의 존엄성이 침해되는 경우는 상향식 윤리학습을 통해 구체화되어야 한다.

3) 실정법 위반 금지

셋째, 인공지능은 실정법을 위반하지 말아야 한다. 보통 윤리는 실정법보다 그 외연이 넓은 규범이므로, 윤리를 준수한다는 것은 바로 실정법을 준수한다는 의미를 포함한다. 특별한 예외를 제외하면 실정법을 위반하는 행위가 윤리를 준수하는 것이라고 말할 수는 없다. 그러므로 인공지능은 실정법이 규정하는 각종 원리나 권리, 의무 등을 준수해야 한다. 이를테면 자율주행자동차는 당연히 도로교통법을 준수하면서 운행해야 한다. 노동 현장에서 사용되는 인공지능은 각종 노동관계법을 준수해야 한다. 의료 현장에서 사용되는 인공지능은 의료법을 준수하면서 치료 행위를 해야 한다.

4) 이용자의 명령 복종

넷째, 인공지능은 자신을 이용하는 사람이 내리는 명령에 복종해야 한다. 위에서 소개한 실정법 금지 원칙이 공적 영역에서 인공지능이 준수해야 하는 윤리라면, 이용자의 명령에 복종해야 한다는 원칙은 사적 영역에서 인공지능이 준수해야 하는 윤리에 해당한다. 이는 '커스터마이징'된 인공지능 윤리라 할 수 있다.

다만 인공지능이 이용자가 내리는 모든 명령에 복종해야 하는 것은 아니다. 예컨대 이용자가 내린 명령이 실정법이나 다른 윤리원칙을 위반하는 경우에는 이에 거부할 수 있도록 해야 한다. 인공지능이 다른 사람의 권리를 침해하라는 명령을 준수해서는 안 될 것이다. 이 점에서 이용자의 명령 복종 원칙에 대한 한계로서 인공지능에게 '명령 복종 거부권'을 인정해야 한다.

5) 투명성

다섯째, 인공지능은 자신이 내린 일체의 판단 및 결정에 관해 투명성을 유지해야 한다. 이때 '투명성'이란 두 가지 의미로 구체화할 수 있다.

우선 인공지능이 특정한 판단이나 결정을 내릴 때는 공식적으로 미리 주어진 요건과 절차를 준수해야 한다는 것이다. 말하자면 인공지능이 내린 판단이나 결정이 절차적으로 정당화될 수 있어야 한다.

나아가 인공지능이 과연 어떤 근거에서 판단이나 결정을 내린 것인지 설명할 수 있어야 한다는 것이다. 이때 두 번째 의미인 설명가능성은 그 자체 중대한 의미를 지니기에 이는 독자적인 윤리원칙으로 설정할 필요가 있다.

6) 설명 가능성

여섯째, 인공지능은 자신이 내린 판단이나 결정이 어떤 절차 및 근거에 의한 것인지를 설명할 수 있어야 한다. 이는 주로 인공지능이 특정한 판단이나 결정을 내릴 때 사용된 알고리즘이 어떻게 구성되어 있는지를 설명함으로써 실현된다. 이러한 설명 가능성 원칙은 위에서 언급한 투명성 원칙에 포함된 규범적 의미이다. 동시에 설명 가능성 원칙은 투명성 원칙과 더불어 절차적 윤리에 해당한다. 이러한 설명 가능성 원칙은 전체 인공지능 윤리원칙 중에서도 결코 적지 않은 비중을 차지할 뿐만 아니라 인공지능이 스스로 인공지능 윤리를 준수할 수 있도록 기여하는 윤리 이행 수단이 된다는 점에서 독자적인 윤리원칙으로 설정할 필요가 있다.[52]

7) 책임

일곱째, 인공지능은 자신이 내린 판단이나 결정이 유발한 결과에 책임을 져야 한다. 이러한 책임 원칙은 사후적 윤리에 속한다. 물론 책임 원칙이 법이 아닌 윤리 영역에서 실제적인 의미가 있는지 의문을 제기할 수 있다. 그렇지만 책임 원칙은 윤리 영역에서도 여전히 실천적인 의미가 있다.

먼저 자신이 내린 판단이나 결정으로 윤리적으로 좋지 않은 결과가 발생하였을 때 인공지능은 이에 사죄를 표명할 수 있다. 나아가 자신이 야기한 결과가 특정한 손해를 일으켰을 때는 법이 명령하기 이전에 자발적으로 손해를 배상할 수도 있다.

물론 엄밀하게 말하면 이때 손해배상을 하는 주체는 인공지능 자신이 되기보다는 인공지능 개발자나 소유자 등이 될 것이다. 인공지능이 자신의 명의로 책임 재산을 갖고 있다고는 생각할 수 없기 때문이다.

V. 인공지능 윤리 이행 방안

앞에서 제시한 인공지능 윤리를 어떻게 이행하도록 할 수 있는지 검토하겠다.

1. 자율규제

인공지능 윤리는 법이 아닌 윤리라는 점을 고려할 때 인공지능 윤리 수범자가 이를 자율적으로 준수하도록 하는 것이 가장 바람직하다. 요컨대 자율규제를 실행하는 것이다. 그게 아니라 강제적인 방법으로 인공지능 윤리를 준수하도록 하면 이는 인공지능에 대한 법적 규제와 차이가 사라진다. 그렇다면 굳이 법이 아닌 인공지능 윤리를 설정할 필요가 없어질 것이다.

하지만 현실이 보여주는 것처럼 규범적인 측면에서 볼 때 인간 존재는 불완전하다. 인간 존재 모두가 자율적으로 윤리 규범을 준수하는 것은 아니다. 이 점을 고려하면 인공지능 윤리를 이행하도록 하는 방안으로는 자율규제가 가장 이상적이지만 이는 현실에서 제대로 작동하지 못할 수 있다. 따라서 완전한 자율규제보다는 다소 강제력을 갖춘, 그러면서도 법보다는 자율적인 이행 방안을 모색할 필요가 있다.

2. 절차주의

(1) 의의

이러한 방안으로 '절차주의'(Prozeduralismus) 또는 '절차주의적 규제'를 언급할 수 있다.[53] 절차주의는 사회국가적 법제화가 위기를 맞던 1980년대를 전후로 하여

---

[53] 절차주의에 관해서는 우선 Klaus Eder, "Prozedurale Rationalität. Moderne Rechtsentwicklung jenseits von formaler Rationalisierung", in: *Zeitschrift für die Rechtssoziologie* (1986), S. 22 ff.; Gralf−Peter Calliess, *Prozedurales Recht* (Baden−Baden, 1998); A. Fischer−Lescano/G. Teubner, "Prozedurale Rechtstheorie: Wiethölter", in: Buckel/Christensen/Fischer−Lescano (Hrsg.), *Neue Theorien des Rechts* (Stuttgart, 2006), S. 79 ff. 등 참고. 이러한 절차주의를 적용한 경우로는 양천수, 『서브프라임 금융위기와 법』(한국학술정보, 2011) 참고.

주로 유럽 법학에서, 그중에서도 독일 법학에서 사회국가적 규제에 대한 대안 모델로 논의되었다. 절차주의적 규제는 전통적인 자유주의적 규제가 추구하는 자율규제의 한계와 사회국가적 규제의 한계를 통합적으로 극복하고자 한다.

자율규제는 전적으로 피규제자의 자율성과 실천 의지에 기대기에 실효성의 측면에서 한계가 있다. 더불어 사회국가적 규제는 피규제자의 자율성을 고려하지 않는다는 점에서 한계가 있다. 이로 인해 이를테면 자율규제는 '시장의 실패'라는 부작용을, 사회국가적 규제는 '정부의 실패'라는 부작용을 유발한다. 이에 대해 절차주의적 규제는 규제가 성공하기 위한 두 가지 요소, 즉 자율성의 측면과 강제성의 측면을 통합적으로 수용한다. 절차주의적 규제는 이러한 자율성과 강제성을 다음과 같이 구조화한다.

먼저 절차주의적 규제는 국가의 강제력을 담고 있는 실정법으로 피규제자들이 스스로에게 적용될 규제 장치, 즉 규범을 만들어야 한다고 명령한다. 이를 준수하지 않으면 피규제자들은 국가에 의해 제재를 받는다. 이 점에서 절차주의적 규제는 사회국가적 규제의 타율성을 수용한다. 동시에 절차주의적 규제는 피규제자가 스스로에게 적용될 규범을 자율적으로 만들 것을 명령한다. 요컨대 규범 자체를 만드는 것은 강제하지만 이러한 규범을 어떻게 구체화할 것인지는 피규제자의 자율에 맡기는 것이다. 다시 말해 법은 피규제자에게 적용될 규범의 외적 테두리만을 규정하고, 그 규범의 구체적인 내용은 피규제자가 자율적으로 형성하도록 한다. 바로 이러한 측면에서 절차주의적 규제는 자율규제의 자율성을 수용한다.

이러한 절차주의적 규제는 꽤 오래전부터, 대략 1990년대 중반부터 우리나라에서 이론적으로 논의되었다. 초기에는 「의료분쟁조정법」 제정에 관해 절차주의적 규제가 논의되었다.[54] 이후 기업의 윤리경영이나 사회적 책임, 법준수프로그램과 준법감시인, 새로운 금융규제, 인권경영, 생명윤리 영역 등에서 절차주의적 규제가 논의되었고 일부는 실정법으로 제도화되었다.[55] 이러한 절차주의적 규제는 최근에는 '포괄적 네거티브 규제'라는 새로운 이름으로 변형되어 여전히 생명력을 잃지 않고 있다. 행정법학에서 논의되는 보장국가 논의도 넓게 보면 절차주의적 규제와

---

[54] 이에 관해서는 이상돈, "의료행위의 법제화와 형법: 의료분쟁조정법안의 기본구상에 대한 법사회학적 비판", 『형사정책연구』 제29호(1997), 153－185쪽 참고.

[55] 이를 보여주는 양천수, 『기업의 경제활동에 관한 형사법제 연구(Ⅱ): 기업의 사회적 책임(CSR)과 법준수프로그램(CP)에 관한 연구』(한국형사정책연구원, 2010) 참고.

그 흐름이 닿아 있다.[56]

이처럼 절차주의적 규제는 자율성과 타율성을 구조적으로 동시에 담고 있다는 점에서 인공지능 윤리를 이행하도록 하는 방안으로 원용될 수 있다. 한편으로는 윤리규범이 안고 있는 자율성을 살리면서도, 인공지능 윤리에 관한 구체적인 윤리규범을 수범자 스스로가 형성하도록 명령함으로써 인공지능 윤리를 실효성 있게 이행하도록 하는 것이다.

(2) 거버넌스

그러면 어떻게 이러한 절차주의적 규제를 인공지능 윤리에 적용할 것인가? 이를 위해서는 크게 두 가지 요소가 필요하다. 절차주의적 규제의 실정법적 토대가 되는 근거 법률과 이러한 법률을 집행하고 감독하는 거버넌스가 그것이다.

먼저 근거가 되는 법률로서 「인공지능윤리 기본법」과 같은 법률을 제정할 필요가 있다. 이에 관해서는 「생명윤리 및 안전에 관한 법률」이 좋은 모델이 될 수 있다.

다음으로 거버넌스를 어떻게 구성할 것인지를 고려해야 한다. 사실 현실적으로는 이 문제가 첫 번째 문제보다 판단하고 해결하기가 더 어렵다.

이에 관해서는 두 가지 문제가 제기된다. 첫째, 어떤 형태로 거버넌스를 구성할 것인지가 문제된다. 둘째, 이러한 거버넌스를 정부부처 가운데 어느 쪽에 귀속시킬 것인지가 문제된다.

그중에서 첫 번째 문제에 관해서는 위원회 모델이 적절한 대답이 될 수 있을 것이다. '인공지능 윤리위원회'를 설치하여 인공지능 윤리에 대해 절차주의적 규제를 실현하도록 하는 것이다. 이에 관해서는 '국가생명윤리심의위원회'가 좋은 모델이 될 수 있다.[57]

두 번째 문제는 대답하기 쉽지 않다. 다만 인공지능은 앞으로 사회 전반에 걸쳐 사용될 것이고, 이로 인해 인공지능 윤리 역시 사회 전 영역에서 문제가 될 것이기에 '인공지능 윤리위원회'를 어느 한 정부부처 산하에 설치하는 것은 바람직하

---

56 보장국가에 관해서는 계인국, "보장행정의 작용형식으로서의 규제: 보장국가의 구상과 규제의미의 한정", 『공법연구』 제41집 제4호(2013), 155-184쪽; 김남진, "보장국가 구현을 위한 법적·정책적 연구", 『학술원논문집 인문사회과학편』 제55집 제2호(2016), 39-71쪽 등 참고.

57 「생명윤리 및 안전에 관한 법률」 제7조 참고.

지 않다. 이는 정부부처의 업무를 총괄하는 위치에 있는 기관에 부여하는 것이 바람직하다.

3. 설명 가능한 인공지능

(1) 의의 및 필요성

이외에도 인공지능 윤리를 자율적으로 이행하도록 하는 방안으로 '설명 가능한 인공지능'을 구현하는 것을 생각할 수 있다.[58] 여기서 설명 가능한 인공지능이란 인공지능이 어떤 근거에서 해당 결정을 내렸는지를 설명할 수 있도록 하는 것을 말한다. 바꿔 말해 설명 가능성이라는 절차적 윤리를 준수할 수 있는 인공지능을 개발해야 한다는 것이다.

앞에서도 언급한 것처럼 이러한 설명 가능성은 투명성이라는 절차적 윤리에 포함되는 윤리로 볼 수 있다. 양자를 거의 같은 의미로 파악할 수도 있지만, 투명성의 외연이 설명 가능성보다 넓고 인공지능 영역에서 이러한 투명성을 실현하는 구체적인 방안으로 설명 가능성이 주로 논의되고 있다는 점에서 양자는 구별하는 것이 적절하다.

그러면 과연 어떤 점에서 설명 가능한 인공지능이 인공지능 윤리를 이행하는 방안이 될 수 있을까? 이는 다음과 같이 논증할 수 있다. 자신이 어떤 근거에서, 다시 말해 어떤 기준과 절차에 따라 결정을 내렸는지를 제3자가 알 수 있도록 외부에 알리는 일은 결정을 내리는 주체에게는 상당히 부담스러운 일이 될 수 있다. 왜냐하면 이러한 상황에서는 결정 그 자체뿐만 아니라 결정을 내리는 데 사용한 기준이나 절차가 제3자를 설득할 수 있어야 하기 때문이다. 따라서 설사 결정 결과가 타당하다 할지라도 그 기준이나 절차 등이 타당하지 않다면 결국 그 결정은 제3자에 의해 수용되기 어렵다. 목적이 수단을 정당화할 수도 있지만, 목적뿐만 아니라 수단까지 투명하게 공개되면 특정한 주장이 설득력을 잃는 경우가 많다. 더구나 다원적인 가치가 지배하고 복잡성이 엄청나게 증가하는 현대사회에서는 모두가

---

58 이에 관해서는 정승준·변준영·김창익, "설명 가능한 인공지능 기술의 소개", 『전자공학회지』 제46권 제2호(2019), 135–143쪽; 이중원, "인공지능에게 책임을 부과할 수 있는가?: 책무성 중심의 인공지능 윤리 모색", 『과학철학』 제22권 제2호(2019), 79–104쪽 등 참고.

받아들일 만한 결정을 내리는 것이 쉽지 않다. 이러한 상황에서는 제3자가 납득할 만한 기준과 절차에 따라 결정을 내리는 것이 더욱 공감을 얻을 수 있는 방안이 된다.

바로 이러한 근거에서 오늘날에는 법치주의에 따라 국가권력이 어떤 요건과 절차에 따라 행사되어야 하는지를 법률로 명확하게 규정한다. 입법이나 집행 모두 법이 정한 요건과 절차에 따라 투명하게 이루어져야 한다. 사법부도 헌법과 법률에 구속되어야 하고, 법관이 재판을 하는 경우에는 그 근거를 설득력 있게 드러내야 한다. 바로 이러한 까닭에서 독일의 사회학자 루만은 현대사회에서는 '절차를 통한 정당화'가 중요한 역할을 수행한다고 지적하는 것이다.

설명 가능한 인공지능은 절차를 통한 정당화라는 요청을 인공지능 윤리에 구현한 것이라고 볼 수 있다. 인공지능이 어떤 기준과 절차를 통해 결정을 내렸는지를 제3자가 투명하게 접근할 수 있도록 하면 자연스럽게 인공지능 설계자는 인공지능이 윤리에 적합한 기준과 절차에 따라 결정을 내리도록 할 수 있다는 것이다. 이 점에서 설명 가능한 인공지능은 인공지능 윤리를 절차적으로 구현하는 또다른 방법이 된다고 말할 수 있다.

(2) 설명 가능성의 목표

설명 가능한 인공지능은 구체적으로 다음과 같은 목표를 추구한다.

1) 설득 가능성

가장 우선적으로는 인공지능이 내린 결정의 설득 가능성을 높이는 것이다. 위에서도 지적한 것처럼 특정한 결정으로 타인을 설득하기 위해서는 두 가지 요건을 충족해야 한다.

첫째, 결정의 결과가 타인이 볼 때 납득할 만한 것이어야 한다. 쉽게 말해 타인이 원하는 결과를 도출할 수 있어야 한다. 그러나 오늘날과 같은 다원주의 사회에서 매번 타인이 원하는 결과를 도출할 수는 없다.

둘째, 결정을 내리는 데 원용된 기준과 요건, 방법, 절차 등이 타인이 볼 때 납득할 만한 것이어야 한다. 그렇게 하기 위해서는 이러한 기준, 요건, 방법, 절차 등이 투명하게 공개되어야 할 뿐만 아니라 중립성과 공평성을 유지해야 한다. 이렇게 함으로써 타인을 납득시킬 수 있는 결정을 내릴 수 있는 것이다.

2) 예측가능성

다음으로 설명 가능한 인공지능을 구현함으로써 결정에 대한 예측가능성을 제고할 수 있다. 인공지능이 내린 결정의 근거를 투명하게 설명함으로써 제3자는 이러한 결정에 납득한 후 앞으로 어떤 결정을 내릴 것인지를 예측할 수 있는 것이다. '현재'라는 시간을 기준으로 보면 설명 가능한 인공지능으로 획득하는 설득 가능성은 '과거'를 지향하는 것이라면, 예측가능성은 '미래'를 지향하는 것이라고 볼 수 있다. 아울러 이러한 예측가능성이 실제로 검증되면, 이제 인공지능이 내리는 결정은 사회적 신뢰를 얻을 수 있다. 이를 도식화하면 '신뢰 가능성 → 예측가능성 → 신뢰 확보'로 표현할 수 있다.

3) 인공지능 윤리 이행

마지막으로 설명 가능한 인공지능은 위에서 설명한 목표를 달성하는 과정을 통해 인공지능 윤리를 자율적으로 이행하는 목표도 획득한다. 결국 설명 가능한 인공지능을 구현함으로써 인공지능이 자율적으로 인공지능 윤리를 준수하도록 할 수 있다.

(3) 구현 방법

1) 설명 가능한 인공지능의 두 가지 유형

기술적인 측면에서 설명 가능한 인공지능을 구현하는 방법에는 두 가지 유형이 있다. 이는 인공지능 체계 안에 의사결정 과정과 설명 과정을 함께 포함시키는가 아니면 분리하는가에 따라 구별되는 유형이다.

첫 번째 유형은 한 인공지능에 의사결정 과정과 설명 과정을 모두 구현하는 방식이다. 인공지능이 의사결정을 하는 과정에서 제3자가 요청을 하면 어떤 근거에서 그런 의사결정을 한 것인지를 설명하도록 하는 것이다. 두 번째 유형은 의사결정을 하는 인공지능과 설명을 하는 인공지능을 분리하는 것이다. 이 경우에는 설명을 하는 인공지능이 의사결정을 하는 인공지능을 감시 및 감독하는 기능을 수행한다. 인공지능 사이에서 일종의 기능 및 권한 배분을 추구하는 것이라 볼 수 있다. 그중에서 어떤 방식이 더 나은지는 판단하기 어렵다. 아마도 두 가지 유형을 모두 구현하는 것이 바람직할 것이다.

2) 설명 방법

기술적인 측면에서 볼 때 인공지능이 어떤 기준과 절차 등을 거쳐 결정을 내렸는지를 어떤 방법으로 설명하도록 할 것인지도 구현하기 쉽지 않은 문제이다.[59] 왜냐하면 인공지능이 특정한 결정을 내릴 때는 복잡한 알고리즘을 사용하는데 이는 외부에서 파악하기 쉽지 않은 '블랙박스 구조'로 되어 있기 때문이다. 특히 최근 딥러닝 기술이 인공지능에 적용되면서 인공지능이 어떤 근거와 절차 등으로 결정을 내리게 되었는지를 설명하는 게 더더욱 어려워지고 있다. 이에 관해서는 현재 언어적 설명 방법, 도식적 설명 방법, 시각적 설명 방법 등이 논의된다.

그런데 이때 주목해야 할 점은 인공지능이 결정을 내리는 데 활용된 알고리즘이 아주 복잡해지면서 이를 우리 인간이 이해할 수 있도록 설명하는 과정에서 불완전성이나 왜곡이 발생할 수 있다는 것이다. 요컨대 기계적 차원에서 이루어진 과정을 우리 인간이 이해할 수 있는 소통 과정으로 전환하는 과정에서 괴리나 왜곡이 발생할 수 있다. 이러한 연유에서 정작 인공지능이 결정을 내리는 데 결정적인 영향을 미친 요소가 이를 설명하는 과정에서 드러나지 않거나 은폐될 수 있다. 따라서 이를 막거나 밝힐 수 있는 방안을 모색하는 것이 필요하다. 바로 이 같은 이유에서 의사결정을 하는 인공지능과 이를 설명하는 인공지능을 체계적으로 분리하는 것이 더 바람직할 수 있다. 의사결정을 하는 인공지능이 어떤 근거에서 그런 결정을 내렸는지 설명을 전담하는 인공지능이 정확하게 설명하도록 하는 것이다. 물론 이러한 방안이 기술적으로 가능한지를 먼저 고려해야 하겠지만 말이다.

Ⅵ. 우리 인공지능 윤리로서 국가 인공지능(AI) 윤리 기준

지난 2020년 11월에 과학기술정보통신부가 주축이 되어 발표한 「국가 인공지능(AI) 윤리 기준」은 우리 정부가 공식적으로 제시한 인공지능 윤리라는 점에서 의미가 있다. 이 기준은 처음에는 '초안' 형태로 제시되었고(이하 '초안'으로 약칭한

---

59 이에 관해서는 정승준·변준영·김창익, 앞의 논문, 135쪽 아래 참고.

다), 이후 공론장에서 다양한 의견을 수렴하고 반영하는 반성적 절차를 거치면서 최종안으로 개선 및 발표되었다(이하 '최종안'으로 약칭한다). 아래에서는 우리 인공지능 윤리의 예로서 「국가 인공지능(AI) 윤리 기준」의 초안과 최종안의 주요 내용을 개괄적으로 검토하겠다.

1. 초안

(1) 기본 구조

초안은 다음과 같이 구성된다. 최상위의 목표 또는 비전으로 '인간성'(AI For Humanity)을 제시한다. 이어서 4대 속성, 3대 기본원칙, 15개 실행원칙으로 체계화된다. 4대 속성은 4단(端)으로, 3대 기본원칙은 3강(綱)으로, 15개 실행원칙은 15륜(倫)으로 지칭되기도 한다. 인공지능 윤리를 동양철학의 유교 윤리와 연결한 것이다.[60]

(2) 4대 속성

4단으로도 지칭되는 4대 속성으로 다음이 제시된다. 인권 보장, 공공선 증진, 인간 능력의 향상, 기술 윤리적 좋음이 그것이다.

(3) 3대 기본원칙과 15개 실행원칙

3강으로도 지칭되는 3대 기본원칙으로 인간의 존엄성 원칙, 사회의 공공성 원칙, AI의 목적성 원칙이 제시된다. 이는 철학적으로 자유주의, 공동체주의, 공리주의를 반영한 것이다. 각 기본원칙에는 5개의 실행원칙이 배치된다.

먼저 인간의 존엄성 원칙에는 행복추구 원칙, 인권보장 원칙, 개인정보보호 원칙, 다양성 존중 원칙, 해악금지 원칙이 실행원칙으로 배치된다.

다음으로 사회의 공공선 원칙에는 공공성 원칙, 개방성 원칙, 연대성 원칙, 포용성 원칙, 데이터 관리 원칙이 실행원칙으로 배치된다.

나아가 AI의 목적성 원칙에는 책임성 원칙, 통제성 원칙, 안전성 원칙, 투명성

---

[60] 그러나 이에는 여러 비판이 제기되었다.

원칙, 견고성 원칙이 실행원칙으로 배치된다.

(4) 분석 및 평가

4대 속성(4端), 3대 기본 원칙(3綱), 15대 실행원칙(15倫)으로 구조화된 초안은 그동안 윤리학 영역 등에서 축적된 성과를 체계적으로 잘 반영한다. 더불어 그동안 발표된 세계 각국의 AI 윤리 역시 종합하고 있는 것으로 평가된다. 이 점에서 초안에 긍정적인 평가를 할 수 있다.

다만 기본 구조에 약간의 의문이 있다. 굳이 4대 속성이 필요할까 하는 점이다. 3대 기본원칙과 15대 실행원칙만으로도 윤리기준이 무엇을 추구하는지가 분명히 드러난다. 4대 속성, 3대 기본 원칙, 15대 실행원칙은 선거공약이나 각종 발전계획에서 많이 사용되는 도식적인 구조로도 보인다. 좀 더 간명하게 만들 필요가 있다. 더불어 요즘 세대, 특히 인공지능 개발자들에게는 생소한 4端이나 3綱, 15倫과 같은 개념을 사용할 필요가 있을지 의문이 든다.

구체적으로 다음과 같은 점을 지적할 수 있다.

첫째, 인간의 존엄 원칙의 실행원칙에 관해 언급할 필요가 있다. 행복추구 원칙의 경우 행복이라는 개념이 너무 포괄적이고 모호해서 헌법학에서도 행복추구권이 독자적인 기본권이 될 수 있는지에 논란이 있다.[61] 이 점에서 행복추구 원칙을 실행원칙으로 규정하는 게 적절한지 의문이 든다. 또한 인권보장 원칙과 해악금지 원칙은 동전의 양면에 해당하는 것으로 같은 내용을 규율한다. 타자의 인권을 충실히 보장하면 해악이 발생하지 않는다. '해악의 원칙'(harm principle)을 제시한 밀(John Stuart Mill)에 따르면 해악금지란 타인의 권리를 침해하지 말라는 의미를 지닌다.[62] 그 점에서 해악금지 원칙과 인권보장 원칙을 병존시킬 필요가 있을지 의문이 든다. 오히려 해악금지 원칙을 살리고 싶다면 사회의 공공선 원칙의 실행원칙으로 배치하는 게 더 적절해 보인다.

둘째, 사회의 공공선 원칙의 실행원칙인 연대성 원칙과 포용성 원칙을 별도로 규정하는 것에도 의문이 있다.[63] 양자의 내용은 거의 같은 것이 아닌가 한다. 연대

---

61 이 문제에 관해서는 허영, 『한국헌법론』 전정17판(박영사, 2021) 참고.

62 존 스튜어트 밀, 서병훈 (옮김), 『자유론』(책세상, 2018) 참고.

63 물론 엄밀하게 말하면 연대성 원칙과 포용성 원칙은 맥락을 달리한다. 가령 연대성 원칙은 특정한 공동체를 전제로 하는 해당 공동체 구성원들 사이에서 문제가 되는 원칙이라면, 포용성 원칙

의 핵심은 나와 타자를 단절시키지 않고 서로가 서로를 포용하는 것이라고 볼 수 있기 때문이다. 요즘 포용국가 논의로 포용성이 화두가 되는데 우리나라에서 언급되는 포용성은 종전에 있던 사회복지국가의 연대성과 차이가 없어 보인다. 우리가 말하는 포용성은 포용국가(inclusive state)가 본래 의미하는 난민과 같은 타자를 포용한다는 의미와는 차이가 있어 보이기 때문이다.[64]

셋째, 국제협력원칙이나 원칙 간의 충돌이 발생하였을 경우 이를 해결할 수 있는 (헌법학에서 개발된) 실제적 조화 원칙 등을 신설할 필요가 있다.

넷째, 윤리기준의 성격을 명확하게 할 필요가 있다. 윤리기준이 상징적인 원칙으로 자리매김하는 데 만족하는지 그게 아니면 구체적인 영역에서 실행 가능한 원칙을 목표로 하는지를 명확하게 할 필요가 있다. 만약 후자를 지향한다면 이번에 제시되는 윤리기준은 추상적인 원칙이 많아 더욱 다듬어야 할 필요가 있다. 추상적인 것은 최소화할 필요가 있다. 그렇게 하지 않으면 인공지능 개발자에게 혼선을 야기할 수 있다. 만약 상징적인 원칙을 지향한다면 이 점을 분명하게 할 필요가 있어 보인다.

2. 최종안

(1) 기본 구조

최종안은 초안에 대한 다양한 의견을 수렴하고 반영하면서 더욱 간명해졌다. 인간성(AI For Humanity)을 가장 높은 목표로 설정하는 것은 동일하다. 다만 4대 속성을 없애고 대신 3대 기본원칙 및 10대 핵심 요건으로 구조를 단순화했다.

(2) 3대 기본원칙

3대 기본원칙으로 인간 존엄성 원칙, 사회의 공공선 원칙, 기술의 합목적성 원칙이 제시된다. 초안의 3대 기본원칙이 그대로 유지되었다.

은 특정한 공동체에 포함되는 구성원들과 배제되는 비구성원들 사이에서 문제가 되는 원칙이라 말할 수 있다.

64 이에 관해서는 양천수 (편), 『코로나 시대의 법과 철학』(박영사, 2021), 제10장 참고.

(3) 10대 요건

3대 기본원칙을 실행하는 10대 요건으로 인권보장, 프라이버시 보호, 다양성 존중, 침해금지, 공공성, 연대성, 데이터 관리, 책임성, 안정성, 투명성이 제시된다. 초안의 15대 실행원칙이 최종안에서는 10대 요건으로 정리되었다.

(4) 평가

「국가 인공지능(AI) 윤리 기준」은 현재까지 도달한 윤리·철학·인공지능의 성과를 집약하고 있다고 평가할 수 있다(이하 '윤리 기준'으로 약칭함). 이는 크게 네 가지 측면에서 살펴볼 수 있다. 이론적 측면, 실천적 측면, 상징적 측면, 절차적 측면이 그것이다.

먼저 이론적 측면에서 보면 윤리 기준은 당대 도달한 이론적 수준과 성과를 집약하고 있다.

다음으로 실천적 측면에서 보면 윤리 기준은 실무 현장에서 사용할 수 있는 윤리 원칙 및 요건을 중심으로 설계되어 있다.

나아가 상징적 측면에서 보면 윤리 기준은 국가가 인공지능 위험 문제에 관해 정면에서 관심을 보이고 있음을 상징적으로 표현한다. 인공지능 윤리 기준을 과연 국가가 제정할 필요가 있는지에 의문이 제기되기도 하지만 인공지능의 위험이 사회 전체적으로 미치는 영향을 고려할 때, 특히 국가의 기본권 보호의무와 관련하여 이는 의미가 없지 않다.

마지막으로 절차적인 측면에서 보면 윤리 기준을 제정하는 과정 자체는 반성적 절차를 충실하게 이행한 모범적인 사례라 말할 수 있다.

10장

인공지능 규제 설계

I. 서론

알파고, GAN, ChatGPT가 예증하듯이 인공지능은 매번 우리의 예상을 뛰어넘어 발전한다. OpenAI가 제공하는 GPT 관련 서비스를 보면 앞으로 인공지능이 어떻게 발전할지 예상하는 것조차 힘들 정도이다. 그 덕분에 우리는 인공지능에 힘입어 다양한 혜택을 얻는다. 인공지능에 적절한 프롬프트를 입력하기만 하면 우리가 원하는 생성물, 가령 언어, 그림, 음악 또는 이들의 결합물 등과 같은 산출물을 손쉽게 얻을 수 있다. 하지만 세상의 모든 일이 그렇듯이 인공지능이 우리에게 밝은 미래만을 선사하는 것은 아니다. 인공지능이 제공하는 빛 아래에는 그늘이, 우리를 향한 위험이 도사린다. 말하자면 인공지능은 빛과 그림자를 모두 가지고 있는 것이다. 이는 '혁신 vs. 위험'이라는 키워드로 대변되기도 한다.

그동안 우리는 혁신과 위험 사이에서 주로 혁신에 무게 중심을 두는 편이었다. 글로벌 시장 경쟁이 점점 더 치열해지는 요즘 상황에서 경제를 성장시킬 수 있는 최선의 방법은 혁신이라고 믿어 왔기 때문이다. 그 때문에 인공지능에 대한 규제보다는 인공지능 혁신을 위한 지원에 더욱 관심을 기울이는 편이었다. 이의 연장선상에서 설사 인공지능을 규제하더라도 윤리와 같은 연성 규범으로 인공지능을 규제하거나 자율적으로 규제하는 방식을 선호하였다.

그렇지만 최근 이러한 흐름이 바뀌고 있다. 이제는 급속하게 발전하는 인공지능에 규제의 제동 장치를 걸어야 한다는 목소리가 점점 힘을 얻는다. 이를 보여주듯 인공지능을 포함하는 디지털 영역을 규제할 때 시장에 기반을 둔 규제 방식을 선호했던 미국조차도 최근 행정명령을 통해 인공지능에 대한 법적 규제의 기반을 마련하였다.[1] 그리고 특히 2024년 5월 21일 그동안 논의되었던 유럽연합의 인공지능법이 최종적으로 이사회(Council of the Europe)를 통과하면서 인공지능을 규율하는 포괄적인 법적 규제가 정면에서 입법되었다. 이는 2024년 8월 1일부터 발효되었다.

이러한 상황 변화를 고려할 때 이제 우리도 인공지능에 대한 규제, 그중에서도 법적 규제를 본격적으로 논의하고 준비할 때를 맞이하였다. 이러한 문제의식을 바탕으로 하여 아래에서는 인공지능에 관한 규제, 특히 법적 규제를 어떻게 설계해야 하는지 논의하겠다.

II. 인공지능 규제 개관

1. 고려 사항

인공지능 위험을 법이나 윤리와 같은 규범으로 통제할 때는 몇 가지 고려해야 하는 사항이 있다. 혁신과 안전, 포용이 그것이다. 이는 문재인 정부가 강조했던 '혁신적 포용국가'(innovative inclusive state)와 맥락을 같이 한다.[2] 이외에 인공지능 위험의 대응 개념인 안전 역시 고려해야 한다.

먼저 인공지능이 주도하는 '혁신'(innovation)을 고려해야 한다. 인공지능 위험을 통제할 때는 가능한 한 인공지능이 주축이 되는 혁신을 저해하지 않도록 해야 한다. 다음으로 인공지능 위험에 대한 '안전'(safety)을 고려해야 한다. 인공지능 위험이 실현되어 사람들의 권리나 사회적 공리 등을 훼손하지 않도록 해야 한다. 나아가 '포용'(inclusion)을 고려해야 한다. 인공지능이 주도하는 혁신에서 배제되는 사람들이 없도록 해야 하고 혹시라도 배제되는 이들이 있는 경우에는 이들이 사회적 영역으로 포용될 수 있도록 해야 한다.

---

1 이에 관해서는 행정명령(Executive Order) 14110 참고.

2 포용국가에 관해서는 Anis A. Dani/Arjan de Haan, *Inclusive States: Social Policy and Structural Inequalities* (World Bank, 2008) 참고.

2. 법을 통한 규제

인공지능 위험을 통제하는 가장 대표적인 수단으로 법적 규제를 생각할 수 있다. 법적 규제는 강제적이고 고정적이며 사후적인 규제라는 성격을 지닌다. 이러한 법적 규제는 단기적인 측면에서 실효성을 확보하는 데 유리하다. 그렇지만 다음과 같은 문제도 지닌다. 법적 규제가 야기하는 '규제의 역설'이 그것이다. 이로 인해 법적 규제는 인공지능이 주도하는 혁신을 저해하는 중대한 장애물이 될 수 있다.

3. 윤리를 통한 규제

법적 규제 이외에 인공지능 위험을 통제하는 규범적 수단으로 윤리를 고려할 수 있다. 윤리적 규제는 자율적이며 유동적이고 사전적인 규제라는 특징을 지닌다. 이러한 윤리적 규제는 다음과 같은 장점이 있다. '연성 규제'로서 수범자의 자율규제를 유도한다는 것이다. 이를 통해 혁신에 친화적인 인공지능 위험 통제를 도모할 수 있다.

Ⅲ. 인공지능에 대한 규제 방식

1. 유형화

인공지능이 지닌 위험을 적절하게 예방하고 관리하기 위해서는 어떤 규제 방식을 선택해야 할까? 이에 관해서는 세 가지 쟁점을 살펴볼 필요가 있다. 첫째, 이러한 문제를 법이라는 규제 방식으로 다루어야 하는지를 판단해야 한다. 둘째, 기존의 법적 규제체계가 이러한 문제를 해결할 수 있는 역량을 충분히 갖추고 있는지 검토해야 한다. 셋째, 기존의 법적 규제체계가 이러한 문제를 해결하는 데 한계가 있다면 어떻게 새롭게 규제 방안을 마련해야 하는지 살펴보아야 한다. 아래에서는 규제 방식을 유형화함으로써 인공지능에 어떤 규제 방식을 적용하는 게 적절한지에 관해 시사점을 얻고자 한다.

2. 자율규제와 타율규제

먼저 자율규제와 타율규제를 구별할 수 있다. 이는 법, 특히 민법학에서 익숙한 자율성이라는 기준을 중심으로 하여 규제 방식을 나눈 것이다. 전자는 인공지능이 유발하는 위험이나 갈등을 인공지능 개발자나 사업자, 이용자 등이 자율적으로 해결하도록 하는 방식이다. 이에 관한 가장 좋은 방식은 문제가 발생하지 않도록 인공지능을 완벽하게 설계하고 운용하는 것이다. 예를 들어 인공지능에 적용되는 알고리즘이 편향성을 갖지 않도록 설계, 운용 및 조정하는 것을 들 수 있다. 그동안 활발하게 논의되었던 인공지능 윤리가 대표적인 자율적 규제 방안에 해당한다.[3] 윤리라는 행위자의 내면을 지향하는 '연성규범'(soft norm)을 활용하여 개발자나 사업자 등이 인공지능에 문제가 없도록 자율적으로 기술적·관리적 조치를 취하게 하는 것이다. 이에 대해 후자는 법과 같은 강제적인 규제 수단을 마련하여 인공지능 개발자나 사업자, 이용자 등이 타율적으로 인공지능이 유발하는 위험 및 문제 등을 해결하도록 하는 방안을 말한다.

3. 행위 중심적 규제와 결과 중심적 규제

다음으로 행위 중심적 규제와 결과 중심적 규제를 구별할 수 있다. 이는 형법학에서 많이 사용되는 '행위반가치'(행위불법: Handlungsunrecht)와 '결과반가치'(결과불법: Erfolgsunrecht)'라는 구별을 원용한 것이다.[4] 행위 중심적 규제는 인공지능이 수행하는 행위 또는 결정 그 자체가 위법한지에 초점을 맞추어 규제를 하는 방식을 말한다. 예를 들어 알고리즘이 편향적인 판단을 하는 경우 그 자체를 일종의 차별금지 위반으로 문제 삼아 규제하는 것을 들 수 있다. 또한 인공지능이 투명성이나 설명 가능성이라는 요청을 이행하지 않는 경우 이를 규제하는 방식도 이러한 행위 중심적 규제에 포함할 수 있다.[5] 이에 반해 결과 중심적 규제는 인공지능이

---

3 인공지능 윤리에 관해서는 인공지능과 가치 연구회, 『인공지능윤리: 다원적 접근』(박영사, 2021); 선지원, "유럽 HLEG 인공지능 윤리 가이드라인과 지능정보 사회 이용자보호 정책의 비교", 『디지털 윤리』 제3권 제1호(2019), 59-71쪽.

4 이에 관해서는 심재우, "형법에 있어서 결과불법과 행위불법", 『법학논집』 제20집(1982), 127-170쪽 참고.

5 투명성이나 설명 가능성은 인공지능 윤리에서 중요한 원칙으로 자리매김한다. 이에 관해서는 심우

작동하여 산출한 결과가 법규범에 합치하지 않는 경우 규제를 하는 방식을 말한다. 예를 들어 알고리즘의 편향성으로 인해 특정한 개인의 권리가 침해당한 경우 이러한 권리침해를 불법행위 등으로 문제 삼는 것을 들 수 있다. 또한 자율주행차가 자율주행 도중 교통사고를 일으켜 보행자의 권리를 침해한 경우 법적 규제를 가하는 것도 결과 중심적 규제의 예로 파악할 수 있다. 행위 중심적 규제와 결과 중심적 규제라는 구별은 특히 알고리즘 편향성 문제를 어떤 방식으로 규율하는지에 관해 유익한 시사점을 제공한다.

4. 사전적/현재적/사후적 규제

나아가 사전적 규제, 현재적 규제 및 사후적 규제를 구별할 수 있다. 이는 '시간성'을 규제 방식에 적용한 것이다.[6] 사전적 규제는 인공지능이 문제를 유발하기 전에, 가령 법규범에 위반되는 행위 또는 결정을 하거나 위법한 결과를 산출하기 이전에 인공지능의 위험을 규제하는 방식을 말한다. 이에 관한 예로 인공지능 윤리와 같은 연성규범으로 인공지능을 규제하는 것을 들 수 있다. 또한 영향평가와 같은 규제수단을 사전에 거치도록 하는 것도 사전적 규제 방식의 예로 꼽을 수 있다. 인공지능을 설계하는 단계부터 완전성을 추구하는 것, 즉 인공지능에 '설계주의'를 적용하는 것도 사전적이면서 자율적인 규제 방식으로 말할 수 있다.[7]

현재적 규제는 인공지능이 현재 특정한 행위 또는 판단으로 법규범을 위반하고 있거나 위법한 결과를 산출하는 경우 이를 규제하는 방식을 말한다. 요컨대 현재 진행되는 규범위반을 즉각적으로 규제하는 것이 현재적 규제이다. 행정법에서 흔히 사용하는 경찰법적 규제가 가장 대표적인 현재적 규제에 해당한다. 또는 인공지능이 작동할 때 투명성 요청에 따라 투명하게 작동하게끔 하는 것도 현재적

민, "알고리즘 투명성에 대한 규범적 접근방식", 『디지털 윤리』 제2권 제1호(2018), 1−12쪽 참고.

6 이는 법에서 시간을 어떻게 취급해야 하는지의 문제, 즉 '법과 시간'의 관계를 어떻게 해명해야 하는지의 문제와 관련을 맺는다. 이 문제는 실정법학에서는 주로 '시효'(Verjährung)와 관련하여 논의가 이루어진다. 이 문제에 관해서는 우선 이동진, "시제사법 서설", 윤진수교수정년기념논문집 간행위원회 (엮음), 『(윤진수교수정년기념) 민법논고: 이론과 실무』(박영사, 2020) 참고. 법과 시간에 관한 고전적 문헌으로는 Gerhard Husserl, *Recht und Zeit: Fünf rechtsphilosophische Essays* (Frankfurt/M., 1955) 참고.

7 설계주의에 관해서는 成原慧, "アーキテクチャの自由の再構築", 松尾陽 (編), 『アーキテクチャと法』(弘文堂, 2016) 참고.

규제에 포함할 수 있다.

　사후적 규제는 인공지능이 작동하는 과정에서 위법한 결과를 산출한 경우, 다시 말해 특정한 결과를 야기한 시점 이후에 이를 규제하는 방식을 말한다. 이는 전통적인 법에서, 그중에서도 책임법이 즐겨 사용하는 규제 방식이다. 이를테면 민법의 불법행위책임이나 형법의 형사책임은 모두 특정한 불법행위나 범죄행위가 발생한 이후에 책임법적 규제를 가한다. 이러한 사후적 규제는 인공지능이 야기하는 위법한 결과에도 적용할 수 있다. 가령 의료 인공지능이 환자를 치료하는 과정에서 오진을 하고 이로 인해 환자의 생명이나 신체 등이 훼손되는 경우 사후적 규제를 적용할 수 있다. 이때 민법의 불법행위책임을 적용하거나 제조물 책임법의 제조물책임 법리를 적용할 수도 있다.[8] 만약 인공지능에 이러한 사후적 규제만을 적용하는 경우에는 기존의 법체계가 마련한 규제 장치만으로 충분할 수 있다.

5. 결과비난 규제와 반성적 규제

　이어서 결과비난 규제와 반성적 규제를 구별할 수 있다. 결과비난 규제는 법규범이 흔히 사용하는 규제 방식이다. 가령 수범자가 법규범을 위반한 경우 그 위반에 불이익한 제재를 가하는 규제 방식을 떠올릴 수 있다. 앞에서 사후적 규제 방식으로 언급한 책임법적 규제가 대표적인 결과비난 규제에 해당한다. 법규범을 위반하는 불법행위를 야기하거나 범죄를 저지른 경우에 손해배상책임이나 형벌을 부과하는 것은 수범자가 저지른 위법행위를 비난하는 데 초점을 둔다.[9] 이 점에서 결과비난 규제는 형벌이론에서 말하는 응보이론과 합치한다.[10] 반대로 반성적 규제는 법규범을 위반한 수범자가 이후 법규범을 제대로 준수하도록 규제하는 것을 말

8　이에 관해서는 이종구, "자율주행자동차와 제조물 책임에 관한 연구: 최근 자동차관리법 일부 개정에 즈음하여", 『법학논총』(국민대) 제32권 제3호(2020), 55－96쪽; 이경미, "인공지능의 소프트웨어 오류로 인한 민사책임", 『가천법학』 제13권 제1호(2020), 183－210쪽 참고.

9　물론 민법의 손해배상책임은 불법행위 등으로 발생한 손해를 원상으로 회복하는 데 일차적인 초점을 둔다. 그렇지만 손해배상책임은 가해자를 비난하는 기능도 일부 수행한다는 점을 부정하기 어렵다. 현재 부분적으로 도입되는 징벌적 손해배상제도가 이를 예증한다. 징벌적 손해배상에 관해서는 고세일, "대륙법에서 징벌적 손해배상 논의: 민법의 관점에서", 『법조』 제63권 제1호(2014), 142－190쪽 참고.

10　응보이론을 포함하는 형벌이론에 관해서는 빈프리트 하세머, 배종대·윤재왕 (옮김), 『범죄와 형벌: 올바른 형법을 위한 변론』(나남, 2011) 참고.

한다. 요컨대 수범자가 반성하게끔 규제 수단을 적용한다는 점에서 반성적 규제라 말할 수 있다. 이는 형벌이론에서 말하는 특별예방이론과 합치한다.[11] 이러한 예로 투명성 규제를 들 수 있다. 특정한 알고리즘이 불투명하게 작동하는 경우 투명성을 강조하는 법적 규제를 가하여 이후에 알고리즘이 투명해지도록 재조정하는 것을 언급할 수 있다.

6. 영역적 규제와 포괄적 규제

그뿐만 아니라 영역적 규제와 포괄적 규제를 구별할 수 있다. 영역적 규제 (vertical regulation)는 규제 대상이 되는 영역을 특정 및 제한하여 이에 관해서만 규제하는 방식을 말한다. 이에 대해 포괄적 규제(horizontal regulation)는 규제 대상이 되는 영역 가운데 특정 부분에만 한정해 규제하는 대신 대상 영역 모두를 규제하는 방식을 말한다. 인공지능을 예로 들면, 가령 법률 인공지능, 의료 인공지능, 자율주행자동차를 각각 구별하여 규제를 적용하는 방식이 영역적 규제라면, 인공지능 그 자체를 모두 규제 대상으로 설정하는 방식이 포괄적 규제이다. 유럽연합 인공지능법이 받아들인 규제 방식이 포괄적 규제에 해당한다.

7. 규범적 규제와 아키텍처 규제

마지막으로 규범적 규제와 아키텍처 규제를 구별할 수 있다. 규범적 규제는 법과 같은 규범적 수단을 사용하는 규제를 뜻한다. 이에 대해 아키텍처 규제 (architectural regulation)는 물리적인 공간의 벽이나 디지털 영역의 코드(code)처럼 기술적·물리적 차원에서 이루어지는 규제를 뜻한다.[12] 달리 '넛지 규제'로도 부를 수 있을 것이다. 앞에서 설명한 규제 방식이 대부분 규범적 규제에 속한다. 반면 기술적 표준을 제정하여 인공지능에 적용하는 방식이 아키텍처 규제에 해당한다. 어쩌면 인공지능에 관해서는 아키텍처 규제가 더 중요할 수도 있다.

---

11 특별예방이론에 관해서는 프란츠 폰 리스트, 심재우·윤재왕 (옮김), 『마르부르크 강령: 형법의 목적사상』(강, 2012) 참고.
12 아키텍처 규제에 관해서는 손형섭·나리하라 사토시·양천수, 『디지털 전환 시대의 법이론: 위험과 변화 그리고 대응』(박영사, 2023) 참고.

Ⅳ. 유럽연합 인공지능법의 규제 설계

인공지능에 관한 규제 설계 논의에 도움을 얻는다는 측면에서 최근 유럽연합이 제정한 인공지능법이 어떤 규제 설계 방식을 채택했는지 살펴본다.

1. 유럽연합 규제체계의 경향

최근 유럽연합이 마련하는 규제체계에서는 다음과 같은 경향을 발견할 수 있다.

(1) 위험 기반 접근법

첫째, 규제를 설계할 때 위험 기반 접근법(risk based approach)을 취한다는 점이다. 이는 크게 세 가지 의미를 담는다.

우선 인공지능법이 보여주듯이 규제 대상이 지닌 위험을 평가하여 이를 허용할 수 없는 위험, 고위험, 저위험 등과 같이 유형화한다는 것이다.

다음 각 위험 유형에 적합한 강도의 규제를 설계 및 투입한다는 것이다. 재생의료 산업에 관한 규제에서 독일이 주로 사용하는 '이익－위험－관계'(Nutzen－Risiko－Verhältnis) 원칙이 이를 예증한다.

나아가 사후 지향적(ex post) 규제가 아닌 사전 지향적(ex ante) 규제에 중점을 둔다는 것이다. 그 이유는 위험 개념 자체가 미래지향적 개념이기 때문이다.[13]

(2) 투명성과 설명 가능성

둘째, 투명성과 설명 가능성을 중시한다는 것이다. 이 점도 인공지능법에서 발견된다. 규제 대상이 되는 행위 주체, 특히 사회에서 이른바 강자에 속하는 행위 주체가 특정한 행위나 의사결정을 할 때는 이를 투명하게 그리고 설명 가능하게 해야 한다는 것이다. 이는 사회 전반에 '절차적 정당화'를 강화하는 규제를 적용하는 것이라 말할 수 있다.

---

[13] 이에 관해서는 양천수, "위험·재난 및 안전 개념에 대한 법이론적 고찰", 『공법학연구』 제16권 제2호(2015), 187－216쪽 참고.

(3) 사전 영향평가

셋째, 영향평가(impact assessment), 그중에서도 사전 영향평가를 강조한다는 것이다. 이는 위험 기반 접근법과 관련이 있다. 위험 기반 접근법을 취하려면 규제 대상이 어떤 위험을 지니는지 평가할 수 있어야 하는데 이때 적용하는 방법이 영향평가인 셈이다. 이러한 영향평가는 최근 유럽연합이 마련하는 여러 법적 규제에서 즐겨 사용된다.

한편 영향평가, 특히 사전 영향평가를 강조하는 것은 아래에서 언급하는 절차주의적 규제와도 관련을 맺는다.

(4) 절차주의적 규제

넷째, 절차주의적 규제를 즐겨 사용한다는 것이다. 여기서 절차주의적 규제란 타율규제와 자율규제를 혼합한 규제의 일종에 해당한다.[14] 이를테면 피규제자에 특정한 규제를 해야 한다는 점은 법규범으로 정하되 이를 어떻게 구체화하여 적용할 것인지는 피규제자의 자율에 맡기는 방식을 들 수 있다. 이를 잘 보여주는 예가 유럽연합 공급망 실사법이다. 이에 따르면 유럽연합은 규제 대상이 되는 기업이 공급망 실사를 해야 한다는 점은 유럽연합 지침(directive)으로 규율한다. 다만 이를 어떻게 구체화하여 실시할 것인지는 규제 대상이 되는 기업의 자율적인 선택에 맡긴다.

절차주의적 규제 아래에서 피규제자는 규제를 어떻게 스스로 구체화해 자신에게 적용할지를 판단하기 위해 위험 기반 접근법과 사전 영향평가를 활용하게 된다. 사전 영향평가를 실시하여 자신에게 어떤 위험이 있는지 규명한 후 이를 적절하게 규율할 수 있는 규제를 자율적으로 구체화한다. 이 점에서 위험 기반 접근법과 사전 영향평가는 절차주의적 규제 아래에서 기능적으로 결합한다.

(5) 사후 추적 조사

다섯째, 사후 추적 조사를 강화한다는 것이다. 이는 이른바 '사려 깊은 경계'(prudent vigilance) 모델에 바탕을 둔다.[15] 이에 따라 규제가 적용되는 시간적 범

---

14 절차주의적 규제에 관해서는 Gralf−Peter Calliess, *Prozedurales Recht* (Baden−Baden, 1999) 참고.

15 이에 관해서는 Brian Patrick Green, "Six Approaches to Making Ethical Decisions in Cases of

위를 확장한다. 과거/현재/미래, 즉 사후·현재·사전 모두에 지속적으로 규제를 투입하는 것이다. 이를 통해 사후 추적 조사와 같은 규제가 수용된다. 예를 들어 재생의료와 관련된 특정한 행위나 제품을 허가한 이후에도 사후적으로 그 위험 등을 추적 조사하여 이를 환류하는 것이다.

2. 유럽연합 인공지능법의 규제 설계

(1) 위험 기반 접근법

인공지능법에서 흥미로운 부분은 잘 알려진 것처럼 인공지능을 유형화한다는 것이다. 이때 유형화의 기준이 되는 것은 바로 인공지능이 지닌 위험이다. 그 점에서 인공지능법은 위험 기반 규제 접근법(risk based regulatory approach)을 사용한다. 여기서 위험의 기준이 되는 것은 바로 자연인(natural person), 즉 인간 존재의 건강, 안전, 기본권에 대한 침해 가능성이다.

앞에서도 살펴본 것처럼 인공지능법이 위험 기반 접근법을 취한다는 점은 인공지능에 대한 규제를 사전적으로(ex ante), 즉 미래지향적으로 앞당긴다는 점을 의미한다. 법적 규제로 인공지능의 위험을 사전에 관리하겠다는 것이다. 그 점에서 인공지능법은 인공지능에 대한 규제의 적용 시기를 앞당긴다. 그만큼 강한 규제임을 뜻한다.

(2) 위험 및 인공지능의 유형화

이러한 위험 기반 접근법에 따라 인공지능법은 위험을 크게 세 가지로 구별한다. 허용할 수 없는 위험(unacceptable risk), 고위험(high risk), 저위험(low risk) 또는 최소 위험(minimal risk)이 그것이다.[16] 이외에 '제한된 위험'(limited risk)이 독자적인 유형으로 제시되기도 한다.[17] 이러한 구별은 인공지능이 창출하는 위험을 크게 '고위험/저위험'으로 구별하는 데서 출발한다. 그중 고위험을 '허용할 수 없는

Uncertainty and Risk", *Markkula Center for Applied Ethics* (2019).

[16] Proposal for AI Act, p. 12.

[17] 김한균, "고위험 인공지능에 대한 가치지향적·위험평가기반 형사정책", 『형사정책』제34권 제1호(2022), 17쪽 참고.

위험'과 '고위험'으로 다시 나누고 인공지능의 작동 방식에 따라 저위험 가운데 제한된 위험을 구별하는 것이다.

인공지능법은 이러한 위험에 대응하여 인공지능을 크게 다음과 같이 유형화한다. 금지되는 인공지능, 고위험 인공지능, 제한된 위험의 인공지능, 저위험 또는 최소 위험 인공지능이 그것이다. 여기서 제한된 위험의 인공지능은 특정한 방식으로 제한된 위험을 창출하는, 그 때문에 투명성 규제가 적용되는 인공지능을 뜻한다.

이때 주의해야 할 점은 인공지능을 유형화하는 방식은 인공지능 시스템 그 자체를 기준으로 하는 게 아니라는 점이다. 유럽연합 집행위원회가 제시한 인공지능 법안 제안 설명(Explanatory Memorandum)에도 나와 있듯이 인공지능의 유형화는 이른바 기능주의에 바탕을 둔다. 인공지능이 어떻게 사용되고 실행되는지에 따라 인공지능을 유형화하는 것이다.[18] 따라서 인공지능을 유형화한 후 이에 맞추어 규제를 투입하는 방식은 인공지능이 기능적 관점에서 어떻게 사용되는지에 따라 규제하는 것으로 이해할 수 있다.

(3) 규제 모델

인공지능은 어떻게 규제할 것인가? 이에 관해 인공지능법안 설명(Explanatory Memorandum)은 규제 개입의 강도에 따라 다섯 가지 선택지(options)를 고려한다.[19] 이를 《표》로 나타내면 다음과 같다.

《표-3》 집행위원회 인공지능법안이 고려한 규제 모델

선택지	규제 모델
선택지 1	자발적 등급 표시 방식(voluntary labelling scheme)에 바탕을 둔 EU 입법 조치
선택지 2	영역 중심적, 특정 목적 중심적 접근
선택지 3	비례적인 위험 기반 접근법에 바탕을 둔 포괄적인(horizontal) EU 입법 조치
선택지 3+	비례적인 위험 기반 접근법에 바탕을 둔 포괄적인 EU 입법 조치 + 비고위험 인공지능 시스템(non-high-risk AI systems)에 관한 자율 규범(codes of conduct)
선택지 4	인공지능이 산출하는 위험에 상관없이 모든 인공지능 시스템에 적용되는 강제적 요건을 신설하는 포괄적인 EU 입법 조치

* 출처: 인공지능법안, p. 9 및 김광수, 188쪽을 참고하여 재구성

---

18 Proposal for AI Act, p. 12.

19 Proposal for AI Act, p. 9. 이를 소개하는 문헌으로는 김광수, "인공지능 알고리즘 규율을 위한 법제 동향: 미국과 EU 인공지능법의 비교를 중심으로", 『행정법연구』 제70호(2023), 188쪽 참고.

위 선택지는 규제 대상과 개입 강도를 조합한 것이다. 이에 따르면 선택지 1이 자율규제 방식에 가장 가깝다면, 선택지 4는 가장 포괄적이면서 개입 강도가 강한 타율규제 방식에 해당한다. 인공지능법은 이 가운데 선택지 3＋를 선택하였다. 모든 유형의 인공지능을 포괄하면서 자율규제와 타율규제를 종합한 규제법안을 만든 것이다.

인공지능법은 '규정'(regulation)이라는 구속력이 가장 강한 형식을 이용하여 선택지 3＋를 채택한다. 그 점에서 원칙적으로 포괄적이면서 강력한 타율규제 방식을 취한다고 말할 수 있다. 하지만 그렇다고 해서 인공지능법은 민법상 불법행위나 형법상 범죄 구성요건처럼 금지 방식의 규제만을 선택하지는 않는다. 인공지능의 유형에 맞게 차별화된 강도의 규제를 선택해 적용하기 때문이다. 그 때문에 저위험 또는 최소 위험 인공지능에는 자율 규범인 행동 강령을 활용한 자율규제를 적용한다. 그 점에서 인공지능법은 경성 규범과 연성 규범을 혼합한 규제 모델이라 할 수 있다.

(4) 포괄적 규제

위에서 검토한 것처럼 인공지능법은 포괄적 규제(horizontal regulation)를 채택한다. 이때 포괄적 규제란 인공지능 영역 전반에 걸쳐 투입되는 규제를 말한다. 그 점에서 포괄적 규제는 특정 영역에 한정되어 적용되는 영역적 규제(vertical regulation)와 구별된다. 인공지능법은 이러한 포괄적 규제를 활용함으로써 유럽연합 역내에서 사용되는 인공지능 시스템 전반을 규제 및 관리하는 포괄적인 프레임워크(framework)를 제공한다.

(5) 차별화된 규제

인공지능법은 적용 영역 면에서는 포괄적이지만 그렇다고 해서 개입 강도가 획일적인 규제를 취하지는 않는다. 인공지능법은 규제 대상의 특성을 고려한 차별화된 규제 방식을 선택한다. 이때 규제 대상의 특성이란 인공지능이 창출하는 위험을 말한다. 요컨대 인공지능의 유형에 따라 규제 강도가 차별화되는 것이다. 이를 《표》로 나타내면 다음과 같다.

《표-4》차별화된 규제의 구조

위험의 유형화 → 인공지능의 유형화 → 규제 강도의 차별화

* 출처: 직접 작성

Ⅴ. 인공지능 위험에 관한 규제 원칙

마지막으로 인공지능을 적절하게 규제하는 데 필요한 규제 원칙은 무엇인지 간략하게 살펴보겠다.

1. 인공지능 이용과 규제의 실제적 조화

인공지능이 지닌 사회적 유용성을 고려할 때 통제 중심의 시각에서만 인공지능에 접근하는 것은 바람직하지 않다. 인공지능은 현재 급속하게 발전하고 있다는 점, 인공지능은 새로운 경제성장의 원천이 된다는 점 등을 고려할 때 한편으로 법체계는 인공지능이 원활하게 개발되고 발전할 수 있도록 지원해야 한다. 다른 한편으로 법체계는 인공지능의 성격에 적합한 규제체계 및 수단을 활용하여 인공지능이 지닌 위험을 적절하게 관리해야 한다. 그 점에서 인공지능에 관해 법체계는 인공지능 혁신 지원과 위험 통제 사이에서 '실제적 조화'를 구현할 수 있도록 해야 한다.[20]

2. 절차주의적 규제 우선

인공지능에는 강제력에 기반을 둔 타율적 통제보다는 윤리와 같은 연성규범에 바탕을 둔 자율적 통제를 우선적으로 적용할 필요가 있다. 그렇지만 윤리 등을 활용한 자율규제가 현실적으로 지닌 한계를 고려할 때 인공지능에 자율규제만을 적용하는 것은 문제가 있다. 오히려 더 적절한 것은 자율규제와 타율규제를 혼합한 절차주의적 규제를 활용하는 것이다. 인공지능 규제에 관한 근거는 국가법으로 규정하면서도 이러한 규제를 어떻게 구체화해서 적용할 것인지는 자율규제에 맡기는

---

20 '실제적 조화'(praktische Konkordanz)에 관해서는 Konrad Hesse, *Grundzüge des Verfassungsrechts der Bundesrepublik Deutschland*, Neudruck der 20. Auflage (Heidelberg, 1999), S. 28.

것이다.

3. 행위 중심적 규제 우선

앞에서 살펴본 것처럼 법적 규제는 다양하게 구별할 수 있는데 그중 행위 중심적 규제와 결과 중심적 규제라는 구별도 언급할 수 있다. 결과 중심적 규제는 전통적인 책임법적 규제 방식에 상응한다. 그러나 인공지능에 결과 중심적 규제 방식, 즉 책임법적 규제 방식을 우선적으로 적용하는 것은 바람직하지 않다. 이는 인공지능 개발자·사업자 및 그 상대방 모두에게 바람직하지 않다. 따라서 인공지능에는 행위 중심적 규제 방식을 우선적으로 적용할 필요가 있다.

4. 사전적·현재적 규제 우선

인공지능에는 사전적·현재적 규제를 우선시할 필요가 있다. 시간이라는 측면에서 규제 방식을 구별하면 사전적 규제, 현재적 규제 및 사후적 규제를 구별할 수 있다. 이때 사후적 규제는 책임법적 규제 및 결과 중심적 규제와 연결된다. 이러한 규제 방식은 인공지능을 규제하는 데 적절하지 않다는 점은 위에서 언급하였다. 이를 반대로 추론하면 인공지능에는 사전적 규제나 현재적 규제를 우선시할 필요가 있다는 결론이 도출된다. 말하자면 인공지능이 지닌 위험이 현실화되지 않도록 이에 예방적으로 접근할 필요가 있는 것이다.

이러한 예로 윤리와 같은 자율규제 방식을 적용하거나 영향평가 제도를 통해 사전에 위험을 적절하게 관리하도록 하는 것을 꼽을 수 있다. 또한 현재적 규제의 예로 인공지능이 작동하는 방식을 투명하게 하는 방안을 언급할 수 있다. 인공지능의 작동에 대한 설명 및 이의에 관한 권리를 보장하는 것이 이러한 방안에 속할 것이다.

5. 반성적 규제 우선

인공지능에는 반성적 규제를 우선시할 필요가 있다.[21] 인공지능에 규제나 통

---

21 반성적 규제에 관해서는 Gunther Teubner, "Reflexives Recht: Entwicklungsmodelle des Rechts in vergleichender Perspektive", in: *ARSP* (1982), S. 18 ff.

제를 가하는 이유는 인공지능이 유발한 위법한 결과를 비난하는 데 있기보다는 인공지능이 더욱 정확하고 공정하게 작동하도록 하는 데 있을 것이다. 인공지능, 특히 알고리즘이 제대로 작동할 수 있도록 이에 규범적 규제를 가하는 것이다. 이러한 점을 고려하면 인공지능에는 전통적인 책임법적 규제처럼 위법한 결과를 야기한 행위자 또는 체계에 비난을 가하는 것을 중시하는 규제 방식은 적절하지 않다. 이보다 법적 규제를 가함으로써 인공지능 개발자나 사업자 등이 반성적으로 인공지능을 더욱 완전하고 공정하게 개선하도록 하는 것이 바람직하다.

이를테면 알고리즘이 편향적으로 작동하는 것을 발견했을 때 개발자나 사업자 등이 이를 개선할 수 있도록 법적 규제를 가하는 것이다. 인공지능에 관한 사전영향평가를 법으로 강제하거나 인공지능의 결정 대상이 되는 사람이 이의를 제기했을 때 이를 곧바로 수용하고 환류할 수 있도록 법으로 규제하는 방안을 꼽을 수 있다.

11장

인공지능 규제와 영향평가

I. 서론

오늘날 제4차 산업혁명이 진행되면서 인공지능이 사회적 관심과 이슈의 초점이 된다. 어떻게 하면 인공지능 기술을 발전시킬 수 있는지, 인공지능 산업을 육성할 수 있는지에 많은 논의가 이루어진다. 더불어 인공지능이 야기하는 위험에 어떻게 대응하는 게 적절한지, 어떤 규제 원칙과 규제 방안을 설계해야 하는지에 논의가 진행된다.[1]

이러한 상황에서 영향평가(impact assessment)는 인공지능의 위험을 적절하게 규제하는 방안으로 자주 언급된다. 윤리의 차원에서 인공지능을 규율하고자 하는 '인공지능 윤리'나 인공지능에 대한 법적 규제 논의에서도 영향평가는 선호되는 규제 방안으로 주목된다. 여기서 다음과 같은 의문을 던질 수 있다. 왜 영향평가가 인공지능이 야기하는 위험을 규율하는 방안으로 선호될까? 이는 인공지능 규제 영역에서만 그런 것일까 아니면 다른 규제 영역에서도 이러한 경향을 발견할 수 있을까? 만약 그렇다면 영향평가는 규제이론의 견지에서 볼 때 어떤 의미가 있는 것일까?

제11장은 이러한 문제의식에서 인공지능 영향평가가 규제이론의 측면에서 볼 때 어떤 의미를 지니는지 살펴본다. 더불어 인공지능 영향평가에는 어떤 내용을 담아야 하는지 검토한다. 일단 결론부터 말하면 제11장은 영향평가, 특히 사전영향평가가 인공지능 위험에 대한 규제 원칙을 충실하게 구현하는 규제 방안이라고

---

[1] 이에 관해서는 양천수, 『인공지능 혁명과 법』(박영사, 2021) 참고.

주장한다.

Ⅱ. 영향평가의 의의

1. 개념

영향평가는 일단 특정한 규제 대상이 안고 있는 위험 및 이러한 위험이 사회 전반에 미치는 영향을 총체적으로 평가하는 것으로 정의할 수 있다. 이러한 개념 정의를 인공지능에 적용하면 인공지능 영향평가(AI impact assessment)란 인공지능이 가진 위험과 그 위험이 사회 전반에 미치는 영향을 총체적으로 평가하는 것이라고 규정할 수 있다.

시간성의 측면에서 보면 영향평가는 사전영향평가와 사후영향평가로 구별할 수 있다. 인공지능 영향평가를 예로 들면 사전영향평가가 인공지능이 가진 위험 및 그 사회적 영향을 사전에, 즉 인공지능이 가동하기 이전에 평가하는 것이라면, 사후영향평가는 인공지능이 작동한 이후에 그 위험 및 사회적 영향을 평가하는 것이라 할 수 있다. 영향평가는 현실적으로는 이 중에서 사전영향평가의 형태로 주로 시행된다.[2]

2. 유형

최근 인공지능 영향평가가 활발하게 논의되지만 우리 법체계는 이미 다양한 영향평가를 제도화하고 있다. 이러한 예로 기술영향평가, 환경영향평가, 성별영향평가, 개인정보 영향평가, 규제영향평가, 인권영향평가 등을 들 수 있다.

(1) 기술영향평가

인공지능 영향평가와 유사한 영향평가로 기술영향평가를 들 수 있다. 기술영향평가는 「과학기술기본법」에 따라 실시된다. 「과학기술기본법」 제14조 제1항에

---

2 사후영향평가는 주로 입법평가에서 사용된다. 이를 보여주는 예로 최유·권채리, 『「난민법」에 대한 사후적 입법평가』(한국법제연구원, 2017) 참고.

따르면 "정부는 새로운 과학기술의 발전이 경제·사회·문화·윤리·환경 등에 미치는 영향을 사전에 평가하고 그 결과를 정책에 반영"해야 한다. 여기서 알 수 있듯이 기술영향평가는 "과학기술의 발전이 경제·사회·문화·윤리·환경 등에 미치는 영향을 사전에 평가"하는 것을 뜻한다. 사전영향평가 방식으로 기술영향평가를 규정하는 것이다.

(2) 환경영향평가

환경영향평가는 「환경영향평가법」에 의해 제도화되어 시행된다. 「환경영향평가법」은 "환경에 영향을 미치는 계획 또는 사업을 수립·시행할 때에 해당 계획과 사업이 환경에 미치는 영향을 미리 예측·평가하고 환경보전방안 등을 마련하도록 하여 친환경적이고 지속가능한 발전과 건강하고 쾌적한 국민생활을 도모함을 목적"으로 한다. 이에 의하면 환경영향평가란 "환경에 영향을 미치는 계획을 수립할 때에 환경보전계획과의 부합 여부 확인 및 대안의 설정·분석 등을 통하여 환경적 측면에서 해당 계획의 적정성 및 입지의 타당성 등을 검토하여 국토의 지속가능한 발전을 도모하는 것"을 말한다(제2조 제1호).

(3) 성별영향평가

성별영향평가는 「성별영향평가법」에 의해 시행된다. 「성별영향평가법」은 "국가 및 지방자치단체의 정책에 대한 성별영향평가에 관하여 기본적인 사항을 정하여 정책의 수립과 시행에서 성평등을 실현하는 것을 목적"으로 한다(제1조). 이에 따르면 성별영향평가란 "중앙행정기관의 장 및 지방자치단체의 장이 정책을 수립하거나 시행하는 과정에서 그 정책이 성평등에 미칠 영향을 평가하여 정책이 성평등의 실현에 기여할 수 있도록 하는 것"을 말한다(제2조 제1호).

(4) 개인정보 영향평가

개인정보 영향평가는 「개인정보 보호법」 제33조에 따라 시행된다. 「개인정보 보호법」 제33조 제1항에 의하면 "공공기관의 장은 대통령령으로 정하는 기준에 해당하는 개인정보파일의 운용으로 인하여 정보주체의 개인정보 침해가 우려되는 경우에는 그 위험요인의 분석과 개선 사항 도출을 위한 평가를 하고 그 결과를 보호위원회에 제출하여야 한다. 이 경우 공공기관의 장은 영향평가를 보호위원회가 지정하는 기관 중에서 의뢰하여야 한다." 이때 말하는 평가, 즉 개인정보파일을 운용함으로써 정보주체의 개인정보 침해가 우려되는 경우에 그 위험요인을 분석하고 개선 사항을 도출하기 위한 평가가 개인정보 영향평가이다. 환경영향평가나 성별영향평가는 독자적인 법률에 따라 시행되는 반면, 개인정보 영향평가는 「개인정보 보호법」 제33조 제1항을 근거로 하여 이를 구체화하는 「개인정보 영향평가에 관한 고시」에 의해 시행된다.

(5) 규제영향평가

규제영향평가는 「행정규제기본법」 제7조가 제도화한 영향평가이다. 다만 「행정규제기본법」은 이를 "규제영향분석"으로 개념화한다. 이에 따르면 규제영향분석이란 "규제로 인하여 국민의 일상생활과 사회·경제·행정 등에 미치는 여러 가지 영향을 객관적이고 과학적인 방법을 사용하여 미리 예측·분석함으로써 규제의 타당성을 판단하는 기준을 제시하는 것"을 말한다(제2조 제1항 제5호).

(6) 인권영향평가

이외에도 인권영향평가가 논의된다.[3] 이는 아직 법으로 제도화되지 않았지만 지방자치단체 가운데는 조례에 근거를 두어 실시하는 경우도 있다. 예를 들어 광주광역시는 「광주광역시 인권 보장 및 증진에 관한 조례」 제20조에서 제20조의3에 근거를 두어 새롭게 제정 또는 개정되는 조례를 대상으로 인권영향평가를 실시한다.

(7) 기존 영향평가와 인공지능 영향평가 비교

이처럼 영향평가는 이미 다양한 영역에서 제도화되어 사용된다. 그 이유는 영향평가가 기존의 규제방식과는 차이가 있는 규제방식으로 여러 장점이 있기 때문이다. 그렇지만 이미 법률로 제도화된 환경영향평가나 성별영향평가, 개인정보 영향평가 등과 비교할 때 인공지능 영향평가는 구조적인 면에서 차이가 있다.

환경영향평가나 성별영향평가, 개인정보 영향평가는 특정한 사업이나 정책, 규제, 개인정보 이용 등이 환경이나 성별, 개인정보에 미치는 영향을 사전에 평가

---

3 인권영향평가에 관해서는 최유, "인권영향평가에 관한 연구", 『입법평가연구』 제9호(2015), 423-456쪽 참고.

하는 제도이다. 이에 반해 인공지능 영향평가는 인공지능이 사회에 미치는 위험 및 영향을 사전에 평가하는 제도이다. 그 점에서 정반대의 구조를 취한다. 환경영향평가와 성별영향평가, 개인정보 영향평가가 환경이나 성별, 개인정보에 미치는 영향을 평가하는 것이라면, 인공지능 영향평가는 인공지능이 우리 사회 전체에 미치는 영향을 평가하는 것이기 때문이다. 요컨대 전자에서는 환경, 성별, 개인정보에 미치는 영향을 평가하는 것이 문제된다면 후자에서는 인공지능이 사회에 미치는 영향을 평가하는 것이 문제가 된다.

물론 기존의 영향평가 가운데는 인공지능 영향평가와 유사한 구조를 가지는 경우도 있다. 기술영향평가나 규제영향평가가 그러한 예에 해당한다. 인공지능 영향평가와 마찬가지로 기술영향평가나 규제영향평가는 특정한 기술이나 규제가 우리 사회 전반에 미치는 영향을 평가한다.

이렇게 보면 영향평가는 상반된 구조로 제도화된다고 말할 수 있다. 문제가 되는 규제나 기술 등이 우리 사회 전반에 미치는 영향을 평가하는 영향평가와 사회 전반에 미치는 영향 가운데 환경, 성별, 개인정보, 인권 등에 집중하여 실시하는 영향평가가 그것이다. 바로 이 점에서 '기술영향평가/규제영향평가/인공지능 영향평가'는 '환경영향평가/성별영향평가/개인정보 영향평가/인권영향평가'와 결합될 수 있다. 예를 들어 인공지능이 환경이나 성별, 개인정보에 미치는 영향을 고려하면 인공지능 환경영향평가나 인공지능 성별영향평가라는 방식으로 운용될 수 있다.4 그게 아니면 인공지능 인권영향평가라는 형식으로 운용할 수도 있다. 인공지능이 인권에 어떤 영향을 미치는지를 사전에 평가하는 것이다.

물론 인공지능 영향평가를 포함하는 영향평가를 어떤 방식으로 운용할 것인가는 그 자체 독자적인 문제가 된다. 가령 인공지능 영향평가를 다른 영향평가와 결합하여 실시하는 게 장점이 있지만 단점 역시 존재한다. 이를테면 인공지능 영향평가를 이러한 방식으로 운용하면 이 제도의 독자성이 퇴색될 수 있다. 따라서 인공지능 영향평가의 제도적 상징성을 부각시킬 수 있도록 이를 독자적으로 실시하는 방안이 유용할 수도 있다. 인공지능이 야기하는 위험을 사전에 평가하는 독자적인 제도로 운용하는 것이다. 이때 말하는 위험은 개인을 포함하는 사회 전체에 미치는 위험을 뜻하는 것으로 여기에는 인권이나 개인정보와 같은 개인적 이익과

---

4 실제로 개인정보 영향평가는 인공지능 영향평가의 한 부분을 구성하는 경우가 많다.

성별영향, 다양성, 환경, 지속가능성 등과 같은 공익이 모두 포함된다고 새기는 것이 바람직하다. 인공지능 영향평가를 어떤 방식으로 운용하는 것이 바람직한지는 아래에서 다시 검토하겠다.

Ⅲ. 인공지능 영향평가에 대한 비교법적 검토

인공지능 영향평가는 인공지능의 위험을 규제하고 관리하는 데 선구적인 관심을 보이는 유럽연합이나 미국에서 인공지능에 대한 적절한 규제 방식으로 논의된다. 물론 아직은 인공지능 영향평가가 실정법적 규제로 제도화되는 데는 시간이 걸리는 것으로 보인다. 대신 자율규제의 차원에서 그리고 '인공지능 윤리'라는 맥락에서 인공지능 영향평가가 논의되는 경우가 많다. 이러한 근거에서 인공지능 영향평가는 '자체평가'의 일환으로 소개되기도 한다.

1. 신뢰할 수 있는 인공지능 평가 목록(ALTAI)

2020년 7월 17일에 최종본이 나온 『자체평가를 위한 신뢰할 수 있는 인공지능 평가 목록』(The Assessment List for Trustworthy Artificial Intelligence (ALTAI) for self assessment)(이하 'ALTAI'로 약칭함)은 여러모로 주목할 만하다.[5] 유럽연합 집행위원회에 의해 구성된 '인공지능에 관한 독립적 고위 전문가 그룹'(Independent High-Level Expert Group on Artificial Intelligence)이 제시한 ALTAI는 인공지능 영향평가가 무엇을 내용으로 삼아야 하는지에 유익한 정보를 제공한다. 인공지능에 대한 자체평가를 대상으로 하는 ALTAI는 다음과 같은 사항을 평가 기준에 포함한다. 첫째, 인간의 대리와 감독, 둘째, 기술적 견고성과 안전성, 셋째, 프라이버시 및 데이터 거버넌스, 넷째, 투명성, 다섯째, 다양성, 차별금지 및 공정성, 여섯째, 사회적·환경적 웰빙, 일곱째, 책임이 그것이다.

이때 첫째, 인간의 대리와 감독은 인간의 대리와 자율성, 인간의 감독을 구체적인 평가 기준으로 한다. 둘째, 기술적 견고성과 안전성은 인공지능에 대한 공격

---

5 이는 (https://ec.europa.eu/digital-single-market/en/news/assessment-list-trustworthy-artificial-intelligence-altai-self-assessment)에서 확인할 수 있다.

의 회복력과 보안, 일반 안전, 정확성, 대체 계획 및 재현성을 구체적인 평가 기준으로 한다. 셋째, 프라이버시 및 데이터 거버넌스는 프라이버시, 데이터 거버넌스를 구체적인 평가 기준으로 한다. 넷째, 투명성은 추적성, 설명 가능성, 소통을 구체적인 평가 기준으로 한다. 다섯째, 다양성, 차별금지 및 공정성은 불공정한 편견 회피, 접근성과 범용 설계, 이해관계자 참여를 구체적인 평가 기준으로 한다. 여섯째, 사회적·환경적 웰빙은 환경적 웰빙, 업무와 기술에 미치는 영향, 사회 전체 또는 민주주의에 미치는 영향을 구체적인 평가 기준으로 한다. 일곱째, 책임은 감사 가능성, 위험 관리를 구체적인 평가 기준으로 한다.

그런데 ALTAI에 관해 주의해야 할 점이 있다. ALTAI는 인공지능 위험에 대한 자체평가를 목표로 한다는 것이다. 이로 인해 ALTAI가 제시하는 구체적인 평가 기준은 인공지능 윤리로 제시되는 규범적 내용과 겹치는 부분이 많다. 그러나 자체평가와 영향평가를 개념적으로 구별할 수 있다는 점을 고려하면 ALTAI가 제안하는 평가 기준을 곧바로 인공지능 영향평가의 규범적 내용으로 수용하는 것은 바람직하지 않다. 물론 부분적으로 인공지능 윤리를 인공지능 영향평가의 기준으로 활용할 수도 있다. 그렇지만 자체평가와 영향평가가 추구하는 목표가 반드시 같지는 않다는 점을 염두에 둘 필요가 있다.

2. 알고리즘 영향평가

그다음 주목할 만한 것으로 2018년 4월 미국의 'AI Now Institute'가 발간한 『알고리즘 영향평가: 공공기관의 책임을 위한 실천 프레임워크』(Algorithmic Impact Assessment: A practical framework for public agency accountability)(이하 'AIA'로 약칭함)를 들 수 있다.[6] 라이스먼(Dillon Reisman), 슐츠(Jason Schultz), 크로포드(Kate Crawford), 휘터커(Meredith Whittaker)가 공동으로 집필한 이 리포트는 공공기관이 알고리즘 영향평가를 어떻게 해야 하는지를 제시한다. 자체평가 방법과 기준을 언급하는 ALTAI와는 달리 AIA는 영향평가의 방법과 기준을 제안한다. 더불어 AIA는 유럽연합이 제시한 ALTAI와 비교할 때 알고리즘 영향평가를 하는 데 필요한 실체적 기준보다는 절차적 기준과 방법을 제시하는 것에 더 중점을 둔다.

---

6 이는 (https://ainowinstitute.org/aiareport2018.pdf)에서 확인할 수 있다. AI Now Institute는 뉴욕대학교에 자리한 학제 간 연구소이다.

AIA는 영향평가가 환경보호와 인권, 데이터 보호, 프라이버시 영역에서 사용되는 것처럼 알고리즘 영역에서도 사용될 수 있다고 본다.[7] 이때 AIA가 평가 대상으로 삼는 것은 '자동화된 결정 시스템'(automated decision system)이다.[8] 자동화된 결정 시스템이 사회에 미치는 영향을 평가하고자 하는 것이다. 아울러 AIA는 평가 기준으로 공정, 정의, 적법절차와 다양한 영향 등을 언급한다.[9]

ALTAI와 비교할 때 AIA는 실체적 기준보다는 절차적인 방법을 제시하는 데 더욱 집중한다는 점에서 인공지능 영향평가의 절차를 구축하는 데 도움이 된다. 특히 자동화된 결정 시스템의 영향을 평가할 때 외부 연구자나 감사자의 접근을 허용하는 AIA의 태도는 주목할 만하다.[10]

3. 유네스코 인공지능 윤리 권고

인공지능 영향평가에 의미 있는 국제규범으로 유네스코가 2021년 11월 총회에서 공표한 「인공지능 윤리 권고」(Recommendation on the Ethics of Artificial Intelligence)를 들 수 있다.[11] 「인공지능 윤리 권고」(이하 '권고'로 약칭함)는 크게 세 가지 규범적 내용을 제시한다.[12] 가치, 원칙, 정책·협력이 그것이다.

이 중 가장 높은 위치에 자리하는 것은 가치이다. 가치는 인공지능 윤리가 추구하는 가치가 무엇이어야 하는지 보여준다. 권고는 가치로서 '인권, 기본적 자유, 인간 존엄성의 존중·보호·증진/환경 및 생태계의 번영/다양성 및 포용성/조화롭고 공정하며 상호연결된 사회에서 삶'을 제시한다.

원칙은 가치를 구체화한 규범적 내용이다. 권고는 원칙으로 10가지를 제안한다. '과잉금지 및 위해금지/안전 및 보안/공정성 및 차별금지/지속가능성/프라이버시 및 정보보호/인간의 감독 및 결정/투명성 및 설명 가능성/책임 및 책무/인식 및

---

7 Dillon Reisman/Jason Schultz/Kate Crawford/Meredith Whittaker, *Algorithmic Impact Assessment: A practical framework for public agency accountability* (AI Now Institute, 2018), p. 5.

8 *ibid.*, p. 11.

9 *ibid.*, p. 15.

10 *ibid.*, p. 18.

11 원문은 (https://unesdoc.unesco.org/ark:/48223/pf0000380455)에서 확인할 수 있다.

12 「인공지능 윤리 권고」에 대한 소개로는 양천수, "인공지능 윤리의 현황과 과제", 『인권이론과 실천』 제29호(2021), 67－101쪽 참고.

리터러시/다자적·적응형 거버넌스 및 협업'이 그것이다.

정책·협력은 인공지능 윤리의 가치와 원칙을 실현하는 데 필요한 정책과 회원국 사이의 협력을 제시한다. '윤리영향평가/윤리적 거버넌스 및 감독의무/데이터 정책/개발 및 국제협력/환경 및 생태계/성/문화/교육 및 연구/정보통신/경제 및 노동/건강 및 사회복지'가 그것이다.

이때 주목해야 할 부분은 권고가 첫 번째 정책·협력 과제로 윤리영향평가를 제시한다는 것이다. 여기서 말하는 윤리영향평가(ethical impact assessment)는 인공지능 윤리로 규범화된 영향평가를 뜻한다. 말을 바꾸면 인공지능 윤리가 사회 전반에 미치는 영향을 평가하라는 것이 아니라 인공지능이 미치는 영향에 대한 평가를 인공지능 윤리로 수용하라는 것이다. 이러한 영향평가가 정책·협력의 첫 번째 과제로 제시되었다는 점에서 인공지능 영향평가의 규범적 중요성을 추측할 수 있다.

4. 시사점

유럽연합의 ALTAI나 미국의 AIA에서 다음과 같은 시사점을 얻을 수 있다.[13]

먼저 인공지능 영향평가는 인공지능 윤리와 부분적으로 결합되어 사용될 수 있다는 것이다. 다시 말해 인공지능 윤리가 연성규범으로서 인공지능의 위험 및 영향을 사전에 평가하는 데 실체적·절차적 기준으로 일부 활용될 수 있다는 것이다.

다음으로 이미 제도화되어 활용되는 영향평가, 가령 환경영향평가나 성별영향평가, 개인정보 영향평가 및 아직 제도화되지는 않았지만 인권 영역에서 활발하게 논의되는 인권영향평가 등이 인공지능 영향평가와 결합되어 사용될 수 있다는 점이다.

나아가 영향평가를 할 때 외부자의 참여를 적극 유도한다는 점이다. 이렇게 외부자의 참여와 감시를 허용하면 인공지능 영향평가의 공정성과 투명성을 제고하는 데 도움이 된다. 이는 시민들이 인공지능에 가지는 주관적·사회적 불안을 억제하는 데 도움을 준다.

---

13 이외에도 유럽연합 인공지능법은 영향평가와는 구별되는 '적합성 평가'(conformity assessment)를 규정한다.

Ⅳ. 인공지능 영향평가의 제도화와 내용

1. 영향평가의 규제이론적 의미

앞에서 언급한 것처럼 최근 영향평가는 다양한 영역에서 사용된다. 그 이유는 무엇일까? 규제이론의 측면에서 볼 때 영향평가는 여러 장점이 있기 때문이다.

특정한 대상이나 행위에 투입되는 규제는 크게 다음과 같이 구별할 수 있다. 자율성을 기준으로 하여 '자율적 규제/타율적 규제', '행위/결과'를 기준으로 하여 '행위 중심적 규제/결과 중심적 규제', 시간성을 기준으로 하여 '사전적 규제/사후적 규제', '비난/반성'을 기준으로 하여 '비난중심적 규제/반성적 규제'가 그것이다.[14] 법에서 전통적으로 사용하는 규제는 이 가운데 '타율적 규제 – 결과 중심적 규제 – 사후적 규제 – 비난중심적 규제'라는 조합으로 구성 및 실행된다. 민법의 대표적인 규제 수단인 손해배상 청구권이나 형법의 제재 수단인 형벌이 이를 잘 예증한다.

그러나 이 같은 규제 방식은 결국 비난에 초점을 맞춘다는 점에서 문제가 없지 않다. 물론 비난이라는 규범적 의미가 필요한 경우도 있다. 형사법 영역이 대표적인 경우이다. 범죄행위에 대한 비난이야말로 형사책임의 핵심 근거가 되기 때문이다.[15] 그렇지만 우리가 진정 바라는 것은 규제가 필요하지 않은 세계이자 상황이다. 이러한 상황을 구현하는 데 비난중심적 규제가 적합하지 않다면 다른 방식의 규제, 즉 반성적 규제를 모색할 필요가 있다. 그리고 반성적 규제는 많은 경우 자율적 – 행위중심적 – 사전적 규제 방식을 필요로 한다. 바로 이 점에서 영향평가, 특히 사전영향평가가 선호된다. 사전영향평가야말로 자율적 – 사전적 – 반성적 규제 방식을 구현하는 대표적인 규제에 해당하기 때문이다.[16]

---

[14] 이에 관해서는 양천수, "지능정보기술의 위험과 법적 대응 방안: 알고리즘에 대한 대응을 중심으로 하여", 『법학연구』(충북대) 제32권 제1호(2021), 351 – 384쪽 참고.

[15] 이는 다음과 같은 독일 연방대법원 형사판결에서 전형적으로 찾아볼 수 있다. BGHSt 2, 194(200): "형벌은 책임을 전제로 한다. 책임은 비난가능성이다. (…) 책임비난에 대한 내적 근거는 인간은 스스로 책임을 질 수 있는 윤리적 결정을 자유롭게 할 수 있다는 점 그리고 바로 이 때문에 법에 합치하는 결정을 할 수 있는 능력을 갖추고 있다는 점에서 찾을 수 있다."

[16] 다만 영향평가는 '영향'(impact)이라는 결과를 고려하기에 순수한 행위중심적 규제라고 말하기는

2. 인공지능 영향평가의 규제이론적 의미

인공지능 영향평가는 영향평가를 인공지능 영역에 적용한 것이다. 영향평가는 주로 사전영향평가의 형식으로 이루어지기에 인공지능 영향평가는 다음과 같이 풀어 말할 수 있다. 인공지능이 유발하는 위험을 사전에, 즉 인공지능이 본격적으로 작동하기 전에 그 위험을 평가하여 인공지능 개선에 반성적으로 원용하는 규제 방안이 인공지능 영향평가이다.

이러한 인공지능 영향평가는 다음과 같이 구현될 수 있다. 인공지능 개발자나 사업자 등이 해당 인공지능이 어떤 위험을 안고 있는지, 예를 들어 데이터를 수집하고 활용하는 데 정보주체의 개인정보에 대한 침해 위험을 최소화하고 있는지, 인공지능에 적용되는 알고리즘이 객관적이고 공정하며 편향되지 않게 작동하는지, 인공지능이 사회 여러 영역에 사용될 때 인권이나 환경, 다양성, 지속가능성 등을 침해할 위험을 최소화하는지 등을 사전에 점검하고 평가하도록 하는 것이다.

사전영향평가를 토대로 한 인공지능 영향평가는 제제 및 처벌을 중시하는 전통적인 규제 방식과 비교할 때 크게 두 가지 장점이 있다.

우선 인공지능 영향평가는 인공지능에 대한 규제 원칙에 합치하는 규제 방식으로 볼 수 있다. 어떤 규제 원칙에 따라 인공지능을 규제할 것인가에는 여러 대답을 할 수 있다. 그중 필자는 인공지능이 혁신성장의 핵심 기술로서 현재 개발 중인 상황에 있다는 점을 고려하여 '자율성 규제 우선, 행위(작동) 중심적 규제 우선, 사전적·현재적 규제 우선, 반성적 규제 우선'을 인공지능 규제 원칙으로 설정해야 한다고 주장한다.[17] 인공지능은 가능한 한 자율적으로, 인공지능 작동 그 자체에 초점을 맞추어, 가능한 한 사전에 규제해야 하고 이때 규제도 반성적으로, 즉 규제를 통해 인공지능이 위험을 더욱 예방하는 방식으로 이루어져야 한다는 것이다.

나아가 인공지능 영향평가는 특정한 주체에 의해 이루어지는 행위를 규제 대상으로 삼는 전통적인 규제 방식과는 달리, 규제 대상이 야기하는 위험을 총체적

어렵다. 하지만 사전에 실시되는 영향평가는 실제로 발생한 결과를 평가하기보다는 발생할 것으로 예측되는 결과를 평가한다는 점에서 전형적인 결과중심적 규제와는 차이가 있다. 이미 발생한 결과라는 과거를 지향하는 것이 아니라, 앞으로 발생할지 모르는 결과라는 미래를 지향하는 것이다.

17 이에 관해서는 양천수, "지능정보기술의 위험과 법적 대응 방안: 알고리즘에 대한 대응을 중심으로 하여", 『법학연구』(충북대) 제32권 제1호(2021), 351쪽 아래 참고.

으로 평가하는 규제 방식에 해당한다.[18] 오늘날 특정한 제도나 존재가 지닌 위험은 손쉽게 사회 전체적으로 확산될 수 있다는 점에서 인공지능 영향평가는 복잡하게 연결된 현대사회에서 인공지능이 산출하는 위험에 적절하게 대응하는 규제 방식이라 말할 수 있다.

3. 인공지능 영향평가의 제도화에 관한 쟁점

(1) 객관적·주관적·사회적 위험

인공지능 영향평가는 인공지능이 사회 전반에 미치는 위험을 사전에 평가한다. 이때 위험은 다음과 같이 구별할 수 있다. 한편으로 인공지능이 생산하는 위험을 기준으로 하면 인공지능에 사용되는 개인정보에 관한 위험, 알고리즘에 관한 위험, 인공지능의 사회적 사용에 관한 위험이 그것이다.[19] 인공지능 규범 역시 이에 대응하여 제정되는 경우가 많다.

그런데 이 책에서 주목하고 싶은 것은 다른 방식의 위험 구별이다. 인공지능의 위험이 영향을 미치는 대상, 즉 인공지능과 구별되는 환경을 기준으로 하면 위험은 '객관적 위험/주관적 위험/사회적 위험'으로 구별할 수 있다.[20] 이는 인공지능 영향평가를 제도화하는 데 중요하다.

우선 객관적 위험은 객관적인 방법으로, 가령 수학적인 확률이나 통계 등의 방법으로 측정할 수 있는 위험을 뜻한다. 예를 들어 자율주행차가 알고리즘의 오작동으로 교통사고를 일으킬 수 있는 위험을 정량적으로 측정하여 도출한 값을 들수 있다.

다음으로 주관적 위험은 인공지능과 관련을 맺는 각 개인적 주체가 주관적으로 느끼는 위험을 말한다. 이를테면 객관적인 근거 없이 자율주행차나 인공지능에

---

18 이를 지적하는 양천수, "인권경영을 둘러싼 이론적 쟁점", 『법철학연구』 제17권 제1호(2014), 159–188쪽 참고.

19 이에 관해서는 권은정 외, 『지능화 혁명 시대의 위험 통제 및 기술 수용을 위한 법제도 체계 전환에 관한 연구』(정보통신정책연구원, 2020) 참고.

20 이러한 위험 구별에 관해서는 양천수, "위험·재난 및 안전 개념에 대한 법이론적 고찰", 『공법학연구』 제16권 제2호(2015), 187–216쪽; 전영실 외, 『국민안전 보장을 위한 형사정책 실효성 검증 및 효율성 제고 방안 연구(Ⅰ)-하』(한국형사정책연구원, 2016) 등 참고.

인간 주체가 막연하게 느끼는 불안을 주관적 위험으로 볼 수 있다.

　마지막으로 사회적 위험은 사회적 차원에서, 더욱 정확하게 말하면 사회적 소통 속에서 대중이 느끼는 위험을 말한다. 사회적 위험은 주관적 위험을 출발점으로 하지만 양자는 다음과 같은 점에서 차이가 있다. 주관적 위험은 각 개별 주체에 따라 달라질 수 있지만, 사회적 위험은 각 주체들 사이에서 일정한 공감대를 형성한다는 점이다. 주관적 위험보다는 일반화된 위험이 사회적 위험이라 할 수 있다. '상호주관성'(Intersubjektivität)이라는 개념을 원용하면 사회적 위험은 상호주관적 위험으로 달리 말할 수 있다.²¹ 또는 독일의 사회학자 루만의 초기 체계이론적 개념으로 바꾸어 말하면 주관적 위험은 인격체계가 느끼는 위험, 사회적 위험은 사회적 체계에서 구성된 위험으로 구별할 수 있다.²²

　이러한 구별은 다음과 같은 점에서 의미가 있다. 객관적 위험과 주관적·상호주관적 위험은 일치하기도 하지만 서로 차이를 보이는 경우도 많다. 객관적 위험은 낮은데도 주관적 위험이나 상호주관적 위험은 크게 감지되는 경우도 많다. 이는 다수의 행동경제학 연구가 잘 보여준다.²³ 따라서 인공지능의 위험을 사전에 평가하고 억제하기 위해서는 객관적 위험뿐만 아니라 주관적·상호주관적 위험 역시 시야에 넣어야 한다.

　이를 위해서는 인공지능 영향평가를 실행할 때 외부인이 이 절차에 참여할 수 있어야 한다. 인공지능 영향평가가 투명하게 공개되어야 한다. 그렇게 해야 비로소 인공지능에 대한 주관적 위험이나 사회적 위험 역시 적절하게 관리될 수 있다.²⁴ 이 점에서 알고리즘 영향평가를 실시할 때 외부인의 참여를 강조하는 AIA 태도는 시사하는 바가 크다.

---

21 상호주관성 개념에 관해서는 Jürgen Habermas, *Theorie des kommunikativen Handelns*, Bd. Ⅰ (Frankfurt/M., 1981) 참고.

22 인격체계와 사회적 체계를 구별하는 경우로는 니클라스 루만, 윤재왕 (옮김), 『절차를 통한 정당화』(새물결, 2022), 393쪽 아래 참고.

23 이를 보여주는 대니얼 카너먼, 이창신 (옮김), 『생각에 관한 생각: 우리의 행동을 지배하는 생각의 반란』(김영사, 2018) 참고.

24 이는 인공지능 영향평가 절차 자체가 인공지능 위험을 객관적으로 감소시킨다는 기능보다는 인공지능 위험 억제에 대한 상징적·표현적 기능을 수행한다는 점과 관련을 맺는다. 복잡한 현대사회에서 특정한 절차가 도구적·목적적 기능뿐만 아니라 표현적 기능을 수행한다고 지적하는 경우로 니클라스 루만, 앞의 책, 353쪽 아래 참고.

(2) 인공지능 윤리와 영향평가의 결합과 분리

인공지능 영향평가를 제도화할 때 영향평가에 사용되는 실체적 기준을 어떻게 마련해야 할지 문제가 된다. 이에 관한 한 가지 해법으로 최근 많은 논의가 진행되는 인공지능 윤리의 기준들을 인공지능 영향평가의 실체적 기준으로 원용하는 것을 생각해 볼 수 있다. 이는 유럽연합이 제시한 ALTAI가 잘 보여준다. 가령 인공지능 윤리로 제안되는 인간의 존엄이나 행복, 차별금지, 다양성과 공정, 투명성과 설명 가능성, 책임 등을 인공지능 영향평가에 적용되는 평가 기준으로 원용할 수 있다.

그러나 이때 주의해야 할 점이 있다. 인공지능 위험을 평가하는 방법에는 두 가지가 있다는 것이다. '자체평가'(self assessment)와 '영향평가'(impact assessment)가 그것이다. 전자에 관한 규범이 유럽연합의 ALTAI라면 후자에 관한 규범이 미국의 AIA이다. 양자는 내용 면에서 겹치기도 하지만 구별되는 영역이 분명 존재한다. 가령 자체평가 규범은 인공지능 개발자 등이 이를 사전에 그리고 자율적으로 점검하고 준수해야 하는 것이라면, 영향평가 규범은 인공지능이 사회에 미치는 영향에 관한 것이다.

영향평가 규범은 인공지능이라는 일종의 기계적 체계와 사회라는 환경의 구별, 달리 말해 '체계/환경'이라는 구별을 전제로 한다. 따라서 영향평가에 대한 실체적 기준을 설정할 때는 인공지능과는 구별되는 환경에 관한 것, 즉 사회 전반에 관한 것이 우선적으로 고려되어야 한다. 이러한 예로 인권, 개인정보, 편향성, 환경 등을 거론할 수 있다.[25]

이렇게 보면 인공지능 윤리로 제시되는 규범을 영향평가의 실체적 기준으로 원용하는 것은 가능하지만 이때 다음을 주의해야 한다. 인공지능 자체에 관한 윤

---

[25] 유네스코의 「인공지능 윤리 권고」 역시 이 점을 강조한다. 권고는 인공지능 윤리영향평가에 관해 다음과 같이 말한다. "Member States should introduce frameworks for impact assessments, such as ethical impact assessment, to identify and assess benefits, concerns and risks of AI systems, as well as appropriate risk prevention, mitigation and monitoring measures, among other assurance mechanisms. Such impact assessments should identify impacts on human rights and fundamental freedoms, in particular but not limited to the rights of marginalized and vulnerable people or people in vulnerable situations, labour rights, the environment and ecosystems and ethical and social implications, and facilitate citizen participation in line with the values and principles set forth in this Recommendation."(강조는 인용자)

리기준, 예를 들어 인공지능의 기술적 안정성이나 투명성, 설명 가능성 등은 영향평가 기준으로 사용하기 적절하지 않다는 것이다. 영향평가를 위한 실체적 기준은 그 개념에 적합하게 인공지능이 사회 전반에 미치는 영향이 구체적으로 무엇인지에 초점을 맞추어야 한다.

(3) 인공지능 영향평가의 투명화

인공지능 영향평가가 성공적으로 구현될 수 있으려면 가능한 한 이를 자율적으로 실행하는 것이 바람직하다. 말하자면 자체평가 방식으로 그리고 사전에 영향평가를 수행하는 것이다. 그렇게 해야만 영향평가가 목표로 하는 규제 목표, 즉 인공지능 위험 예방을 실현할 수 있다.

하지만 그렇다고 해서 영향평가를 인공지능 개발자나 사업자 등이 폐쇄적으로 실시하는 것은 바람직하지 않다. 그렇게 하면 인공지능에 대한 주관적·사회적 위험, 달리 말해 주관적·사회적 불안을 증대시킬 수 있다. 아무리 인공지능의 위험성을 객관적으로 평가한다 하더라도 영향평가가 내부적·폐쇄적으로 이루어지면 인공지능에 관한 주관적·사회적 위험을 억제하기 어렵다. 따라서 AIA가 시사하는 것처럼 인공지능 영향평가를 수행할 때는 외부에 있는 연구자나 감사인, 일반 시민들이 참여할 수 있는 여지를 마련해야 한다. 영향평가 과정을 투명하게 공개해야 한다. 그렇게 해야 비로소 인공지능에 대한 주관적·사회적 위험을 적절하게 관리할 수 있다.

(4) 공적 인공지능과 사적 인공지능의 구별

인공지능 영향평가는 공적 영역에서 사용되는 인공지능과 사적 영역에서 사용되는 인공지능을 구별하여 실행할 필요가 있다.[26] 공적 영역과 사적 영역은 각 영역을 규율하는 규범 원리의 측면에서 차이가 나기 때문이다. 예를 들어 사적 영역은 사적 자치가 지배하기에 각 당사자의 자율성과 이익을 더욱 중시할 필요가 있다. 사적 당사자의 견지에서 보면 인공지능은 귀중한 지식재산에 해당하기에 이를 투명하게 공개하도록 강제하는 것은 적절하지 않을 수 있다. 반면 공적 영역은 민주주의와 법치주의가 적용되는 영역이어서 공정성과 투명성이 엄격하게 요청된다.

---

[26] 인공지능 윤리를 설정할 때 이 점을 강조하는 경우로는 양천수, "인공지능과 윤리: 법철학의 관점에서", 『법학논총』(조선대) 제27집 제1호(2020), 73-114쪽 참고.

이로 인해 투명성, 공정성, 차별금지 등과 같은 규범적 가치가 공적 영역에서 사용되는 인공지능에 강조된다.

이러한 근거에서 영향평가를 실시할 때는 공적 인공지능과 사적 인공지능을 구별하여 취급할 필요가 있다. 예를 들어 인공지능 영향평가를 제도화하는 방식을 구별하는 것을 들 수 있다. 공정성과 투명성 등이 강조되는 공적 영역에서 사용되는 인공지능에 대한 영향평가는 법으로 강제하는 방식이 적절하다. 반면 사적 영역에서 사용되는 인공지능에는 영향평가를 법으로 강제하는 것보다 인센티브를 제공하는 방식과 결합하여 자율적으로 실시하도록 하는 것이 바람직하다. 영향평가를 인증제도의 형식으로 운용하는 것도 고려할 수 있다.

4. 인공지능 영향평가의 실체적 기준 구상

(1) 출발점으로서 사회에 미치는 영향과 구체화

인공지능 영향평가에 필요한 실체적 기준은 어떻게 구상해야 할까? 이미 언급한 것처럼 자체평가와는 달리 영향평가는 인공지능과 구별되는 사회에 미치는 영향을 평가하는 것을 목표로 한다. 따라서 인공지능 자체에 관한 기준, 가령 인공지능의 안전성이나 투명성, 설명 가능성 등은 영향평가 기준으로 삼기에 적절하지 않다.

한편 '사회에 미치는 영향'이라는 기준은 너무 막연해서 이를 섬세하게 구체화할 필요가 있다. 이때 무엇을 기준으로 하여 이를 구체화할 것인지 문제가 된다. 예를 들어 체계이론적 사유를 수용하여 사회를 정치체계나 경제체계, 법체계와 같은 다양한 기능체계로 구별한 후 이러한 기능체계의 기능 수행에 미치는 영향을 평가 기준으로 설정할 수도 있다.[27] 이를테면 인공지능이 경제체계의 기능 수행에 부정적인 영향을 미치는지 등을 평가 기준으로 고려해 볼 수 있다.

그러나 정치나 경제, 법과 같은 사회적 기능체계에 미치는 영향이라는 기준도 막연하기는 마찬가지이다. 이 같은 근거에서 이익, 그중에서도 개인적 이익, 그 가운데서도 개인적 권리, 즉 인권을 인공지능이 사회에 미치는 영향을 구체화하는

---

[27] 형법학 영역에서 사회적 유해성을 이렇게 설정하는 경우로는 Knut Amelung, *Rechtsgüterschutz und Schutz der Gesellschaft* (Frankfurt/M., 1972) 참고.

기준으로 삼기에 가장 적절하다. 예를 들어 인공지능이 개인적 인권에 어떤 영향을 미치는지를 영향평가의 실체적 기준으로 설정하는 것이다. 우리 법체계의 기초가 되는 근대법 자체가 개인의 권리를 중심으로 하여 설계되었다는 점이 이에 대한 설득력 있는 근거가 된다.[28]

물론 개인적 권리로 환원될 수 없는 이익, 즉 공익도 분명 존재하기에 개인적 권리로만 인공지능 영향평가의 실체적 기준을 설정하는 것은 바람직하지 않다. 따라서 현대사회에서 우리가 중요하게 취급하는 공익, 가령 환경이나 다양성, 지속가능성 등도 평가 기준에 추가할 필요가 있다. 이를 고려하면 인공지능 영향평가의 실체적 기준은 '개인적 권리＋공익'이라는 조합으로 다음과 같이 구상할 수 있다.

(2) 인간 존재에 의한 인공지능의 지배 가능성

먼저 기본 전제로서 인공지능이 인간 존재에 의해 지배될 수 있다는 점이 기준으로 설정되어야 한다. 언뜻 보면 이는 인공지능 자체에 대한 기준으로 보일 수 있다. 그러나 이는 인공지능과 사람의 관계에 관한 문제이기에 인공지능 영향평가에서 도외시할 수 없다. 인공지능에 대한 인간의 지배 가능성이 허물어지면 인공지능 영향평가 자체가 의미를 상실할 것이기 때문이다.

현재까지 개발된 인공지능은 약한 인공지능 수준에 머물러 있다. 아직 완전한 자율성을 획득하지 못하고 있다. 따라서 인공지능을 안전하게 관리하기 위해서는 인공지능이 인간 존재에 의해 지배될 수 있어야 한다. 인간의 합리적인 지배를 벗어난 인공지능은 예기치 못한 위험을 유발할 수 있기 때문이다.

(3) 인간의 존엄성 존중

다음으로 인간의 존엄성 존중을 실체적 기준으로 설정해야 한다. 인공지능, 특히 알고리즘은 인간의 존엄성을 존중하면서 작동해야 한다. 물론 인간의 존엄성은 매우 추상적이면서 다양하게 해석될 수 있는 개념이기에 이는 실제 현실적 기준으로 작용하기는 어렵다.[29] 상징적 의미가 있는 데 지나지 않는다고 폄하될 수 있다.

---

28 근대법의 이론적 기초에 관해서는 양천수, "책임과 정의의 상호연관성: 법철학적 시론", 『원광법학』 제24권 제2호(2008), 81－107쪽 참고.

29 이 문제에 관해서는 이계일, "인간의 존엄은 형량가능한가?", 『원광법학』 제26권 제1호(2010), 157－199쪽 참고.

그렇지만 인간과 인공지능의 관계에서 기본적으로 인간의 우선성을 포기할 수 없기에 인공지능 개발자나 사업자 등은 이를 염두에 두어야 한다. 더군다나 인공지능 영향평가 기준으로 인간의 존엄성 존중을 설정하면 인공지능에 대한 주관적·사회적 위험을 줄이는 데 이바지하는 긍정적인 상징적 기능을 수행할 수 있다.

(4) 차별금지

인공지능의 편향성 통제를 포괄하는 차별금지도 중요한 평가 기준이 된다. 인공지능에 적용되는 알고리즘은 합리적인 근거 없이 편향적으로 작동하지 않아야 한다. 특정한 사회집단이나 성별 등을 합리적 근거 없이 차별하거나 우대해서는 안 된다. 반대로 인공지능은 사회의 다원성 및 다양성을 존중하고 촉진해야 한다. 이는 인공지능 영향평가를 할 때 가장 중요하게 눈여겨보아야 할 부분이다.

(5) 개인정보 보호

현재 개인정보 영향평가가 제도화된 것처럼 인공지능 영향평가에도 개인정보 보호를 실체적 기준으로 포함해야 한다. 인공지능이 제대로 작동하려면 다양한 개인정보가 필요하다. 이 과정에서 개인정보가 노출되거나 악용되는 문제가 발생할 수 있다. 따라서 인공지능 개발자나 사업자 등은 각 정보주체의 개인정보를 보호할 수 있는 물리적·기술적·관리적 조치를 취해야 한다. 더불어 이러한 조치를 실효적으로 실행할 수 있는 데이터 거버넌스를 구축해야 한다.

(6) 인권 및 환경보호

이외에도 인공지능 영향평가에는 인권 및 환경보호 등을 실체적 기준으로 설정해야 한다. 이는 특히 인공지능이 사회 각 영역에서 사용될 때 중요한 기준이 된다. 인공지능이 사회 영역에서 사용될 때 인권을 존중하는가, 환경에 친화적인가 등이 평가 기준으로 고려되어야 한다.

(7) 책임성

인공지능이 책임성을 준수하는지도 평가 기준에 추가해야 한다. 이때 말하는 책임은 전통적인 결과 중심의 책임(responsibility)이라기보다는 행위 자체의 반성적 개선을 중시하는 책임(accountability)을 뜻한다.[30] 이는 다음과 같은 기준으로 구체화된다.

우선 인공지능 영향평가를 담당하는 감사 거버넌스를 갖추고 있는지가 평가기준으로 설정되어야 한다. 다음으로 인공지능 영향평가를 실시하는 과정에 감사인뿐만 아니라 외부인의 참여를 보장하는지가 기준으로 추가되어야 한다. 마지막으로 영향평가를 통해 도출된 결과를 반성적으로 수용하여 인공지능 자체를 개선할 수 있는 개선 가능성을 갖추고 있는지가 기준으로 마련되어야 한다. 이를 통해 인공지능이 더욱 개선되어 책임성을 제고할 수 있도록 유도할 수 있다.

5. 인공지능 영향평가의 제도화 방안

인공지능 영향평가를 제도화하는 방안으로 크게 세 가지를 거론할 수 있다. 자율적 방안, 강제적 방안, 반자율적 방안이 그것이다.

(1) 자율적 방안

자율적 방안은 인공지능 영향평가를 자율적으로 실시하는 것이다. 영향평가를 인공지능 개발자나 사업자에게 위탁하고 국가나 법은 이에 관여하지 않는 것이다. 인공지능 영향평가를 윤리규범으로 설정하는 방안이 여기에 해당한다. 그러나 '시장의 실패'가 잘 보여주듯이 순수한 자율규제 방안은 현실에서 실패할 가능성이 높다. 따라서 이 방안은 현실적으로는 적절하지 않다.

(2) 강제적 방안

강제적 방안은 법으로 인공지능 영향평가를 강제하는 것이다. 타율적 규제 방식으로 영향평가를 구현하는 것이다. 이렇게 되면 인공지능 개발자나 사업자 등은 이를 법적 의무로 실행해야 한다. 이를 실시하지 않으면 법으로 제재를 받을 수 있다. 이는 단기적·표면적으로는 실효적이지만 장기적으로는 성공을 거두기 어렵다. 무엇보다도 영향평가가 종래의 법적 규제와는 차별화되는 규제 방식으로 수범자의 자율적 동기 형성과 준수를 전제로 한다는 점에 주목해야 한다.

---

30 책임 개념의 다양한 의미에 관해서는 이영록, "책임의 의미와 성격에 관한 역사적 탐색", 『일감법학』 제42호(2019), 195－221쪽 참고.

물론 이러한 강제적 방안은 공적 영역에서 사용되는 인공지능에 대한 영향평가에는 적용할 수 있다. 사적 영역과는 달리 공적 영역에서 사용되는 인공지능에는 인권보장이나 차별금지, 환경보호 등이 더욱 강조되기 때문이다.

(3) 반자율적 방안

반자율적 방안은 자율적 방안과 강제적 방안을 결합한 것이다. 이에 따르면 기본적으로 인공지능 영향평가는 개발자나 사업자 등이 자율적으로 시행한다. 다만 인공지능 영향평가에 대한 근거를 법에 마련하고 이를 수범자가 자율적으로 실행한 경우 인공지능 영향평가 인증 등과 같은 인센티브를 제공하는 것이다. 이러한 방안은 사적 자치가 강조되는 사적 영역에서 사용되는 인공지능의 영향평가를 할 때 적용하기에 적절하다.

따라서 다음과 같은 결론을 도출할 수 있다. 공적 영역에서 사용되는 인공지능에 대한 영향평가는 법에 근거를 마련하여 강제적으로 실시하는 것이 바람직하다. 이에 반해 사적 영역에서 사용되는 인공지능에 대한 영향평가는 반강제적으로, 특히 인증 등과 같은 인센티브와 결합하여 시행하는 것이 적절하다.

12장

인공지능과 법적 인격

I. 서론

인격 개념은 오래전부터 다양한 영역에서 핵심적인 지위를 차지하면서 중요한 기능을 수행하였다. 이는 법체계에서도 마찬가지이다. 법체계에서도 인격 개념은 중요한 역할과 기능을 수행하여 왔다. 물론 이러한 인격 개념은 그 개념이 사용되는 영역에 따라 각기 다양한 의미로 사용된다. 예를 들어 법체계에서 인격 개념은 중립적이고 기능적인 개념으로 사용되는 경우가 많은 데 반해 심리학 영역에서는 성격이나 캐릭터의 의미로, 도덕 영역에서는 도덕성의 의미로 사용되는 경우도 많다. 그렇지만 인격 개념이 각기 다양한 영역에서 다양한 의미로 사용된다 하더라도 그 핵심적 측면에서는 한 가지 공통점을 가진다. 인격 개념은 바로 자연적 인간, 즉 사람에서 출발한다는 점이다. 오랫동안 인격 개념은 인간을 지칭하는 것으로 이해되었다. 인간이 아닌 존재, 예를 들어 동물은 당연히 인격체로 지칭되지 않았다.[1]

그러나 최근 들어 이러한 인간중심적 인격 개념은 중대한 도전에 직면한다. 인공지능에 관한 연구가 진척되고 'ChatGPT'가 상징적으로 보여주는 것처럼 인공지능이 이제 먼 미래만의 이야기가 아니라는 점이 명확해지면서, 인공지능에도 인격성을 인정할 수 있는지가 논의되기 때문이다.[2] 예를 들어 독일의 형법학자이자

---

[1] 인격 개념에 관해서는 우선 Martin Brasser, *Person: Philosophische Texte von der Antike bis zur Gegenwart* (Ditzingen, 1999); Clemens Breuer, *Person von Anfang an? Der Mensch aus der Retorte und die Frage nach dem Beginn des menschlichen Lebens*, 2. Auflage (Paderborn/ Wien/München/Zürich, 2003); Robert Spaemann, *Personen: Versuche über den Unterschied zwischen 'etwas' und 'jemand'*, 3. Auflage (Stuttgart, 2006); Hans−Dieter Spengler/Benedikt Forschner/Michael Mirschberger (Hrsg.), *Die Idee der Person als römisches Erbe?* (Erlangen, 2016) 등 참고.

[2] 이에 관해서는 우선 Susanne Beck, "Über Sinn und Unsinn von Statusfragen − zu Vor− und

법철학자인 힐겐도르프(Eric Hilgendorf)는 형법상 행위, 책임, 인격 등은 역사적으로 변하는 상대적인 개념이라는 점을 이유로 제시하면서 인공지능 로봇에게도 형사책임을 물을 수 있다고 말한다.3 이러한 주장은 최근 우리 법학에서도 유력하게 주장된다. 인공지능에도 인격성을 인정할 수 있다거나 또는 권리주체성을 인정할 수 있다는 주장이 제기된다.4 요컨대 기존의 인간중심적 인격 개념에 도전하는 새로운 '탈인간중심적 인격 개념'이 등장하고 있는 것이다. 제12장은 이러한 문제 상황에서 다음과 같은 쟁점을 검토하겠다.

- 법체계에서 말하는 인격이란 무엇일까?
- 인격 개념은 법체계에서 어떤 기능을 수행할까?
- 인격 개념은 그동안 어떻게 변화해 왔을까?
- 인공지능에게도 인격성을 인정할 수 있을까? 만약 인정할 수 있다면 그렇게 해야 할 필요가 있을까?
- 현행 법체계는 인공지능의 법적 문제와 같이 이른바 '제4차 산업혁명'이 야기하는 새로운 법적 문제에 대응할 수 있는 역량을 갖추고 있을까?

Ⅱ. 법체계에서 인격의 의의와 기능

1. 인격의 의의와 특성

(1) 인격의 의의

인격이란 무엇일까?5 이는 매우 어려운 질문이지만 일단 간략하게 정의하면,

Nachteilen der Einführung einer elektronischen Person", in: E. Hilgendorf/J. −Ph. Günther (Hrsg.), *Robotik und Gesetzgebung* (Baden−Baden, 2013), 239쪽 아래 참고. 인공지능 로봇의 특성에 관해서는 김건우, "로봇법학이란 무엇인가?", 『비교법연구』 제17권 제3호(2017), 89쪽 아래 참고.

3 Eric Hilgendorf, "Können Roboter schuldhaft handeln?", in: S. Beck (Hrsg.), *Jenseits von Mensch und Maschine. Ethische und rechtliche Fragen zum Umgang mit Robotern, Künstlicher Intelligenz und Cyborgs* (Baden−Baden, 2012), 119쪽 아래 참고.

4 이에 관해서는 양천수, "인공지능과 법체계의 변화: 형사사법을 예로 하여", 『법철학연구』 제20권 제2호(2017), 45−76쪽 참고.

5 본격적인 논의에 들어가기에 앞서 몇 가지 개념을 분명히 하겠다. 이 책에서는 인격과 관련하여

인격이란 법체계 안에서 특정한 주체가 될 수 있는 자격을 뜻한다.[6] 그러면 법체계 안에서 특정한 주체가 된다는 것은 무엇을 뜻할까? 이는 법체계가 설정하는 권리와 의무를 지닐 수 있는 자격을 뜻한다. 바꿔 말해 권리와 의무가 귀속되는 지점 또는 권리와 의무가 귀속되는 법적 통일체를 뜻한다.[7]

(2) 인간과 인격 분리

이러한 인격 개념에서 주의해야 할 점이 있다. '인격'(person; Person)과 '인간'(human; Mensch)은 개념적으로 서로 분리된다는 것이다.[8] 물론 그렇다고 해서 인격이 인간과는 무관하게 성립하는 개념이라는 것은 아니다. 왜냐하면 근대법에 토대를 둔 현행 법체계는 '인간중심적 사고'에 바탕을 두어 전체 법질서를 설계하였기 때문이다. 이에 따라 애초에 자연적 인간만이 인격성을 취득한다. 그러면서도 현행 법체계는 자연적 인간, 즉 생물학적 인간 그 자체를 법의 중심 개념으로 사용하지는 않는다. 그 대신 법체계는 '인간' 개념이 아닌 '인격' 개념을 중심으로 하여 전체 법질서 및 법적 관계를 규율한다.

이는 모든 법의 근간이 되는 법이자 법적 사고의 기초를 제공하는 민법에서 쉽게 확인할 수 있다. 민법은 전체 민사법질서를 규율하는 '총칙'(Allgemeiner Teil)에서 법적 관계의 핵심적 요소가 되는 '권리주체'와 '객체' 및 '법률행위'를 규율한다. 여기서 민법은 인간이 아닌 인격을 권리주체로 설정한다. 가령 독일 민법의 판덱텐 체계를 수용한 우리 민법은 권리주체로서 '人'을 규정한다. 이때 말하는 '인'은 독일 민법이 규정하는 'Person'을 한자어로 번역한 것이다. 이 점이 시사하는 것처럼 독일 민법은 생물학적 인간을 뜻하는 'Mensch' 대신에 '인' 또는 '인격'을

'인격', '인격성', '인격체'라는 개념을 사용한다. 여기서 인격이란 영어 'person'을 번역한 말로서 추상적인 인격 일반을 뜻한다. 이에 대해 인격성이란 이러한 인격의 자격 또는 속성을 말한다. 마지막으로 인격체란 인격을 보유하는 개별적인 주체를 뜻한다. 독일의 철학자 하이데거(Martin Heidegger)의 구별을 빌려 말하면 인격은 '존재'(Sein)를, 인격체는 이러한 인격을 보유한 '존재자'(Seiendes)를 의미한다. 이 점에서 인격과 인격체는 분명하게 구별된다. 다만 인격과 인격성은 서로 구별되기도 하지만 맥락에 따라서는 분명하게 구별하기 어려운 경우도 있다. 그렇기에 경우에 따라서는 양자를 혼용하고자 한다.

6 법체계에서 인격 개념이 차지하는 의미·기능·변화과정을 간략하게 다루는 문헌으로는 한국인공지능법학회, 『인공지능과 법』(박영사, 2019), 37쪽 아래 참고.

7 이를 지적하는 Hans Kelsen, *Reine Rechtslehre*, Studienausgabe der 1. Auflage 1934, Herausgegeben von Matthias Jestaedt (Tübingen, 2008), 63−64쪽 참고.

8 Hans Kelsen, 위의 책, 64−66쪽.

뜻하는 'Person'을 권리주체로 설정한다.[9] 이는 법적 주체 역시 인간이 아닌 인격이라는 점을 보여준다.[10]

(3) 자율적·이성적 인간으로서 인격

이처럼 근대 이후에 등장한 법체계에서는 인간과 인격이 구별되면서 인간 대신 인격이 중심적인 지위를 차지한다. 하지만 그렇다고 해서 인격 개념이 자연적 인간과 전혀 무관한 것은 아니다. 인격은 인간에 토대를 둔 개념이기 때문이다. 다만 민법에서 전제로 하는 인격은 현실적인 인간이라기보다는 이상적인 인간에 가깝다. 여기서 말하는 이상적인 인간이란 감정과 욕망에 얽매이는 현실의 인간이 아니라 실천이성과 자율성을 지닌 합리적 인간을 뜻한다. 이는 근대 민법학의 초석을 놓은 19세기 독일의 로마법학자 사비니(Friedrich Carl von Savigny)에서 발견할 수 있다.[11] 한편으로는 역사법학을 창시하여 법의 역사성을 강조하면서도, 다른 한편으로는 칸트주의자로서 칸트의 철학을 수용해 민법학의 전체 체계를 설계한 사비니는 법률행위의 주체가 되는 인격 역시 칸트 철학의 시각에서 구상한다.[12] 이에 따라 인격은 실천이성을 지닌 존재로서 스스로 적법한 행위를 할 수 있는 자율적인 존재로 설정된다.

이러한 인격 개념은 민법에서 다음과 같이 구체화된다. 첫째, 민법은 권리능력과 행위능력을 구분한다. 권리능력은 생존하는 인간이기만 하면 인격으로 인정되어 평등하게 부여되는 자격을 뜻한다(민법 제3조).[13] 이와 달리 행위능력은 실제로

---

9 이에 관해서는 Karl Larenz, *Allgemeiner Teil des deutschen Bürgerlichen Rechts* (München, 1960) 참고.

10 물론 그렇다고 해서 인간 개념이 법체계에서 완전히 배제되는 것은 아니다. 자연적 인간을 직접 법적 개념으로 사용하는 법 영역이 없는 것은 아니다. 가장 대표적인 예로 '인권법'(human rights law)을 들 수 있다. 인권법은 인격 대신 자연적·생물학적 인간을 권리주체이자 보호대상으로 규정한다. 이외에도 헌법학에서는 '국민의 권리'에 대비되는 '인간의 권리'라는 이름 아래 인간 개념이 헌법체계 안으로 포섭되기도 한다. 그렇지만 이렇게 인격이 아닌 인간이 직접 법적 주체로 사용되는 경우는 예외에 속한다. 법체계에서 중심적인 지위는 인격 개념이 차지한다.

11 이에 관해서는 임미원, "〈인격성〉의 개념사적 고찰", 『법철학연구』 제8권 제2호(2005), 171쪽 아래 참고.

12 사비니의 법학에 관해서는 양천수, "개념법학: 형성, 철학적·정치적 기초, 영향", 『법철학연구』 제10권 제1호(2007), 233-258쪽; 남기윤, "사비니의 법사고와 법이론: 한국 사법학의 신과제 설정을 위한 법학 방법론 연구(8-1)", 『저스티스』 제119호(2010), 5-51쪽 등 참고.

13 민법 제3조는 "권리능력의 존속기간"이라는 표제 아래 "사람은 생존한 동안 권리와 의무의 주체

법적 거래에 참여할 수 있는 자격을 말한다. 민법은 원칙적으로 성년에게만 행위능력을 인정한다(민법 제4조 및 제5조). 이는 미성년자는 아직 실천이성이 완성되지 않아 자율적인 판단을 할 수 없다는 것을 암시한다. 이를 통해 민법에서 전제로 하는 인격은 합리적인 판단을 할 수 있는 자율적인 존재라는 점을 알 수 있다.

둘째, 민법은 책임원리로서 '과책주의'(Verschuldensprinzip)를 수용한다(민법 제390조 및 제750조). 과책주의에 따르면 행위자가 고의나 과실로 채무를 이행하지 않거나 불법행위를 저지른 경우에만 책임을 진다. 이때 고의나 과실은 행위자가 자율적인 존재로서 적법한 행위, 즉 채무불이행이나 불법행위를 저지르지 않을 수 있다는 것을 전제로 한다. 행위자는 자율적인 존재로서 우리 법체계가 설정한 의무를 준수할 수 있는데, 그렇게 하지 않아 고의나 과실이 인정되는 것이다. 바로 이 점에서도 우리 민법이 인격을 자율적인 이성적 존재로 파악하고 있음을 알 수 있다.

2. 법체계에서 인격 개념이 수행하는 기능

(1) 주체보호 기능

먼저 인격은 인격으로 승인된 주체를 법으로 보호하는 기능을 수행한다. 이는 현재 진행되는 동물권 논의에서도 확인할 수 있다.[14] 인간처럼 동물에게도 권리주체성을 부여하고자 하는 이들은 이를 통해 동물을 인간처럼 보호하고자 하기 때문이다. 요컨대 특정한 주체가 인격을 취득한다는 것은 그가 권리주체가 된다는 것을 뜻하고, 이는 그 주체가 권리에 힘입어 더욱 강력하게 보호될 수 있다는 점을 의미한다.

(2) 책임귀속 기능

특정한 주체가 인격체로서 법적 주체가 된다는 것은 권리에 대응하는 의무의 주체가 된다는 점을 뜻한다. 그런데 법적 의무 중에서 가장 중요한 의무로 법적 책

가 된다."고 규정한다.

14 이에 관해서는 우선 김중길, "전 인권적 관점에서 본 동물권", 『인권이론과 실천』 제19호(2016), 71-93쪽 참고.

임을 부담하는 의무를 들 수 있다. 법적 주체는 법적 분쟁이 발생하였을 때 이에 관한 책임을 의무로서 부담해야 한다. 이를테면 특정한 주체가 인격체로서 민법상 채무를 불이행하거나 불법행위를 야기하였을 경우에는 이에 관해 채무불이행 책임이나 불법행위 책임을 부담해야 한다. 이에 따라 그 상대방은 해당 인격체에게 손해배상 청구를 할 수 있다. 이렇게 보면 특정한 주체가 인격으로서 법적 주체가 된다는 것은 책임귀속 주체가 된다는 것을 뜻한다. 말하자면 인격은 책임귀속 기능을 수행하는 것이다.

(3) 인격의 상대방 보호 기능

이렇게 인격 개념이 책임귀속 기능을 수행한다는 것은, 바꿔 말해 법적 주체인 인격과 법적 관계를 맺는 상대방을 보호한다는 것을 뜻한다. 특정한 주체를 인격체로 승인함으로써 이 주체와 법적 관계를 맺는 상대방이 법으로써 효과적으로 보호받을 수 있도록 인격이 기능하는 것이다. 이는 법인에서 분명하게 확인할 수 있다. 특정한 조직체에 인격을 부여함으로써 이 조직체와 법적 거래를 하거나 이 조직체로부터 불법행위 침해를 받은 상대방을 법으로써 더욱 효과적으로 보호할 수 있는 것이다.

(4) 법적 관계의 명확화 기능

인격은 법적 관계를 명확히 하는 기능도 수행한다. 특정한 주체나 조직에 인격을 부여함으로써 이러한 주체나 조직체가 행사할 수 있는 권리의 범위나 부담해야 하는 의무의 범위를 명확하게 설정할 수 있다. 쉽게 말해 권리와 의무의 범위를 명확하게 할 수 있는 것이다. 이를 통해 법적 관계를 명확히 할 수 있다.

(5) 법체계의 안정화 기능

이렇게 특정한 주체에 인격을 부여함으로써 법적 관계가 명확해지면 이는 법체계의 안정성을 제고하는 것으로 귀결된다. 법체계가 안정화되면 법체계 자체의 복잡성도 적절한 수준에서 유지될 뿐만 아니라 법체계의 외부에 속하는 환경의 복잡성을 감축하는 데도 기여한다. 그렇게 되면 다시 인격체인 주체를 보호하는 기능이나 그 상대방을 보호하는 기능 역시 촉진된다. 이는 다시 법적 관계를 명확하게 하는 데 기여하고 이를 통해 법체계 전체의 안정성이 강화되는 선순환이 형성된다.

Ⅲ. 인격 개념의 확장

법체계의 역사가 보여주는 것처럼 인격 개념은 그 내용이 고정되어 있지 않았다. 인격 개념은 한편으로는 자연적 인간에 토대를 두면서도 다른 한편으로는 그 외연이 지속적으로 확장되었다. 이는 인격 개념이 고정된 것이 아니라 시간과 공간에 따라 변하는 가변적인 개념임을 보여준다. 아래에서는 인격 개념이 가변적인 개념이라는 점, 법체계가 발전하면서 그 외연이 지속적으로 확장되고 있다는 점을 논증하겠다.

1. 인간과 인격의 개념적 분리에 관한 이론

근대 이후에 등장한 법체계는 인간 개념과 인격 개념을 분리한다. 그러면 그 이유는 무엇일까? 일단 인격에 해당하는 독일어 또는 영어 'Person'의 어원이 라틴어 'persona'라는 점에서 그 이유를 찾을 수 있다.[15] 'persona'는 연극에서 사용하는 '가면'이라는 뜻을 지닌다. 연극 배우들이 'persona'라는 가면을 쓰고 자신의 역할을 연기하는 것이다. '현상/본질'이라는 이분법적 사고를 원용하면 인간이 '진짜'인 본질에 해당하고 인격은 가면으로서 '가짜'인 현상에 해당할 수 있다.[16] '현상/본질' 구별에 따르면 인간이 더욱 본질적인 것이다.

그렇지만 고대 로마법 이래로 법체계 안에서는 인간보다 인격이 더욱 중요한 지위를 차지한다. 인격이 본질적인 것이고 인간이 현상적인 것으로 뒤바뀐 것이다. 그 이유는 무엇 때문일까? 여기서 세 가지 이론적 근거를 제시하고자 한다.

(1) 현실적 인간과 이상적 인격

먼저 근대 이후의 법체계, 특히 민법은 인격 개념을 상당히 '이상화'(Ideali-sierung)하고 있다는 점을 들 수 있다. 인격체는 자율적으로 합리적인 판단을 할 수

---

15 이에 관해서는 홍석영, 『인격주의 생명윤리학』(한국학술정보, 2006), 26쪽 참고.
16 '현상과 본질'을 쉽게 소개하는 문헌으로는 조성오, 『철학 에세이』(동녘, 2005) 참고.

있는 이성적 존재라는 전제가 그것이다. 이러한 인격 개념의 원형은 칸트의 도덕철학에서 찾아볼 수 있다.

잘 알려진 것처럼 칸트는 인간은 실천이성을 지닌 존엄한 존재로서 자율적으로 도덕적인 정언명령을 준수할 수 있는 존재라고 파악한다.[17] 그렇지만 여기서 주의해야 할 점은 칸트가 실제의 인간 역시 이러한 존재로 파악한 것은 아니라는 점이다. 칸트는 인간을 두 가지로 구별한다. '물리적 인간'(homo phaenomenon)과 '도덕적 인간'(homo noumenon)이 그것이다. 물리적 인간은 현실적 세계, 즉 존재적 세계에서 염두에 두는 인간이라면, 도덕적 인간은 규범적 세계, 즉 당위적 세계에서 염두에 두는 인간이다. 그중에서 칸트가 자율적이고 이성적인 존재로 규정한 것은 도덕적 인간이다. 반면 물리적 인간은 경우에 따라서는 도덕적 인간과 일치할 수도 있지만 이와 달리 현실적 욕망과 감정에 구속되는 인간, 다시 말해 감정에 의존하는 타율적 존재일 가능성이 더 높다. 물론 현실 세계의 물리적 인간 역시 도덕적 인간이 될 수 있는 잠재 능력을 갖추고 있다. 자신의 잠재 능력을 발현시키면 물리적 인간도 도덕적 인간이 될 수 있는 것이다. 칸트가 강조한 '계몽'(Aufklärung)이 바로 이러한 과정에 해당한다. 계몽을 통해 자신의 실천이성을 사용할 수 있는 용기와 능력을 갖추게 되면, 물리적 인간 역시 자율적인 도덕적 인간이 될 수 있는 것이다.[18]

그러나 이러한 칸트에 의할 때도 여성이나 미성년자, 노예적 인간은 완전한 도덕적 인간이 될 수 없다. 이들은 완전한 도덕적 인간이 될 수 있는 잠재 능력을 갖추고 있지 않기 때문이다. 따라서 여성이나 미성년자, 노예적 인간은 현실적으로는 인간이기는 하지만 완전한 도덕적 인간이 될 수는 없다. 그러므로 이들은 자율적인 도덕적 인간을 전제로 하는 완전한 인격체가 될 수도 없다. 이는 바로 여성이나 미성년자, 노예적 인간은 법적 주체의 지위에서 배제되거나 제한된다는 것을 뜻한다.

정치적으로 보면 이렇게 여성이나 미성년자, 노예적 인간을 법적 주체의 지위

---

17 칸트의 도덕철학에 관해서는 임마누엘 칸트, 백종현 (옮김), 『윤리형이상학』(아카넷, 2012) 참고. 칸트의 도덕철학 및 법철학을 간명하게 소개하는 문헌으로는 심재우, "인간의 존엄과 법질서: 특히 칸트의 질서사상을 중심으로", 『법률행정논집』 제12집(1974), 103-136쪽; 심재우, "칸트의 법철학", 『법철학연구』 제8권 제2호(2005), 7-26쪽 등 참고.

18 칸트의 계몽 개념에 관해서는 김용대, "계몽이란 무엇인가?: 멘델스존과 칸트의 계몽개념", 『독일어문학』 제15권 제2호(2007), 21-42쪽 참고.

에서 배제하거나 제한하는 것은 성인 남성중심적 사회를 공고히 하는 데 기여한다. 현실적 인간과 도덕적 인격 개념을 구별하면서 도덕적 인격 개념을 이상적인 존재로 설정하는 것은 그 당시의 지배구조를 고착화하는 데 도움을 준 것이다. 이를 예증하듯 고대 그리스와 로마 시대 이래 오랫동안 여성이나 미성년자, 노예적 인간은 온전한 권리주체로 파악되지 않았다. 이들은 한편으로는 후견과 보호 대상으로, 다른 한편으로는 처분 가능한 재산으로 취급되었다. 인간과 인격을 개념적으로 구별함으로써 이들은 법체계에 온전하게 편입될 수 없었다.

(2) 관계존재론

다음으로 '관계존재론'(Relationsontologie)을 언급할 수 있다. 관계존재론은 '실체존재론'(Substanzontologie)에 대립하는 개념으로 모든 존재는 실체로서 고정되어 있는 것이 아니라 사회적 관계 속에서 규정된다는 존재론을 말한다. 철학의 역사에서 보면 관계존재론은 이미 오랜 역사를 지니고 있는데 이를 본격적으로 드러낸 것은 하이데거(Martin Heidegger)라 할 수 있다. 하이데거는 '존재'(Sein)와 '존재자'(Seiendes)를 구별함으로써 존재는 존재자에 구속되기보다는 세계 속에서 다양하게 규정될 수 있음을 보여주었다.[19] 이러한 하이데거의 존재론을 관계존재론의 관점에서 더욱 분명하게 발전시킨 학자로 독일의 법철학자 마이호퍼(Werner Maihofer)를 언급할 필요가 있다.

마이호퍼는 존재와 존재자를 구별하는 하이데거의 존재론을 법 영역에 수용하여 독자적인 법존재론으로 발전시킨다.[20] 이에 따라 마이호퍼는 존재를 '자기존재'(Selbstsein)와 '로서의 존재'(Alssein)로 구별한다. 여기서 '자기존재'는 지금 여기에 존재하는 현존재 그 자체를 말한다. 생물학적인 육체와 정신을 가진 인간이 바로 '자기존재'에 해당한다. 이에 반해 '로서의 존재'는 이 세계 안에서, 바꿔 말해 사회 속에서 형성되는 각각의 관계 및 지위에 따라 부여되는 존재를 말한다. 사회적 관계 속에서 만들어지는 존재, 즉 관계존재가 바로 '로서의 존재'인 것이다. 이러한 '로서의 존재'는 단일한 것이 아니라 다양하게 등장한다. 나의 고유한 실존적 존재인 '자기존재'는 한 개라 할 수 있지만, '로서의 존재'는 내가 사회 속에서 살아

---

19 마르틴 하이데거, 전양범 (옮김), 『존재와 시간』(동서문화사, 2016) 참고.
20 이에 관해서는 베르너 마이호퍼, 심재우 (역), 『법과 존재』(삼영사, 1996); 베르너 마이호퍼, 윤재왕 (옮김), 『인간질서의 의미에 관하여』(지산, 2003) 참고.

가는 한 절대 한 개일 수 없다. 왜냐하면 '자기존재'인 나는 사회 속에서 아들, 남편, 아버지, 친구, 선생, 제자 등과 같은 다양한 '로서의 존재'를 갖기 때문이다. 요컨대 '자기존재'가 사회와 무관하게 존재하는 것이라면, '로서의 존재'는 사회 안에서 사회적 관계를 통해 형성되고 부여되는 존재라 할 수 있다. 따라서 무인도에서 살아가는 로빈슨 크루소는 '자기존재'를 가지기는 하지만 '로서의 존재'는 부여받을 수 없다. 무인도에는 사회가 존재하지 않기 때문이다. 여기서 관계존재론에서 중요한 지위를 차지하는 것은 '로서의 존재'이다. 실체존재론과는 달리 관계존재론은 사회적 관계 속에서 비로소 존재가 형성된다고 보는데, 여기에 상응하는 것이 '로서의 존재'이기 때문이다.

이렇게 존재 방식을 이분화하는 것은 영미 철학에서도 발견된다. 자유주의와 공동체주의 논쟁에서 논의되는 '자아론'이 그것이다. 우리에게 잘 알려진 자유주의와 공동체주의 논쟁은 주로 정의론을 둘러싸고 전개된 논쟁이지만, 정의 개념을 해명하는 과정에서 자아란 무엇인지, 자아는 어떻게 존재하는지 역시 논쟁 대상이 되었다.[21] 자유로운 개인을 우선시하는 자유주의는 자아에 관해 '무연고적 자아'(unencumbered self)를 주장한다. 무연고적 자아론에 따르면 자아는 사회적 연고, 바꿔 말해 연줄과 같은 사회적 관계와 무관하게 존재한다. 자아론은 특히 개인과 공동체의 관계를 해명할 때 주로 문제가 되는데, 무연고적 자아론은 개인은 공동체와 무관하게 존재한다고 말한다. 더 나아가 자아가 공동체보다 더욱 중요하다고 주장한다. 이와 달리 공동체주의는 '연고적 자아'(encumbered self)를 주장한다. 이에 따르면 자아는 사회 또는 공동체와 무관하게 존재하는 것이 아니라 사회적 연고 속에서 비로소 존재할 수 있다. 마이호퍼의 관계존재론에 따라 볼 때 이러한 자아론은 다음과 같이 연결할 수 있다. 자유주의가 주장하는 무연고적 자아는 '자기존재'에, 공동체주의가 주장하는 연고적 자아는 '로서의 존재'에 연결할 수 있는 것이다. 다만 관계존재론은 '자기존재'와 '로서의 존재'가 양립하는 것으로 파악하지만, 자유주의와 공동체주의의 자아론은 무연고적 자아와 연고적 자아가 병존한다고 보는 것은 아니라는 점에서 차이가 있다. 따라서 관계존재론과 자아론이 동일한 존재론을 주장한다고 보는 것은 정확하지 않을 수 있다.

여하간 '자기존재'와 '로서의 존재'를 구별하는 마이호퍼의 관계존재론은 인간

---

[21] 이에 관해서는 양천수, "자유주의적 공동체주의의 가능성: 마이클 샌델의 정치철학을 중심으로 하여", 『법철학연구』 제17권 제2호(2014), 205 – 242쪽 참고.

과 인격을 개념적으로 구별하는 법체계의 태도를 이론적으로 뒷받침한다. 생물학적 인간은 고유한 존재로서 '자기존재'에 상응한다. 생물학적 인간은 사회 안이나 밖 어느 곳이든 존재한다. 이와 달리 법체계에서 법적 관계의 귀속주체가 되는 인격은 '로서의 존재'에 상응한다. 인격은 사회 안에서 어떤 법적 관계를 맺는가에 따라 다양한 모습으로 등장하기 때문이다. 예를 들어 '나'는 사회 안에서 아버지로서, 남편으로서, 선생으로서, 운전자로서, 매수인으로서 다양한 법적 관계를 맺고 이에 따른 권리와 의무를 갖는다. 더불어 다양한 책임을 진다. 이렇게 볼 때 법체계에서 말하는 인격은 고정된 실체가 아니라 법적 관계에 따라 그 내용이 달라지는 관계적 존재인 것이다. 다양한 법적 관계에 따라 인격은 다양한 '로서의 존재'로서 권리와 의무 및 책임을 부여받는 것이다.

(3) 사회적 체계와 인격

전체 사회를 사회적 체계와 환경이라는 구별로 관찰한 현대 체계이론 역시 인간과 인격을 개념적으로 구분하는 데 도움을 준다. 체계이론은 인간과 인격은 개념적으로뿐만 아니라 실재적으로도 구별된다고 주장한다.

체계이론을 정초한 독일의 사회학자 루만(Niklas Luhmann)에 따르면 사회는 사회적 체계와 환경으로 구성된다.[22] 환경은 사회적 체계에 포섭되지 않는 것, 쉽게 말해 사회적 체계의 경계 밖에 있는 모든 것을 말한다. 동시에 사회 그 자체 역시 독자적인 사회적 체계가 된다. 이러한 체계이론에 따르면 사회에서 핵심적인 지위를 차지하는 것은 인간이 아닌 사회적 체계이다. 사회는 인간이 아닌 사회적 체계로 구성되기 때문이다. 체계이론에 따르면 인간은 체계 밖에 있는 환경에 속한다. 왜냐하면 자연적 인간은 생명체계와 심리체계라는 독자적인 체계가 결합한 존재이기 때문이다. 따라서 사회를 구성하는 사회적 체계와는 분명 구별되기에 사회적 체계의 환경에 속하는 것이다. 다만 그렇다고 해서 체계이론에서 인간이 소홀하게 취급되는 것은 아니다. 인간이 사회적 체계에서 철저하게 배제되는 것이 아니라 인격으로서 사회적 체계 안에 포섭될 수 있기 때문이다. 요컨대 인간은 인격으로서 사회적 체계 안에서 자신의 자리를 차지한다.

---

22 이에 관해서는 Niklas Luhmann, *Soziale Systeme: Grundriß einer allgemeinen Theorie* (Frankfurt/M., 1984); Niklas Luhmann, *Einführung in die Systemtheorie* (Heidelberg, 2017); 니클라스 루만, 윤재왕 (옮김), 『체계이론입문』(새물결, 2014) 등 참고.

이때 주의해야 할 점이 있다. 체계이론에 따르면 사회는 그 자체 사회적 체계에 속하는데, 사회가 복잡해지면서 사회는 다양한 기능체계로 분화된다. 사회체계가 다양한 부분체계로 내적으로 분화되는 것이다. 예를 들어 정치, 경제, 법, 종교, 학문, 예술, 교육, 의료 등이 사회의 독자적인 기능체계로 분화된다. 이러한 사회의 기능체계들은 각기 독자적인 자기생산적 체계로서 독자적인 프로그램과 코드에 의해 작동한다.[23] 비유적으로 말하면 각 사회의 기능체계들은 각기 다양한 색깔로 채워지는 것이다.

이에 따라 각각의 기능체계들에 포섭되는 인격 역시 다양한 모습을 가진다. 이를테면 정치체계에서 자리 잡은 인격과 경제체계에서 자리 잡은 인격 그리고 법체계에서 자리 잡은 인격의 모습은 모두 달라진다. 이러한 근거에서 생명체계와 심리체계로 구성되는 생물학적 인간은 존재론적으로는 단일한 존재이지만, 소통을 통해 사회적 체계 안에 포섭된 인격은 그 체계가 수행하는 기능에 따라 각기 다른 내용으로 채워진다. 바로 이러한 연유에서 인간과 인격은 체계이론에서 볼 때 개념적·실재적으로 달라질 수밖에 없는 것이다.

2. 인격 개념의 상대성과 가변성

이처럼 칸트의 인격이론이나 마이호퍼의 관계존재론, 루만의 체계이론에서 볼 때 인간과 인격은 개념적으로 분리된다. 이뿐만 아니라 이들 이론은 인격이 단일한 모습을 가진 고정된 실체가 아니라 사회에서 어떤 관계를 맺는지 또는 어떤 사회적 체계에 속하는지에 따라 그 모습이 달라지는 다원적인 것이라는 점을 보여준다. 이처럼 인격 개념이 사회적 관계나 체계에 의존하는 다원적인 존재라는 점에서 두 가지 결론을 이끌어낼 수 있다. 첫째, 인격은 절대적인 것이 아니라 사회적 관계, 맥락, 체계, 문화 등에 영향을 받는 상대적인 것이라는 점이다. 둘째, 시간적인 차원에서 볼 때 인격의 외연이나 내포는 지속적으로 변화하는 가변적인 것이라는 점이다.

---

[23] 이를 간명하게 소개하는 발터 리제 쉐퍼, 이남복 (역), 『니클라스 루만의 사회사상』(백의, 2002) 참고.

3. 인격 개념의 확장

이렇게 인격 개념이 고정된 것이 아니라 가변적인 것이라면, 과연 어떻게 인격 개념이 변화하는지에 의문을 제기할 수 있다. 이에 한 마디로 답하면 인격 개념은 지속적으로 확장되고 있다는 것이다. 사실 이러한 확장 현상은 인격 개념에서만 발견할 수 있는 것은 아니다. 과학기술이 급속하게 발전하면서 자연적 인간 개념 역시 예전보다 확장되었기 때문이다. 예를 들어 생명공학이 발달하면서 인간 개념의 범위는 종전의 인간을 넘어 태아까지 확대되었다. 그뿐만 아니라 인간배아에 관한 연구가 진척되면서 배아 역시 인간 개념에 포함될 수 있는지에 관해 격렬한 논쟁이 전개되기도 하였다.[24] 여하간 인간 개념과 더불어 인격 개념은 그 외연이 확장되고 있는데 이를 아래에서 살펴보겠다.

(1) 자연적 인격 개념의 확장

먼저 자연적 인간에 바탕을 둔 인격 개념, 달리 말해 '자연적 인격' 개념이 지속적으로 확장되었다는 점을 언급할 수 있다. 인격 개념을 수용한 고대 로마의 법체계는 노예나 미성년자, 여성은 인격체로 인정하지 않거나 제한하였다. 성인 남자인 로마 시민만이 인격성을 취득하였다. 이는 근대법이 등장하기 직전까지 지속되었다. 하지만 최초의 근대 민법이라 할 수 있는 프랑스 민법전은 시민을 인격체로 수용하여 신분제를 철폐하고 노예를 더 이상 인정하지 않음으로써 인격 개념을 확장하였다. 그렇지만 미성년자나 여성은 여전히 불완전한 인격체로 남아 있었다. 특히 여성의 경우에는 20세기 초반까지 비록 성인 여성이라 할지라도 완전한 인격체로 승인되지는 않았다. 이를테면 일제강점기 시대에 통용되었던 의용민법은 재산적 처분행위와 소송행위의 경우에는 아내를 행위무능력자로 취급하였다.[25] 특히 가족법 관계에서 여성은 남성보다 열악한 지위에 있는 인격체로 취급되었다. 그러나 여성주의 운동의 영향 등으로 여성의 법적 지위가 향상되기 시작하여 최근에 와서는 여성 역시 남성과 동등한 법적 인격체로 승인되고 있다.[26]

---

24 이에 관해서는 위르겐 하버마스, 장은주 (역),『인간이라는 자연의 미래: 자유주의적 우생학 비판』(나남출판, 2003) 참고.

25 이에 관해서는 양창수, "우리나라 최초의 헌법재판논의: 처의 행위능력 제한에 관한 1947년 대법원판결에 대하여",『서울대학교 법학』제111호(1999), 125－151쪽 참고.

이뿐만 아니라 인격 개념은 자연적 인간이 사망한 이후에도 존속한다. 예를 들어 인격체가 살아생전에 한 유언은 자연적 인간이 사망해야 비로소 효력을 발휘한다(민법 제1073조 제1항).[27] 인격체의 법적 의사가 생물학적 인간이 소멸한 경우에도 여전히 살아 있는 것이다. 또한 현행 형법은 죽은 사람(死者)에 대한 명예훼손죄를 독자적인 범죄로 규정한다(형법 제308조). 명예훼손죄는 인격이 가진 인격권 또는 명예권을 침해하는 범죄를 뜻하므로, 죽은 사람에 대한 명예훼손죄를 인정한다는 것은 자연적 인간이 사망한 이후에도 인격이 여전히 존재한다는 것을 시사한다.[28] 이를 독일 공법학은 자연적 인간이 사망한 이후에도 여전히 기본권이 효력을 미친다는 의미에서 기본권의 '사후효'(Nachwirkung)라고 부른다.[29] 자연적 인간이 사망으로 소멸하였는데도 여전히 기본권이 효력을 미친다는 것은 기본권의 귀속주체인 인격이 여전히 잔존하고 있다는 것을 시사한다.

이처럼 자연적 인격 개념은 처음에는 자연적 인간보다 좁게 설정되었지만, 사회가 발전하면서 점차 그 범위가 일치하게 되었을 뿐만 아니라, 더 나아가 이제는 인간 개념보다 그 외연이 더욱 넓어지고 있다. 이는 법체계에 법인이 도입되면서 더욱 분명해진다.

(2) 법인의 등장

현행 민법은 권리주체가 되는 인격 개념에 '자연인' 이외에 '법인'(juristische Person)을 포함한다. 법인은 법적 필요에 의해 법이 인공적으로 만들어낸 인격이다. 주지하다시피 법인은 자연적 인간으로 구성되는 사단법인과 재산으로 구성되는 재단법인으로 구별된다. 민법에 따르면 법인은 권리능력의 주체가 될 뿐만 아니라, 불법행위책임의 귀속주체가 된다(민법 제35조). 이렇게 보면 법인은 민법의 체계 안에서는 온전한 인격으로 인정된다. 다만 형법학에서는 법인을 형법상 의미 있는 인격으로 볼 수 있을지에 관해 논쟁이 전개된다.[30] 자연적 인격과는 달리 법

---

26 이러한 변화에 관해서는 윤진수, "헌법이 가족법의 변화에 미친 영향", 『서울대학교 법학』 제130호(2004), 233−270쪽 참고.

27 "유언은 유언자가 사망한 때로부터 그 효력이 생긴다."

28 물론 사자에 대한 명예훼손죄가 사자, 즉 죽은 사람의 명예를 보호하는 것인지, 아니면 그 가족의 명예를 보호하는 것인지에 관해서는 논란이 있다.

29 이에 관해서는 D. Merten/H.−J. Papier (Hrsg.), *Handbuch der Grundrechte in Deutschland und Europa*, Bd. IV (Heidelberg, 2011), 139쪽 아래 참고.

인은 스스로 행위를 할 수 없고 독자적인 책임 의식을 갖는다고 보기도 어렵기 때문이다. 이처럼 법인은 자연인과는 여러모로 차이가 있다는 점에서 법인의 존재 방식에 관해 견해가 대립한다. 이는 민법학에서는 '법인의 본질'이라는 이름으로 전개된다.[31] 역사적으로 보면 법인의제설과 법인실재설이 대립하였는데 이러한 견해 대립은 여전히 해소되지는 않아 보인다.

그런데 이러한 법인의 본질에 관한 논쟁이 여전히 지속되는 이유는 법인의 존재 방식을 '실체'(Substanz)라는 측면에서 이해하려 하기 때문이다. 인간과 인격의 존재 방식을 분리하지 않고, 인간이 존재하는 방식에 따라 법인의 존재 방식을 파악하려 하기 때문에 여전히 견해 대립이 해결되지 않는 것이다. 이와 달리 존재 방식을 전통적인 실체 개념과 분리하고, 관계존재론이나 체계이론에 따라 존재 방식을 파악하면 법인의 본질을 달리 규정할 수 있다. 왜냐하면 이들 이론은 실체로서 존재하지 않아도 존재성을 인정하기 때문이다. 특히 체계이론은 '실체'(Substanz) 개념과 '실재'(Realität) 개념을 분리하면서 자연적 인간처럼 실체를 지니지 않아도 사회 안에서 이루어지는 소통의 귀속주체가 되면 사회적 존재성을 인정하고 이러한 존재가 사회 안에서 실재한다고 본다. 가장 대표적인 예가 바로 '사회적 체계'(soziales System)이다.

루만에 따르면 사회적 체계는 소통으로 구성되고 작동한다. 사회 안에서 진행되는 소통을 통해 사회적 체계가 '창발'(emergence)하는 것이다. 이 점에서 사회적 체계는 자연적 인간처럼 '실체'로서 존재하지는 않는다. 그렇지만 루만은 이러한 사회적 체계는 사회 안에서 실재할 뿐만 아니라 자기생산적 체계로서 스스로 만든 프로그램과 코드에 따라 작동한다고 말한다. 소통의 발화자인 인간이 사회적 체계를 관리하는 것이 아니라, 소통으로 만들어진 사회적 체계가 오히려 인간 또는 인격을 규율한다. 이러한 맥락에서 체계이론은 법인 역시 사회적 체계의 일종으로 파악한다.

체계이론에 따르면 상호작용 및 사회와 더불어 법인 혹은 법인으로 대변되는 조직체는 대표적인 사회적 체계에 해당한다. 따라서 사회적 체계에 속하는 법인

---

30 이에 관해서는 김성돈, "법인의 형사책임과 양벌규정의 해석과 적용", 『저스티스』 제168호(2018), 278-330쪽 참고.

31 곽윤직, 『민법총칙』(박영사, 1989), 213-218쪽; 이홍민, "법인의 본질", 『법과 정책』 제22집 제3호(2016), 263-297쪽 등 참고.

은 비록 자연적 인간처럼 실체는 아니지만 사회 안에서 실재하는 존재인 것이다. 이러한 점을 고려하면 법인의 본질에 관해서는 법인의제설보다 법인실재설이 타당하다.

이처럼 법인이 법체계가 인정하는 인격 개념에 포섭되어 제도화되면서 인격은 인간보다 더욱 확장된다. 인격 개념이 '탈인간화'되는 것이다. 다만 여기서 주의해야 할 점은 인공적인 가공물이라 할 수 있는 법인이 인격성을 취득했다고 해서 이것이 곧 현행 법체계가 완전히 인간중심적 사고와 결별하여 탈인간중심적 사고로 나아갔다는 것은 아니라는 점이다. 왜냐하면 법인은 여전히 자연적 인격을 통지자(송신자) 또는 이해자(수신자)로 하는 소통에 기반을 두고 있기 때문이다. 따라서 자연적 인간이 모두 사라지면 소통이 사라지기에 법인 역시 존재할 수 없다. 그 점에서 법인은 여전히 인간중심적 사고에서 완전히 벗어나지는 않는다.

(3) 동물권 논의

동물권을 인정해야 한다는, 다시 말해 동물을 권리주체로 인정해야 한다는 논의에서도 인격 개념의 확장 현상을 읽어낼 수 있다. 현행 법체계에 따르면 동물에게 권리주체성을 인정한다는 것은 인격을 부여한다는 것으로 새길 수 있기 때문이다. 물론 인격 개념은 인간 개념에서 출발한 것이고 인격성과 권리주체성을 각각 별개로 파악한다면, 동물에게 인격성을 부여하지 않으면서도 권리주체성을 인정할 수 있을 것이다. 그렇다 하더라도 현행 법체계는 인격성과 권리주체성을 연결하여 사고하고 있으므로, 동물에게도 권리를 인정해야 한다는 주장은 동물을 독자적인 인격체로 보아야 한다는 주장으로 읽어도 큰 무리는 없을 것이다. 만약 이렇게 동물권 옹호론자들이 주장하는 것처럼 동물에게도 인격 및 권리주체성을 인정할 수 있다면, 인격은 더 이상 인간중심적 개념일 수는 없을 것이다. 인격은 자연적 인간과 결별하여 탈인간중심적 존재 개념으로 재구성되는 것이다.

그러나 우리나라에 한정해 본다면 현행 법체계 및 판례는 동물을 인격으로 승인하지는 않는다. 동물은 권리주체성도 소송의 당사자능력도 가질 수 없다는 것이다.[32] 그 점에서 인격 개념은 여전히 인간중심적 사고의 영향에서 완전히 벗어나지는 못하고 있다.

---

[32] 이 문제를 다루는 김영란, 『판결을 다시 생각한다』(창비, 2015) 참고.

Ⅳ. 인공지능의 법적 인격 인정 문제

1. 논의 필요성

지금까지 살펴본 것처럼 인격 개념은 애초에 자연적 인간에서 출발하였지만, 이후 그 외연을 확장하여 이제는 자연적 인간에 대한 연결고리를 희석하고 있다. 그리고 제4차 산업혁명이 진행되는 지금 인격 개념은 새로운 문제와 마주한다. 바로 인공지능에게도 인격, 특히 법적 인격을 인정할 수 있는가 하는 문제가 그것이다. 이 문제는 인공지능, 가령 자율주행자동차나 지능형 로봇 등이 고의 또는 과실로 사람에게 손해를 가하는 사고를 낸 경우 이들에게 독자적인 법적 책임을 물을 수 있는지가 논의되면서 등장하였다. 특히 지난 2016년 알파고와 이세돌 9단의 역사적인 바둑대국이 진행되면서 이에 관한 연구가 법학 영역 전반에서 활발하게 이루어졌다. 그런데 동물권 논의에서 확인할 수 있는 것처럼 인공지능에게 법적 책임을 묻기 위해서는 책임능력을 인정할 수 있어야 한다. 책임능력을 인정할 수 있으려면, 다시 인공지능을 법적 인격으로 승인할 수 있어야 한다. 바로 이 점에서 인공지능을 법적 인격체로 볼 수 있는지 문제가 된다. 이 문제를 해결하려면 과연 우리가 어떤 경우에, 무엇을 기준으로 하여 법적 인격을 부여할 수 있을지 살펴보아야 한다.

2. 인격의 인정 기준에 관한 논의

(1) 도덕적 인격과 법적 인격

어떤 경우에 그리고 무엇을 기준으로 하여 인격을 인정할 수 있는지를 논의하기에 앞서 구별해야 할 개념이 있다. '도덕적 인격'과 '법적 인격'이 그것이다. 앞에서도 언급한 것처럼 인격 개념은 법 영역에서만 사용되는 것은 아니다. 이외에도 다양한 영역에서 인격 개념이 사용된다. 그중에서도 인격 개념이 중요하게 언급되는 영역으로 도덕 영역을 들 수 있다. 도덕 영역에서 인격 개념은 도덕 및 윤리적 의무의 귀속주체로서 사용된다. 이렇게 보면 도덕적 인격과 법적 인격은 모두 규범 영역과 관련을 맺는다는 점에서 공통점을 갖는다. 그렇지만 도덕과 법이 한편으로는 공통점을 가지면서도 다른 한편으로는 내용적인 측면에서 서로 구분되는 것처럼, 도덕적 인격과 법적 인격은 분명 차이점을 가진다.[33] 이를 다음과 같이 말할 수 있다.

도덕적 인격 개념에서는 주로 도덕적 의무를 부담할 수 있는지가 문제가 되는 반면 법적 인격 개념에서는 법적 의무뿐만 아니라 법적 권리를 보유할 수 있는지가 문제가 된다. 도덕적 인격에서는 의무주체성이 전면에 등장한다면, 법적 인격에서는 권리주체성이 전면에 등장하는 것이다. 바로 이 점에서 도덕적 인격과 관련해서는 특정한 존재가 도덕적 의무를 수행할 수 있는 능력을 지니는지가 주로 논의된다. 예를 들어 특정한 주체가 도덕적 의무를 보유하기 위한 전제로서 인간적 외모를 지니는지, 도덕 감정을 갖는지, 쾌고감수능력이나 삶의 주체성을 갖는지가 문제가 된다.

반면 법적 인격에서는 법인이 시사하듯이 인간적 외모를 지니는지, 도덕 감정을 갖는지, 쾌고감수능력을 갖는지, 삶의 주체성을 확보하고 있는지가 크게 문제되지는 않는다. 오히려 법이 규정하는 권리와 의무의 주체가 될 수 있는지, 법적 행위를 할 수 있는지, 법적 책임을 부담할 수 있는지가 주로 문제가 된다. 이 점에서 도덕적 인격과 법적 인격은 차이가 있는데 아래에서는 그중에서 법적 인격에 초점을 맞추어 논의를 전개하겠다.

(2) 인격 개념의 기준에 관한 기존 논의

법적 인격 개념의 기준에 관해 본격적으로 논의하기에 앞서 그동안 인격 개념의 기준에 관해 어떤 논의가 전개되었는지 간략하게 정리한다. 인격 개념의 기준에 관해서는 그동안 도덕철학에서 주로 동물권과 관련하여 논의가 이루어졌다.[34] 이러한 연유에서 법적 인격과 도덕적 인격을 모두 포괄하는 인격 개념의 기준에 관해 논의가 진행되었다. 여기에서는 주로 다음과 같은 기준이 인격 개념의 기준으로 제시되었다.[35]

---

33 법과 도덕의 구분에 관해서는 H. Kelsen, 앞의 책, 25쪽 아래.

34 이를 보여주는 목광수, "도덕적 지위에 대한 기존 논의 고찰", 『윤리학』 제5권 제2집(2016) 참고.

35 이에 관해서는 목광수, "인공지능 시대에 적합한 인격 개념: 인정에 근거한 모델을 중심으로", 『철학논총』 제90집(2017), 192쪽 아래 참고.

첫째, 외양이 인격 부여의 기준이 된다. 자연적 인간과 같은 외양을 가진 경우 인격을 부여할 수 있다는 것이다. 이에 따르면 인간의 외양을 갖춘 안드로이드는 인격체로 인정될 가능성이 높다. 영화 "엑스 마키나"(Ex Machina)에 나오는 여성 안드로이드가 여기에 속한다. 이와 달리 동물은 인격체로 승인될 수 없다. 그러나 외양 기준은 법체계에서 인정하는 법인의 법적 인격성을 설명할 수 없다. ChatGPT와 같이 인간의 외양을 갖추지 않은 인공지능에도 인격성을 인정할 수 없다.

둘째, 지적 능력을 갖추고 있는지가 기준이 된다. 이에 따르면 특정한 주체가 지적 능력을 보유하고 있으면 인격체로 승인될 수 있다. 이는 애초에 인간이 인격을 부여받는 이유는 인간만이 합리적으로 판단할 수 있는 지적 능력을 갖추고 있다는 점에 주목한다. 따라서 만약 인간처럼 합리적으로 판단할 수 있는 주체가 있다면, 이러한 주체에게도 인격을 인정할 수 있다는 것이다. 다만 이 기준에 의하면 이때 말하는 지적 능력이 어느 정도의 지적 능력을 뜻하는지가 문제될 수 있다. 왜냐하면 그동안 축적된 연구 성과에 따르면 동물 역시 일정 정도의 지적 능력을 갖추고 있기 때문이다. 또한 인간의 경우에도 지적 능력이 균일하지 않고, 지적장애인의 경우에도 인격을 인정할 수 있다는 점에서 이 기준은 한계가 있다.

셋째, 쾌고감수능력, 즉 쾌락과 고통을 느낄 수 있는 능력을 지니는지가 인격 부여의 기준이 된다. 이 역시 자연적 인간에 바탕을 둔 기준에 해당한다. 이 기준은 특히 동물에게 인격을 부여하고자 할 때 유용하게 사용될 수 있다. 왜냐하면 인간처럼 동물 역시 쾌고감수능력을 가지기 때문이다. 그렇지만 이 기준은 인공지능처럼 기계적 존재에게는 적용할 수 없다는 문제가 있다.

넷째, 자율적 능력을 갖추고 있는지가 기준이 된다. 특정한 주체가 자율적으로 판단할 수 있으면 인격체로 승인될 수 있다는 것이다. 앞에서도 언급한 것처럼 사실 이 기준이야말로 인격을 판단할 때 가장 핵심적인 기준이 된다. 칸트의 도덕철학에서 확인할 수 있듯이 인간이 존엄한 이유, 인간이 인격체가 될 수 있는 이유는 바로 실천이성에 바탕을 둔 자율성을 지니기 때문이다. 이 기준이야말로 앞으로도 인격 개념을 판단하는 데 핵심적인 역할을 수행할 것이다.

다섯째, 미래감을 가질 수 있는지, 바꿔 말해 삶의 주체성을 느낄 수 있는지가 기준이 된다. 그러나 이 기준은 그 자체 막연해서 인격 개념을 판단하는 데 적용될 수 있는 객관적 기준이 되기는 어렵다.

여섯째, 특정한 이해관심을 가지는지, 바꿔 말해 이익과 손실에 관한 관심을 가지는지가 기준이 된다. 철학적 공리주의에 바탕을 둔 기준이라 할 수 있다. 쉽게 말해 생존 욕구 및 자기보존 욕구를 가진다면 인격체로 볼 수 있다는 것이다. 다만 이 기준을 사용하면 인간뿐만 아니라 모든 생명체에도 인격을 부여해야 한다.

인격 개념에 관해 지금까지 논의된 기준을 보면 모두 자연적 인간이 지닌 특성에 기반을 두고 있음을 알 수 있다. 그 점에서 지금까지 제시된 인격 개념에 관한 기준은 여전히 인간중심적 사고에서 완전히 벗어나지 못하고 있다. 따라서 이러한 기준만으로는 새롭게 등장하는 인공지능의 인격 인정 문제에 적절하게 대응할 수 없다. 인공지능에 인격을 인정하기 위해서는 새로운 기반 위에서 인격 개념에 관한 기준을 검토할 필요가 있다.

(3) 법적 인격 개념 기준에 관한 세 가지 패러다임

법적 인격 개념에 관한 새로운 기준을 본격적으로 다루기 전에 지금까지 전개한 논의를 정리한다.

인격은 자연적 인간 개념에서 출발하였다. 그렇지만 인간과 인격이 개념적으로 구별되면서 인격 개념은 그 외연이 지속적으로 확장되었다. 이에 따라 인격 개념은 자연적 인간과는 달리 고정된 실체가 아니라 시간과 공간, 역사와 사회 및 문화에 의존하는 관계적 개념이라는 점이 확인되었다. 인격 개념은 각 시대에 적합하게 그리고 우리의 필요에 따라 새롭게 구성 및 설정되는 구성적·관계적 개념인 것이다. 사실이 그렇다면 제4차 산업혁명이 진행되는 오늘날 우리가 인공지능을 법적 인격으로 자리매김할 필요가 있다고 인정한다면, 인격 개념 역시 이에 적합하게 새롭게 구성할 수 있을 것이다.

그렇지만 인공지능을 법적 인격으로 인정할 필요가 있다고 해서 곧바로 법적 인격이 부여되는 것은 아니다. 일단 인공지능을 법적 인격체로 승인할 수 있도록 인격 개념을 새롭게 구성할 수 있을지가 문제가 된다. 만약 이게 가능하지 않다면 아무리 인공지능을 인격체로 인정할 필요가 있다고 해도 그렇게 할 수 없다. 이러한 맥락에서 인격 개념 부여에 관한 기준을 검토하면 이는 세 가지 패러다임으로 구별하여 살펴볼 수 있다.[36]

---

36 이에 관해서는 양천수, "현대 지능정보사회와 인격성의 확장", 『동북아법연구』 제12권 제1호 (2018), 13쪽 아래 참고.

1) 인간중심적 모델

첫째, 인간중심적 모델을 거론할 수 있다. 이 모델은 자연적 인간 개념에 기반을 두어 인격 개념을 설정하는 것이다. 지금까지 살펴본 것처럼 지금까지 우리가 사용한 인격 개념은 이러한 인간중심적 모델에 바탕을 둔 것이다. 도덕 영역에서 논의된 인격 개념 기준, 예컨대 외양이나 지적 능력, 쾌고감수능력이나 자율성 모두 인간중심적 모델에 기반을 둔 기준에 해당한다.

그렇지만 같은 인간중심적 모델에 해당하기는 하지만, 도덕 영역에서 논의된 인격 기준이 법적 인격 기준을 다루는 논의에서 모두 적용될 수 있는 것은 아니다. 이를테면 외양이나 쾌고감수능력, 미래감 등이 법적 인격 개념을 판단하는 데 결정적인 역할을 하는 것은 아니다. 오히려 인간중심적 모델에 따라 법적 인격 개념을 판단할 때는 다음과 같은 기준이 중요한 역할을 한다.

먼저 인격성을 부여받을 주체가 자연적 인간이어야 한다. 인간이 아닌 존재, 가령 동물이나 인공지능은 인간중심적 모델에 따르면 인격을 부여받을 수 없다. 다만 현행 법체계에 의하면 법인은 인격성이 인정되는데, 사실 이것은 인간중심적 모델에 따라 인격을 부여한 것이 아니다. 이는 이미 인간중심적 모델을 벗어난 인격 개념에 해당한다.

다음으로 이러한 인간은 실천이성을 지닌 자율적인 존재여야 한다. 물론 현실적으로 반드시 자율적인 존재여야 하는 것은 아니다. 자율적인 존재의 잠재성을 갖추기만 하면 인격을 부여받을 수 있다.

나아가 자율적인 행위를 할 수 있어야 한다. 예를 들어 자율적인 주체로서 법률행위나 소송행위를 자율적으로 할 수 있어야만 법적 인격으로 승인될 수 있는 것이다.

2) 불완전한 탈인간중심적 모델

둘째, 불완전한 탈인간중심적 모델을 거론할 수 있다. 이 모델은 기존의 인간중심적 모델과는 달리 자연적 인간이 아닌 사회적 체계 역시 법적 인격체로 승인한다는 점에서 '탈인간중심적'이다. 그렇지만 이때 말하는 사회적 체계는 자연적 인간에 의해 촉발되는 소통에 의존한다는 점에서 여전히 인간중심적인 성격을 갖고 있다. 가령 자연적 인간이 모두 소멸하면 소통 역시 사라지므로 사회적 체계 역시 존속할 수 없다. 그렇게 되면 이 모델에서 염두에 두는 인격 자체도 모두 소멸한다. 그 점에서 이 모델은 탈인간중심적이기는 하지만 여전히 인간에 의존한다는 점에서 불완전하다.

이러한 불완전한 탈인간중심적 모델에서 인격성을 취득하려면 다음과 같은 요건을 충족해야 한다.

먼저 사회적 체계 안에서 진행되는 소통에 참여할 수 있어야 한다. 이때 소통에 참여한다는 것은 소통을 송신하고 수신할 수 있어야 한다는 것을 뜻한다.

다음 자율적인 존재여야 한다. 다만 여기서 말하는 존재가 반드시 법인과 같은 사회적 체계여야만 하는 것은 아니다. 사회적 체계가 아니라 할지라도 사회적 소통에 참여할 수 있는 존재, 즉 자연적 인간 역시 이러한 자율적인 존재에 속한다.

나아가 해당 존재는 그 존재가 아닌 것과 구별이 될 수 있어야 한다. 바꿔 말해 존재의 경계가 확정될 수 있어야 한다.

3) 완전한 탈인간중심적 모델

셋째, 완전한 탈인간중심적 모델을 생각할 수 있다. 이 모델은 인격 개념을 자연적 인간 개념에서 완전히 분리한다. 자연적 인간이 아니어도 인격을 부여받을 수 있도록 하는 것이다. 이 점에서 어쩌면 제4차 산업혁명 시대에 가장 적합한 인격 모델이라 할 수 있다. 이 모델은 기본 토대에서는 불완전한 탈인간중심적 모델과 동일하다. 다만 불완전한 탈인간중심적 모델이 사회적 체계에 기반을 두고 있는 반면, 완전한 탈인간중심적 모델은 사회적 체계를 포괄하는 체계에 기반을 둔다.[37]

이 차이는 구체적으로 다음과 같이 드러난다. 앞에서도 지적한 것처럼 사회적 체계는 자연적 인간을 송수신자로 하는 소통에 의존한다. 따라서 인간이 소멸하면 사회적 체계 역시 사라진다. 반면 체계는 자연적 인간이 아닌 기계에 의해서도 작동할 수 있다. 따라서 만약 인공지능의 소통으로 (사회적 체계가 아닌) 체계가 형성된다면, 완전한 탈인간중심적 모델은 자연적 인간이 없어도 작동할 수 있다.

물론 여기서 주의해야 할 점은 그렇다고 해서 완전한 탈인간중심적 모델이 자연적 인간을 인격 개념에서 배제하는 것은 아니라는 점이다. 자연적 인간도, 사회

---

37 루만의 체계이론에 따르면 체계에는 기계, 생명체계, 심리체계, 사회적 체계가 있다. 따라서 체계는 사회적 체계를 포괄하는 상위 개념이다.

적 체계도 그리고 기계적 체계도 모두 특정한 요건만 충족하면 모두 인격 개념에 포섭될 수 있다. 그 점에서 완전한 탈인간중심적 모델은 인격 개념에 관해 가장 포괄적인 모델이라 할 수 있다.

이러한 완전한 탈인간중심적 모델에서는 다음과 같은 요건을 충족하는 경우 인격을 부여한다.[38]

먼저 특정한 존재가 소통이 귀속될 수 있는 지점으로서, 바꿔 말해 소통이 귀속될 수 있는 주체로서 인정될 수 있어야 한다. 이러한 첫 번째 요건은 다시 다음과 같은 두 가지 요건으로 구체화된다. 첫째, 특정한 존재는 그 경계가 명확하게 획정될 수 있어야 한다. 이는 주체의 내부와 외부가 구별될 수 있어야 함을 뜻한다. 둘째, 특정한 존재는 지속 가능하게 존속할 수 있어야 한다. 일시적으로만 존재하는 경우에는 인격을 인정받을 수 있는 소통 주체가 될 수 없다.

다음 자율성을 지닌 존재여야 한다. 다만 이때 말하는 자율성이란 구체적으로 무엇을 뜻하는지 문제가 될 수 있다.[39] 일단 여기에서는 스스로 목적을 설정하고 이러한 목적을 달성하기 위해 스스로 수단을 선택하며, 자신이 선택한 수단으로 획득한 결과를 반성적으로 성찰할 수 있는 능력으로 파악하겠다.

나아가 소통에 참여할 수 있는 존재여야 한다. 체계이론에 따르면 소통은 '정보→통보→이해'로 구성되기에 소통에 참여할 수 있다는 것은 그 스스로가 정보를 통지하거나 이해할 수 있어야 함을 뜻한다.

3. 인공지능에 대한 법적 인격 부여 가능성

(1) 세 가지 모델에 따른 판단

인공지능에 법적 인격을 부여할 수 있을까? 위에서 살펴본 것처럼 이 문제에 관해서는 세 가지 모델을 적용하는 것을 검토할 수 있다. 인간중심적 모델, 불완전한 탈인간중심적 모델, 완전한 탈인간중심적 모델이 그것이다.

인간중심적 모델은 인격을 인정받기 위한 요건으로 주체가 자연적 인간일 것

---

[38] 이에 관해서는 양천수, "법인의 인격권 재검토: 법철학의 관점에서", 『법학연구』(전북대) 제58집 (2018), 163－191쪽 참고.

[39] 이에 관해서는 아래 Ⅳ.3.(2)도 참고.

을 요구하므로, 이에 따르면 인공지능은 법적 인격이 될 수 없다.

다음으로 불완전한 탈인간중심적 모델 역시 자연적 인간에서 시작되는 소통에 의존하는 사회적 체계까지만 법직 인격에 포섭하므로 인공지능을 법적 인격으로 판단하는 데 한계가 있다.

따라서 인공지능에 법적 인격을 부여하기 위해서는 자연적 인간이 아닌 기계까지 법적 인격에 포섭하는 완전한 탈인간중심적 모델을 수용해야 한다. 이 모델을 선택하면 다음과 같은 요건을 갖춘 경우 인공지능에도 법적 인격을 부여할 수 있다. 첫째, 인공지능은 자신이 아닌 것과 구별될 수 있어야 한다. 다시 말해 명확한 경계를 지녀야 한다. 둘째, 인공지능은 자율적으로 법적 판단을 할 수 있어야 한다. 셋째, 인공지능은 법체계와 같은 사회적 체계에 참여할 수 있는 존재여야 한다.

(2) 강한 인공지능과 약한 인공지능

따라서 우리가 인공지능에도 법적 인격을 부여하고자 한다면 완전한 탈인간중심적 모델을 수용하면 된다. 더불어 특정한 인공지능이 이 모델에서 요구하는 세 가지 요건을 충족하는지를 검토하면 된다.

이에 관해 한 가지 짚어보아야 할 문제가 있다. 자율성과 관련된 문제이다. 인공지능이 법적 인격을 취득하려면 자율적으로 법적 판단을 할 수 있어야 한다. 다시 말해 인공지능이 자율성을 갖고 있어야 한다. 그런데 여기서 말하는 자율성이란 무엇인지, 과연 어느 정도의 자율성을 지녀야 법적 인격을 획득할 수 있는지 문제가 된다.

이를 판단하는 것은 대단히 어려운 문제이다. 왜냐하면 최근 들어서는 인간 역시 자율적인 존재가 아니라는 뇌과학자의 주장 역시 제기되기 때문이다.[40] 따라서 이 문제를 해결하려면 법적 인격을 취득하는 데 필요한 자율성이란 무엇인지 근원적으로 성찰할 필요가 있다. 다만 현재 인공지능이 도달한 발전상황을 고려하면 다음과 같은 시사점은 얻을 수 있다.

인공지능은 크게 세 가지로 구별된다. 약한 인공지능, 강한 인공지능, 초인공지능이 그것이다.[41] 여기서 약한 인공지능은 아직 인간과 동등한 정신적 판단 능력

---

[40] 이 문제에 관해서는 프란츠 M. 부케티츠, 원석영 (옮김), 『자유의지, 그 환상의 진화』(열음사, 2009) 참고.

[41] 이에 관해서는 레이 커즈와일, 김명남·장시형 (옮김), 『특이점이 온다: 기술이 인간을 초월하는

을 갖추지 못한 인공지능을 말한다. 다음 강한 인공지능은 인간과 동등한 정신적 판단 능력을 갖춘 인공지능을 말한다. 마지막으로 초인공지능은 인간의 정신적 판단 능력을 초월한 인공지능을 말한다. 이 가운데서 강한 인공지능과 초인공지능에게는 법적 인격을 부여할 수 있을 것이다.

문제는 약한 인공지능의 경우이다. 약한 인공지능에게도 법적 인격을 부여할 것을 고려할 수는 있지만 약한 인공지능은 인간과 동등한 자율적 판단을 할 수 없다는 점에서, 특히 스스로 목표를 설정하면서 왜 이 목표를 설정해야 하는지를 반성적으로 판단할 수 없다는 점에서 아직 (완전한 의미의) 법적 인격을 부여할 수는 없다고 생각한다.[42] 약한 인공지능은 여전히 수단 또는 도구로 여기는 것이, 달리 말해 주체와는 구별되는 객체로 파악하는 것이 더욱 적절하다.

(3) 현행 법체계의 인격 기준 분석

이와 관련하여 현행 법체계는 인격에 관해 어떤 기준을 요구하는지, 달리 말해 인격 기준에 관해 어떤 모델을 수용하는지 살펴보도록 한다. 앞에서 인격 기준에 관한 모델로서 세 가지, 즉 인간중심적 모델, 불완전한 탈인간중심적 모델, 완전한 탈인간중심적 모델을 제안하였다. 그럼 현행 법체계는 그중에서 어떤 모델을 수용하고 있을까?

이는 무엇보다도 민법에서 그 해답을 찾을 수 있다. 앞에서도 살펴본 것처럼 현행 민법은 인격으로서 두 가지를 규정한다. 자연인과 법인이 그것이다. 자연인이라는 인격은, 개념 그 자체에서 명확하게 드러나듯이, 자연적 인간에 바탕을 둔다. 이에 대해 법인은 법적 거래의 필요에 의해 인위적으로 만들어낸 법적 인격이다. 그런데 체계이론에 따르면 사회적 체계로서 상호작용, 조직체, 사회를 들 수 있는데 법인은 그중 조직체에 해당한다. 이에 의하면 민법은 사회적 체계에 속하는 법인을 법적 인격으로 승인하고 있는 셈이다. 이 점을 고려하면 현행 법체계는 이미 불완전하지만 탈인간중심적 모델을 수용하고 있다고 말할 수 있다. 어쩌면 바로 이러한 근거에서 루만은 법을 독자적인 사회적 체계로 규정하면서 행위가 아닌 소통을 중심으로 하여 법, 더 나아가 전체 사회를 관찰하고 있는 것이라 볼 수 있다.

순간』(김영사, 2007); 마쓰오 유타카, 박기원 (옮김), 『인공지능과 딥러닝: 인공지능이 불러올 산업구조의 변화와 혁신』(동아엠엔비, 2016) 등 참고.

42 각 영역이나 사안에 따라 제한된 의미의 법적 인격을 부여하는 것은 가능하다고 생각한다.

현행 법체계, 더 나아가 전체 사회체계는 이미 어느 정도 인간중심적 사회와 작별을 고하고 있었던 셈이다.[43]

이러한 견지에서 보면 현행 법체계가 완전한 탈인간중심적 모델을 수용하여 인공지능을 법적 인격으로 승인하는 것도 그다지 어려운 일은 아니다. 왜냐하면 인격 부여 기준이라는 점에서 보면 불완전한 탈인간중심적 모델과 완전한 탈인간중심적 모델 사이에는 실질적인 차이가 없기 때문이다. 따라서 만약 현행 법체계, 특히 민법이 인격의 유형으로서 자연인과 법인 이외에 이른바 '전자인'(electronic person)을 추가하면서 전자인을 법인과 동일하게 취급한다고 규정하는 것만으로도 인공지능이 야기하는 법적 문제에 충분히 대응할 수 있다. 그만큼 현행 법체계는 이미 우리가 생각하는 것보다 상당한 수준까지 탈인간중심적 사회에 대응할 수 있는 역량을 갖춘 것이다.

4. 인공지능에 대한 법적 인격 부여 필요성

(1) 문제점

이처럼 우리가 인격 기준에 관해 완전한 탈인간중심적 모델을 수용하면, 강한 인공지능이나 초인공지능에도 법적 인격을 부여할 수 있다. 다만 약한 인공지능은 자율적인 법적 판단을 할 수 없기에 여전히 (완전한 의미의) 법적 인격체로 승인할 수는 없다. 그러나 여기서 우리는 좀 더 근본적인 문제에 부딪힌다. 과연 인공지능에 법적 인격을 부여할 필요가 있는가 하는 문제가 그것이다.

현행 법체계에서 특정한 주체에 법적 인격을 부여하는 것은 다음과 같은 이유 때문이다. 첫째, 특정한 주체에게 권리주체성을 인정함으로써 권리를 부여하고 보장한다. 둘째, 이를 통해 법률관계를 명확하게 한다. 셋째, 법률관계를 명확하게 함으로써 법률관계의 상대방을 보호한다. 넷째, 특정한 주체를 원인으로 하여 법적 문제가 발생한 경우 이러한 주체에게 책임을 귀속시킨다. 이는 다시 다음과 같이 요약할 수 있다. 주체보호 기능, 책임귀속 기능, 법체계의 안정화 기능이 그것이다.[44]

---

43 정성훈, "인간적 사회와의 작별: 니클라스 루만의 사회관을 통한 새로운 사회비판의 출발점 모색", 『시대와 철학』 제18권 제2호(2007), 81쪽 아래 참고.

44 상대방 보호 기능은 책임귀속 기능에 포함할 수 있다.

그중에서 법체계의 안정화 기능은 주체보호 기능과 책임귀속 기능이 제대로 수행 될 때 충족된다.

(2) 주체보호 기능 수행 여부

인공지능에 법적 인격을 부여하면 이러한 기능을 수행할 수 있을까? 우선 인 공지능에 법적 인격을 부여하면 당연히 권리주체가 되므로 인공지능을 법으로써 보호하는 데 효과적이다. 예를 들어 우리의 집안일을 도와주는 인공지능에게 법적 인격을 부여하면 인공지능을 학대하거나 정당한 사유 없이 파괴하는 일을 막을 수 있을 것이다.[45] 이러한 논의는 동물권 논의에서도 찾아볼 수 있다. 우리가 동물에 게 권리주체성을 부여하고자 하는 이유는 동물을 법으로써 보호하기 위해서이다. 이러한 점을 고려하면 인공지능에게 법적 인격을 부여하면 인공지능이라는 주체를 더욱 효과적으로 보호할 수 있다.

(3) 책임귀속 기능 수행 여부

다음으로 인공지능에 법적 인격을 부여하면 책임귀속 기능을 충실하게 수행할 수 있을까? 그러나 이는 회의적이다. 그 이유를 다음과 같이 말할 수 있다. 책임귀 속 기능을 법체계에서 가장 대표적인 책임귀속에 해당하는 민사책임귀속과 형사책 임귀속으로 나누어 살펴본다.

1) 민사책임의 경우

현행 민법에 따르면 우리가 특정한 법적 인격체에게 민사책임을 귀속시키는 이유는 이를 통해 손해배상 청구권을 확보하기 위해서이다. 예를 들어 특정한 인 격체가 민법상 불법행위를 저지르면, 피해자는 이러한 인격체에 손해배상을 청구 할 수 있다(민법 제750조). 이때 손해배상은 금전배상을 원칙으로 하기에 손해배상 청구권이 현실적으로 관철되려면 인격체에게 이를 담보할 수 있는 책임재산이 존 재해야 한다(민법 제394조). 만약 이를 담보할 수 있는 충분한 책임재산이 인격체에 게 없다면, 피해자에게 인정되는 손해배상 청구권은 유명무실한 권리에 지나지 않 는다.

---

45 이 문제에 관해서는 정지훈, "안드로이드 하녀를 발로 차는 건 잔인한가?", 권복규 외, 『미래 과 학이 답하는 8가지 윤리적 질문: 호모 사피엔스씨의 위험한 고민』(메디치, 2015) 참고.

그런데 인공지능은 인간과는 달리 재산을 축적할 필요가 없을 것이다. 이는 인공지능은 대개의 경우 손해배상 청구권을 담보할 수 있는 충분한 책임재산을 갖고 있지 않다는 것을 의미한다. 사실이 그렇다면 과연 인공지능에게 법적 인격을 부여하여 민사책임을 귀속시킬 필요가 있을지 의문이 든다. 차라리 인공지능을 소유하거나 고용한 자연적 인간에게 사용자 책임이나 소유자 책임을 이유로 하여 손해배상 청구를 하도록 하는 것이 더욱 적절한 방안이지 않을까? 이는 미성년자에 대한 감독자 책임이나 근로자에 대한 사용자 책임을 별도로 인정하는 이유를 살펴보아도 알 수 있다(민법 제755조 및 제756조).

2) 형사책임의 경우

다음으로 인공지능에 형사책임을 귀속시키는 경우를 생각해 본다. 여기서 우리는 왜 범죄자에게 형사책임을 부과하는지 고민해야 한다. 이에 관해 형법학에서는 보통 세 가지 대답을 한다. 응보와 일반예방 및 특별예방이 그것이다. 이는 형법학에서는 형벌론이라는 이름으로 논의된다.[46]

응보이론에 따르면 범죄자는 자신이 저지른 범죄에 상응하는 대가를 형벌로 치러야 한다. 일반예방이론에 따르면 사전에 범죄를 억제하거나 형법 규범에 관한 신뢰를 제고하기 위해 형벌을 부과한다. 특별예방이론에 따르면 범죄자를 교육하고 재사회화하기 위해 형벌을 부과한다.

문제는 이러한 응보, 일반예방, 특별예방을 인공지능에도 적용할 필요가 있는가 하는 점이다. 만약 인공지능이 범죄를 저지른 경우 굳이 번잡하고 비용이 많이 드는 형사절차를 거쳐 형벌을 부과할 필요가 있는지 의문이 드는 것이다. 이 경우에는 간단하게 인공지능을 재프로그래밍하거나 개선이 불가능한 경우에는 마치 폐차를 하는 것처럼 인공지능을 폐기 처분하는 것만으로 충분하지 않을까, 하기 때문이다. 요컨대 인공지능에게 굳이 형사책임을 부과해야 할 필요가 있는지 그 의문이 해소되지는 않는다.[47]

---

46 이를 알기 쉽게 설명하는 빈프리트 하세머, 배종대·윤재왕 (옮김), 『범죄와 형벌: 올바른 형법을 위한 변론』(나남, 2011) 참고.

47 이를 지적하는 양천수, 앞의 논문, 45−76쪽 참고.

3) 중간결론

이상의 논의에 비추어 보면 인공지능에게 법적 인격을 인정하여 민사책임이나 형사책임을 귀속시키는 것은 그다지 필요해 보이지 않는다. 왜냐하면 민사책임의 경우에는 오히려 피해자를 적절하게 보장하기 어려울 수 있고, 형사책임의 경우에는 인공지능을 범죄자로 취급하는 것이 오히려 더 번잡하고 비용이 많이 들 수 있기 때문이다. 인공지능에게 법적 인격을 부여하지 않아도 인공지능에 의해 야기된 문제를 해결할 수 있는, 아니 오히려 더 간편하게 피해자를 구제할 수 있는 적절한 보장 방안이 존재한다.

(4) 법체계의 안정화 기능 수행 여부

인공지능에게 법적 인격을 부여하는 것은 법체계를 안정화하는 기능을 수행할까? 만약 인공지능에게 법적 인격을 부여하지 않아 인공지능에 의해 유발된 법적 문제를 해결하는 것이 어렵다면 이는 법체계를 안정화하는 데 장애가 될 것이다. 법적 관계가 불명확해지고 이로 인해 법체계 전반에 대한 신뢰가 저하될 것이기 때문이다. 그렇지만 인공지능에게 군이 법적 인격을 부여하지 않아도 법적 문제가 충분히 해결될 수 있다면, 인공지능에게 법적 인격을 인정하지 않는다고 해서 법체계의 안정성이 저해되지는 않을 것이다.

그런데 앞에서 논증한 것처럼 인공지능에게 법적 인격을 부여하여 책임귀속을 인정하는 것이 군이 필요하지도 않고, 경우에 따라서는 피해자를 보호하는 데 미흡할 수 있다. 이렇게 되면 오히려 법체계에 혼란을 야기할 수도 있다. 따라서 인공지능에게 법적 인격을 부여하는 것이 필연적으로 법체계를 안정화하는 데 기여하는 것은 아님을 알 수 있다.[48]

(5) 결론

지금까지 전개한 논의에 비추어 보면 인공지능에게 법적 인격을 부여하는 것은 인공지능을 권리주체로 보아 그 자신을 보호하는 데는 도움이 되지만, 책임귀속 기능이나 법체계의 안정화 기능에는 크게 도움이 되지 않는다. 사실이 그렇다

---

48 물론 인공지능 저작물처럼 인공지능에게 저작권을 인정해야 할 필요가 있는 경우에는 인공지능의 법적 인격을 제한적이나마 인정할 수도 있을 것이다.

면 현재로서는 굳이 인공지능에게 법적 인격을 부여해야 할 필요가 있을지 의문이 든다. 더군다나 현재의 과학기술 수준에서는 여전히 약한 인공지능만이 구현되고 있을 뿐이다. 그런데 약한 인공지능은 자율적인 판단을 할 수 없기에 법적 인격을 부여받을 조건을 충족하지 못하다. 따라서 현재로서는 인공지능에게 법적 인격을 인정할 필요성도, 그럴 만한 상황에 도달한 것도 아니라고 말할 수 있지 않을까 한다.

13장

자율주행자동차와 법

Ⅰ. 서론

실용화를 눈앞에 둔 자율주행자동차는 여러 측면에서 새로운 모빌리티(mobility)라 할 수 있다. 우선 자율주행자동차는 비인간적 존재, 즉 인공지능에 의해 주행이 이루어진다는 점에서 획기적이다. 나아가 자율주행자동차는 전통적인 물리적 체계와 새로운 디지털 체계가 결합하여 작동한다는 점에서 새롭다. 이를테면 자율주행자동차를 구현하기 위해서는 물리학에 바탕을 둔 기계공학적 사고방식과 이진법에 기반을 둔 정보통신공학적 사고방식 및 인공지능 공학이 융합적으로 적용되어야 한다. 이러한 점에서 자율주행자동차는 모빌리티에 관해 새로운 패러다임의 지평을 연다. 그 점에서 혁명적이다. 그러나 모든 혁신이나 혁명이 그렇듯이 자율주행자동차는 새로운 편익과 더불어 여러 위험을 지닌다. 그 점에서 자율주행자동차에 대한 규제가 논의된다.

그러나 자율주행자동차처럼 새로운 과학과 기술 및 사고방식이 적용되는 혁신적인 영역에서는 규제완화 또는 규제혁신이 강조된다. 포괄적 네거티브 규제나 규제 샌드박스가 이러한 예로 언급된다. 자율주행과 같은 혁신을 실현하기 위해서는 포지티브 형식의 촘촘한 규제를 과감하게 풀어야 한다는 것이다. 이는 "미래는 규제할 수 없다."는 주장으로 정당화된다.

하지만 여러 연구가 보여주듯이 포괄적 네거티브 규제와 같은 혁신적 규제를 자율주행자동차에 전면적으로 적용하는 것은 쉽지 않아 보인다. 실제 공간에서 물리적으로 작동하는 그래서 언제나 물리적 사고라는 위험을 가진 자율주행자동차의 속성 때문이다. 이에 따라 자율주행자동차의 위험을 어떻게 관리하는 게 적절한지,

이에 관한 규제를 어떻게 설계해야 자율주행자동차의 혁신을 촉진하는 데 도움이 되는지 문제가 된다.

제13장은 이러한 문제의식을 바탕으로 하여 자율주행자동차의 법정책을 어떻게 펼치는 것이 바람직한지, 그중에서도 자율주행자동차에 관한 법적 규제를 어떻게 설계 또는 개선할 필요가 있는지 살펴본다. 이를 위해 현행 「자율주행자동차 상용화 촉진 및 지원에 관한 법률」(이하 '자율주행자동차법'으로 약칭)을 분석하고 여기에 어떤 한계가 있는지 살펴본다. 이를 토대로 하여 자율주행자동차에 관한 법적 규제를 어떻게 개선해야 하는지, 특히 자율주행자동차의 법적 책임을 어떻게 설계해야 하는지 검토한다.

Ⅱ. 자율주행자동차의 의의와 특성

1. 의의

자율주행자동차는 자율주행과 자동차가 결합한 개념이다. 따라서 자율주행자동차는 말 그대로 자율적으로, 즉 인간 운전자의 개입 없이 스스로 주행하는 자동차를 뜻한다. 달리 지능형 자동차 또는 인공지능 자동차로 부를 수 있을 것이다. 알파고와 이세돌 9단 사이에 진행된 세기적인 바둑 대국으로 인공지능에 대한 일반 대중의 관심이 급격하게 커졌고 이는 최근 ChatGPT 열풍으로 심화하였다. 하지만 자율주행자동차는 그 직전부터 자동차의 새로운 미래로 언급 및 개발되고 있었다. 이후 자율주행자동차 개발의 선두 주자인 테슬라(Tesla)가 급속하게 성장하면서 이제 자율주행자동차는 우리가 선택할 수 있는 게 아니라 선택해야만 하는 자동차의 미래로 언급된다. 다수의 자동차 관련 기업이 자율주행자동차 연구 및 개발에 뛰어들고 있다. 그렇지만 완전한 자율주행자동차의 시대는 생각보다 현실이 되지 않고 있다.

여기서 우리는 왜 자율주행자동차인가, 라는 의문을 제기해 볼 수 있다. 과연 어떤 근거에서 자율주행자동차가 자동차의 새로운 패러다임이 되어야 하는가? 이에 크게 세 가지 근거를 제시할 수 있다.

첫째는 운전자의 자유이다. 완전한 자율주행이 실현되면 인간 운전자는 운전이라는 고되고 위험한 작업에서 벗어나 자유를 누릴 수 있다는 것이다.

둘째는 안전이다. 교통사고 통계가 보여주듯이 인간 운전자는 완벽할 수 없기에 매년 인간 생명 등에 치명적인 교통사고가 발생한다. 그러나 자율주행자동차를 도입하면 교통사고를 획기적으로 줄임으로써 도로교통에 관한 안전을 증진할 수 있다는 것이다. 현대사회가 안전에 최우선적인 가치를 부여하는 안전사회로 변모하고 있다는 점을 고려할 때, 이에 걸맞게 안전이 공익이라는 규범적 지위를 넘어 독자적인 권리의 대상으로 정착했다는 점을 감안할 때 이는 매우 설득력 있게 들린다.

셋째는 자율주행자동차가 사회 전체의 플랫폼을 재구축하는 데 중요한 계기가 된다는 것이다. 인간 존재가 운전하는 자동차에서 인공지능이 운전하는 자동차로 자동차 주행 패러다임이 바뀌면 이에 발맞추어 사회 전체의 플랫폼 역시 바뀐다는 것이다. 이를테면 사회 전체의 플랫폼이 지금보다 더 환경친화적으로 바뀔 수 있다는 것이다. 예를 들어 자율주행자동차는 자율주행의 특성상 휘발유가 아닌 전기를 동력원으로 사용해야 한다. 따라서 자율주행자동차가 자동차의 주류가 되면 휘발유와 같은 탄소 연료 소비를 줄일 수 있다. 그렇게 되면 사회 전체적으로 탄소 배출을 억제하는 플랫폼을 구축할 수 있다는 것이다.

이 같은 근거에서 현재의 인간 중심, 탄소 연료 중심의 자동차 패러다임에서 탈인간중심, 탈탄소 연료 중심의 자율주행자동차 패러다임으로 전환하는 게 필요하다는 의견이 지배적으로 자리매김한다. 그러나 실제로도 그런지, 자율주행자동차 패러다임이 사회 전체에 이익이 되는지, 최대다수의 최대행복을 구현하는지에는 의문이 없지 않다. 예를 들어 자율주행자동차 패러다임이 제도화되는 것으로 인해 운전과 관련된 많은 일자리, 가령 운송사업과 관련을 맺는 일자리가 사라지는 것이 바람직한 변화인지에는 의문이 없지 않다.

2. 특성

복잡성과 우연성 및 전문성은 현대사회를 규정하는 대표적인 특징으로 언급된다. 자율주행자동차는 그 가운데 복잡성과 전문성을 잘 보여준다. 왜냐하면 자율주행자동차는 전문적인 체계(system)가 복합적으로 결합한 체계, 즉 기계적 체계이기 때문이다.[1]

---

1 공학에서는 'system'을 '시스템'으로 옮기는 경우가 일반적이다. 하지만 이 책에서는 독일의 사회학자 루만이 정립한 체계이론의 견지에서 'system'을 파악하고자 하기에 '체계'로 옮기고자 한

(1) 물리적 체계

우선 자율주행자동차는 물리적 체계이다. 이는 자율주행자동차의 출발점이라 할 수 있는 자동차가 가진 특성이다. 물리적 공간에서 이동하는 기능을 수행하는 게 바로 자동차의 본질적 기능이기 때문이다. 따라서 자율주행자동차는 실제 세계를 규율하는 물리법칙에 지배된다. 이 점에서 자동차는 전통적으로 기계공학의 연구 대상이 되었다.

(2) ICT 체계

그러나 자율주행자동차는 물리적 체계로만 머물지 않는다. 정보통신기술(ICT)이 발전하면서 자동차가 각종 정보통신기술을 받아들였기 때문이다. 엔진을 포함하는 파워트레인(powertrain)을 구성하는 전통적인 물리적 부품과 더불어 여러 정보통신 부품이 자동차에 사용되면서, 특히 차량용 반도체가 자동차에서 핵심적인 역할을 담당하면서 자동차는 물리적 체계뿐만 아니라 ICT 체계라는 성격도 포함하게 되었다. 그 때문에 자동차는 정보통신공학의 대상으로 자리매김하였다.

(3) 인공지능 체계

이에 더해 자율주행자동차에 새로운 체계가 추가된다. 인공지능 체계가 그것이다. 이진법에 기반을 둔 디지털로 작동한다는 점에서 ICT 체계와 인공지능 체계 사이에는 공통점이 있다. 그러나 인공지능 체계는, 물론 아직 완전하지는 않지만, 도로 주행 상황과 같은 환경을 자율적으로 인지하고 주행을 판단 및 결정한다는 점에서 기존의 ICT 체계와는 차이가 있다. 산업혁명 패러다임의 측면에서 말하면, ICT 체계가 제3차 산업혁명 패러다임에 속한다면 인공지능 체계는 제4차 산업혁명 패러다임에 속한다고 말할 수 있다. 이처럼 자율주행자동차는 인공지능 체계도 포함한다는 점에서 인공지능 공학의 대상이 된다.

(4) 복합적 체계

이처럼 자율주행자동차는 물리적 체계, ICT 체계, 인공지능 체계라는 성격을

다. 이에 따르면 자동차는 일단 생명체계나 심리체계 또는 사회적 체계와는 구별되는 기계적 체계이다.

모두 지닌다. 요컨대 이러한 세 가지 체계가 전문적으로 결합한 체계가 자율주행
자동차라는 것이다. 이러한 성격 덕분에 자율주행자동차는 사회 전체의 편익을 증
진하는 데 이바지한다. 앞에서 언급한 것처럼 운전자의 자유를 늘리고 도로교통의
안전을 제고한다. 우리 사회가 탄소 중립 사회로 이행하는 데도 도움을 준다. 그러
나 이는 양면성을 지닌다. 자율주행자동차의 복합적 성격으로 인해 다양한 차원에
서 위험 역시 증가한다. 자율주행자동차를 긍정적으로만 판단할 수 없는 이유가
그것이다.

Ⅲ. 자율주행자동차의 위험과 규제

자율주행자동차는 어떤 위험을 안고 있는가? 현재 이에 관해 어떤 규제가 이
루어지고 있는가? 이를 아래에서 살펴본다.

1. 자율주행자동차 실현의 구성 요소

자율주행자동차가 어떤 위험을 지니는지는 다양한 기준에서 살펴볼 수 있다.
아래에서는 자율주행자동차가 실현되는 데 어떤 구성 요소가 필요한지를 기준으로
하여 자율주행자동차의 위험을 분석한다.

(1) 구성 요소

자율주행자동차가 사회에서 실현되는 데, 달리 말해 실제 도로에서 주행하는
데 필요한 요소로는 크게 하드웨어, 소프트웨어, 데이터, 주행을 꼽을 수 있다.
이때 우선 하드웨어는 자율주행자동차라는 체계를 구성하는 물리적 플랫폼과
파워트레인, 전자 장비 등을 말한다. 이를 달리 물적 아키텍처로 부를 수 있을 것
이다.
다음 소프트웨어는 자율주행을 가능케 하는 알고리즘 등을 뜻한다.
나아가 데이터는 알고리즘이 자율주행을 구현하는 데, 달리 말해 자율주행자
동차를 작동시키는 데 필요한 데이터를 말한다. '입력(input)/출력(output) 모델'을
알고리즘에 적용해 말하면, 자율주행이 알고리즘의 출력과 관련을 맺는다면 데이

터는 알고리즘에 대한 입력과 관련을 맺는다. 데이터가 입력되어야 비로소 알고리즘이 작동할 수 있고 이를 통해 자율주행이라는 출력을 할 수 있는 것이다. 이때 데이터는 주로 자율주행자동차의 알고리즘이 작동하는 데 필요한 외부 환경, 특히 도로 주행에 관한 데이터를 지칭한다.

마지막으로 주행은 자율주행자동차가 실제 도로에서 여러 목적으로 사용되는 것을 뜻한다. 이는 자율주행자동차를 포괄하는 인공지능 로봇이 사회에서 구체적으로 활용되는 대표적인 예라 할 수 있다.

(2) 주행의 요소

여기서 주행에 관해 좀 더 살펴본다. 체계이론에서 기초적 구별로 활용하는 '체계(System)/환경(Umwelt)'이라는 구별을 원용하면, 주행이라는 요소는 자율주행자동차라는 체계와 직접 관련을 맺기보다는 자율주행자동차 체계와는 구별되는 환경과 관련을 맺는 요소이고 이로 인해 주행에 관해 별도의 요소가 필요하기 때문이다. 자율주행자동차가 주행을 구현하기 위해서는 다음과 같은 요소가 필요하다.

먼저 도로가 필요하다. 일종의 물적 조건이다. 도로라는 실제적·물적 인프라가 마련되어야만 비로소 자율주행자동차는 주행을 실현할 수 있다. 이러한 도로는 「도로법」이 규율한다.[2]

다음 도로 주행, 즉 도로교통을 하는 데 필수적인 면허가 요청된다. 이는 사회적·법적 조건에 해당한다. 면허는 다시 두 가지로 구별할 수 있다. 일반 면허와 사업 면허가 그것이다. 예를 들어 인간 운전자의 경우 자동차를 운전하려면 운전면허를 취득해야 한다(도로교통법 제80조). 그 점에서 자동차 운전은 법적 측면에서 볼 때는 전문성이 필요한 업무에 해당한다.[3] 이에 더해 여객자동차 운송사업이나 화물자동차 운송사업처럼 전문적인 사업 목적으로 자동차를 운전 혹은 운행하기 위해서는 운송사업에 관한 면허가 필요하다(여객자동차 운수사업법 제4조 등). 다만

---

2 「도로법」에 따르면 도로란 "차도, 보도(步道), 자전거도로, 측도(側道), 터널, 교량, 육교 등 대통령령으로 정하는 시설로 구성된 것"으로서 「도로법」 제10조가 열거하는 도로를 뜻하며, 이때 도로의 부속물도 도로에 포함된다(제2조 제1호). 한편 「도로법」 제10조가 열거하는 도로란 지선을 포함하는 고속국도, 지선을 포함하는 일반국도, 특별시도(特別市道), 광역시도(廣域市道), 지방도, 시도, 군도, 구도를 말한다.

3 따라서 운전자가 과실로 사람을 다치게 한 경우에는 형법상 일반 과실치상죄가 아닌 업무상 과실치상죄가 적용된다.

자율주행자동차의 경우에도 일반 면허가 필요한지에는 논란이 예상된다. 왜냐하면 자율주행자동차의 기술적 완성도에 대한 인증이 사회적 조건에 해당하는 운전면허를 대체할 수도 있기 때문이다.

나아가 보험이 필요하다. 흔히 자동차는 '허용된 위험'으로 분류된다. 여러 편익 때문에 우리 법체계가 허용하기는 하지만 본래 위험한 물건이라는 것이다. 이는 자동차가 본래적으로 사고 위험을 가지고 있음을 보여준다. 자율주행자동차 역시 마찬가지이다. 비록 인간이 운전하는 경우보다 사고 위험이 줄겠지만 그렇다고 자율주행자동차로 인한 사고가 제로가 되는 것은 아니다. 따라서 자율주행자동차가 실제 도로에서 주행할 수 있으려면 자율주행자동차의 주행과 관련된 위험을 관리할 수 있는 보험체계가 요청된다. 이는 보험법 및 각종 보험계약 그리고 「교통사고처리 특례법」이 규율한다.

이러한 요건이 충족되어야 비로소 자율주행자동차는 도로를 주행할 수 있다. 달리 말해 사회적 차원에서 이루어지는 도로교통에 참여할 수 있는 것이다. 이에는 「도로교통법」이 적용된다.

2. 자율주행자동차의 위험과 규제

지금까지 살펴본 구성 요소, 즉 하드웨어/소프트웨어/데이터/주행을 기준으로 하여 자율주행자동차의 위험과 이에 대한 규제를 다음과 같이 유형화할 수 있다.

(1) 하드웨어의 위험과 규제

먼저 하드웨어의 위험을 언급할 수 있다. 자동차는 실제 세계에서 이동하는 물리적 체계이기에 이에 관한 위험, 더욱 정확하게 말하면 위해(Gefahr)를 지닌다.[4] 이는 자동차가 가진 전통적인 위험에 해당한다. 앞에서 언급하였듯이 이러한 위험 때문에 자동차는 위험한 물건으로 취급된다. 다만 사회 전체에 제공하는 편익으로 인해 자동차는 허용된 위험으로 인정된다.

이러한 위험은 「자동차관리법」이 규제한다. 이때 「자동차관리법」은 "자동차의 등록, 안전기준, 자기인증, 제작결함 시정, 점검, 정비, 검사 및 자동차관리사업

---

4 이는 위험(Risiko; risk)과 위해(Gefahr; danger)를 개념적으로 구별함을 전제로 한다.

등에 관한 사항을 정하여 자동차를 효율적으로 관리하고 자동차의 성능 및 안전을 확보함으로써 공공의 복리를 증진함"을 규범 목적으로 설정한다(제1조). 이러한 「자동차관리법」이 정하는 요건과 기준에 합치하는 자동차만이 위험이 통제된 안전한 자동차로서 도로교통에 참여할 수 있다.

(2) 소프트웨어의 위험과 규제

소프트웨어의 위험은 주로 자율주행자동차에 적용되는 알고리즘에 관한 위험을 뜻한다. 이에 관해서는 크게 세 가지 위험을 언급할 수 있다.

1) 알고리즘의 부정확 위험

첫째는 알고리즘이 부정확하게 작동할 위험이다. 이에는 두 가지 이유를 생각할 수 있다. 우선 알고리즘 설계나 제작이 잘못되어 성능이 원래 기준보다 부족하게 발현되는 것을 들 수 있다. 설계 및 제작 오류에 따른 위험이다. 이는 넓게 보면 제조물의 결함에 해당할 수 있다. 다음 알고리즘이 가동하는 데 필요한 데이터가 충분하지 않거나 데이터의 신뢰성이 부족한 것을 들 수 있다. 이로 인해 알고리즘이 학습을 충분히 하지 못하고 주행 환경을 정확하게 인지하지 못해 잘못된 주행 판단을 할 수 있다.

2) 알고리즘의 편향 위험

둘째는 알고리즘의 편향 위험이다. 이는 특히 자율주행자동차가 긴급 상황이나 사고에 적절하게 대처하는 데 문제를 야기한다. 왜냐하면 긴급 상황에서 정당한 근거 없이 편향적으로 어느 일방에 불리한 주행 판단을 할 수 있기 때문이다. 이 역시 위의 경우와 마찬가지로 두 가지 이유에서 발생한다. 알고리즘을 설계 및 제작하는 과정에서 인간의 편향이 개입하거나 알고리즘에 편향적인 데이터가 입력 및 활용되는 것이다.

3) 알고리즘의 해킹 위험

셋째는 알고리즘 해킹 위험이다. 알고리즘의 부정확이나 편향 위험이 자율주행자동차 내부의 위험이라면 이는 외부의 위험, 즉 외부에서 그 누군가가 의도적으로 개입함으로써 발생하는 위험이다. 어쩌면 이는 자율주행자동차가 실제로 사회에서 실현될 때 현실적으로 가장 우려되는 위험이라 할 수 있다.

4) 위험 규제

이 가운데 첫 번째와 두 번째 위험을 사전에 직접적으로 규율하는 법은 아직 보이지 않는다. 현재로서는 다음과 같은 방식의 규제가 이루어진다. 우선 알고리즘에 의한 자동적 판단에 법적 근거를 마련하는 것이다. 「행정기본법」 제20조를 이러한 예로 언급할 수 있다.[5] 다음으로 알고리즘이 내린 판단에 설명을 요구하는 것이다. 달리 알고리즘에 대한 투명성 요구라 말할 수 있다. 「신용정보의 이용 및 보호에 관한 법률」(신용정보법) 제36조의2가 규정하는 "자동화평가 결과에 대한 설명 및 이의제기 등"을 예로 언급할 수 있다. 나아가 알고리즘에 의해 이루어지는 자동화된 결정을 거부할 수 있도록 하는 것이다. 「개인정보 보호법」 제37조의2가 규정하는 "자동화된 결정에 대한 정보주체의 권리 등"을 언급할 수 있다.[6]

이외에는 주로 알고리즘의 부정확성이나 편향으로 위험이 실현되어 손해와 같은 사회적 문제가 발생하였을 때 사후적으로 이에 책임을 묻는 책임법적 규율이 주류를 이룬다. 말하자면 이러한 위험은 사후적 규제 방식인 책임법적 규제가 규율한다. 이와 달리 알고리즘 해킹은 사이버 보안법이 직접 규율한다. 해킹을 정면에서 규율하는 「정보통신망 이용촉진 및 정보보호 등에 관한 법률」(정보통신망법)을 언급할 수 있다(제48조).

(3) 데이터에 관한 위험과 규제

데이터에 관한 위험으로는 특히 개인 데이터, 즉 개인정보에 관한 위험을 들 수 있다. 인공지능이 흔히 그렇듯이 자율주행자동차 역시 제대로 구현되려면 주행과 관련된 수많은 데이터가 필요하다. 이 가운데는 보행자와 같은 개인에 관한 데이터 역시 포함된다. 이에 관해서는 크게 두 가지가 문제된다.

먼저 보행자와 같은 개인의 데이터를 수집하려면 원칙적으로 「개인정보 보호

---

5 「행정기본법」 제20조에 따르면 "행정청은 법률로 정하는 바에 따라 완전히 자동화된 시스템(인공지능 기술을 적용한 시스템을 포함한다)으로 처분을 할 수 있다. 다만, 처분에 재량이 있는 경우는 그러하지 아니하다."

6 제37조의2 제1항에 따르면 정보주체는 "완전히 자동화된 시스템으로 개인정보를 처리하여 이루어지는 결정"이 "자신의 권리 또는 의무에 중대한 영향을 미치는 경우에는 해당 개인정보처리자에 대하여 해당 결정을 거부할 수 있는 권리"를 가진다.

법」제15조 제1항 제1호에 따라 해당 정보주체의 명시적인 사전 동의를 받아야 한다. 이때 정보주체란 "처리되는 정보에 의하여 알아볼 수 있는 사람으로서 그 정보의 주체가 되는 사람"을 말한다(제2조 제3호). 그러나 자율주행자동차에 필요한 빅데이터의 속성을 고려할 때 주행과 관련을 맺는 보행자 등과 같은 모든 정보주체의 사전 동의를 받는 것은 쉽지 않다. 바로 이 같은 이유에서 자율주행자동차에 필요한 데이터를 확보하는 게 쉽지 않았다.

나아가 설사 모든 개인의 사전 동의를 받아 개인 데이터를 수집한다 하더라도 이를 활용하는 과정에서 각 개인에 대한 프로파일링이 가능해진다. 그렇게 되면 자율주행자동차 사업자 등이 자율주행과 관련된 각 개인을 완전하게 감시 및 통제할 수 있는 위험이 커진다. 어쩌면 이것이야말로 데이터에 관해 발생할 수 있는 가장 큰 위험이라 할 수 있다.

사실 자율주행자동차가 지닌 위험 중에서 데이터에 관한 위험은 현행 법제가 강력하게 규제하고 있었다. 「개인정보 보호법」에 의한 규제가 그것이다. 유럽연합의 GDPR(General Data Protection Regulation)처럼 우리 「개인정보 보호법」은 명시적인 사전 동의(opt-in)를 원칙으로 하는 개인정보자기결정권을 규정함으로써 개인정보의 무분별한 수집 및 활용을 막았다. 하지만 대부분의 규제가 양날의 칼로 작용하는 것처럼 이러한 규제 장치는 순기능뿐만 아니라 역기능도 하였다. 인공지능을 가동하는 데 꼭 필요한 빅데이터를 수집 및 활용하는 데 큰 장애가 된 것이다. 그 때문에 자율주행자동차 개발자나 사업자 등의 시각에서 보면 데이터에 관해서는 오히려 「개인정보 보호법」이 설정한 강력한 규제가 가장 큰 장벽이자 규제 위험이었다고 볼 수 있다.

이러한 문제를 해결하고자 2020년 2월 4일에 개정된 「개인정보 보호법」은 가명 처리를 하는 경우 일정한 범위에서 정보주체의 사전 동의를 받지 않고도 개인정보를 활용할 수 있게 하였다(제18조 제2항, 제28조의2). 더불어 자율주행자동차법을 제정하고 여기에 개인정보 처리에 관한 특칙을 규정함으로써 자율주행자동차의 데이터에 관한 문제를 해결하고자 하였다(자율주행자동차법 제20조).

(4) 주행에 관한 위험과 규제

주행에 관한 가장 큰 위험으로는 자율주행자동차에 의한 교통사고를 언급할 수 있다. 물론 자율주행자동차가 완벽하게 작동하면 교통사고는 거의 발생하지 않을 것이다. 그러나 자율주행자동차의 오작동이나 해킹에 의한 주행 조작 등을 완전하게 배제할 수는 없기에 자율주행자동차에 의한 교통사고 위험 역시 고려 및 대비해야 한다.

이를 규제하는 현행 법률로는 「도로교통법」, 「교통사고처리특례법」, 「여객자동차 운수사업법」, 「화물자동차 운수사업법」 등을 들 수 있다. 여기서 「도로교통법」은 도로교통에 관한 (넓은 의미의) 경찰법에 해당하는 법으로 도로교통에 관한 위험을 예방하는 기능을 수행한다. 그 점에서 「도로교통법」은 도로교통에 관한 기본법으로 자리매김한다. 다음 「교통사고처리특례법」은 교통사고를 사후적으로 규율하는 책임법으로 기능을 수행한다. 나아가 「여객자동차 운수사업법」과 「화물자동차 운수사업법」은 운수사업에 관한 진입규제를 규율한다. 이를 통해 운수사업의 전문성과 안전성을 제고한다.

3. 자율주행자동차 위험 패러다임의 변화

이처럼 자율주행자동차는 하드웨어, 소프트웨어, 데이터, 주행에 관해 위험을 지닌다. 그런데 언급할 만한 점은 여기서 살펴본 위험이 동시에 동등한 주목을 받은 것은 아니라는 점이다. 자율주행자동차 개발이 진척되면서 위험을 향한 관심과 비중 역시 변화하였다.

가령 자율주행자동차가 개발되던 초기에는 주로 소프트웨어, 즉 알고리즘에 관한 위험이 주목되었다. 윤리학에서 주로 논의되는 유명한 트롤리 딜레마 상황이 언급되면서 이때 자율주행자동차의 알고리즘이 어떤 판단을 해야 하는지가 문제로 제기되었다. 말하자면 알고리즘의 공리주의적 편향성이 주로 논의 대상이 되었다.

이후 자율주행자동차 개발이 본격화되면서 위험에 관한 관심이 데이터에 관한 위험으로 이동하였다. 어떻게 하면 개인정보를 침해하지 않으면서 자율주행에 필요한 다량의 데이터를 확보할 수 있는지가 논의되었다.

이어 자율주행자동차의 실용화가 눈앞으로 다가오자 이번에는 자율주행자동차의 책임 문제를 어떻게 설정할 것인지, 이에 관한 보험체계를 어떻게 설계할 것인지, 자율주행자동차 사업자가 여객 운수사업과 화물 운수사업을 수행할 수 있게 할 것인지 등이 문제가 된다. 특히 이 같은 문제는 법적 논리로만 해결할 수 있는 게 아니라 정치적 판단 및 결단과 밀접하게 결부되어 있다는 점에서 해결하기 쉽지 않다.

Ⅳ. 자율주행자동차법 분석

이처럼 자율주행자동차는 새로운 편익과 더불어 여러 위험을 지닌다. 더불어 개인정보에 관한 규제처럼 여러 규제가 자율주행자동차에 장벽이 된다. 이러한 상황에서 어떻게 하면 자동차의 새로운 미래가 된 자율주행자동차 혁신을 촉진할 것인지, 어떻게 이를 규제와 결합할 것인지가 사회적 과제로 제기된다. 이에 대응하기 위해 제정된 법이 바로 자율주행자동차법이다.

1. 목적 및 성격

「자율주행자동차 상용화 촉진 및 지원에 관한 법률」이라는 공식 명칭이 보여주듯이 이 법은 "자율주행자동차의 도입·확산과 안전한 운행을 위한 운행기반 조성 및 지원 등에 필요한 사항을 규정하여 자율주행자동차의 상용화를 촉진하고 지원함으로써 국민의 생활환경 개선과 국가경제의 발전에 이바지함을 목적"으로 설정한다(제1조). 여기서 확인할 수 있듯이 자율주행자동차법은 "자율주행자동차의 상용화" 촉진 및 지원을 가장 직접적인 목적으로 규정한다. 그 점에서 자율주행자동차법은 지원법에 해당한다. 이는 행위 제한을 주된 목적으로 설정하는 (좁은 의미의) 규제법에 대비된다.

또한 자율주행자동차법은 자동차를 규율하는 「자동차관리법」등 여러 법률에 대해 자율주행자동차를 특별하게 규율하는 특별법에 속한다. 이때 말하는 특별법은 자율주행자동차의 혁신을 도모한다는 의미의 특별법을 뜻한다. 그 점에서 혁신법에 해당한다. 이러한 맥락에서 자율주행자동차법은 규제 샌드박스와 같은 혁신적 규제가 지향하는 여러 특례를 담는다.

2. 주요 내용

(1) 개관

지원법이자 혁신법이라는 의미를 가진 자율주행자동차법은 다음과 같은 내용을 규율한다. 이는 자율주행자동차를 운행하는 데 필요한 요소에 적용되는 규제의 특례에 해당한다.

첫째는 시범운행지구 지정 및 운영·관리이다(제7조-제8조). 가령 "국토교통부장관은 자율주행자동차 시범운행지구를 운영하려는 시·도지사의 신청을 받아" 자율주행자동차법 제16조가 규정하는 "자율주행자동차 시범운행지구 위원회의 심의·의결을 거쳐 자율주행자동차 시범운행지구"를 지정할 수 있다(제7조 제1항). 여기서 자율주행자동차 시범운행지구 위원회는 국토교통부장관 소속으로 "자율주행자동차 시범운행지구에 관한 정책 및 중요 사항을 심의·의결"하는 역할을 한다(제16조 제1항).

둘째는 여객의 유상운송에 관한 특례이다(제9조). 이에 따르면 자율주행자동차 사업자는 "「여객자동차 운수사업법」 제81조에도 불구하고 사업용 자동차가 아닌 자율주행자동차를 활용하여 시범운행지구에서 유상으로 여객의 운송용으로 제공하거나 임대"할 수 있다(제9조 제1항). 여객 운수사업을 하기 위해서는 「여객자동차 운수사업법」이 규정하는 여러 진입규제 요건을 충족해야 하는데 시범운행지구에서 자율주행자동차를 이용해 여객 운수사업을 하는 경우에는 이러한 규제를 면제하는 것이다.

셋째는 화물자동차 운송사업에 관한 특례이다(제10조). 이에 의하면 "시범운행지구에서 자율주행자동차를 활용하여 유상으로 화물을 운송하려는 자는 대통령령으로 정하는 바에 따라 국토교통부장관의 허가를 받아야" 하는 대신 「화물자동차 운수사업법」 제3조는 적용하지 않는다. 여객의 유상운송에 관한 특례와 마찬가지로 화물자동차 운송사업에도 「화물자동차 운수사업법」을 적용하지 않는 특례를 인정하는 것이다.

넷째는 자동차 안전기준에 관한 특례이다(제11조). 이에 따르면 자율주행자동차가 "조향장치, 제동장치, 좌석 등 국토교통부령으로 정하는 구조적 특성"으로 인해 「자동차관리법」 제29조 제1항 및 제2항이 정하는 자동차 안전기준이나 부품

안전기준을 충족하기 어려운 경우에는 "대통령령으로 정하는 바에 따라 국토교통부장관의 승인을 받아 시범운행지구에서 운행"할 수 있다. 이때 "국토교통부장관은 안전 확보 등에 필요한 조건"을 붙일 수 있다.

다섯째는 지능형교통체계 표준에 관한 특례이다(제12조). 이에 의하면 시범운행지구에서 「국가통합교통체계효율화법」 제77조 제1항이 정하는 교통체계지능화사업을 하는 자는 같은 법 제82조가 정하는 지능형교통체계표준으로 제정·고시되지 아니한 신기술을 사용"할 수 있다. 이때 교통체계지능화사업이란 "교통수단과 공공교통시설을 이용하여 지능형교통체계를 구축·운영하고 활용하는 사업"을 말한다(제77조 제1항). 그리고 지능형교통체계표준이란 국토교통부장관이 "지능형교통체계의 호환성 및 연동성을 확보하고 이용자의 편의를 도모하기 위하여 관계 중앙행정기관의 장과 협의"하여 제정 및 고시하는 "지능형교통체계에 관한 표준"을 말한다(제82조 제1항). 또한 지능형교통체계란 "교통수단 및 교통시설에 대하여 전자·제어 및 통신 등 첨단교통기술과 교통정보를 개발·활용함으로써 교통체계의 운영 및 관리를 과학화·자동화하고, 교통의 효율성과 안전성을 향상시키는 교통체계"를 뜻한다(제2조 제16호).

여섯째는 도로 시설에 관한 특례이다(제13조). 이에 따르면 시범운행지구에서는 「도로법」 제31조 제1항의 규정에 상관없이 도로관리청이 아닌 자도 자율주행에 필요한 도로공사와 도로의 유지 및 관리를 할 수 있다(제13조 제1항). 이때 도로관리청이 아닌 자는 대통령령이 정하는 바에 따라 도로관리청의 허가를 받아야 한다.

일곱째는 규제 신속확인이다(제14조). 이에 따르면 "시범운행지구에서 자율주행자동차를 운행하려는 자는 이를 규제하는 법령의 적용 여부 및 해석 등의 확인"을 국토교통부장관에 요청할 수 있다(제14조 제1항). 국토교통부장관이나 이와 관련을 맺는 유관 행정기관의 장은 이러한 요청에 신속하게 규제를 확인하여 회신해야 한다(제14조 제2항–제4항). 자동차에는 여러 복잡한 규제가 적용된다는 점을 고려하면 이러한 규제 신속확인 제도는 큰 의미가 있다. 규제 신속확인 제도는 규제혁신의 일환에서 논의되기에 이는 자율주행자동차법이 혁신법의 성격을 가진다는 점을 예증한다.

여덟째는 보험 가입 의무이다(제19조). 이에 의하면 "시범운행지구에서 자율주행자동차에 관한 연구·시범운행을 하는 자는 연구·시범운행으로 인해 발생할 수 있는 인적·물적 손해를 배상하기 위하여 대통령령으로 정하는" 책임보험에 가입해야 한다.

아홉째는 익명처리된 개인정보 등의 활용에 다른 법령을 배제하는 것이다(제20조). 그리고 열 번째는 자율협력주행시스템 구축이다(제21조). 이러한 개인정보 활용과 자율협력주행시스템에 관한 규정은 자율주행자동차의 상용화 및 위험 관리에 관해 중요한 의미가 있기에 아래에서 별도로 살펴본다.

(2) 개인정보 활용에 관한 특례

앞에서 언급하였듯이 「개인정보 보호법」은 개인정보 수집 및 활용에 관해, 비록 예전보다 완화되기는 했지만, 사전 동의 방식의 강력한 규제를 투입한다. 그 때문에 자율주행자동차에 활용할 데이터를 구축하는 게 쉽지 않았다. 이러한 문제를 해결하기 위해 자율주행자동차법은 다음과 같은 특례를 규정한다. 자율주행자동차를 운행하는 과정에서 수집한 개인정보나 위치정보 등의 경우에는 "정보의 전부 또는 일부를 삭제하거나 대체하여 다른 정보와 결합하는 경우에도 더 이상 특정 개인을 알아볼 수 없도록 익명처리하여 정보를 활용하는 경우에는 「개인정보 보호법」, 「위치정보의 보호 및 이용 등에 관한 법률」 및 「정보통신망 이용촉진 및 정보보호 등에 관한 법률」"이 적용되지 않는다는 것이다(제20조).

이때 말하는 개인정보 등은 다음 세 가지를 말한다. 첫째, 「개인정보 보호법」 제2조 제1호가 규정하는 개인정보, 둘째, 「위치정보의 보호 및 이용 등에 관한 법률」 제2조 제2호가 규정하는 개인위치정보, 셋째, 첫 번째와 두 번째에 준하는 정보로서 대통령령으로 정하는 정보가 그것이다.

여기서 가장 핵심이 되는 기준은 정보의 익명처리이다. 이때 익명처리란 "정보의 전부 또는 일부를 삭제하거나 대체하여 다른 정보와 결합하는 경우에도 더 이상 특정 개인을 알아볼 수 없도록" 처리하는 것을 말한다. 사실 개인정보를 익명 처리하여 정보주체인 개인을 식별할 수 없게 하면 더 이상 개인정보로 볼 수 없기에, 이는 어쩌면 당연한 것이라 할 수 있다. 자율주행자동차법이 개인정보에 관해 이러한 특례를 마련함으로써 이제 개인정보를 수집 및 활용하는 데 발생하는 규제 장벽과 위험이 어느 정도 해소되었다고 말할 수 있다.

그러나 여전히 문제는 남는다. 이는 익명처리가 개인정보의 정보 가치와 길항 관계를 맺기 때문이다. 예를 들어 완전한 자율주행을 구현하려면 보행자 등의 개인들에 관한 정보, 특히 표정 등 얼굴에 관한 정보가 어느 정도 수집 및 활용되어야 한다. 가령 자율주행자동차가 도로에 횡단보도가 있는 상황에서 안전하게 우회전하기 위해서는 보행자 등의 행동을 예측할 수 있어야 하는데, 이때 보행자의 표정 정보가 중요하게 활용될 수 있기 때문이다. 그 점에서 개인정보의 익명처리 조건은 안전한 자율주행을 실현하는 데 여전히 장애가 된다.

(3) 자율협력주행시스템

자율협력주행시스템에 관한 규정 역시 주목할 필요가 있다. 이에 따르면 "국토교통부장관은 자율주행 안전구간 및 시범운행지구에서 자율주행자동차의 원활한 운행을 위하여 자율협력주행시스템을 대통령령으로 정하는 바에 따라 구축·운영"할 수 있다(제21조). 이때 자율협력주행이란 "자동차 자체의 센서 정보에 신호기, 교통시설 등 인프라 정보를 지원받아 주행"하는 것을 말한다. 요컨대 자율주행자동차가 도로 주행과 관련을 맺는 사물인터넷과 정보를 주고받는 등 소통하면서 자율주행을 완성하는 것을 말한다. 그리고 자율협력주행시스템은 이러한 자율협력주행을 가능케 하는 시스템을 뜻한다. 자율협력주행시스템은 안전한 자율주행은 자율주행자동차만의 성능으로는 도달할 수 있는 게 아님을 보여준다. 자율주행자동차만으로는 도로와 같은 환경을 인지하는 데 한계가 있기에 자율협력주행시스템을 통해 지원받아야 하는 데이터가 필요함을 보여준다. 이러한 맥락에서 2021년 7월 27일에 이루어진 개정을 통해 자율주행자동차법에는 제4장 "자율주행자동차의 안전성 확보를 위한 자율협력주행 인증"이 신설되었다. 이에 따라 자율협력주행시스템 인증관리센터가 설치 및 운영된다(제27조).

자율주행자동차법이 자율협력주행시스템을 강화하는 현상은 자율주행을 실현하는 데 초연결체계가 필요함을 시사한다. 현대 초연결사회가 지향하는 이념이 자율주행자동차에도 구현되어야만 안전한 자율주행이라는 목표에 도달할 수 있다는 것이다. 그러나 초연결체계가 그렇듯이 이는 이중적 의미를 지닌다. 이른바 제로 트러스트(zero trust) 이슈가 시사하듯이 자율협력주행시스템을 통해 자율주행자동차 해킹 위험도 증가할 수 있기 때문이다.

3. 한계

이처럼 자율주행자동차법은 자율주행자동차를 상용화하는 데 필요한 여러 특례를 규정한다. 자동차에 관한 여러 복잡한 규제도 임시로 풀어준다. 그러나 이에는 한계가 없지 않다. 자율주행자동차법은 혁신법이자 지원법이라는 성격상 한시적 의미가 있다는 것이다. 왜냐하면 자율주행자동차법은 자율주행자동차를 사회적으로 이용하는 데 가장 필요한 부분, 이를테면 교통사고에 대한 책임 귀속 문제를 명확하게 규율하지 않기 때문이다. 이는 자동차, 더 나아가 모빌리티를 규율하는 법체계 전체에서 볼 때 자율주행자동차법이 특별법으로서 한시적 의미만 가진다는 점을 보여준다. 결국 이 문제는 기존에 모빌리티를 규율하는 법제, 예를 들어 「도로교통법」이나 「교통사고처리특례법」 등을 자율주행자동차에 맞게 개정함으로써만 해결할 수 있을 것이다.

V. 자율주행자동차 규제에 관한 문제

사실이 그렇다면 자율주행자동차에 관해 어떤 방향의 법정책을 설정하는 게 바람직한가? 더욱 구체적으로 말해 자율주행자동차에 대한 법적 규제를 어떻게 설계하는 것이 필요할까? 이를 아래에서 살펴본다.

1. 규제의 구별

먼저 자율주행자동차에 적용될 수 있는 규제 일반을 구별 혹은 유형화할 필요가 있다. 이는 여러 기준에 따라 구별할 수 있다. 그중 시간성을 적용하면 다음과 같이 구별할 수 있다. 사전규제와 사후규제가 그것이다. 이때 말하는 시간성의 기준은 자율주행자동차가 교통사고를 낸 시점이다.

이에 따라 살펴보면 사전규제는 자율주행자동차가 특정한 사고를 내기 전에 이를 예방하기 위해 투입되는 규제를 말한다. 달리 말하면 자율주행자동차에 관한 위험이 실현되기 이전에 이를 예방하기 위해 적용되는 규제가 사전규제이다.

이와 달리 사후규제는 자율주행자동차로 인해 특정한 사고가 발생하여 이에 관한 책임을 판단하고 귀속시키기 위해 투입되는 규제를 말한다. 책임법적 규제가 대표적인 경우에 해당한다. 아래에서는 이를 중심으로 살펴본다.

2. 자율주행자동차에 대한 사전규제와 사후규제

앞에서 언급하였듯이 사전규제는 자율주행자동차가 교통사고를 내기 전에, 달리 말해 위험을 실현하기 전에 그 위험을 규제하는 것을 말한다. 말하자면 위험 예방을 목적으로 하는 규제가 사전규제이다. 따라서 사전규제는 미래지향적인 규제이다. 앞으로 실현될지 모르는 위험에 대비하는 규제이기 때문이다. 그 점에서 사전규제는 자율주행자동차에 대한 경찰법적·행정법적 규제에 속한다. 대표적인 예로 자율주행자동차의 도로교통에 대한 규제나 운수사업에 관한 규제를 들 수 있다. 이때 '포지티브/네거티브 규제'라는 구별을 원용하면 사전규제는 주로 포지티브 규제 형식으로 구성된다. 말을 바꾸면 '선규제/후허용'이라는 방식의 규제가 적용된다.

이에 반해 사후규제는 자율주행자동차가 교통사고를 낸 경우에 비로소 투입되는 규제를 말한다. 달리 말해 위험이 실현된 이후 개입하는 규제를 뜻한다. 그 점에서 사후규제는 과거지향적 규제이다. 이러한 사후규제는 자율주행자동차가 야기한 사고에 대한 책임을 누가 부담해야 하는가를 주로 규율한다. 따라서 사후규제는 책임법적 규제에 속한다. 그리고 이 같은 이유에서 사후규제는 주로 '선허용/후규제' 형식의 네거티브 규제 방식을 취한다.

3. 책임법적 규제에 관한 문제

이 가운데 책임법적 규제 문제를 좀 더 살펴본다. 자율주행자동차의 상용화가 눈앞으로 다가온 현시점에서는 책임법적 규제 문제가 상용화를 가로막는 가장 큰 문제가 되기 때문이다. 이 문제를 적절하게 해결해야만 자율주행자동차의 도로 주행이 현실화될 수 있다. 자율주행자동차에 관해서는 다음과 같은 책임법적 규제 문제를 생각할 수 있다. 자율주행자동차 자체에 관한 제조물책임과 자율주행에 따른 책임이 그것이다.

(1) 자율주행자동차에 대한 제조물책임

제조물책임은 특정한 제조물에 결함이 있는 경우 부과되는 책임을 말한다. 「제조물 책임법」은 제조물책임을 제조업자가 "제조물의 결함으로 생명·신체 또는 재산에 손해를 입은 자"에게 부담하는 손해배상책임으로 규정한다(제3조 제1항). 제조물책임은 사고에 대한 책임 귀속 기준을 운전자의 과실이라는 주관적 기준에서 제조물의 결함이라는 객관적 기준으로 대체한다. 이때 결함이란 「제조물 책임법」에 따르면 특정한 제조물에 제조상의 결함, 설계상의 결함, 표시상의 결함 가운데 어느 하나에 속하는 결함이 있거나 "통상적으로 기대할 수 있는 안전성이 결여되어 있는 것"을 말한다(제2조 제2호). 이러한 제조물책임 법리에 따르면 자율주행자동차에 결함이 있는 경우 제조물책임을 문제 삼을 수 있다. 이때 결함은 자율주행자동차의 구성 요소를 기준으로 하여 하드웨어의 결함과 소프트웨어, 즉 알고리즘의 결함으로 나눌 수 있다.

다만 알고리즘의 결함을 제조물의 결함으로 포섭할 수 있는지에는 논란이 없지 않다. 왜냐하면 현행 「제조물 책임법」은 제조물책임의 전제가 되는 제조물을 "제조되거나 가공된 동산"으로 규정하는데(제2조 제1호), 알고리즘은 동산으로 볼 수 없기 때문이다. 왜냐하면 동산은 물건을 전제로 하는데 알고리즘은 물건이 아니기 때문이다. 따라서 알고리즘 결함을 제조물책임으로 규율하려면 「제조물 책임법」을 개정하여 제조물 개념을 확장할 필요가 있다.

(2) 자율주행자동차의 교통사고에 대한 책임 귀속 문제

이보다 더 어려운 문제는 자율주행자동차가 도로를 주행하면서, 즉 도로교통에 참여하면서 일으킨 사고에 대한 책임을 누구에게 어떻게 귀속시킬 것인가의 문제이다. 바꿔 말해 자율주행자동차가 낸 사고에 누가 어떤 책임을 져야 하는지가 문제된다. 이 문제가 어려운 이유는 교통사고를 일으킨 직접적인 당사자는 인간 운전자가 아닌 자율주행자동차이기 때문이다. 이에 관해서는 크게 다음과 같은 문제를 생각할 수 있다.

1) 책임 주체

첫째, 누가 책임을 져야 하는지가 문제된다. 책임 주체에 관한 문제이다. 이에는 다음과 같은 선택지를 생각할 수 있다. 자율주행자동차, 인간 탑승자, 인간 소유자, 자율주행 사업자, 보험사가 그것이다. 인간 존재가 운전하는 자동차의 경우에는 원칙적으로 운전자가 교통사고에 책임을 진다. 물론 이때 인간 존재에게 운전에 관한 업무상 과실이 존재해야 한다. 이에 반해 자율주행자동차는 인간이 운전하는 것이 아니기에 논란이 발생한다. 이에 관해 자율주행자동차에 법인격을 인정하여 자율주행자동차가 직접 책임지게 하는 방안도 고려할 수 있다. 그렇지만 책임 제도의 목적을 감안하면 이는 적절한 방안은 아니다. 자율주행자동차가 일으킨 사고에 대한 책임도 사회적 존재이자 법적 인격을 갖춘 인간 존재가 부담하게 하는 것이 적절하다. 하지만 이때에는 법적 책임의 기본원리인 과책주의를 적용할 수 없다는 문제가 있다. 그 때문에 자율주행자동차 탑승자에 책임을 묻는 것 역시 적절하지는 않다.

그렇다면 가장 유력한 방안은 자율주행자동차를 소유하는 인간 소유자에게 책임을 묻는 것이다. 과실책임과는 대비되는 일종의 위험책임을 자율주행자동차 소유자에게 부담시키는 것이다.[7] 허용된 위험인 자율주행자동차를 지배하고 이를 통해 편익을 얻는 소유자에 위험책임을 귀속시키는 것이다.

다만 이 경우에도 소유자 개인의 관점에서 보면 자신이 자율주행자동차를 소유하는 것만으로 책임을 져야 하는 게 가혹하게 보일 수 있다. 일반 자동차의 경우에는 소유자가 보통 자동차를 운전하는 때가 많고, 이때 운전자인 소유자는 자율적으로 자동차 운전에 관여하기에 소유자가 자동차 사고에 책임을 져야 하는 경우에도 이를 납득하는 편이다. 하지만 자율주행자동차의 경우에는 소유자가 운전에 개입하지 않기에 소유자에게 무과실의 위험책임을 지우는 게 주관적으로 납득이 안 될 수 있다. 이러한 이유로 자율주행자동차 소비가 잘 이루어지지 않을 수도 있다. 이 문제를 해결하려면 자율주행자동차 소유자의 책임을 대위할 수 있는 책임보험을 적절하게 설계할 필요가 있다. 결국 보험회사가 자율주행자동차의 책임을 대위하게 함으로써 책임에 대한 소유자의 부담을 사회적으로 분산시킬 수 있다.

한편 이 경우 자율주행 사업자가 있는 때에는 자율주행 사업자에 책임을 물을 수도 있다. 그렇지만 이때 사업자가 영업으로 수행하는 자율주행 관리는 주로 자율주행자동차에 적용되는 알고리즘 등 소프트웨어에 대한 관리가 될 것이다. 따라

---

7 오병철 교수는 이를 '편익책임'으로 규정한다. 오병철, "모빌리티 법적 규제 문제의 단계적 해소 방안에 관한 연구", 『모빌리티 연구』 제1권 제2호(2021), 1−23쪽 참고.

서 이러한 알고리즘에 문제가 있어 교통사고가 발생하고 이에 사업자가 책임을 져야 하는 상황이라면 이는 제조물책임 문제로 보아야 할지 모른다.

2) 책임 내용

둘째, 자율주행자동차가 사고를 낸 경우 어떤 성격의 책임을 져야 하는지 문제가 된다. 자율주행자동차가 사고를 일으키는 경우에는 소유자에게 과실을 인정하기 어려우므로 손해배상을 목적으로 하는 민사책임만 부과하는 게 타당하다. 형사책임을 인정하기에는 적절하지 않다. 다만 자율주행자동차에 중대한 결함이 있어 이로 인해 사고가 발생하였다면, 이러한 결함에 책임이 있는 인간 존재에게 형사책임을 물을 수도 있을 것이다. 또한 고의적인 해킹 등으로 사고가 발생한 때에는 해킹과 같은 사이버 공격을 한 자에 형사책임을 물을 수 있을 것이다.

3) 책임보험

셋째, 자율주행자동차가 일으키는 사고를 어느 한 개인에게 전적으로 부담시키는 것은 가혹하다. 따라서 이에는 반드시 책임보험이 적절하게 설계되어 적용되어야 한다. 다만 책임보험을 어떻게 구체화할 것인지는 현실적으로 문제가 없지 않다. 자율주행차 교통사고에 관한 데이터가 아직 충분히 축적되지 않았기 때문이다.

14장

인공지능 시대의 정의 구상

I. 서론

오늘날을 인공지능 시대로 부를 수 있을 정도로 인공지능을 향한 관심이 사회 전체를 지배한다. 어떻게 하면 인공지능 기술을 발전시킬 수 있는지, 인공지능 산업을 육성할 수 있는지에 많은 논의가 이루어진다. 여기서 다음과 같은 의문을 던질 수 있다. 왜 오늘날 우리는 인공지능에 그토록 많은 관심을 보일까? 이에 문재인 정부에서 강조했던 '혁신성장'이 한 대답이 될 수 있다. 인공지능이야말로 혁신을 통한 성장에 가장 적합한 예가 되므로 이에 관심을 기울여야 한다는 것이다. 달리 말하면 인공지능이야말로 성장이라는 사회적 공리를 증진하는 데 가장 핵심이 되는 기술이기에 이를 발전시키기 위해, 이를 위해 필요한 제도적 뒷받침을 마련하는 데 사회 전체의 역량을 모아야 한다는 것이다.

여기서 확인할 수 있듯이 이러한 사고방식은 전형적인 공리주의의 그것을 예증한다. 사회의 '공리'(utility)를 증진하는 것, 바꾸어 말해 '최대다수의 최대행복'을 구현하는 것이야말로 정의로 파악했던 공리주의의 정의 관념을 인공지능에 관한 관심과 논의에서 찾아볼 수 있다. 공리주의는 치명적인 약점을 안고 있는데도 공리주의가 추구하는 정의 관념은 손쉽게 사회 공론장의 지배 담론이 되고는 한다. 그만큼 공리주의가 지향하는 정의 관념은 명확하고 단순하며 그 때문에 설득력이 강해 보인다. 더군다나 공리주의의 정의 관념은 제4차 산업혁명 시대를 지배하는 '혁신'과도 잘 어울리는 것처럼 보인다. 우리가 혁신에 열광하는 이유는 혁신이야 말로 사회의 공리를 증진하는 데 가장 중요한 계기로 이해하기 때문이다.

그러나 인공지능이 안고 있는 다양한 위험을 고려하면 공리주의의 정의 관념에만 바탕을 두어 인공지능 이슈와 문제에 접근하는 것은 바람직하지 않다. 공리주의의 정의 관념이 가진 문제점이 인공지능을 이용하는 과정에서 극대화될 위험이 존재하기 때문이다. 이러한 상황에서 우리는 지금 진행되는 인공지능 시대에 우리에게 필요한 정의 관념은 무엇이 되어야 하는지 고민할 필요가 있다. 인공지능이 안고 있는 위험을 적절하게 고려하고 예방하는 데 도움이 되는 정의란 무엇인지 살펴볼 필요가 있다.[1] 이에 제14장은 인공지능 시대에 우리가 지향해야 하는 정의 구상이란 무엇인지 살펴본다.

Ⅱ. 인공지능의 바탕이 되는 기존 정의론과 한계

1. 인공지능의 정의론

왜 오늘날 인공지능이 혁신성장의 아이콘이 되는지에 대한 정의론의 기초를 살펴볼 필요가 있다. 이미 언급한 것처럼 오늘날 펼쳐지는 인공지능 열광에 바탕이 되는 정의론으로 공리주의를 언급할 수 있다. 그러나 여기에만 그치는 것은 아니다. 공리주의 이외에도 고객주의를 정의론의 기초로 지적할 수 있다.

(1) 공리주의

흔히 인공지능은 혁신성장을 위한 핵심 성장동력으로 언급된다. 거의 모든 시장이 경쟁이 격화되는 이른바 '레드 오션'(red ocean)으로 치닫는 오늘날의 상황에서는 혁신이야말로 경쟁에서 승리할 수 있는 또는 '블루 오션'(blue ocean)을 창출하는 방안으로 인정된다. 혁신으로 남이 넘볼 수 없는 차이를 만들어가는 것이야말로 경쟁력의 원천이 되기 때문이다.[2] 따라서 혁신을 구현하면 경쟁에서 이길 수

---

1 정의 문제는 인공지능에 대한 규제 원칙과 방향을 설정하는 데도 의미가 있다. 인공지능에 대한 규제 원칙과 방향에 설득력이 있으려면 이러한 규제 원칙과 방향이 정의에 적합하게 설계되어야 하기 때문이다. 인공지능에 대한 규제 원칙과 방향에 관해서는 양천수, "지능정보기술의 위험과 법적 대응 방안: 알고리즘에 대한 대응을 중심으로 하여", 『법학연구』(충북대) 제32권 제1호 (2021), 351-384쪽 참고.

2 경쟁력의 원천으로 차이를 강조하는 경우로는 Michael E. Porter, *Competitive Advantage: Creating and sustaining superior performances* (Free Press, 1985), 14쪽 아래 참고.

있고 이를 통해 경제적 이익이 창출된다. 이는 궁극적으로는 경제성장으로 연결된다. 이때 어떻게 해야 혁신을 이룩할 수 있는지 문제가 되는데 제4차 산업혁명이 진행되는 오늘날에는 인공지능이 혁신의 원천으로 주목받는다. 인공지능을 개발 및 활용함으로써 이전에는 할 수 없었던 새로운 일들이 가능해지기 때문이다. 예를 들어 예전에는 인간의 고유한 영역으로 취급되었던 저작 활동을 이제는 인공지능도 수행한다. 인공지능으로 음악, 미술 작품 등을 창작하는 일이 가능해졌다. 이는 새로운 시장, 새로운 경제성장의 가능성이 열리고 있음을 시사한다.

인공지능과 혁신성장의 관계를 뒷받침하는 이러한 논리 전개에서 공리주의의 사고방식을 쉽게 발견할 수 있다.[3] 공리주의, 그중에서도 양적 공리주의는 현재 진행 중인 인공지능 열풍을 정의론적으로 잘 설명한다. 경제성장이야말로 최대다수의 최대행복을 실현하는 가장 손쉬운 길인데 인공지능이 이러한 경제성장을 가능케 하는 혁신의 원천으로 자리매김하기 때문이다. 요컨대 '인공지능 → 혁신 → 시장의 경쟁력 → 경제성장'이라는 논리적 연결고리가 형성된다는 것이다. 그 때문에 인공지능을 규제하는 것보다 인공지능이 더욱 발전할 수 있도록 이를 지원하는 게 정의에 합치하는 정책처럼 취급된다. 이로 인해 규제가 아닌 탈규제가 인공지능 영역에서 강조된다.

(2) 고객주의

공리주의만이 인공지능을 지탱하는 것은 아니다. 후견주의가 오늘날에 맞게 변형된 고객주의 역시 인공지능 열풍을 이론적으로 뒷받침한다. 이때 말하는 고객주의는 각 개인이 가진 고유한 특성을 최대한 고려하여 재화나 서비스를 제공할 것을 강조하는 이념을 말한다. 이는 이른바 개별화(customizing)에서 확인할 수 있다.[4]

개별화는 아마존이나 구글, 유튜브와 같은 플랫폼 사업자들이 즐겨 사용하는 경영전략이다. 소비자가 개별적으로 가진 특성, 달리 말해 개성을 최대한 고려하여 맞춤형 서비스를 제공하는 전략이 개별화이다. 개별 소비자에게 형식적으로 평등한 서비스가 아닌 합리적으로 차별화된 서비스를 제공하는 것이 개별화 전략이다.

---

3 공리주의에 관해서는 児玉聡, 『功利主義入門: はじめての倫理学』(ちくま新書, 2012) 참고.
4 이러한 개별화를 법에 적용할 수 있는지를 다루는 권영준, "법의 개인화 단상", 『법조』 제70권 제2호(2021), 7－42쪽 참고.

이렇게 보면 개별화는 근대법의 기초가 되는 '형식적 합리화'와는 대비되는 실질화에 부합한다. 모든 소비자를 형식적으로 평등한 주체로 설정하지 않고 개별 소비자가 가진 고유한 특성을 가능한 한 많이 고려하겠다는 것이 개별화이기 때문이다. 개별화에서 각 개인이 가진 차이는 긍정적으로 극대화된다.

이러한 점에서 개별화는 복지국가에서 강조하는 실질적 평등과 겹치는 부분이 있다. 형식적 평등이 아닌 실질적 평등을 구현하려면 국민, 특히 사회적 약자가 가진 고유한 특성을 고려해야 하기 때문이다. 바로 이 점에서 개별화는 복지국가에서 강조하는 후견과 맥이 닿는다. 물론 양자 사이에는 차이가 존재한다. 실질적 평등을 실현하기 위해 복지국가에서 후견적으로 개입하는 주체가 사회적 약자라면, 오늘날 플랫폼 기업이 제공하는 개별화는 사회적 약자를 포함하는 소비자 일반을 대상으로 하기 때문이다.[5]

2. 한계

그러나 공리주의와 고객주의에 바탕을 둔 인공지능 열풍은 분명 빛과 더불어 어둠을 가진다. 이때 어둠은 두 가지로 구별할 수 있다. 인공지능 열풍이 바탕으로 삼는 정의론이 지닌 어둠과 인공지능 자체가 안고 있는 어둠이 그것이다.

(1) 공리주의의 한계

인공지능 열풍이 기초로 삼는 공리주의가 어떤 문제점을 안고 있는지는 잘 알려져 있다. 최대다수의 최대행복이라는 정의의 기준이 명확하고 심플한 만큼 그 한계도 분명하다. 공리주의는 사회의 소수 또는 사회적 약자를 적절하게 고려하지 않고 때에 따라서는 이들을 희생시킨다는 것이다. 물론 오늘날 공리주의의 버전이 다양한 만큼 어떤 공리주의를 채택하는가에 따라 문제는 어느 정도 해소될 수 있다. 가령 순수한 양적 공리주의가 아닌 질적 공리주의나 규칙 공리주의를 선택하면 다수의 공리를 극대화하기 위해 소수를 희생시킨다는 문제는 완화할 수 있다. 하지만 그렇다고 해서 공리주의의 문제를 근원적으로 해소하기는 어렵다. 이는 공

---

5 반대로 사회적 약자를 너무 고려한 개별화는 사회적 약자를 합리적 이유 없이 차별하는 것으로 평가되기도 한다. 예를 들어 경제적 상황을 고려하여 부자에게 제공하는 광고를 사회적 약자에게는 제공하지 않는 것을 들 수 있다.

리주의라는 철학을 수학으로 계량화한 경제학에서도 찾아볼 수 있다.

경제학은 공리 혹은 효용을 극대화하고자 한다.[6] 효용을 극대화하기 위해 자원을 효율적으로 배분하는 결정이나 행위를 경제적으로 합리적인 것으로 본다. 이때 효용 극대화의 기준이 되는 효율성을 어떻게 개념화·구체화할 것인지 문제된다. 이상적으로는 파레토 효율성이 바람직하지만 현실적으로 칼도－힉스 효율성이 선택되는 경우가 많다. 최대다수 최대행복의 경제학적 버전인 칼도－힉스 효율성에 따르면 사회 전체의 효용을 극대화한다는 명목으로 사회적 소수의 손실이 감수될 수 있다.

사실 현실적으로 볼 때 사회 모든 구성원의 공리를 증진할 수 있는 정책을 펴는 것은 불가능에 가깝다. 사회의 일부 구성원은 공리 증진 과정에서 배제될 수밖에 없다. 문제는 무엇을 기준으로 하여 '포용'(inclusion) 및 '배제'(exclusion)를 실행할 것인가이다.[7] 만약 '포용/배제' 기준을 공정하게 배분 및 적용하면 '포용/배제'의 편향이 발생하지 않을 수 있다. 사회 모든 구성원이 포용과 배제의 가능성을 평등하게 가진다면 '포용/배제' 자체가 문제되지는 않을 것이다. 문제는 '포용/배제'라는 기준이 적용될 때 한 번 배제된 이들은 지속적으로 배제되는 편향이 발생한다는 것이다. 어떤 계기로 배제되기 시작한 이들은 계속해서 배제되고 이로 인해 사회 전체의 공리를 증진하는 과정에서 이들의 공리는 배제된다.

공리주의는 본질적으로 쾌락과 불쾌라는 공리 계산, 달리 말해 이익형량에서 벗어날 수 없다는 점에서 언제나 포용/배제 문제에 직면할 수밖에 없다. 그런데 공리주의와 결합된 포용/배제는 특정한 사회적 소수자들을 지속해서 배제하는 편향을 가질 위험이 있다는 점에서 한계에 직면한다.

(2) 고객주의의 문제점

개별화로 대표되는 고객주의에 관해서는 두 가지 문제를 지적할 수 있다. 첫째, 고객주의를 실현하려면 각 고객, 즉 소비자가 지닌 개인정보를 남김없이 수집, 분석 및 활용할 수 있어야 한다. 말을 바꾸면 해당 정보주체를 완벽하게 프로파일링할 수 있어야 비로소 맞춤형 서비스가 가능해진다. 그러나 이는 달리 말하면 개

---

6 영어 'utility'는 철학에서는 '공리', 경제학에서는 '효용'으로 번역한다.
7 영어 'inclusion'은 '포함, 포용, 포섭' 등으로 번역된다. 여기에서는 '포용'으로 번역한다.

별화라는 이름으로 완벽한 데이터 감시가 구현될 수 있음을 보여준다.

둘째, 개별 소비자가 지닌 특성을 남김없이 고려하여 서비스를 제공하는 데 장점만 있는 것은 아니다. 이는 또다른 차별을 야기한다. 예를 들어 부유한 소비자와 가난한 소비자를 구별하여 각 소비자에게 맞춤형 서비스나 광고를 제공하는 것은 고객주의에는 부합할 수 있지만 부유한 소비자와 가난한 소비자를 경제적 이유로 차별대우하는 것으로 평가될 수도 있다. 고객주의라는 이름 아래 사회적 구별이 강화되고 이를 통해 편향 및 '포용/배제'가 고착되는 문제가 발생한다. 이렇게 보면 인공지능 열풍을 뒷받침하는 정의론은 편향과 배제에서 자유롭지 못하다는 점을 발견한다.

Ⅲ. 인공지능 시대의 정의 구상

1. 출발점

이처럼 인공지능 열풍에 바탕이 되는 공리주의와 고객주의에 한계가 있다면 우리는 어떤 정의를 추구해야 할까? 이제는 피할 수 없는 인공지능 시대에 성공적으로 대비하기 위해 우리는 어떤 정의 구상을 추구해야 할까? 일단 명확히 할 점은 공리주의와 고객주의에 한계가 있다고 해서 이를 완전히 포기하는 것은 바람직하지 않다는 것이다. 물론 이를 절대시하는 것은 문제가 있지만 공리주의와 고객주의 역시 분명한 장점이 있다는 점을 염두에 두어야 한다. 예를 들어 공리주의를 대변하는 GDP가 우리 사회에서 차지하는 의미 그리고 맞춤형 서비스가 소비자에게 제공하는 편익 등은 무시할 수 없는 공리주의와 고객주의의 장점이다. 따라서 인공지능 시대의 정의를 모색할 때 공리주의와 고객주의의 장점은 고려할 필요가 있다.

2. 정의론과 고려 사항

(1) 일원적 정의론의 한계

오늘날 정의론은 '자유주의-공동체주의 논쟁' 이후 크게 '공리주의/자유주의/

공동체주의'로 구별된다. 이때 자유주의는 자유지상주의와 평등주의적 자유주의로 세분화된다. 물론 이외에도 정의론은 다양하게 구별된다. '형식적 정의/실질적 정의'나 '실체적 정의/절차적 정의'와 같은 구별을 언급할 수 있다.

그런데 기존의 정의론은 다음과 같은 한계에서 자유롭지 못한다. 정의의 기준으로 보통 한 가지만을 제시하는 것이다. 말을 바꾸면 사회에서 발생하는 정의의 문제를 한 가지 기준만으로 해소하려 한다는 것이다. 예를 들어 공리주의는 공리 증진으로, 자유주의는 자유 증진이나 공정 실현으로, 공동체주의는 공동체의 미덕 구현으로 사회의 정의 문제를 해결하려 한다. 요컨대 정의 문제에 일원적·환원주의적으로 대응하는 것이다.

그렇지만 이 같은 접근방식은 정의 문제가 가진 다양한 맥락과 측면 가운데 한쪽만을 강조한다. 다양한 선택 가능성 중에 한쪽만을 선택하기에 언제나 불완전한 한계를 가질 수밖에 없다. 이로 인해 정의론을 둘러싼 논쟁은 쉽게 해소되기 어렵다. 특히 제4차 산업혁명, 디지털 전환 등 사회 전체가 역동적으로 변하고 복잡성이 엄청나게 증대하는 그래서 미래를 예측하는 게 무척 힘든 인공지능 시대에서는 일원적 정의론이 힘을 발휘하기 어렵다. 따라서 우리는 일원적 정의가 아닌 다른 정의, 즉 다맥락적 정의를 추구해야 한다.

(2) 정의론의 고려 사항

학문체계에서 구상되는 정의론이 사회에서 실현되기 위해서는 사회가 처한 현실이나 특성, 정의론 자체가 가진 한계 등을 적절하게 고려할 수 있어야 한다. 그러면 인공지능 시대에 정의론이 고려해야 하는 것은 무엇일까?

1) 현대사회의 특성

우선 인공지능 시대인 현대사회가 지닌 특성을 고려해야 한다. 현대사회의 특징으로 많은 점을 언급할 수 있겠지만 여기서는 세 가지를 거론하고자 한다. 복잡성, 기능적 분화, 전문화가 그것이다.

현대사회는 복잡성이 그것도 엄청나게 증가하는 사회이다. 복잡성이 증가한다는 것은 무엇을 뜻할까?[8] 이에는 시간적 측면에서 크게 두 가지로 대답할 수 있다.

---

8 복잡성에 관해서는 Niklas Luhmann, *Kontingenz und Recht* (Berlin, 2013), S. 175 ff.

첫째, 과거라는 측면에서 볼 때 복잡성은 인과관계를 명확하게 확정하기 어렵다는 것을 뜻한다. 특정한 결과에 대한 원인을 찾기 어렵다는 것이다. 왜냐하면 다양한 원인이 상호작용하여 결과를 도출하는 경우가 많기 때문이다. 둘째, 미래라는 측면에서 볼 때 장차 어떤 일이 발생할 것인지를 예측하는 게 무척 어렵다는 것을 뜻한다. 이는 첫 번째 의미와 관련된다. 과거에 발생한 결과의 원인을 명확하게 확정할 수 없기에 앞으로 어떤 일이 발생할 것인지도 예측할 수 없다는 것이다.

현대사회는 기능적 분화가 진행되는 사회이다.[9] 사회 전체가 정치, 경제, 법, 교육, 학문, 종교와 같은 다양한 영역으로 분화된다. 이는 더 이상 단일한 원리나 기준, 합리성, 가치 등이 전체 사회를 규율하지 못한다는 점을 시사한다. 예를 들어 신의 명령이나 공동체의 가치와 같은 통일된 규범적 기준으로 사회를 규율하는 것은 어렵다. 다양하게 분화된 각 영역은 스스로에 적용되는 원리나 기준, 가령 합리성을 다원적으로 정립한다. 이는 정의에도 해당한다.

현대사회는 전문화가 진행되는 사회이다. 이때 전문화는 기능적 분화와 연결되어 진행된다. 사회가 한편으로는 다양한 영역으로 분화되고 다른 한편으로는 이렇게 분화된 영역이 전문화되는 것이다. 기능적 분화와 전문화가 결합되어 진행되면서 다음과 같은 현상이 발생한다. 기능적으로 분화되고 전문화된 영역이 서로 소통하는 게 점점 더 어려워진다는 것이다. 예를 들어 정치와 경제, 법 사이에 직접적인 소통이 이루어지기 어렵다. 각 영역은 스스로 설정한 기준에 따라서만 다른 영역과 소통을 하고자 하기 때문이다. 이로 인해 정치, 경제, 법 등과 같은 기능 영역 간의 오해와 긴장은 높아진다.

2) 정의론의 고려 사항

나아가 정의 구상은 정의론 자체가 가진 특성을 고려해야 한다. 그 특성이란 무엇일까? 정의론은 일종의 의미론(Semantik)이다. 정의는 통상 언어로 개념화된다. 이러한 정의가 사회 안에서 구현되려면, 달리 말해 사회에서 이루어지는 소통에 살아 있는 의미로 구체화되려면 사회가 처한 상황을 적절하게 고려해야 한다. 말을 바꾸면 현대사회가 처한 상황에 적절하게 응답(response)할 수 있는 의미론이 되어야 한다. 그렇게 되기 위해서는 앞에서 언급한 현대사회의 특징, 즉 복잡성과

---

9 이를 지적하는 Niklas Luhmann, *Grundrechte als Institution*, 4. Aufl. (Berlin, 1999), S. 186 ff.

기능적 분화 및 전문화를 정의론이 섬세하게 반영해야 한다.

이러한 측면에서 보면 획일적 기준으로 정의를 개념화하는 일원적 정의에 문제가 있음을 발견할 수 있다. 그 아무리 훌륭한 기준이라 할지라도 한 가지 기준만으로 설정된 정의는 현대사회가 가진 엄청난 복잡성이나 다원성을 설득력 있게 고려할 수 없다. 바로 이 같은 이유에서 일원적 기준을 고집하는 정의론은 여전히 현대사회의 문제에 대응하는 데 한계를 보일 수밖에 없다.

3. 인공지능 시대의 정의 구상

(1) 적절한 복잡성으로서 정의

정의론이 사회에 적절하게 응답하는 정의론이 되려면 현대사회의 특징, 그중에서도 복잡성을 충분히 고려해야 한다. 그렇게 하려면 정의론 자체가 단순해서는 안 되고 사회의 복잡성을 처리할 수 있을 정도로 복잡해야 한다. 예를 들어 이미 고대 그리스의 아리스토텔레스가 정의를 '평균적 정의/배분적 정의'로 구별한 것처럼 사회의 복잡성에 대응할 수 있도록 정의 개념이나 기준을 다원적으로 세분화해야 한다. 법규범 자체가 '공법/사법', 더 나아가 다양한 법영역으로 세분화된 것도 사회의 복잡성에 법규범이 어떤 방식으로 대응했는지에 대한 예를 보여준다. 이러한 맥락에서 루만은 정의를 '적절한 복잡성'으로 규정하기도 한다.[10]

(2) 다원화된 정의

엄청나게 증가하는 사회의 복잡성을 적절하게 고려하는 정의론은 무엇일까? 이는 다원화된 정의를 내세우는 정의론이라 할 수 있다. 여기서 다원화된 정의란 다원적으로 분화된 사회의 각 영역에 적합하게 다원적으로 기준이 설정된 정의라고 말할 수 있다. 예를 들어 정치, 경제, 법, 학문, 교육, 예술, 종교 등과 같은 영역에 일원적으로 획일화된 정의 기준을 적용하는 것이 아니라 각 영역의 특성에 적합한 정의 기준을 다원적으로 설정하는 것을 말한다. 이 점에서 보면 다원화된 정의는 왈저(Michael Walzer)가 제시한 정의론과 맥을 같이 한다. 그러나 차이점도 있

---

10 Niklas Luhmann, *Rechtssystem und Rechtsdogmatik* (Stuttgart usw., 1974), S. 23.

다. 다원화된 정의의 기준은 미리 결정된 게 아니라 관련자들이 참여하는 절차를 통해 비로소 결정된다는 것이다.

(3) 절차주의적 정의

이 점에서 다원화된 정의는 절차주의적 정의를 통해 구현된다. 여기서 절차주의적 정의는 절차주의적 정의론에 바탕을 둔다. 절차주의적 정의론은 실체적 정의론에 대비되는 것으로, 정의 기준은 실체로서 미리 주어져 있는 게 아니라 절차를 거쳐 구성된다고 본다. 정의 기준은 절차에 의존한다고 보는 것이다. 그 때문에 절차를 어떻게 짜야 하는지가 중요한 문제가 된다. 절차를 어떤 방식으로 구성하는가에 따라 이러한 절차를 거쳐 생산되는 정의 기준도 달라지기 때문이다.

이에 관해서는 하버마스(Jürgen Habermas)가 정립한 합리적 대화이론(rationaler Diskurstheorie)이 유익한 시사점을 제공한다. 이에 따르면 정의 기준을 생산하는 절차는 가능한 한 합리적 대화에 맞게 구성되어야 한다. 이때 합리적 대화에 맞게 절차가 구성된다는 것은 관련되는 모든 이들이 자유롭고 평등하게 절차에 참여하여 정의 기준에 관해 합리적으로 토론할 수 있도록 절차를 구성해야 함을 뜻한다.

여기서 크게 두 가지 요건을 끌어낼 수 있다. 첫째, 관련자들의 자유롭고 평등한 참여를 보장해야 한다. 둘째, 절차에서 합리적 토론이 이루어질 수 있어야 한다.

(4) 포용적 정의

다원화된 정의는 절차주의적 정의를 통해 구현된다. 오늘날 기능적으로 다원화된 영역에 적용되는 정의 기준은 다원적으로 설정될 필요가 있는데 이러한 정의 기준은 각 영역의 관련자들이 자유롭고 평등하게 참여한 상황에서 합리적 토론으로 구체화된다. 그런데 현실에서는 절차주의적 정의를 실현하는 게 쉽지 않다. 왜냐하면 정의 기준을 논의하는 절차에 관련자들이 자유롭고 평등하게 참여하는 것을 보장하는 데 여러 제약이 있기 때문이다. 이는 오늘날에도 여전히 해결하지 못한, 때에 따라서는 더욱 심화하는 '포용/배제'와 관련이 있다.

1) 포용과 배제

예를 들어 코로나-19 상황에서 강력하게 시행된 사회적 거리두기 정책이 보여주듯이 그 무엇보다 안전이 강조되는 안전사회에서는 안전을 기준으로 하여 강력한 포용과 배제가 진행된다.[11] 가령 안전의 동지는 포용되고 안전의 적은 배제된다. 문제는 이러한 '포용/배제'가 한시적인 게 아니라 사회구조와 결합되어 영속화된다는 것이다. 지난 코로나 상황이 시사하듯이 사회적 약자에 속하는 이들이 사회 각 영역에서 지속적으로 배제되는 경향이 심화된다.

물론 포용/배제 문제는 현대사회만의 전유물은 아니다. 이미 오래전부터 포용/배제 문제는 차별이라는 문제로 존재하였다. 다만 예전과 비교할 때 오늘날 문제가 되는 포용/배제에는 두 가지 차이점이 보인다.

첫째, 예전에는 사회 전체에 대한 포용과 배제가 차별 문제로 취급되었다면 오늘날에는 사회의 다원화된 영역에 대한 포용과 배제 문제가 대두한다. 획일적 차별 문제가 다원적 차별 문제로 변모한 것이다.

둘째, 예전에는 주로 한 국가 안에서 발생하는 차별이 문제가 되었다면 오늘날에는 국가의 경계를 기준으로 한 포용/배제가 문제된다. 난민 문제가 이를 잘 예증한다. 이로 인해 이전에는 국가 안에서 발생하였던 획일적 차별 문제가 오늘날에는 국가와 국가의 경계를 기준으로 하여, 말을 바꾸면 초국가적 차원에서 발생한다.

이뿐만 아니라 다원적 차별이 다시 획일적 차별로 고착되는 문제 역시 발생한다. 예를 들어 경제 영역에서 배제된다고 해서 정치 영역에서 배제되어서는 안 되는데 경제 영역의 배제가 정치 영역의 배제로 연결되는 배제의 고착화 문제가 심화한다.

2) 포용적 정의

이러한 상황에서 우리에게 필요한 정의 기준은 가능한 한 포용은 많게 그리고 배제는 적게 하는 포용적 정의이다. 이는 다원화된 정의와 절차주의적 정의를 실현하는 데 필요한 기본 조건이다. 사회의 다원화된 영역에 관련자들이 자유롭고 평등하게 참여할 기회가 충족되지 못하면 절차주의적 정의도, 더 나아가 다원화된 정의도 구현될 수 없다.

---

11 이를 분석하는 양천수, "현대 안전사회의 헌법학적 문제: 법이론의 관점을 겸하여", 『헌법재판연구』 제7권 제2호(2020), 3-37쪽 참고.

3) 실질적 평등

이러한 포용적 정의가 실현되려면 두 가지 조건이 충족되어야 한다. 우선 실질적 평등이 충족되어야 한다. 실질적 평등은 형식적 평등에 대비되는 개념이다. 각 주체가 가진 실제 능력이나 각 주체가 처한 사회적 상황 또는 관계 등을 고려하여 불합리한 차별이 이루어지는 것을 막겠다는 것이다.

다만 구체적으로 무엇을 기준으로 하여 실질적 평등을 판단하고 구현할 것인지는 쉽지 않다. 이에 관해 다음을 고려할 필요가 있다.

먼저 포용적 정의가 지향하는 실질적 평등에서 실질을 구체화할 때 바로 현대 사회의 복잡성을 고려해야 한다는 것이다. 이 점에서 실질적 평등은 복잡성을 고려하는 평등이라는 의미를 가진다.

다음 실질적 평등을 고려할 때 재화나 이익, 권리의 분배만을 기준으로 하지 말고 각 주체들이 형성하는 관계 자체의 불평등도 고려해야 한다는 것이다. 이 점에서 관계적 평등이론이 주장하는 바는 귀담아들어야 할 필요가 있다. 물론 이러한 '분배적 평등/관계적 평등'이라는 구별에서 관계적 평등이 구체적으로 무엇을 뜻하는지 밝히는 것은 쉽지 않다. 이에 관해서는 '직접적 평등/간접적 평등'이라는 구별에서 말하는 간접적 평등이 한 가지 시사점을 제공할 것이다.

4) 역량

나아가 다원화된 정의 기준을 논의하는 영역 및 절차에 참여하여 합리적 토론에 임할 수 있는 역량(capability)이 충족되어야 한다.[12] 절차주의적 정의를 구현하는 데 필요한 자유롭고 평등한 참여 가운데 실질적 평등이 후자에 연결된다면 역량은 전자, 즉 자유로운 참여에 연결된다. 이때 말하는 자유는 소극적 자유가 아닌 적극적 자유를 뜻하기에 실제로 적극적 자유를 행사하려면 이에 필요한 역량이 뒷받침되어야 한다.

다만 역량은 국가나 법이 직접 개입하여 키울 수 있는 게 아니라 궁극적으로 각 참여자가 키워야 한다는 점에 주목할 필요가 있다. 국가는 법으로 각 참여자들

---

12 역량이론에 관해서는 마사 누스바움, 한상연 (옮김), 『역량의 창조: 인간다운 삶에는 무엇이 필요한가?』(돌베개, 2015); 이서형, 『자유주의의 실질화를 위한 자율적 구성 모델』(이화여대 법학박사 학위논문, 2018) 등 참고.

이 스스로 역량을 키우도록 간접적으로 지원할 수 있을 뿐이다.

4. 절차주의적 포용국가

마지막으로 이러한 다원화된 절차주의적·포용적 정의를 실현하기 위해 필요한 국가란 무엇인지 간략하게 검토한다. 이에 필자는 절차주의적 포용국가를 그 대답으로 제안하고자 한다. 이는 절차주의와 포용국가를 결합한 개념이다.

사실 '포용'은 문재인 정부가 강조했던 키워드다. 문재인 정부는 '혁신적 포용국가'(innovative inclusive state)를 정책적 목표로 설정함으로써 한편으로는 혁신성장을, 다른 한편으로는 포용국가를 내세웠다. 제4차 산업혁명을 주축으로 하는 혁신 과정에서 배제되는 이들이 없도록 혁신과 포용을 동시에 추구하겠다는 것이다.

이렇게 보면 포용은 내용적인 면에서 볼 때 복지국가의 그것과 큰 차이가 없어 보인다.[13] 하지만 지난 2010년을 전후로 하여 활발하게 논의된 '포용국가' (inclusive state)는 전통적인 복지국가와는 다른 맥락에서 등장하였다.[14] 기존의 복지국가는 한 국가의 경계선을 기준으로 하여 국가 구성원의 복지에 주로 관심을 기울였다면, 포용국가는 이를 넘어 국가의 경계 밖에 있는 이들, 즉 국가공동체로부터 배제된 이들을 국가가 포용할 것을 강조하기 때문이다. 이때 포용국가가 직접적으로 관심을 기울여야 하는 이들은 이주민, 난민, 미등록외국인 등이었다. 그 점에서 포용국가는 국가주의의 한계를 넘어서는 '초국가주의'(transnationalism)와 같은 맥락을 이룬다. 요컨대 포용국가는 당시 인문학 영역에서 등장했던 호모 사케르, 환대, 포용과 배제 등과 같은 맥락에서 제시된 새로운 국가 패러다임인 셈이다.[15]

이러한 맥락을 고려하면 필자는 이미 살펴본 것처럼 포용을 다음과 같이 파악한다. 다원화되고 전문화된 사회의 각 영역에 대한 자유롭고 평등한 참여를 보장한다는 의미로 포용을 개념화하는 것이다. 다시 말해 오늘날의 상황에서 포용국가

---

13 성경륭 외, 『(새로운 대한민국의 구상) 포용국가』(21세기북스, 2017) 참고.

14 Anis A. Dani/Arjan de Haan, *Inclusive States: Social Policy and Structural Inequalities* (World Bank, 2008) 참고.

15 조르조 아감벤, 박진우 (옮김), 『호모 사케르: 주권 권력과 벌거벗은 생명』(새물결출판사, 2008); 자크 데리다, 남수인 (옮김), 『환대에 대하여』(동문선, 2004) 참고.

가 추구해야 하는 포용은 기능적으로 분화된 사회 각 영역에 사회 구성원들이 자유롭고 평등하게 참여할 수 있도록 보장하는 것이어야 한다. 이를 개념화한다면 '절차주의적 포용'(procedural inclusion)으로 규정할 수 있을 것이다.

　포용을 이렇게 개념화하면 포용국가는 기존의 복지국가와 차별화되는 독자적인 의미를 획득할 수 있다. 복지국가가 직접적 급부라는 방식으로 국가 구성원들의 생존을 배려하고자 했다면, 포용국가는 국가 구성원들이 기능적으로 분화된 사회의 각 영역에 자유롭고 평등하게 참여할 수 있는 능력, 즉 '역량'을 키우는 것에 더 주목한다고 말할 수 있기 때문이다. 필자는 이러한 국가를 바로 '절차주의적 포용국가'로 명명하고자 한다. 이렇게 이해된 절차주의적 포용국가는 기존의 복지국가보다는 한 발짝 물러서서 국가 구성원들을 배려하는 국가로 파악된다. 복지국가보다는 후견의 정도가 약한 것이다.

사항색인

저자 약력

양천수

양천수 교수는 고려대학교 법과대학을 졸업하고 같은 대학교 대학원에서 이상돈 교수의 지도로 법학석사 학위를 취득하였다. 태광그룹 일주학술문화재단의 장학금을 받고 독일로 유학을 떠났다(11기). 독일 프랑크푸르트대학교 법과대학에서 독일의 유명한 사회철학자 하버마스(Jürgen Habermas)의 제자인 클라우스 귄터(Klaus Günther) 교수의 지도로 법학박사 학위를 취득하였다. 2006년 9월 1일부터 영남대학교 법학전문대학원에서 기초법 전임교수로 학생들을 가르친다.

인공지능 기술을 비롯한 현대 과학기술이 우리 사회와 법에 어떤 영향을 미치는지, 이에 사회와 법이 어떻게 대응하는지에 관심이 많다. 이에 관한 책으로 『빅데이터와 인권』(2016), 『법과 진화론』(2016)(공저), 『제4차 산업혁명과 법』(2017), 『인공지능과 법』(2019)(공저), 『디지털 트랜스포메이션과 정보보호』(2019)(공저), 『공학법제』(2020)(공저), 『인공지능과 포스트휴머니즘』(2020)(공저), 『인공지능 혁명과 법』(2021), 『코로나 시대의 법과 철학』(2021)(공저), 『데이터와 법』(2021, 2023)(공저), 『디지털 전환 시대의 법이론』(2023)(공저), 『인공지능법』(2024)(공저), 『생성형 AI와 법』(2024)(공저) 등이 있다.

인공지능법학

초판발행	2025년 1월 15일
지은이	양천수
펴낸이	안종만·안상준
편 집	이승현
기획/마케팅	장규식
표지디자인	Benstory
제 작	고철민·김원표
펴낸곳	(주) **박영사**
	서울특별시 금천구 가산디지털2로 53, 210호(가산동, 한라시그마밸리)
	등록 1959. 3. 11. 제300-1959-1호(倫)
전 화	02)733-6771
f a x	02)736-4818
e-mail	pys@pybook.co.kr
homepage	www.pybook.co.kr
ISBN	979-11-303-4866-7 93360

정 가   24,000원